明代楚藩述要

涂明星　著

WUHAN UNIVERSITY PRESS
武汉大学出版社

图书在版编目(CIP)数据

明代楚藩述要/涂明星著 . —武汉：武汉大学出版社，2023.10
（2024.12 重印）
ISBN 978-7-307-23938-8

Ⅰ.明…　Ⅱ.涂…　Ⅲ.中国历史—明代　Ⅳ.K209

中国国家版本馆 CIP 数据核字（2023）第 155548 号

责任编辑:李晶晶　　　责任校对:李孟潇　　　版式设计:马　佳

出版发行:**武汉大学出版社**　（430072　武昌　珞珈山）
（电子邮箱:cbs22@whu.edu.cn　网址:www.wdp.com.cn）
印刷:武汉邮科印务有限公司
开本:720×1000　1/16　　印张:25.5　　字数:379 千字　　插页:2
版次:2023 年 10 月第 1 版　　　2024 年 12 月第 2 次印刷
ISBN 978-7-307-23938-8　　　定价:99 .00 元

涂明星

武汉开放大学、武汉软件工程职业学院副教授，国家开放大学社会工作专业中心教研组成员、学位论文评审专家，武汉晴川学院特聘教授。主要研究方向为地域文化与旅游文化。公开发表论文20余篇，主持武汉市属高校产学研结合项目2项，出版专著2部。

前　言

武汉市属高校产学研课题"龙泉山历史文化资源及其价值发据研究"结题以来，笔者继而领衔主持了"龙泉山旅游资源深度发掘与有效利用方略研究"课题的申报、立项、研究。龙泉山历史文化经历了"封建古村落""明楚藩王茔园""国家级遗址遗产型历史文化名村"三个时期，①"封建古村落"文化资源，因为明代楚王在此开辟茔域、建造寝园而发生舛变，只有在方志、相关论文及专著中可以领略到"耕读传家"的风貌。"明楚藩王茔园"，作为龙泉山另一种历史文化资源，人们尚可看到一些保存下来的文化遗址，但对于明楚藩王的生平及其藩政，仅有零散的认识。本书重点围绕"明代楚藩"的肇始、发展、曲折、国变，以及南明残阳等不同时期或重要节点的相关人物、事件，展开探究。限于文献匮乏，仅能述其崖略，因而专著取名《明代楚藩述要》。倘若要说《龙泉山历史文化资源及其开发价值》旨在探圻当地历史文化及其利用价值，《明代楚藩述要》意在梳理明代楚藩发展进程以及如何丰富龙泉山历史文化源流的话，那么这两部拙著形成合力，共同服务于"国家级遗址遗产型历史文化名村"一席文化盛宴的展示。

一、选题来由

（一）"城墙印象"

笔者祖居位于湖北省武汉市江夏区龙泉山，今属东湖新技术开发区。

---

① 涂明星. 龙泉山历史文化资源及其开发价值［M］. 武汉：武汉大学出版社，2017：60-63.

由营泉村中所涂塆，东行约 2 公里，即可抵达明代楚藩昭王莹园。乡亲父老将其外城茔垣称作"城墙"。少时，串亲访友、植树搬砖、采挖药材、看电影，常常路过。那时的"城墙印象"是些简单而又模糊的认识：坚实厚重的澄泥砖垒砌成高大的城墙，整块巨石雕凿而成的庞然大物，选材高档、制造精美的金水桥，发自墙根、挤爆墙壁的树干，夏天汲取凉水的古井，还有神秘而又似是而非的故事和传说，如"朱洪武放牛轶事""树立赑屃趺碑是得到神鸟'碑不见龟'的启示""石龟吃了农家人庄稼被砸了头"等，对于楚藩是零碎的印象。大明覆亡已然 300 余年，人们总有不尽的谈资。然而，某些偏离历史真相的坊间传说，不成体系的明代楚藩介绍，势必带给受众一些似是而非的认识，甚至错误的判断。笔者试图借助本书，将其接近真相的"画相"呈现出来。

（二）"顺理成章"

初中阶段参加劳动，学校要建校舍，学生要把"城墙"的澄泥砖抬到小学基建工地。那砖坚固实沉，砖块上凝固的糯米石灰浆，附着性极强，须用铲刀砍削，十分费劲。2012 年，见到湖北省图书馆馆藏孤本《灵泉志》，发现楚藩茔园有着太多的故事。为了探明其中的来龙去脉，前后申报两个课题。前课题，描述土著乡绅对于"文化村落"的坚守，与楚藩对于"封山造寝"的执着，双方争斗的细节鲜为人知。前作《龙泉山历史文化资源及其开发价值》于 2017 年由武汉大学出版社出版，其中第四章"楚藩寝园篇"仅就茔园的相关问题作了说明，但也留存了一些谜题。写作过程中，搜集到一些相关资料，因而"明代楚藩研究"作为选题仿佛顺其自然。后课题主要研究楚王生前的所作所为、功过是非，藩府的运行机制，以及宗室、官员的生活状态。作为一项影响明代社会生活的宗藩制度，其稳定与否，直接关系到大明王朝的兴衰。本专著拟将楚藩作为一个典型案例，探究宗藩在大明王朝国家体制运行中的正负作用。

（三）"文化兴乡"

2012 年，在《武汉市历史文化名村名镇分级保护推荐名单》中，明代楚王茔园遗址所在的龙泉街道营泉村，被列入国家级遗址遗产型历史文化名村。① 当地政府及龙泉山风景区管理处，在策划龙泉山申报省级、国家级文化遗址公园的过程中，笔者偶或应邀参加相关活动，感觉其文化资源发掘整理方面有待进一步深化。基于此，申报了"龙泉山旅游资源深度发掘与有效利用方略研究"课题，以期进一步丰富龙泉山历史文化资源。近 2 年来，晋级的喜讯纷至传来：2020 年 9 月，"武汉明楚王墓遗址"成为湖北省正式授牌的第一批省级文化遗址公园；2022 年 12 月 29 日，国家文物局公布第四批国家考古遗址公园评定结果，"武汉市明楚王墓遗址"名列其中。笔者希望《明代楚藩述要》能让受众更多、更清晰地了解朱明楚藩，力图在打造"国家级遗址遗产型历史文化名村""龙泉山智慧公园""国家级文化遗址公园"的建设中贡献一份微薄的力量。

图 0-1　明代楚王茔园被授予湖北省文化遗址公园牌匾

二、研讨目标

（一）力图还原历史事实细节

朱元璋率众覆元，夺得国权，世人多有崇褒。后代皇帝恪守祖训、励

---

①　武汉市国家历史文化名城保护委员会办公室 . 国家历史文化名城通览［M］. 武汉：武汉出版社，2014：66.

精图治，然而依照"洪武精神"设计、自认架构完美的明朝大厦，不到300年就轰然倒塌，值得探究。一般史籍描述楚藩必涉：昭王平叛有功，庄王缴兵自保，宪王小有才学，端王彰孝可嘉，愍王遭弑归天，华奎冒姓嗣王竹笼沉江。然而，这些只是楚藩文化面貌的凤毛麟角。作为明初四大雄藩，楚藩必有"强"的原由，"雄"的特征。因而课题的一个目标即是进一步还原当时的历史背景及其事实细节。

(二)全面解析明代藩封制度

明代的藩封制度是明史研究中的重点内容之一。朱元璋在征战过程中，就在构想"洪武蓝图"。为了巩固政权，建国后其将24个儿子分封于各地建立藩国，后来的皇帝同样将儿子分封到各地。这些藩王的子孙承袭祖辈的爵位，成为明代社会一个特殊的贵族群体。明代的藩封，享有"国中之国"的待遇。藩封作为大明王朝链条的重要环节，与封建国家的兴衰密切相关。藩封发展到后期，严重破坏了封建国家的生态环境。时至今日，明朝藩封制度的研究大致经历了一个从整体性研究到专业性、区域性、个别化研究的过程，并取得了一定的成就。有的学者认为宗藩最后成为压垮大明封建王国的最后一根稻草。探讨藩封的运行机制，有助于明朝封建王国运行机理的研究。

(三)客观描述楚藩的是非功过

楚藩作为明代藩国(藩府)的重要部分，其兴衰与明朝政治背景、经济政策的变化紧密相连。楚藩在明代众藩中具有典型的代表性。楚为强藩，雄踞华中，从分封地域来看，比上不足比下有余。楚藩在湖广地域的相关活动，对地方经济运转、文化生态产生了重大影响，是湖广地域文化研究的重要组成部分。楚藩先期发展平稳，中后期宗室内部酿出震惊朝野的大案，外部与社会生态环境，内部与藩王理政、宗室生活状态不无关联。全面、系统、深入地研究楚藩，可以探讨明朝的政治、经济、军事、文化、民族、宗教等方面政策的异动、变迁及得失，以及这些政策在与藩国(藩府)的互动过程中，给藩国(藩府)带来的影响，从而丰富明代藩国(藩府)运行机制、运行状态的研究。

关于明代楚藩的专门研究，仅有零星研究者涉猎，至今尚无学者进行系统研究。本书拟在全面、系统、深入研究明代楚藩，厘清楚藩世系及其兴衰情况，王府运行机制、宗室及王府官员的生活状态，探讨楚藩在湖广地区的政治、经济、文化活动及其对湖广地区造成的影响，以便人们较为全面地了解楚藩。

三、有利条件

(一)个人前期准备

在前课题的研究中，笔者收集了一些有关朱明楚藩的文献资料。为了后期查阅便捷，笔者将文本文件进行整理后并编制目录，还将引用文献剪切为图片放入 WORD 文件，并标注书名、版本、出版(刻版)年份、页码。随着课题的申报成功，笔者写作专著的底气，撰著成功的预盼程度日渐增强。

(二)学界研究启迪

学界前辈有关明代藩王的专题研究材料、考古发掘报告，提供了前行路标。前人关于宗藩人口、禄粮、婚姻、犯罪、葬制葬俗等方面的探讨，均为不可多得的参考资料。同时总结前行研究者的得失，可以避免自己少走弯路，不走弯路。

(三)现代技术助力

愈来愈多的古籍文献影印出版，提供了更多的原始文献和寻得第一手资料的可能；愈来愈多的古籍文献点校本相继出版发行，创造了查找阅读的便捷；借助功能强大的网络查询功能、计算机文档处理功能，既解决了遗忘带来的烦恼，又方便快捷，从而节省了更多时间和精力。

四、研究难点

（一）楚藩文献稀缺

楚藩自身档案文献遭遇多次灾难性的损毁，原始文献散佚严重。尽管竭尽搜索，仍然觉得少之甚少，并且细碎而又零散，要画好"楚藩画相"，还需要费些心思。因而，本书的框架是"依材建房"，而非"因房取材"。

（二）需要旁推侧引

从各类文献中，挹取有利用价值的资料。然而引用原始文献，遇到诸多难题，查找古籍难，识读古籍难，文献注释难。偶有吉光片羽，仿佛如获至宝。论说详后，征引著作。文献参差杂出，需要甄选引用。

（三）摸着石头过河

目前尚无全面研究楚藩的专著引路，若想描绘一幅清晰完整的"明代楚藩"形象，就得搜罗其相关史料，加以甄别，将其作为"楚藩画相"的"颜料"。这些史料大致包括五大类：一是当朝宪章制度文献，二是明朝通史专门史，三是明朝官员文人笔记，四是各地历代方志，五是作为参照的近人研究成果，以及与其相关的社会背景材料。

五、写作思路

努力做到以下五个方面，以期实现写作目标。其一，专题分类，述说源流。全书共十个板块，包括前言、后记，以及八个专题章节，即：朱桢裔孙及其宗族群体，楚府僚属及其运行机制，楚藩作为及其各方关系，楚藩宗室群体生活状态，楚藩人文风貌及其特性，楚宗违法与楚藩特大案，楚藩兆域及其葬俗特征，楚藩相关文献史料附录。其二，搜诸典籍，汇集资料，然后在甄别、拣选、提炼的基础上适当引用。其三，依史论事，厘清史实。回归当时背景，钩稽藩府故实。其四，探赜索隐，还原真相。某些事件往往淹湮在历史长河之中，这就需要寻根索源，钓陈列证，回归事件原貌。其五，专项列表，精简呈现。相关内涵的事物分列表格，便于查阅比较。如：《楚王继袭简表(含南明册封三王)》，《藩王元妃继妃列表》，《郡王继袭世系表》，《郡王妃册封记录列表》，《将军中尉赐名封爵列表》，《郡县主君与仪宾册封列表》等。

前言结束之时，引用人们常说的一句话："理想与结果总会有点差距"，来掩饰因为不太完美而心怀的忐忑。遗憾在所难免，忝请大家批评斧正。

涂明室

2022 年 12 月

目　　录

第一章　朱桢裔孙及其宗族群体

在明代章宪制度及相关文献中，"藩王"通常称作"亲王"；"藩"常以"国"或"王国"的内涵呈现。然而，其既无封地，亦无佃民，因而，可以理解为爵位、世袭制度等。

第一节　明代楚藩世系

一、楚藩楚王继袭世系

目前学界一般的说法是，楚藩存世的年代，自洪武三年（1370）朱桢封楚王始，止于崇祯十六年（1643）朱华奎被沉水溺亡，共八代九王。但崇祯帝朱由检在北京自尽后，朱明皇室在南方相继建立四代政权，并先后册封三代楚王。详见表1-1《楚藩楚王继袭简表》。

表 1-1　楚藩楚王继袭简表（含南明册封三王）

序号	姓名	生年	册封年	逝年	在藩年数	谥
1	朱桢	至正二十四年（1364）	洪武三年（1370）	永乐二十二年（1424）	55	昭
2	朱孟烷	洪武十五年（1382）	永乐二十二年（1424）	正统四年（1439）	15	庄
3	朱季埱	永乐十一年（1413）	正统五年（1440）	正统八年（1443）	4	宪

续表

序号	姓名	生年	册封年	逝年	在藩年数	谥
4	朱季埱	永乐二十一年（1423）	正统九年（1444）	天顺六年（1462）	18	康
5	朱均鈋	景泰元年（1450）	天顺八年（1464）	正德五年（1510）	46	靖
6	朱荣㳨	成化十三年（1477）	正德七年（1512）	嘉靖十三年（1534）	23	端
7	朱显榕	正德元年（1506）	嘉靖十四年（1535）	嘉靖二十四年（1545）	10	愍
8	朱英㷿	嘉靖二十年（1541）	嘉靖二十九年（1550）	隆庆五年（1571）	22	恭
9	朱华奎	隆庆五年（1571）	万历八年（1580）	崇祯十六年（1643）	63	贞、定、惠、贺
10	朱华壁	隆庆五年（1571）	崇祯十六年（1643）	隆武二年（1646）	约4	—
11	朱华堞	—	隆武二年（1646）	永历三年（1649）	约4	—
12	朱华廛	—	永历三年（1649）	永历三年（1649）	（约4个月）	—

附注：

1. 朱华奎之谥有四：钱海岳《南明史》记，南明先赠"贞"，后改"定"；光绪八年《洪山宝通寺志》称"惠"；湖北及武汉民间称"贺"，其来历有 2 种说法。一是源自刘毅贺王妃姓氏之说①；二是 1989 年版《武昌县志》谓："楚宗灭绝，人民称贺。"②地方文献常用此称。一般文献不提其谥，常称"楚王华奎"。

2. 楚王朱华壁、朱华堞、朱华廛，均由南明政权册封。

———————————

①　刘毅 . 明代帝王陵墓制度研究[M]. 北京：人民出版社，2006：206. 南开大学刘毅"疑其陵得名或与王妃姓氏（即贺妃）有关"，并认为"贺"并非谥法用字，但在民间已经形成事实上的华奎谥号。

②　武昌县志编委会 . 武昌县志[M]. 武汉：武汉大学出版社，1989：683.

二、明代楚王小传

（一）楚昭王朱桢

明楚王序列：第一位

祖父：朱五四（更名朱世珍，追封仁祖淳皇帝）

祖母：陈氏（追封淳皇后）

父亲：朱元璋

母亲：胡妃（胡充妃，明成祖追谥"昭敬"，故称"昭敬太充妃"）

兄弟：在同父异母兄弟中排行第六。长兄朱标（懿文太子）、二兄朱樉（秦愍王）、三兄朱棡（晋恭王）、四兄朱棣（初封燕王，后取代侄儿建文帝朱允炆，成为明成祖）、五兄朱橚（周定王）、大弟朱榑（齐恭王）、二弟朱梓（潭王）、三弟朱杞（赵王）、四弟朱檀（鲁荒王）、五弟朱椿（蜀献王）、六弟朱柏（湘王，建文帝谥戾，朱棣称帝后改谥献）、七弟朱桂（初封豫王，后改封代王，谥简）、八弟朱㮵（初封汉王，后改封肃王，谥庄）、九弟朱植（初封卫王，后改封辽王，谥简）、十弟朱栴（庆靖王）、十一弟朱权（宁献王）、十二弟朱楩（岷庄王）、十三弟朱橞（谷王）、十四弟朱松（韩宪王）、十五弟朱模（沈简王）、十六弟朱楹（安惠王）、十七弟朱桱（唐定王）、十八弟朱栋（郢靖王）、十九弟朱㰘（伊厉王）、二十弟朱楠（夭折未封）。

姐妹：同父异母姐妹16人：临安公主、宁国公主、崇宁公主、安庆公主、汝宁公主、怀庆公主、大名公主、福清公主、寿春公主、十公主、南康公主、永嘉公主、十三公主、含山公主、汝阳公主、宝庆公主。（十公主和十三公主早逝没有封号）

婚配：《明实录》所记有1妃3夫人，元妃王氏（定远侯王弼之女，生孟烷、孟焯），夫人有潘氏（生孟炜）、李氏（生孟爌）、华氏（生孟灿）。巴陵王孟熜、永安王孟炯、景陵王孟炤、岳阳王孟爟、江夏王孟炬等五人生

3

母未见记载。但楚藩《朱氏宗谱》记载与考古勘探结果，另有说法。①

谥号：昭

子女：十男，长子朱孟熜(庶生，追封巴陵王，谥悼简)；次子朱孟炯(庶生，封永安王，谥懿简)；三子朱孟烷(嫡生，初封楚世子，后袭楚王，谥庄)；四子朱孟焯(嫡生，封寿昌王，谥安僖)；五子朱孟炜(庶生，封崇阳王，谥靖简)；六子朱孟爚(庶生，封通山王，谥靖恭)；七子朱孟灿(庶生，封通城王，谥庄靖)；庶八子朱孟炤(庶生，封景陵王，谥顺靖)；庶九子朱孟爟(庶生，封岳阳王，谥悼惠)；十子朱孟炬(庶生，封江夏王，谥康靖)。

九女：长女华容郡主(嫁仪宾马注)；次女沅江郡主(先卒)；三女临湘郡主(先卒)；四女清湘郡主(嫁仪宾耿琇)；五女云梦郡主(先卒)；六女安乡郡主(嫁仪宾魏宁)；七女澧阳郡主(嫁仪宾张鉴)；八女兴宁郡主(嫁仪宾葛隆)；九女祁阳郡主(嫁仪宾李澄)。

兼任职务：宗人府右宗人(洪武二十二年1389—永乐元年1403年)，宗正(永乐元年1403年—寿终)

重大事件：首封楚王，开藩武昌，南征平叛，惩处全州妖人，首择灵泉山(今武汉市江夏区龙泉山)为明楚藩王寝山。

文学作品：《纪咏》诗集。

概貌特征：喜好游历山川、骑行出猎、堪舆、炼丹、佛道兼收。

在世61岁：至正二十四年(1364)三月—永乐二十二年(1424)二月二

---

① 楚昭王朱桢的夫人数目，史载不全。《明实录》所记1妃3夫人；楚藩《朱氏宗谱》谓其茔园东侧3座、西侧2座为妃子(应称夫人)墓，夫人姓氏分别为陈、郑、胡、刘、程，这与《明实录》相差甚远；《武昌龙泉山明代楚昭王墓发掘简报》称“据考古钻探，其(指楚昭王地宫)西侧40余米处还有一墓，依据明制，应为昭王元妃王氏墓”；1981年，文物部门在昭园西侧2座中发掘1座夫人墓，墓主为程氏女性，扬州人，38岁卒。出土金凤冠、金香包等近百件物品。考古人员认定为朱桢夫人墓；位于贵州铜鼓“明楚王妃墓”，虽未知此夫人姓氏，但当在夫人之列。按此推知，按数目计，楚昭王朱桢有妃子1人，夫人6人。至于元妃王氏早逝，是否有某夫人晋封为继妃或次妃，未见记载。

十二日。

在藩 55 年：洪武三年（1370）四月—寿终之时。

图 1-1 明太祖朱元璋、楚昭王朱桢画像

来源：楚藩《朱氏宗谱》

1. 获封楚王开藩武昌

吴元年（1367）十二月，朱元璋祝告太庙，第六子命名"朱桢"。① 许多史书、方志记载其出生的趣事。至正二十四年（1364），时值朱元璋与陈理在湖广交战，驻守武昌府江夏县梅亭山（今武汉武昌梅亭山），听到胡妃生下第六子的消息，便说："他日以此子王楚。"洪武三年（1370）四月初七日，明太祖朱元璋颁布《封诸王诏》，分封诸王。第六子朱桢封为"楚王"。② "众建藩辅，所以广磐石之安；大封土疆，所以眷亲支之厚。古今通谊，朕何敢私？尚赖中外臣邻，相与维持，弥成政化。故兹诏示，

---

① （明）胡广等修. 明太祖实录［M］. 吴元年十二月丙寅卷二十八下页十五. "国立"北平图书馆红格抄本影印版. 台北："中央研究院"历史语言研究所，1962：467.

② （明）胡广等修. 明太祖实录［M］. 洪武三年夏四月乙丑卷五十一页六. "国立"北平图书馆红格抄本影印版. 台北："中央研究院"历史语言研究所，1962：1001.

咸使闻知。"①然后，举行了册封诸王仪式和祭告山川仪式。从楚昭王地宫出土的《大明楚王封册》来看，此《封册》既是朱桢封楚的凭信，又是一个帝王对儿子的教诲与勉励，作为藩王，定当"奉天勤民，藩辅帝室，谨兵卫，恤下民，敬祀宗社山川"。而其《祭告山川文》俨然如一次"天子"与"天"的对话："今朕以词实告，遣（使）赍香帛，陈牲祭告，惟神鉴之。"②由此祈求天佑大明，天佑诸藩王国。朱桢首封于楚，开创楚藩演进的历程。

2. 太祖偏爱尊威并显

朱桢 6 岁师从翰林编修陶凯（后升礼部尚书）。明太祖"命（陶凯）教大本堂，授楚王经"③。"高皇帝下武昌闻其名而聘"的湖广蒲圻文士魏观，"侍皇太子及秦、晋、楚诸王授经，迁国子祭酒"④。明太祖有些偏爱朱桢，至少有 5 个方面的依据。一是朱桢生母是胡妃。寡妇胡氏必有朱元璋特别看好之处，朱元璋两度求婚方得如愿。洪武三年（1370），册封为充妃。《罪惟录》披露：马皇后逝，明太祖欲封胡充妃，被大学士吴沉劝谏而止。"吴沉为皇子师。洪武二十年（应为十五年——笔者注），马皇后崩，（明太祖）意欲立胡昭敬妃为后，沉谏。上止弗议，而意怫。"⑤"胡妃，凤阳人，定远卫都指挥（胡）泉之女，生楚王桢。有殊宠偶有堕胎，掷内河。内侍以为（胡）妃所为，上怒杀妃，投其尸城外，选小李妃于楚，后追谥昭敬。"⑥有种说法表明：因冤杀胡充妃，明太祖意欲将"偿还"转向朱桢，由此朱元璋对于朱桢有所偏宠。二是朱桢就藩武昌所赐物品，以及后来楚藩

---

① （明）沈懋学．皇明翰阁文宗［M］．万历五年刊本卷一页一．

② （清）陈元京修，范述之纂．江夏县志［M］．乾隆五十九年刻本卷十三艺文记页十六．

③ （明）程敏政．明文衡［M］．乾隆四十六年《四库全书》本卷四十四页三十五．

④ （明）俞汝楫等．礼部志稿［M］．乾隆四十五年《钦定四库全书》刊本卷五十一列传页四．

⑤ （清）查继佐．罪惟录［M］．《四部丛刊》影印本卷三十二页一百三十六．杭州：浙江古籍出版社，2012：1077．

⑥ （清）查继佐．罪惟录［M］．《四部丛刊》影印本列传卷二页五．杭州：浙江古籍出版社，2014：1146．

获得的福利(虽然《明实录》仅有部分记载,但在后来的事件有所反映),相对其他藩王,略显偏爱。三是朱桢封于"财赋地"。"累朝以来,财赋地不封,畿辅地不封。"排行庶六子的朱桢,与9个"边塞藩王"相比,的确有些幸运。马皇后亲生5男(太子朱标、秦王朱樉、晋王朱棡、燕王朱棣、周王朱橚)、2女(宁国公主、安庆公主)。就封地而言,朱樉封秦王(藩西安府),朱棡封晋王(藩太原府),朱棣封燕王(藩北平),此3王在北疆前沿。相比其他藩王,朱桢驻守相对富裕、安全的武昌。四是马皇后病笃诏觐。皇后临终时,诏觐名单中除了分封在外的嫡生4子外,唯独加了楚王朱桢。"召秦、晋、今上(明成祖),洎周、楚入视。"①这个待遇非同寻常。五是朱桢出征过程中,朱元璋除了派遣干练老将协助,还多次给予悉心指导。平叛古州时,又派湘王朱柏协助。

在亲王出镇边塞的背景下,庶生、排行老六的朱桢,不在藩王守边之列,不是因为出生时朱元璋一句"封楚"那么简单,而是背后或有更多鲜为人知的隐秘。

3. 遵守法统守土尽责

但凡言及楚藩的史籍,必说朱桢是慎明处世、恭慎俭约、乐善奉法、无有逾越。朱桢谨于忠孝,属于"听话"的藩王。洪武十四年(1381)朱桢就藩武昌后,在武昌梅亭山建造"封建亭",一则纪念父皇在此口头封王的承诺,二则在此遥望帝京,表达思念父母之情。鉴于"靖难之役"朱桢的中立表现,朱棣莅祚后,有意倚重朱桢,朱桢如鱼得水。永乐元年(1403),朱棣将其升为宗正。朱桢临终遗言,反复叮嘱世子孟烷及其他郡王:"若等必遵祖训,忠朝廷,务保守之道。苟违吾言,吾死有灵,必不尔佑……吾没后,庶事必咨禀世子(世)孙而行,勿违。"语不及他事。在任何时代,忠诚可算作政治表现的重要权重。

朱桢可谓守土尽责,有着足够的表现。凭借特有的政治敏感,果断处

---

① (明)王云五主编.丛书集成初编[M].纪录汇稿卷之十二《天潢玉牒》页十八.北京:商务印书馆,1937:18.

置异端思想。全州有一妖人，自撰《经忏》一书，声称由梦中无量寿佛所授，进献楚王。朱桢认为此人妖言惑众，派人押送京师处斩，展现了绝不容忍异端邪说扰乱大明社会秩序的态度与决心。朱季坝的《明楚昭王墓碑文》还称朱桢"爱恤国人，恒恐伤之。地产之利，率推畀民，不受贡献。岁歉，尝减禄米之半以抚民。军校遵奉戒约，毋敢侵越。国中怀德，如戴父母"①。其中不乏夸赞、溢美之词。

4. 首开亲王平叛先河

朱桢的军事业绩就是平息西南少数民族暴动。明太祖命朱桢平叛，指派开国功臣协助。"亲王统兵自此始。"②朱季坝所撰《楚昭王行实》③和《明楚昭王墓碑文》，列举其"十征洞蛮"：

一征散毛土司。洪武十四年(1381)五月，朱桢刚就藩武昌一个月，明太祖命其"率江夏侯周德兴讨散毛诸洞贼兵"。但《明太祖实录》137卷记"江夏侯征伐五溪蛮"，未涉朱桢。"德兴帅师征五溪蛮，蛮人散走。"

二征大庸铜鼓。洪武十五年(1382)正月，"复讨大庸诸洞贼兵"。明置大庸县，后设铜鼓卫。《明太祖实录》141卷"洪武十五年春正月"条目，未涉朱桢。

三征靖州诸地。靖州，现为苗族侗族自治县。洪武十八年(1385)三月，"上命信国公汤和、江夏侯周德兴，师从楚王桢进兵剿捕"。官军分屯立栅与蛮民杂耕，计擒吴面儿，械送京师伏诛；俘获叛军4万余人。汤和夸朱桢"有谋略"，明太祖赞称"真吾子也"。

四征云南阿鲁秃。云南阿鲁秃举众叛乱，洪武二十年(1387)十月，朱桢率部征讨，终以擒获阿鲁秃告捷。《明太祖实录》无记录，但《弇山堂别

---

① (清)裴天锡修，武汉地方志办公室整理校注纂. 清康熙湖广武昌府志校注[M]. 武汉：武汉出版社，2011：845. (清)陈元京修，范述之. 江夏县志[M]. 乾隆五十九年刻本，卷十三艺文记部页十七. "恤"作"惜"，"率"作"卒"。

② (清)傅恒等编修，(清)弘历批评. 御批历代通鉴辑览[M]. 乾隆三十二年刊本武英殿珍藏本卷一百页三十四. 长春：吉林人民出版社，1997：1565.

③ (清)钱谦益，钱仲联，(清)钱曾注. 牧斋初学集(卷一百五)[M]. 上海：上海古籍出版社，2009：2147.

集》有记：洪武二十年，明太祖赐"陕西草场一处，以征云南阿鲁图等处功也"①。

五征西蕃五开(泛指西南少数民族地区)。洪武二十四年(1391)，"往征贼兵"。何乔远《名山藏列传》有此记录②，是援引朱季坤所述，还是另有其他文本？不知其引用来源。

六征道州全州叛贼。洪武二十七年(1394)，"道州回子叛，命讨平之。是年复讨全州叛贼。"《明太祖实录》231卷：当年正月，"道州猺蛮盘大等五百余人作乱，湖广都指挥使司遣兵讨"。《明太祖实录》233卷："全州及灌阳等县平川诸原猺民聚众为乱，命湖广、广西二都司发兵讨之。"

七征桂阳。洪武二十八年(1395)"复讨桂阳山寇，平之。"《明太祖实录》240卷："命蕲州卫、六安卫，武昌、荆州二护卫等官军讨郴州、桂阳等处山贼。"

八征卢溪、黔阳。洪武二十九年(1396)八月，卢溪、黔阳兵叛，"楚王率师自沅州代山逾阻，深入苗塞平之。"《明太祖实录》248卷：当年十一月，辰州卢溪、铅场等寨蛮酋石答踵等35人，入朝贡方物。

九征古州林宽。洪武三十年(1397)五月，命楚王桢率师征古州洞蛮，湘王柏副之，赢得明太祖给予的"贤王"称号。《明太祖实录》252卷："命湖广都指挥使齐让为平羌将军……统兵五万，讨古州蛮寇林宽。"

十征黔阳、辰溪。太祖敕楚王桢曰："今黔阳等处蛮人聚众劫掠，必谓官军征进。"朱桢率军修筑铜鼓卫，"黔阳诸蛮，平之。"

《钦定古今图书集成·明伦汇编官常典》提到9次："(洪武，以下同为洪武年号)十四年是年，率江夏侯周德兴讨散毛诸洞蛮；十五年明年，讨大庸诸洞，皆平之；十八年，铜鼓五开诸蛮乱，出没不常。桢与信国公汤和，分屯诸洞，立栅，与蛮人杂耕作。久之，擒其渠魁，余党悉溃；二十

① (明)王世贞撰，魏连科点校. 弇山堂别集[M]. 北京：中华书局，1985：1271.

② (明)何乔远，周骏富编. 明代传记丛刊：名山藏列传[M]. 台北：明文书局，1991：192-193.

年，讨云南阿鲁速，追至鄘州，擒之；二十四年，征西番；二十七年，讨道州、全州叛猺；明年，讨桂阳山寇；又明年，讨泸溪黔阳诸洞蛮。桢自沅州伐山踰阻，至天柱寨，平之；三十年，古州蛮叛，帝使桢与湘王柏率师十万，往征。桢请饷三十万，又不亲莅军。帝诘责之。”①

上述其中若干条目，《明太祖实录》只提到地方官军出征，未涉朱桢。限于目前资料，难以判定这是对于《明实录》的补充，还是朱季堄有意为祖父朱桢“揽功”，有待更多史料证实。

5. 游心文艺兼蓄佛道

明嘉靖《湖广图经志书》言其留心典籍，游心文艺。“所著有《纪咏》诗集”②，该书录其两首七言诗：《南征过赤壁》《赋得赤壁送人》。“昭王《纪咏》，则通王山撰序。”③朱桢日常生活，并非朱季堄所说“靡他嗜好”。史料表明，其户外活动有游历山川、骑行出猎等。武昌长春山(今蛇山)、梅亭山、武昌西湖(今湖北省人民医院一带)、宁湖(今武汉音乐学院一带)、滋阳湖(今紫阳湖)④、东湖、南湖，江夏九峰山、灵泉山(今江夏龙泉山)是其常游之所。汉南山(今武汉市汉阳区仙女山、米粮山一带)……洪武二十二年(1389)，“楚昭王猎于此，亲射虎”⑤。宗教信仰佛道兼收。建造大多与信仰、祭祀有关。洪武十六年(1383)，“楚昭王有疾，大修境内名地”⑥。相继修缮武昌宝通寺、汉阳玄妙观，兴建武昌长春

① (清)陈梦雷辑，蒋廷锡等校编．钦定古今图书集成[M]．明伦汇编官常典卷九十八宗藩部．北京：中华书局，1934：1.

② (明)薛纲纂，吴廷举续修．湖广图经志书[M]．嘉靖元年刻本．北京：书目文献出版社，1991：16.

③ (明)廖道南．楚纪[M]．嘉靖二十五年刊本．北京：书目文献出版社．1999：106.

④ 武昌区政协．武昌老地名：武昌城内三台八井九湖十三山[J]．世纪行，2009(10)：39-40.

⑤ (明)秦聚奎总修，武汉地方志办公室整理校注．汉阳府志校注(卷三)[M]．武汉：武汉出版社，2007：200.

⑥ (明)秦聚奎总修．武汉地方志办公室整理校注．汉阳府志校注(卷十一)[M]．武汉：武汉出版社，2007：333.

寺、晏公庙等。

《湖北方志》记载朱桢迷信风水。朱桢十分看重生后之地，先看好九峰山，因为多种原因而放弃，后经傅姓风水先生指点，选定"枕山面屏、聚气藏风、临流负山"的江夏灵泉山（今湖北省武汉市龙泉山）。

6. 两代皇帝赞称贤王

朱桢自觉维护政治法统，做到自省自律。"书十事座侧，旦夕自警。恭慎俭约，恒存省己。直言谠论，听纳如流。鉴前古藩王之矢，府中官属，皆出廷授，未尝外通宾客。"明太祖称其"贤王"源自洪武三十年古州征战。明成祖亦称"贤王"，并嘉谕从臣说："楚国之安，由王之贤，岂资辅导。若庇汝等获久于禄，亦由王贤，而汝等幸遇也。"永乐元年（1403）明成祖写给朱桢的信，表达了朱棣的赞许："贤弟幸体斯意，府中宫室损坏者，姑用护卫之人随时修葺，俟民安岁丰然后量拨军民为之，如此公私两利矣。"并对其令护卫军屯种以赡岁用的做法极为赞赏。明仁宗朱高炽做太子时，每当湖广臬司辞朝返回武昌时，便叮嘱他们"善事贤叔（指朱桢）"。朱棣听闻朱桢逝讯，"辍视朝七日，谥曰'昭'"，并给予12字的评价："恭慎畏事，执守礼法，始终一心。"①

朱桢逝后，葬于武昌府江夏灵泉山（今武汉市江夏区龙泉山）天马峰南麓，茔园占地面积113311平方米，约170亩，在楚藩王中，茔园面积最大。朱季埈撰写《明楚昭王神道碑文》，迪功郎楚府纪善管延枝篆额。迪功郎纪善马纯书丹。正统十二年（1447），茔园竣工。时任楚王的朱季埱在茔园南侧建造神道碑及碑亭。神道碑亭及碑趺基本完好，碑文记述了朱桢的生平、子嗣、藩政业绩，字迹至今基本清晰可识。昭王茔园外城垣保存基本完好，其茔园建筑群成为明代藩王茔园的代表性建筑。

朱桢在藩时间，是朱明王朝政治经济制度初建、逐渐固化的阶段。作为楚藩始祖、楚宗爵禄开创人，其"标杆"作用，奠定了楚藩前期的平稳。

---

① （明）杨士奇等修. 明太宗实录［M］. 卷二百六十九页三."国立"北平图书馆红格抄本影印版. 台北："中央研究院"历史语言研究所，1962：2439.

（二）楚庄王朱孟烷

明楚王序列：第二位

祖父：朱元璋

祖母：胡充妃（"昭敬太充妃"）

父亲：朱桢

母亲：楚昭王元妃王氏

出生地：湖广武昌府武昌城楚王宫

兄弟：长兄朱孟熜（巴陵悼简王）；二兄朱孟炯（永安懿简王）；弟朱孟焯（寿昌安僖王）；二弟朱孟炜（崇阳靖简王）；三弟朱孟爚（通山恭靖王）；四弟朱孟灿（通城庄靖王）；五弟朱孟焰（景陵顺靖王）；六弟朱孟爉（岳阳悼惠王）；七弟朱孟炬（江夏康靖王）。

婚配：元妃邓氏（宁河武顺王邓愈孙女，无出），夫人有诸氏（生季堄）、邬氏（生季㙔、季㙵）、李氏（生季墲）。

谥号：庄

子女：四子，长子季堄（原封武陵王，后晋封第三任楚王）；二子季㙔（初封黔阳王，后晋封第四任楚王，谥康）；三子季㙵（封东安王，谥恭定）；四子季墲（封大冶王，谥悼僖。无子国除）。三女，长女封新化郡主，配仪宾刘献；次女未封先卒；三女封湘乡郡主，配仪宾王谦。

重大事件：天旱祈雨，施粥赈饥，射虎除患，建造楚昭王寝园，奏呈楚府二卫交归朝廷。

文学作品：《勤有堂诗集》

概貌特征：善大字，有楷书《黄庭经》，善射。

在世58岁：洪武十五年（1382）四月—正统四年（1439）八月

在藩15年：永乐二十二年（1424）十一月—寿终之时。

1. 遵从祖训，嗣家守邦

朱孟烷，嫡子身份决定其为当然的王位继承人。6岁在京城读书，洪武三十年（1397）封为楚世子，永乐二十二年（1424）袭封楚王。

孟烷理藩，"乐善循礼，谨守宪度"，宽待王府属官，即便才识稍有欠缺，也能怜悯宽恕。对于护卫军校，尽量保其温饱，节其力役。奉神明斋，守礼终制。遵奉皇明祖训，维护朝廷法度，为了维护朝藩关系不断添加润滑剂，生怕不周至。扩建楚府书堂，以供宗室子弟就学。永乐十一年(1413)天旱，躬祷祈雨。宣德年，武昌闹饥荒，即命属官施粥赈济饥民。江夏山中有虎出没，伤及人畜。孟烷率队出捕，悉数射杀，消除虎患。正统年间，选送名马进贡，资助天兵征战。明宣宗闻其逝，感叹道："宗室中至亲至贤者也。宜臻高年，为我子孙式。"

2. 献还护卫，如释重负

经过洪武、永乐、洪熙多朝的经营，楚藩成为名副其实的强藩。宣德五年(1430)三月，平江伯陈瑄指派其子密奏："(楚藩)兵强国富，他藩莫及，实难制驭……(理当)剪其羽翼，绝其邪谋。"明宣宗晓谕侍臣：楚藩从来无过。若真实施裁减，就会弄得朝藩失信。陈瑄实在有些过虑。虽然宣宗并未采纳陈瑄之奏，然而孟烷敏锐地意识到势态的严重程度，快速作出反应。当年十一月，孟烷遣使呈奏：将府中两卫交归朝廷，自留一卫，得到"准奏"批示。此举历来为世人所称颂。此次交兵，确实起到自保作用。

3. 敬慎好学，诗文有成

张廷玉《明史》称朱孟烷"敬慎好学"。朱季埭称其"尤勤问学，经史子集，咸究其要。有诗文集。善大字，有楷书《黄庭经》传于世"。廖道南称其"孝友仁厚，根诸天性。深自贬抑，筑书堂以自诵习"。常与楚府长史管讷(时敏)、纪善贝翱、伴读雷贯等人研习文学。① 嘉靖《湖广图经志书》谓"德性善良，善书楷字，享国一十五年，所著有《勤有堂诗集》，其行实俱碑刻(指楚庄王神道碑)"②。(明)朱谋㙔《藩献记》称其"仁厚博洽，能文章，深有智虑"。其文作有：《半山亭记》《流清亭记》《乐善堂记》《凤凰山

---

① （明)廖道南. 楚纪[M]. 嘉靖二十五年刊本卷六楚藩王各表. 北京：书目文献出版社，1999：83.

② （明)薛纲纂，吴廷举续修. 湖广图经志书[M]. 嘉靖元年刻本卷一. 北京：书目文献出版社，1991：16.

赋》《云峰赋》《冬猎赋》《云梦泽赋》《求放心论》，嘉靖《湖广图经志书》载
有《江汉朝宗》《书堂记》《仙枣亭》《孝竹祠》《大别山歌》《仰山庙记》《九峰
龙池》《重游九峰寺》《岘山怀古》《大岳太和山》《赤壁辩》等。《游九峰寺》
收录于张豫章等编纂的《御选明诗》(题作《九峰寺》)；另有《勤有堂诗集》
一卷，明正统六年刻本，辽宁省图书馆藏有古本。①

孟烷《九峰寺》，"细路千盘回，高峰九迭奇。……云锁禅栖室，岩镌
御制碑"。②《明楚庄王叙赞》评价其诗作"驰如奔马，逸如放豚，敬以持
之，纳诸言身。然而求放心，自存诚始，故著《无妄说》。以为剥尽复至，
阴极阳生，君子全天无妄，既诚然而无妄，斯能守己，故著《守己箴》。以
盈满是惧、恭俭是遵，佞人宜远，正士当亲。盖其有得于高皇之遗训、昭
王之崇规者深矣"③。

孟烷理藩，适值楚藩风头正劲之时，其逝后楚藩由此渐入第一个低
谷。朱孟烷逝后葬于湖广江夏灵泉山(今武汉江夏龙泉山)。正统十二年
(1447)，茔园竣工，占地 30652 平方米。《明楚庄王神道碑文》由长子朱季
埨预先撰写，次子朱季塈在茔园西侧建造神道碑及碑亭。目前茔园仅存残
垣断壁，神道碑亭及碑趺基本完好，碑文记述了朱孟烷的生平、子嗣、藩
政业绩，字迹至今基本清晰可识。

(三)楚宪王朱季埨

明楚王序列：第三位

祖父：楚昭王朱桢

父亲：楚庄王朱孟烷

母亲：诸氏

---

① 张晓彭.明代宗藩诗人及其诗歌述论[J].南都学坛，2016(9).

② (明)吴之鲸.武林梵志[M].文渊阁《四库全书》本史部 588 册卷二.台北：台湾商务印书馆，1983：30.

③ (明)廖道南.楚纪[M].嘉靖二十五年刊本卷六楚藩王各表.北京：书目文献出版社，1999：83.

出生地：湖广武昌府武昌城楚王宫

兄弟：大弟季堄(初封黔阳王，后继袭楚王)，二弟季𡒃(封东安王)，三弟季㙩(封大冶王)。

婚配：元妃傅氏(楚府典簿傅凤之女，无出)

谥号：宪

子女：无

重大事件：多次受到明英宗奖谕，建造楚昭王寝园，奏请英宗命儒臣撰写碑额，明英宗敕赐圹志。

文学作品：《楚昭王行实》《楚昭王神道碑文》《楚庄王神道碑文》《碑碣》《毓秀轩诗》《维藩清暇录》。

概貌特征：克勤问学，才识博精，英年早逝。

在世 31 岁：永乐十一年(1413)—正统八年(1443)三月

在藩 4 年：正统五年(1440)—寿终之时

1. 诚孝奉母，皇帝奖谕

季坱侍奉嫡母(庶生子女称父亲的正妻)王妃邓氏，熬汤煎药身体力行，长达数月，直至去世。明英宗得知，致书季坱："宗藩之贤，楚为首称，叔自袭封，恭谨茂著，兹以孝闻。"(《明英宗实录》89 卷)

2. 克勤问学，文行可观

嘉靖《湖广图经志书》曰："读书好礼，精于书篆，享国四年，所著有《毓秀轩》文集，其行实俱碑刻。"①查继佐《罪惟录》曰："季坱文行可观。"②季坱编写《楚昭王行实》，著有《毓秀轩诗》《维藩清暇录》，管延枝为之序。其《东平河间图赞》，为士林所诵。

《明诗纪事》选楚宪王季坱两首③《衡山》为历代诗集所选。《康熙御选

①　(明)薛纲纂，吴廷举续修.湖广图经志书[M].嘉靖元年刻本卷一.北京：书目文献出版社影印，1991：16.

②　(明末清初)查继佐，倪志云著，刘天路点校.明书(罪惟录)[M].《四部丛刊》影印本列卷四同姓诸王列卷.济南：齐鲁书社，2014：1306.

③　(清)陈田辑撰.明诗纪事(卷二上)[M].上海：上海古籍出版社，1993.

明诗》①，朱彝尊《明诗综》②，均录有《衡山》。

3. 醉心祖茔，颂扬先德

正统七年(1442)七月，季垍奏请英宗，命朝中儒臣撰写昭园、庄园碑文。英宗复书：叔文学迈众，且素得于侍下，目见者最详且实，于自撰述为宜。或授事实于府中儒臣，俾之代述。十二月，礼部尚书转达季垍的奏请，称自己与楚府儒官学浅才疏，乞请名儒撰文。英宗方令翰林院代撰。季垍一边等待朝中儒臣的碑文，一边自撰碑文备用。未料季垍次年去世，好在昭园、庄园碑文已经完稿。直到正统九年(1444)八月，季塬收到收到英宗书信，以及命儒臣代撰文与碑额，并嘱咐"可量宜砻石镌刻，叔其亮之"③。

明代有160位宗藩诗人，楚藩有6人，季垍属其中之一。季垍的楚昭王、楚庄王神道碑诗"对偶工整，音韵和谐，古雅玄妙，肃雍庄严"④。

4. 文士点评，皇帝称赞

廖道南(？—1547)《楚纪·楚宪王叙赞》称其"幼绍家声，务学时敏……文藻焕发，诗调高旷，乃作《资敬堂》，以崇先训；《环翠轩》以怡幽贞；又题《东平图》曰：'东平昔贤王，居家惟乐善。良由心好德，外美粹然见。富贵非所荣(一作乐)，忠诚亦无倦。谠言契宸衷(帝王的心意)，奏疏答天眷。永言蹑芳躅，千载继成宪。'《河间图》曰：'我闻河间贤，懋学由好古，心契羲皇奥，神游洙泗浦。求书留其真，延儒应接武，藩辅德无暇，道术言有补，高风邈已远，新图诚快睹。九原不可作，百世吾畴舆。至今士林多，诵之王表章。'《昭王行实》，暨《庄王碑碣》，咸自撰述。所著有《毓秀轩诗》，及《维藩清暇录》，管延枝为之序。"⑤

---

① (清)康熙御选明诗(卷二)[M].长春：吉林出版集团，2005.

② (清)朱彝尊.明诗综[M].乾隆四十六年《四库全书》本卷二页七.北京：中华书局，2007：66.

③ (明)陈文等修.明英宗实录[M].正统九年八月甲子卷一百二十."国立"北平图书馆红格抄本影印版.台北："中央研究院"历史语言研究所，1962：2427-2428.

④ 张晓彭.明代宗藩诗人及其诗歌述论[J].南都学坛，2016(9)：49.

⑤ (明)廖道南.楚纪[M].嘉靖二十五年刊本卷六楚宪王叙赞.北京：书目文献出版社，1999：84.

明英宗致函夸奖："孝子不匮，永锡尔类，继自今益广是心，以固藩屏，不惟我国家有无疆之休，叔亦有无疆之闻。天性明敏，克勤问学，孝友谦恭，汉之东平、河间不是过也。"（成化二十二年（1486））季埌"薨年三十一"，英宗皇帝钦赐圹志。楚府藩王中，仅此一例，这是季埌的最大荣耀。

5. 灵泉北山，宪茔有迹

武昌府江夏灵泉山（今武汉市江夏龙泉山）有南北两列峰丛。楚王9寝中，唯有昭寝与宪寝在北部峰丛。天马峰的东支俗名"团山"，当地称"宪寝山"，山下有塘，名"宪寝塘"。宪王茔园占地23562平方米。宪寝盗毁严重，宝顶处可见1米见方的盗洞。墓碑、墓志无存。至今还散落着一些琉璃构件。笔者见到有"憲"字样的琉璃瓦片。

落水碑趺或为季埌碑亭构件。现今武汉市江夏区龙泉山内东澥河道堤岸，存有赑屃和尚未刻字的石碑各一件，疑为运输途中，排筏倾覆，掉落河道。此物属于何王碑亭构件，方志未见记载。笔者推测两物为朱季埌茔园碑亭构件较为合理。

图1-2　梁子后湖湖滨废弃的赑屃石构件

（四）楚康王朱季埱

明楚王序列：第四位

祖父：楚昭王朱桢

父亲：楚庄王朱孟烷

母亲：邬氏

出生地：湖广武昌府武昌城楚王宫

兄弟：长兄季垐，大弟季㙙，二弟季㙍。

婚配：谢氏（武昌府知事谢本之女，无出），杨氏（武昌府儒学教授杨苊之女，无出），杜氏（南城兵马指挥贵之女，无出）

谥号：康

子女：无

重大事件：主持建造楚昭王神道碑趺碑亭、楚庄王神道碑趺碑亭

文学作品：《长春山记》

在世 40 岁：永乐二十一年（1423）—天顺六年（1462）三月

在藩 18 年：正统九年（1444）四月—寿终之时。

1. 打理藩务，兼造祖茔

朱季埱，正统元年（1436）赐名，次年，受封黔阳王，选武昌府知事谢本女为妃。正统八年（1443），季埱上奏："季垐薨逝，请求指派府中主持秋祭人选。"明英宗谕旨："黔阳王季埱在郡王中最长，届时主持大祭。"正统九年（1444），册季埱为楚王，以武昌府儒学教授杨苊女为楚王妃。杨妃册封 3 个月后去世。正统十四年（1449），择南城兵马指挥杜贵之女为继妃。

朱季埱不惜代价经营祖茔。在楚藩的攻势下，江夏县灵泉山有些住户开始答应换地。这表明灵泉士绅的联盟出现断裂，而朱季埱从中看到了希望。"正统十二年丁卯（1447），内有邹元儿、林森私换居宅于楚康王朱季埱。"朱季埱继朱季垐之后，主持昭王、庄王茔园及其神道碑的建造，终于在正统十二年（1447）竣工。

2. 季塛谥号迟迟未定

季塛逝后，从天顺六年(1462)三月到天顺八年(1464)三月，楚王王位存在两年空窗期。其中有两个问题，一是季塛谥号迟迟未定，二是何人继承楚王王位显得异常微妙。天顺六年三月，季塛逝后，由东安王季㙙秉奏英宗："兄楚王薨，庶生子才八个月，王府庶务无人领衔料理、亡兄丧礼无人操持。"英宗回复未及季塛赐谥，而是提到三件事：其一是"已敕承奉、长史等官，用心整理府中内外庶务"。其二是吩咐季㙙宜主管丧葬礼仪之事"不可轻易差失，以毕其事"。其三是叮嘱季㙙关注季塛幼子抚育问题："此乃兄弟之谊，在所当然，宜加意慎行之，以副朕笃念亲亲之意。"①直到六月，楚府长史周新奏请秋祀，英宗答复："楚康王季塛薨，庶子年幼，命东安王(季㙙)代祀山川等神。"②至此季塛之谥方有定论。

3. 王位承袭曲折微妙

按明例制，王位继承有两种选择："父逝子继"或"兄终弟及"。季坦无子嗣，"兄终弟及"对于季塛来说，是顺理成章的方案，但季塛还是作了一次试探。季坦逝后，季塛奏："今秋祭祀，未敢擅行。"③英宗"命(季塛)以时行礼。"一年后立册季塛为楚王。季塛既逝，在其弟东安王季㙙看来，自己不是没有希望，理由有三：(1)季塛有"兄终弟及"先例；(2)虽然季塛育有一子，但毕竟只有八个月，且为庶子；(3)若以季塛幼子继位，王府事务托管起码还得十年以上。若是依照前例非他莫属。季㙙也仿效季塛作了一次试探，结果让其失望。英宗答复已经明确季塛幼子为继承人："(季

① (明)陈文等修. 明英宗实录[M]. 天顺六年三月壬戌卷三百三十八."国立"北平图书馆红格抄本影印版. 台北："中央研究院"历史语言研究所，1962：6895.

② (明)陈文等修. 明英宗实录[M]. 天顺六年六月癸酉卷三百四十一."国立"北平图书馆红格抄本影印版. 台北："中央研究院"历史语言研究所，1962：6920.

③ (明)陈文等修. 明英宗实录[M]. 正统八年夏四月戊申卷一百三."国立"北平图书馆红格抄本影印版. 台北："中央研究院"历史语言研究所，1962：2089.

埱)庶子幼小,继承所系,尤须戒谕乳保之人,用心育护。"①季埱不仅没有如愿以偿,而且还领到主持料理季埱后事、督促抚养季埱幼子这两项重大任务。至于朝廷没有选用"兄终弟及"让季埱承袭楚王,最明显的理由是季埱已有子嗣,尽管幼子仅有8个月,也没有理由剥夺其"父逝子继"的权利。关于季埱幼子,《明英宗实录》与其他文献均未曾提及,可能在楚王空窗期夭折。而东安王季埱身体状况不佳,似乎对于英宗的交代没有完全上心,于天顺六年九月去世,年仅39岁。其子朱均鈋于天顺八年(1464)三月继承王位,从而结束楚王王位两年的空窗期。

朱季埱存世之作不多见。典籍载录有《长春山记》。嘉靖《湖广图经志书》评述:"楚康王后进封爵,善于继述,不踰礼。其行实俱碑刻。"②朱季埱逝后,葬于江夏县灵泉山(今武汉市江夏龙泉山)宝盖峰东麓。安葬之日,楚府"各郡王及镇国、辅国将军俱有服亲属,乞令送至坟所葬祭,以尽亲亲之道"。茔园面积8580平方米,康寝早年已被盗毁,墓碑、墓志无存。茔园偶见一些散落构件。

(五)楚靖王朱均鈋

明楚王序列:第五位

祖父:楚庄王朱孟烷

父亲:东安恭定王季埱

母亲:邢氏

出生地:湖广武昌府武昌城楚王宫

兄弟:大弟均铈(袭封东安王),二弟均鐧(封镇国将军)

婚配:周氏(生荣滅),宋氏(生荣淋)

---

① (明)陈文等修.明英宗实录[M].顺六年三月壬戌卷三百三十八天."国立"北平图书馆红格抄本影印版.台北:"中央研究院"历史语言研究所,1962:6895.

② (明)薛纲纂,吴廷举续修.湖广图经志书[M].嘉靖元年刻本卷一.北京:书目文献出版社,1991:16.

谥号：靖

子女：长子荣㳦（以世子嗣第六任楚王）；二子荣淋（封缌云王，谥怀僖，无嗣）；女儿有中牟郡主，嫁仪宾沈宝，其他不详

重大事件：续造藩王茔园，血本诬奏灵泉乡绅谋杀楚王，代管荆藩，明武宗赐"正心"书院匾额，参奏阉宦刘瑾擅权用事

个性特征：脾气暴烈，蛮横行事

在世 61 岁：景泰元年（1450）正月二十六日—正德五年（1510）七月

在藩 46 年：天顺八年（1464）三月—寿终之时

1. 得时行道，力求"正心"

天顺四年（1460）赐名"均𬭎"。"幼不好狎，凝重老成，事宪、康二妃如己母。"①天顺八年（1464）袭楚王爵。成化十年（1474），乞奏楚王茔园每年一秋祭，宪宗批示为 3 年一秋祭。成化二年（1466），选兵马副指挥周伯昂之女为妃。成化十七年（1481），从简从宽处置失礼官员和仪宾。巡按御史劾奏：楚府典宝、仪宾，正旦时节未行王礼。均𬭎提出免于处罚，皇帝仍要追究。"正德初，（均𬭎）论阉（刘）瑾用事，不报。"②虽未递至武宗案头，但表明楚王态度。正德三年（1508）八月，获武宗赐"正心"书院匾额。

2. 夺地官司，中人劝解

江夏乡邦文献《灵泉志》所示：成化元年（1465），朱均𬭎邀请秀才张钟灵③作为楚王与乡绅换地的说情人。楚王提出三倍的换地条件，灵泉乡绅执意不答应，朱均𬭎又急又恨。作为中间人，张钟灵致信朱均𬭎，提

---

① （清）裴天锡修，武汉地方志办公室整理校注．湖广武昌府志校注［M］．武汉：武汉出版社，2011：194.

② （清）裴天锡修，武汉地方志办公室整理校注．湖广武昌府志校注［M］．武汉：武汉出版社，2011：194.

③ 张钟灵，字白湖，湖广武昌县（今湖北鄂州市）白浒镇人。后移居江夏。弘治十一年（1498）解元。"孝友惠慈"，"文誉丕播，不屑以利禄干进"。应聘参与嘉靖《湖广图经志书》编撰，著有《白湖诗文》。

出劝告，言词温和委婉。其主旨是：现有傅姓术士，假托风水，妄称灵泉为宝地。"灵泉一山，乡曲不毛，外山四十八户，内山八户，宋元旧市，亦已残破殆尽矣。兼以烟火杂沓，牛羊驰逐，无甚奇观。"①奉劝均鈋勿要过于相信。诸山有土著祖茔 300 余冢，若并数迁葬，必害及子孙，祸及枯骨。伏祈殿下仰体祖训，俯全庶祀。然而张钟灵的《复楚王均鈋书》并不能、也不可能劝说已经被绑在夺地战车的朱均鈋改变主意。

3. 苦肉一计，孝宗震怒

弘治二年（1489），朱均鈋驱车来到江夏县灵泉山，与灵泉乡绅谈判。张家头人张通率先发难，"声喧林谷"，拒不接受换地、拆房、迁坟。均鈋身为藩王，亲临谈判换地不成，觉得很丢面子。为了给自己台阶，顿生一计，"自伤其首"，在随从的簇拥下悻悻离开。回到王宫，将三个血掌印在纸上，"血本上奏"，诬为谋杀，皇上震怒。②孝宗有旨："仰地方官委兵严拿灵泉乡宦抄家。"灵泉乡宦在京城的官员得知消息，立马快报给灵泉乡亲："着速逃匿，莫念家资，字到之日，火速潜行。"③虽然孝宗在大臣劝说之下收回派兵的成命，但山内其他家族畏于藩势，相继被迫答应换地。仅有张、李两姓顽强坚守，继续与楚藩抗争。

4. 托管荆藩，不堪重负

弘治七年（1494）三月，孝宗谕旨：荆藩世子，部分郡王、郡主、仪宾及宫眷革爵，"俱迁发武昌城内，交楚王严加管束"。孝宗传旨均鈋"量拨房屋居住，照例给与柴米等物养赡"。孝宗委托其代管荆藩，使得朱均鈋心力交瘁。正德二年（1507）四月，荆藩宗女南阿朱，因墓地与楚藩崇阳王府项城县君仪宾杨凤发生争执，潜入京城，击鼓喊冤。明武宗令楚王将其严加管束，又将杨凤逮治问罪。"南阿朱事件"暴露了楚王监管不力的短板。无奈之下，朱均鈋只得"硬软兼施"，一边加强管束，一边做些安抚工作。稍后，按例制奏呈，为荆藩子女请婚。

---

①　张高荣. 新编灵泉志［M］. 武汉：武汉出版社，2006：77.
②　张高荣. 新编灵泉志［M］. 武汉：武汉出版社，2006：63.
③　张高荣. 新编灵泉志［M］. 武汉：武汉出版社，2006：64.

22

5. 忍痛负重，承先启后

均鈋在藩46年，时值明朝社会矛盾转向激化时期。

成化十七年(1481)，本府众多仪宾和官吏，正月初一未行王礼，被检举问罪一事，折射出复杂的藩府内部的矛盾和社会问题。百姓极其痛恨白吃白喝的王室群体。民间评价与官方评价，形成反差。民间评价多见于方志，在灵泉山占山造寝的土地官司，已经惊动几朝皇帝，也埋下了地方民众对朱姓皇族的仇恨。嘉靖湖广省志评说"虑心纯笃，好善不倦"①。过于简略，难见全貌。其子朱荣滅《楚靖王叙赞》多溢美之词。

> 太文建国雄武昌，昭庄宪康历四王。
> 靖考入绍天降祥，乾坤清宁雨露香。
> 一家四海无猜防，民俗归厚追轩唐。
> 后来议者徒更张，礼经三变违故常。
> 圣如丘轲曾不遑，亦君鲁卫臣齐梁。
> 展亲有命宜肃将，使何为乎失低昂。
> 得时行道人自强，乃肯毕身奉权珰。
> 九京赉志归冥茫，灵泉脉脉山苍苍。
> 参天松柏生成行，居藩秉礼徧祍长。
> 安犹磐石思无疆，卜年亿万维天潢。②

朱均鈋代管荆藩，加上本藩内外事务，积劳成疾，于正德五年(1510)七月去世，葬于江夏县灵泉山(今武汉市江夏龙泉山)玉屏峰北坪。茔园占地12792平方米，其地宫被盗掘，茔园仅剩断瓦残垣。

---

① (明)薛纲纂，吴廷举续修. 湖广图经志书[M]. 嘉靖元年刻本卷一. 北京：书目文献出版社影印，1991：16.

② (明)廖道南. 楚纪[M]. 嘉靖二十五年刊本卷六楚藩王各表. 北京：书目文献出版社，1999：84.

（六）楚端王朱荣㳘

明楚王序列：第六位

父亲：东安恭定王季㙉

母亲：周氏

出生地：湖广武昌府武昌城楚王宫

兄弟：大弟荣淋，次弟荣湍

婚配：元妃周氏（广宁卫学训导周昂女，无出），次妃生显榕，夫人田氏（生显槐）

谥号：端

子女：庶长子显榕（初封长乐王，后以楚世子嗣楚王）；二子显樟（封保康王，谥荣靖，无嗣）；三子显槐（封武冈王）。一女封郧城郡主

重大事件：明武宗赐"彰孝坊"匾额，新建楚藩宗祠，迎送明世宗之母蒋太后至京，率先倡议明世宗之父徽号，在"大礼议"力挺明世宗

文学作品：《正心诗集》9卷及其他诗文

个性特征：脾气温和，处世圆通

在世57岁：成化十三年（1477）七月—嘉靖十三年（1534）九月

在藩23年：正德七年十月（1512）—寿终之时

1. 苦心做足"孝道文章"

朱荣㳘，字璇源，自称"黄鹤道人"。成化十六年（1480）赐名。弘治元年（1488），册命为世子。弘治六年（1493），纳周氏妃。正德七年（1512），嗣爵楚王。

其母妃周氏患疾，荣㳘"侍寝问安，承颜养志，内外传播，人无间言"①。父王均㙉患疾，荣㳘日夕侍汤药，诚孝感人。正德六年（1511），

---

① （明）李东阳等修.明孝宗实录[M].弘治十五年五月丙戌卷一百八十七."国立"北平图书馆红格抄本影印版.台北："中央研究院"历史语言研究所，1962：3445-3446.

永安王朱荣澹等人联络宗族，请求赐建牌坊。武宗赐"彰孝"匾额，楚府建造了"彰孝坊"牌楼，刻制了彰孝坊碑。嘉靖《湖广图经志书》收录20余人题诗作文，除4个郡王、3个辅国将军外，还有楚府官员（左长史沈景、右长史吕尚功），湖广地方官员御史陈金、洪钟、刘丙、秦金、王守仁，按察使有陈凤梧，佥事谢廷桂、蔡潮等。湖广参议徐瑶《楚彰孝坊诗序》称："楚殿下天禀特异，表出名藩，士君子歌咏而道之。"①

2. 多方疏通"利益关系"

为人处事力求"圆通"。朝廷之上，有皇帝御赐佳名，多方争取优抚政策，惠及宗藩；宗室之中，其鞍前马后收有拥篡，为其抬轿子，吹喇叭。地方之上，偶尔做些慈善，如出资修缮武昌学舍，"出材以佐，士论重之"。与湖广臬司结交甚密，常常与其聚会饮酒，形成"一团和气"的局面。因天顺年火灾，朝廷暂将武昌府税课司茶引让予楚府，以资修葺殿宇。嘉靖三年（1524）被武昌府奏请归还。荣渻认为这是一大笔损失，两年之后，欲以"洪武后太祖将武昌府税课司特赐昭王"为由翻案，礼部查实"故事无某王税课司印"，以此事"关系体统"予以否决。稍后荣渻疏请重修武昌修静寺，未许。虽然此次疏通失败，但明世宗又从其他渠道给予特权。嘉靖十年（1531）规定：仅有楚、晋两府可以织造青衣纁裳官服，其他王府不得私造。

荣渻是"以文会友"的交际高手。《正心诗集》中有大量和诗，有的赠给湖广地方官员，也有不少赠给西北边陲的地方官，因为那里有海喇堡牧场。其目的是希望赠诗联络感情，以便他们关照楚藩牧场。当然不排除"赠诗"只是一个送礼的"引子"。荣渻还善于为属官谋取福利。按明朝官制，王府长史司左、右长史最高为正五品官阶。经荣渻呈报，楚府右长史吕尚功，精心辅助，劳苦功高，成功晋升为正四品。

3. 刊发诗集，预造生圹

① （明）薛纲纂，吴廷举续修. 湖广图经志书[M]. 嘉靖元年刻本卷一. 北京：书目文献出版社，1991：100.

《正心诗集》收录其各类体例的诗作，时间跨度近50年，共9卷，反映了明代中期藩王的政治面貌与生活状态。嘉靖《湖广图经志书》录其《东严寺》《游卓刀泉》《长春寺观灯》《龙华寺》《云隐寺》《武当宫》等十首。① 该书在嘉靖年间，由楚府书院刻印。② 笔者所见为国家图书馆馆藏本，1999年由书目文献出版社影印出版发行。

预先建造寿寝。嘉靖十年（1531），有翰林学士、湖广提督学政官崔桐撰《叙赞》，后来作为《明楚端王神道碑文》。这是荣减自己创造的一个特例。楚端王朱荣减墓位于武昌府江夏灵泉山（今武汉市江夏龙泉山）玉屏峰北坪，茔园面积23400平方米，神道碑亭1座。嘉靖十三年（1534）九月，荣减逝世，世宗遣灵璧侯汤绍宗致祭。朝廷免勘赐谥，这在《明实录》所载楚藩王中为特例。

崔桐所撰《明楚端王神道碑文》，分列其生平、交际、子嗣，赞词将其推到楚藩发展150年的巅峰，略显夸张："楚有国百五十年，世笃忠贞，于兹为盛。政体民隐，靡不周知……自是币充户殷，中外知为贤。"至今其神道碑亭、碑碣保存基本完好。

荣减的调和圆通，不可能让所有人满意。正因为如此，在一定程度上掩盖了社会问题反映在宗室族群中的矛盾，日渐酝酿，一触即发。

（七）楚愍王朱显榕

明楚王序列：第七位

祖父：东安恭定王季埛

---

① （明）薛纲纂，吴廷举续修. 湖广图经志书［M］. 嘉靖元年刻本卷二. 北京：书目文献出版社影印，1991：174-175.

② 中华古籍资源库称《正心诗集》为明正德十四年（1519）楚藩刻本，此说法有误，理由是：诗中有两首58岁《诞日》诗。其一为《诞日》："羲娥增我年，将近六旬边。"其二为《又〈诞日〉》："守藩年望六，俛首自寻思。"笔者推测该诗集前有刘武臣正德十四年序言，受此影响认作当年刊刻。而民间有两种说法，一为《正心诗集》为明正德十四年（1519）楚藩刻本，前述有误；二为《正心诗集》为嘉靖三十年（1551）刻本，较为可信。

祖母：邢氏

父亲：楚端王朱荣㳨

母亲：田氏

出生地：湖广武昌府武昌城楚王宫

兄弟：大弟显樟，二弟显槐。

婚配：元妃吴氏(都指挥吴鉴女，生英燿，后加封太妃)，次妃王氏(生英㷿)

谥号：愍

子女：长子英燿(曾封世子，弑父被处极刑)，次子英㷿(袭封楚王)

重大事件：首开"服内册封世子"先例，选名医李时珍为楚府"奉祠正"，荐举李时珍到太医院，仪宾沈宝设陷诬告谋反，长子英燿将其弑毙鞭尸。

文学作品：未见记载

个性特征：脾气暴烈，蛮横行事

在世 40 岁：正德元年(1506)—嘉靖二十四年(1545)

在藩 10 年：嘉靖十四年(1535)十二月—寿终之时

《明实录》、楚藩《朱氏宗谱》均无显榕生年记载。其出生之年为 1506 年，一是根据明廷例制(亲王嫡长子，10 岁请封)推算得出。二是根据焦竑《国朝献征录》所记"在位十年，寿四十"推算其出生年份。①

1. 藩内矛盾日渐暴露

朱显榕于正德十一年(1516)封为长乐王。正德十六年(1521)，荣㳨年已 50，嫡妃周氏逝后无嗣，而庶子显榕最长，按例改封世子，开"服内册封世子"先例。嘉靖元年(1522)，吴氏册封为妃。朱荣㳨去世 6 个月后，长子朱显榕于嘉靖十四年(1535)三月呈奏："国事繁重，非藉封号无以服众，乞请不待服满，早为册封。"明沈德符《万历野获编》，证实显榕所言楚藩混乱的局面："朱显榕暴虐于其国，内外俱不能堪，人已离心。"嘉靖十

① (明)焦竑.国朝献征录[M].万历四十四年刻本卷一页三十三.

四年(1535)封为楚王。

史载楚王聘请李时珍为孩子治病，继而留做楚府"奉祠正"，并未指明哪位楚王。有研究者考证，李时珍在楚王府任职时间为嘉靖二十年(1541)至嘉靖二十三年(1544)之间。① 此时的楚王即是朱显榕。尔后李时珍被举荐到太医院，获得更大发展空间。

2. 江夏夺地再构怨仇

湖广武昌府江夏县东部的永丰山(今流芳二妃山一带)，是灵泉乡宦张氏家族的山场及祖坟山，显榕意欲占为己有。先是诬陷乡绅熊大选(熊廷弼的祖父)谋害官员，将其逮捕入狱，致其家道衰落。② 又诬告乡绅张氏家族的张沉私蓄家丁伺机作乱，试图派人杀害张沉。幸亏张沉事先得信，携带妻儿逃至咸宁官埠桥。③ 显榕乘势圈占此山，修建郡王、王妃及宗室茔园。考古发现，此处为楚藩郡王茔园最为集中之处。

3. 仪宾沈宝设陷诬告

楚靖王中牟郡主女婿沈宝，按辈分论，是显榕姑父。先是沈宝与弟沈贡非法营利，被显榕参奏后，怀恨在心，继而侵吞宗室禄米，被众多宗亲控告，显榕没收其所赐田产。沈宝更加怨恨，继而诬奏显榕在寿诞时有随从呼喊"万岁"口号，又诱使显榕设水戏练习水军，诬其谋反。世宗派人查实：显榕居丧期间，并无逾矩之举。沈宝因诬奏获罪，贬为庶民。④

4. 世子着魔，设计弑父

嘉靖二十四年(1545)正月十八夜，朱显榕被长子弑毙。显榕长子英燿于嘉靖十六年(1537)册为世子，8年后谋杀生父。根据当朝文士的说法，此事背后还别有隐情。

---

①　吴佐忻．李时珍楚王府任职日期考[J]．上海中医药杂志，1988(1)：38．

②　李红权．熊廷弼集(卷二十三杂文)[M]．北京：学苑出版社，2011：1172-1197．

③　张高荣．新编灵泉志[M]．武汉：武汉出版社，2006：76．

④　(明)张居正等修．明世宗实录[M]．嘉靖十九年二月己丑卷二百三十四．"国立"北平图书馆红格抄本影印版．台北："中央研究院"历史语言研究所，1962：4798-4799．

　　根本原因在于显榕意欲废除英燿世子爵号，重新封立英㷿。英燿本是吴妃所生嫡长子，已经作为楚王的预选接班人。英㷿为宫人王氏所生。然而英燿先天跛腿，顽皮好色，显榕觉得有失藩王体面，曾经晓谕英燿让出世子封爵，英燿哪能甘心。明李诩谓："（显榕）妃生幼子（英㷿），阴有废立之意。一日往世子（英燿）堂，见其容瘁，曰：'尔如此，何能继我？不如学修炼长生，将王位奏让与弟，弟不失位，尔不失身，两便也。'世子是时已蓄弑心。"①《万历野获编》也说："英燿有足疾，显榕又爱次子朱英㷿，并劝英燿说'若苦足疾，何不弃名爵学长生？'"英燿愈发怀恨在心，"决意为冒顿之事"。直接原因是英燿烝母导致父子关系恶化。显榕宫人方三儿生得貌美，"世子（英燿）病，王（显榕）遣所爱宫人（方三儿）侍之，世子私焉，有娠。楚王怒，遂疏世子"。其间刘金等人起了推波助澜的作用。英燿便指使亲信引方三儿到自己住所，行不轨之事。吴妃知晓后告知显榕，显榕大为震怒，将方三儿幽禁于内宫。稍后英燿又看中乐妇宋幺儿，刘金故意投其所好，设法提供英燿与乐妇行乐的机会。显榕得知后，打算杖杀刘金。刘金正好借刀杀人，声称楚王有废世子之意，进而怂恿英燿弑父夺权。英燿决定以设宴款待为由头，原打算用毒鸩杀父亲，哪知此招失效。酒宴正酣之时英燿实施备选计划，通过暗号示意埋伏在旁室的帮凶，一拥而上，将其活活打死。事后谎称父亲是"中风"而亡，还买通王府众人帮他圆谎，这些谎言最终被钦差勘察戳穿。朝廷并将其绳之以法。英燿斩首，尸骨扬灰。此案牵涉人员众多，湖广有司经过审讯，对于相关人员逐一核实量刑，作出相应处置。巡抚湖广右副都御史车纯革职闲住。王府右长史孙立、承奉张庆、王宪等人斩首；王府左长史马天佑外出公干，革职；刘金、徐景荣等34人处以凌迟，并抄没家产；崇阳王显休、江夏王荣漠、永安王显梧、东安王荣淑等革禄十分之三。仅有武冈王显槐和通山王英炊受到奖赏慰劳。

　　5. 楚藩运势急转直下

---

　　① （明）李诩著，魏连科点校. 戒庵老人漫笔［M］. 北京：中华书局，1997：115.

显榕之殁民间有不同说法。何乔远说"楚人称愍王为破头王"①。李诩之说颇具平民色彩："时闻楚王贪酷已极，人无可奈何矣。天为楚民报仇，乃假手其子，身弑子灭，天定胜人之理也。"②楚宫突变，不仅大伤楚藩元气，而且留下一个稀烂摊子。表现有三：其一是宗室因为生存状态每况愈下，他们为了谋利谋生，踩着"藩禁"的红线，越来越难以管束，且与楚王及楚府官员，形成无形的对抗；其二是楚王与郡王、将军、中尉、仪宾以及普通宗室之间矛盾日益公开化、尖锐化；其三是各种潜在的复杂矛盾，使得楚府成为明朝后期突发事件的中心，而后期事实证明：有些事件难以预见，楚府成为一触即发的火药桶。

（八）楚恭王朱英㷿

明楚王序列：第八位

祖父：楚端王朱荣㳦

父亲：楚愍王朱显榕

母亲：王氏

出生地：湖广武昌府武昌城楚王宫

兄弟：长兄英燿

婚配：元妃李氏，继妃张氏。另有夫人王氏③，宫人胡氏。④

谥号：恭

子女：长子华奎，后袭楚王；次子华壁，初封宣化王，南明册封楚王。两人后被指是他人之子冒充。《石匮书·楚将军华堞传》谓华堞是"楚

---

① （明）何乔远，周骏富编. 明代传记丛刊：名山藏列传[M]. 台北：明文书局，1991（1）：199.

② （明）李诩著，魏连科点校. 戒庵老人漫笔[M]. 北京：中华书局，1997：116.

③ 万历三十一年（1603），楚宗奏称："楚王华奎系王姓，为恭王妃兄王如言之子。"由此知英㷿另有一王姓夫人。此处所谓王妃或为恭王姜媵的泛称。

④ （清）张廷玉《明史列传·郭正域传》（中华书局 1974 年版 5945 页）："楚恭王得废疾，隆庆五年薨，遗腹宫人胡氏李生子华奎、华壁……"

恭王朱英㷿之子"为独家之说。继华堞袭楚王的华廛，世系不详。

女儿有长女世称"张郡主"（或言嫁给张姓仪宾的郡主），"恭王长女张郡主"出自《绥寇纪略》。① 其他不详。

重大事件：本府郡王代摄府事，摄事郡王发生内斗，奏减岁禄1000石，"军余刘贵骗财害人事件"，明世宗赐书院名"纯心"赠四书五经。

在世31岁：嘉靖二十年（1541）—隆庆五年（1571）八月

在藩22年：嘉靖二十九年（1550）十二月—寿终之时

1. 楚藩储王幸免于难

愍王次子英㷿，作为楚藩储王，险遭变故。愍王曾经交代英燿，劝其放弃世子爵位，让予次子英㷿，这似乎成为王宫上下公开的秘密。英燿发动宫变之时，楚府官员担心英燿一不做二不休，加害英㷿。显榕被弑当夜，引礼生朱恩、杨镗，得知显榕被弑后，一路奔跑到内宫门前，猛力叩打铜环，大声呼叫："世子弑国主，好为藏少子。"内臣闻讯，将年方5岁的英㷿藏匿沟壑之中，以防不测。朱杨两人然后用绳索系腰，缒越高大的楚府王城，直奔巡抚衙门报告。②

嘉靖二十九年（1550），英㷿封为楚王；三十四年（1555），纳李氏妃；四十四年（1565），纳张氏为继妃。

2. 郡王摄政，宗室内斗

显榕暴薨，英燿处斩。英㷿年方5岁，由亲支管理抚养。世宗指令通城王英焃代摄楚府庶务。稍后勒武冈王显槐摄国权责，导致宗室内讧，互不买账。嘉靖二十五年（1546），发生"军余刘贵骗财害人事件"，崇阳王显休等宗室，群殴通城王英焃，毁其冠舆。嘉靖二十九年（1550）三月，英焃讦告武冈王借摄府事贪敛资财，直面侵辱武冈王；显槐又讦英焃不法，挑

① （清）吴伟业．绥寇纪略［M］.《四库全书》刊本．上海：上海古籍出版社，1992：211.

② （清）王庭桢，彭崧毓．江夏县志［M］.同治八年刻本．台北：成文书局，1975：806.

拨群小随和。世宗削夺英焴禄米三分之一，责令显槐自省改过，冷静行事，责成有司依法处置。当年底，英焴正式袭爵。

3. 幼王主藩，渐有贤声

文人笔记、方志言其"王谦抑，名于楚"①。

英焴继爵后，嘉靖三十三年（1554），皇帝准其所奏：进封英焴嫡母世妃吴氏，为楚愍王妃。5 年后加封吴氏为太妃，英焴生母王氏为次妃；嘉靖三十年（1551）六月，英焴进献贡银 3000 两，次年，明世宗嘱咐英焴"约束宗室"，敕其书院名"纯心"，并赠《四书集注》《五经集注》等书。

隆庆三年（1569），英焴奏请自减岁禄 1000 石。在当时各藩中，此举尚属首例。"楚王岁支禄米壹万石。奏辞壹仟石，岁支玖仟石。"②

在湖广主政多年的徐学谟，其《徐氏海隅集》记有其谦让邻藩侵夺楚藩土地的事例。"初景王出封安陆（嘉靖十八年即 1539 年，后因无子废封），频侵楚。故所请庄地业成大狱。王（即英焴——笔者注）曰：'尺皆天子所有，况疏不敌亲。予何敢恡（同'吝'）地，以蔑视贤王之美名乎？'卒让之，弗与较狱。以是不得拦及人益贤王。"③清裴天锡所修《武昌府志》也引用徐学谟之说：英焴"风仪都雅，能折节礼士大夫，有贤声。"④

隆庆五年（1571），英焴薨，皇帝辍朝三日，赐葬如例，谥"恭"。葬武昌府江夏灵泉山（今武汉市江夏龙泉山）玉屏峰北坪，茔园面积 12240 平方米。

（九）楚王朱华奎

明楚王序列：第九位

①　（明）何乔远，周骏富编．明代传记丛刊：名山藏列传［M］．台北：明文书局，1991：199．

②　（明）张学颜．万历会计录［M］．万历十年刻本卷三十二页一．北京：书目文献出版社，1027．

③　（明）徐学谟．徐氏海隅集［M］．万历五年刻万历四十年徐元暐重修本卷三十九页四．

④　（清）裴天锡修，武汉地方志办公室整理校注．清康熙湖广武昌府志校注［M］．武汉：武汉出版社，2011：194．

祖父：楚愍王朱显榕

父亲：说法不一

母亲：说法不一①

出生地：湖广武昌府武昌城楚王宫

兄弟：弟朱华壁

婚配：元妃贺氏，继妃张氏②

谥号：贞、定、惠、贺

子女：儿子中有一子朱蕴鑨，封汉阳王，其他不详；女儿有一女朱凤德，封郡主，其他不详。

重大事件：本府郡王代摄府事，明神宗赐书院额名"崇德"，王守仁状告楚府吞没王家巨金，楚宗举报其为抱养之子，楚宗劫杠杀人案，张献忠将其沉水溺亡。

文学作品：楚府长史高曰化所辑《宫省贤声录》中，有署名"楚愚王"两诗存世。

在世73岁：隆庆五年（1571）二月—崇祯十六年（1643）五月

在藩63年：万历八年（1580）四月—寿终之时

1. 楚宗窝斗，朝野皆知

华奎，字鹄瞻。其出生日期为隆庆五年（1571）二月十六日，是"真假楚王案"中查实的时间。华奎年幼不能理藩，朝廷命其叔祖父武冈王朱显槐代理府事5年（1571—1574）。朱显槐"习知其所名子状"，对华奎满腹怨气，"制缚宗仪，剥削宫眷寝园，置之绝地，凌逼加于太妃，受贿杀人，罪恶暴著"③"尽取先世所藏珍异宝货以去"。因无道被解职。

---

① 大多史书、方志记载为：华奎父亲楚恭王朱英燇，母亲宫人胡氏。但"真假楚王案"中，楚宗内部的爆料、官员勘楚过程披露的情节，以及明神宗难以服众的"断案"，使得华奎身世成为谜团。（详见第六章第二节"华奎被曝抱养悬案"）

② 武汉市龙泉山风景区管理处发现《楚藩八代国君（楚王朱华奎）继妃张氏墓志》。该墓志现存于龙泉山明楚王出土文物陈列馆。

③ （明）叶向高等修. 明神宗实录［M］. 万历二年六月壬戌卷二六."国立"北平图书馆红格抄本影印版. 台北："中央研究院"历史语言研究所，1962：654.

万历二年（1574），朝廷任命东安王朱显槐，代替显槐赞理楚府庶事 6 年（1574—1580）。二人代理掌门期间，相互攻讦，互揭对方之短。万历八年（1580），年仅 10 岁的华奎嗣楚王位，遭逢楚藩内外矛盾交织迸发。华奎理藩生涯，从万历八年（1580），历经神宗、光宗、熹宗、毅宗四朝，直至崇祯十六年（1643），历经 63 年，在藩时长为明代 9 个楚王之最。

2. 被指抱养，终成悬案

这个天大的秘闻公开之前，宫中便有人在密传、炒作华奎、华壁二人不是患有"废疾"的恭王英㷿的亲生子嗣，而是抱养他人之子。这一说法逐渐被越来越多的宗室认同。华奎假冒朱嗣，血统不正，楚藩诸郡王不服，众多宗室想借助这个把柄将其废掉，只是等待时机。万历三十一年（1603）四月，楚宗辅国中尉朱华越等 29 人联名奏称：朱华奎、朱华壁是抱养他人之子。"二孽皆假王，不宜冒国爵，请行勘正法上下。"这一爆料引起朝野震动。朝中官员围绕是否公勘，争论不可开交。神宗决定由湖广方面来调查。至万历三十一年（1603）八月，巡抚赵可怀、巡按应朝卿，奏呈会同各官、严刑拷讯相关人员 70 多人的结果为：华越妻王氏持说如初；宫中侍者及相关人等似乎串通互证，但有疑点，一是恭王英㷿当年居住时间、处所，承奉郭伦所说，与华奎奏本及宫人崔氏所言，不相一致。二是孪生子出生的时间，宫人萧氏称：隆庆五年（1571）二月十六日，天明时分，方行唤取何宫人，产后始取乳妇。而郡主、县主均称不知真假。三是宁死不肯招，所谓真假，必定有不实之说，可是谁也拿不出以理服人的凭据，最终难得归一结论。事实上，在缺乏鉴定血缘关系技术的年代，仅凭王宫部分人员的口辞无法查清真相。勘查官员发现"楚王平日绳削太过，然诸宗被戒，俱各有因"。最后明神宗以"夫讦妻证不足凭"，维持华奎楚王身份定案。参与检举的宗人受到不同程度的处罚，然而其身世、血统问题成为悬而难决的话题。

3. 顶着骂名，数次捐赠

万历十七年（1589）年末，"楚王华奎以千金赈恤贫宗"，得到神宗嘉奖。万历二十四年（1596）十二月，三十二年（1604）九月，三十三年（1605）五月，进助工银 59036 两，引起宗室内部人心不平，楚王与中下层宗室已有水火不容之势。《明熹宗实录》天启七年（1627）八月，楚王华奎奏请神宗批准，捐赏 1000 两，在武昌城内高观山凤凰窝之阳，为魏忠贤建祠。这在宗室中仅此一人。

4. 势在燃眉，窘急募兵

明末农民起义军所向披靡，所到之处，遍杀朱姓皇族、各地藩王及其宗室。这对华奎似乎没有太大触动，并且到了束手无策的境地。事到如此，设防至少可以抵挡一阵。在抵抗中殉国，总比坐待被捕、竹笼沉水要壮烈得多。然而华奎此前未作任何防守抵抗计划。一是没有与左军合作。左良玉提出给予军饷，"我为王保境固城，楚可无恙也。"朱华奎默而无应，惹得左氏怒烧武昌。① 二是没有听取贺逢圣筹资募兵的意见。面对贺逢圣的"请贷"，华奎漠然说道："能当军饷只有一把裹金交椅了。"三是没有听信参将崔文荣的建议，设置防守。崔参将曰："守城不如守江，守江不如守汉。"华奎仍然未见行动。四是窘急募兵，招募的是承天德安溃卒，权当"楚府兵"。五是用人失误。巡抚王扬基弃城而逃，扬帆西去；楚府兵指挥张其在无心抵抗。楚府长史徐学颜以文充武，体力难支，自缢殉城。守军打开城门，起义军蜂拥入城。外围武昌城已破，楚王宫成了瓮中之鳖，楚宗成为屠杀对象。

5. 沉水溺亡，惨不忍闻

吴伟业《绥寇纪略》描述华奎生命最后几天的情状，略见其傲视态度。"王闻城陷，出坐（王宫）殿角门。贼入，王骂之。（张）献忠曰：吾来正欲扶王为天子耳！"王曰："天下，吾家天下，天子，吾家天子，安用贼扶？"华奎以绝食相抗。"贼党尚食王，（王）却之，绝粒四日。"②献忠命人将其竹笼沉水。华奎生命就此终结。

---

① （清）吴伟业．绥寇纪略［M］.《四库全书》刊本卷十一页九.

② 娄东梅村野史编纂．鹿樵纪闻（第三版）［M］.北京：商务印书馆，1917.

关于华奎沉水地点，史籍有两种说法，一说是楚王宫西边西湖（有西湖，即今湖北省人民医院一带），另一说是西湖以远的长江。其子汉阳王蕴鑨先亡。被驱赶入江的楚藩宗室难计其数。吴伟业记道："（起义军）开汉阳门纵之去，门逼水，人嚣呼蹈藉，铁骑围而蹙之江中。"极其惨烈，"自鹦鹉洲达于道士洑（今阳逻），浮骴蚁动，水几不流，逾月，人脂厚累寸，鱼鳖不可食。"像朱盛浗那样，未被踩压且水性较好的人，有幸逃脱，当属鲜例。也有部分宗室在城破前后，幸运出逃，有的躲避乡间，有的参与南明抗清，详见史籍所载宗室人物、南明楚藩人物。

华奎寿寝，建在武昌府江夏灵泉山（今武汉市江夏龙泉山），寝址选在玉屏峰北坪。茔园面积 15576 平方米，在明末业已完工。多项资料显示：华奎真骨并未入葬寿寝。贺妃、张妃两墓在其寿寝左右。张妃圹志已被移到楚昭王茔园内的楚昭王出土文物展览馆陈列，这是龙泉山楚王妃墓群中，尚存的唯一一方圹志。

（十）楚王朱华壁

明楚王序列：第十位

朱华壁（1571—1646），万历九年（1581）封宣化王。崇祯十六年（1643），武昌城陷后，潜入南京，适逢福王朱由崧在此建立第一个南明政权——弘光，上呈《中兴议》，得到青睐，封为楚王。侯方域《壮悔堂集·宁南侯传》记：弘光二年（1645）三月"（左）良玉乃兴兵清君侧，欲废弘光帝，立楚世子"①。当然左帅之见遭到多数人反对而未果。次年南京城陷，随隆武帝至福州。靖江王朱亨嘉发动僭乱，称帝自立，被拘捕归案。朱华壁奉命与众王会审，将朱亨嘉贬为庶民。隆武二年（1646），奉隆武帝出据衢州（今浙江衢州），隆武帝"令恤民库发银二百两，为楚王华壁五、六两月袍膳之需"②。当年六月兵败，衢州城陷，遇害。

①　顾诚. 南明史［M］. 北京：中国青年出版社，1997：175.
②　陈燕翼. 思文大纪［M］. 北京：商务印书馆，1911.

（十一）楚王朱华塆

明楚王序列：第十一位

朱华塆，隆武二年（1646）四月，鲁王朱以海授封新安王，华塆表示不予领受。八月嗣封楚王。《石匮书·鲁王世家》附有《楚将军华塆传》："朱华塆，字用章，楚恭王朱英燧之子。生性慈恺至诚，深明大义。"崇祯末年，闯军破陷湖广，华塆面对官兵不振，叩阙奏请"联络山砦义勇"，被授以宣谕将军，率部抗击闯军。弘光南京失守，南京失陷，朱由崧被俘。清军将领博洛率部众逼近杭州。这天是朱常淓称监国的第四天，朱华塆赴杭州劝说潞王朱常淓坚守杭城。《石匮书》中有两人对话，两人抗清态度朗然彰明。为了便于阅读理解，已将原文略加简化。以下朱华塆简称"楚"，朱常淓简称"潞"。

楚："大王以大国之遗，作屏皇家，休戚共之。今以大王之贤，远近所共闻；天下绝智殊力，方将凭附以勤其效死之义。失今不为，时事一去，万世不姓朱矣！"

潞："百姓之心，已不可任，吾谁与为之？"

楚："忠义虽性成，在乎鼓舞之而已。果提三尺剑，誓与国俱亡存；即孱弱可遣，此谁非衣食吾祖者哉！"

潞："兵弱矣，糗馈且何从？吾为此，不失为知己"。

楚："毋以兵食阻大计！今总兵方国安所部数万，屯御教场……发布政司存金，益以盐运司所贮；即不足，贷商钱、敛急公，犹可支数月之用……毋以兵食阻大计！"

朱常淓最终未能答应坚守，而且已经倦意绵绵，朱华塆抱怨潞王"有可为之势，顾自弃此国仇，何足与论事！"见游说无果，悻悻步出潞王驻邸之时，激愤拂袖，撕裂冠带，摔掷于地，然后换披丧服发誓："不复中原，以此见先帝！"[1]随从人员为之感动。可能连朱华塆都没想到，两天之后朱

---

[1]　（明末清初）张岱撰. 石匮书后集［M］. 上海：上海古籍出版社，2008.

常溇开城投降。在他开城的那一刻，便不再是潞王，而是清军的一个俘虏，后被押至北京，与弘光帝等人一同斩首。潞王降清，既使南明失去了极佳的反击时机，同时又削弱了南明的抗清力量。尽管南方义勇集结，因缺乏统一指挥而失败。

杭州沦陷后，华堞与楚通城郡三兄弟盛澂、盛濂、盛潅等集结太湖。朱盛澂在湖州起兵，朱华堞前往共谋大计，与王期升、金有鉴等，收复长兴诸县。失利后，只身奔走于徽州，"鼓创残战，恢复诸县"。弘光元年（1645）闰六月，鲁王朱以海监国绍兴，任命华堞以宣谕将军出督浙师。华堞招纳贤硕，募集勇士。浙师诸部奉华堞为盟主，进兵浙西。隆武二年，敕封华堞为楚王。华堞曰："臣无功，无以王为。"亦不领受。永历三年（1649）六月，华堞欲举兵长兴山中，未成，含恨自刎。①

《石匮书》评说："时逢乱世，面对劲敌，散兵游勇，无异于怒螳挡辙；南明高层，争权夺利互相攻伐；朱华堞出于无奈，孤掌独拍不能成声，抗清救国誓言，被视作平林白水。事之无成，盖天数也！"②

（十二）楚王朱华廛

明楚王序列：第十二位

钱海岳《南明史》记：朱华廛，朱华堞之弟，永历三年（1649）六月楚王华堞自尽，华廛七月嗣封。永历三年（1649）十月，福建延平府将乐县城（今三明市辖县）陷落，遇害。③

说明：通常说法是明代楚藩八代九王，加上南明三王均为"华"字派行，因而共计八代十二王。这里的"代"，言其世系辈分；位序则是继袭（册封）的顺序。

---

① 钱海岳. 南明史[M]. 北京：中华书局，2006：1441.
② （明末清初）张岱撰. 石匮书后集[M]. 上海：上海古籍出版社，2008.
③ 钱海岳. 南明史[M]. 北京：中华书局，2006：1441.

第二节 明代楚藩郡王世系

一、楚藩郡王继袭简表

明廷和南明政权册封郡国，见于明文载录的共有20个，即：巴陵、永安、寿昌、崇阳、通山、通城、景陵、岳阳、江夏、东安、武陵、黔阳、大冶、缙云、长乐、保康、武冈、宣化、新安、汉阳。其继袭世系详见表1-2《楚藩郡王继袭世系简表》。

二、楚藩郡王继袭世系

楚藩郡王继袭世系简录如下。

巴陵郡

孟熜，楚昭王庶一子，洪武三十年（1397）封，当年卒。谥悼简。无子，郡除。

永安郡

孟炯（1382—1432），楚昭王庶二子，建文元年（1399）封，宣德七年（1432）逝，谥懿简。

季墭，懿简庶一子，正统二年（1437）袭，成化四年（1468）逝，谥庄惠。

均𨬖，庄惠嫡一子，正统年封长子，成化年逝。以子荣澹袭封而追封为王，谥悼怀。

荣澹，悼怀庶一子，成化八年（1472）袭，正德十五年（1520）逝，谥靖懿。

显梧，靖懿嫡一子，嘉靖六年（1527）袭，本年逝，谥昭定。

英焌，昭定嫡一子，嘉靖二十八年（1549）袭封，谥恭顺。

华𤩽，恭顺嫡一子，嘉靖三十年（1551）封长子，万历三年袭封，谥荣惠。蕴钟，荣惠嫡一子，万历三年（1575）封长子，同年袭封。

表 1-2 楚藩郡王继袭世系简表

楚藩郡王继袭世系（按楚定宗派行排列）

郡国	孟	季	均	荣	显	英	华	蕴	盛	答
巴陵	悼简王孟熸									
永安	懿简王孟炯	庄惠王季塾	悼怀王均镰	靖懿王荣瀋	昭定王显梧	恭顺王英梭	华（土未）	蕴钟	盛溶	答析
寿昌	安僖王孟焯	靖和王季（土子）	庄穆王均鏚							
崇阳	靖简王孟炜	庄僖王季堞	端懿王均锁	端隐王荣㳠	悼隐王显烋			蕴钤（南明）		
通山	恭靖王孟编	庄简王季㙵	温惠王均鏃	温定王荣㳅	端修王显樀	庄懿王英炊	荣悼王华垠	恭先王蕴铉，南明蕴镆、蕴（钅于）嗣封	盛洖	答柄
通城	庄靖王孟灿	荣顺王季堂	僖穆王均镼	温惠王荣渡	怀简王显㭓	英格	华树		盛浮，南明有盛激，盛濂嗣封	
景陵	顺靖王孟㟍									
岳阳	悼惠王孟爠									
江夏	康靖王孟柜	悼顺王季壁	安惠王均鋠	端喜王荣汉	庄定王显桔	恭懿王英煤	华墥	蕴铢		

续表

楚藩郡王继袭世系（按楚宗派行排列）

郡国	孟	季	均	荣	显	英	华	蕴	盛	答
武陵		季坤（楚宪王）								
黔阳		季塾楚康王								
东安		恭定王季㙓	均鈚楚靖王 昭简王均铴	恭懿王荣淑	康惠王显梡	英燧	华焧		盛浪	
大冶		悼僖王季墥								
缙云				怀僖王荣淋						
长乐				显格楚愍王						
保康				荣靖王显樟						
武冈				显槐		英燔	华增			
宣化							华壁。后封楚王			
新安							华堞，嗣封楚王			
汉阳								蕴鑨		

盛溶，蕴钟嫡子，万历二十一年（1593）封长子，卒。以子容析袭封，追封为王。

容析，盛溶嫡一子，万历三十八（1610）年封长孙，同年袭封。

华堨，恭顺子，南明弘光元年（1645）袭封，永历十年（即顺治十三年1656）降清。

寿昌郡

孟焯（1383—1440），楚昭王庶四子，建文元年（1399）封，正统五年（1440）逝，谥安僖。

季埒，安僖庶一子，正统十四年（1449）袭，弘治十五年（1502）逝，谥靖和。

均铁，靖和嫡一子，弘治十七年（1504）袭，正德五年（1510）逝，谥庄穆。无子，郡除。

崇阳郡

孟炜（1387—1448），昭庶五子，永乐二年（1404）封，正统十三年（1448）逝，谥靖简。

季堞，靖简嫡一子，景泰二年（1451）袭，五年（1454）逝，谥庄僖。

均镦，庄僖庶一子，景泰六年（1455）袭，正德九年（1514）逝，谥端懿。

荣溺，端懿嫡一子，弘治六年（1493）以镇国将军改封长子，正德元年（1506）逝。以子显休袭而追封为王，谥端隐。

显休，端隐嫡一子，正德十一年（1516）袭，嘉靖二十八年（1549），勒令自尽，郡除。正德三十年（1551），其子英奵降封为镇国将军，兼理郡府事。

蕴钤，南明隆武元年（1645）续封，永历十一年（即顺治十四年1657）降清。

通山郡

孟燇（1388—1444），楚昭王庶六子，永乐二年（1404）封，正统九年（1444）逝，谥恭靖。

季垟，靖恭庶一子，正统十二年(1447)袭，成化六年(1470)逝，谥庄简。

均鏇，庄简嫡一子，正统十年(1445)封长子，当年卒。以子荣濠袭而追封为王，谥温惠。

荣濠，温惠庶一子，成化九年(1473)袭，正德十一年(1516)逝，谥温定。

显槅，温定嫡一子，正德十六年(1521)袭，嘉靖十八年(1539)逝，谥端穆。

英炊，端穆庶一子，以镇国将军改封长子，嘉靖二十一年(1542)袭，万历元年(1573)逝，谥庄懿。

华埌，庄懿嫡一子，嘉靖二十三年(1544)封长子，三十八年(1559)逝。以子蕴铉袭而追封为王，谥荣悼。

蕴铉，荣悼庶一子，隆庆四年(1570)封长孙，万历九年(1581)袭封，逝，谥恭宪。

盛漠，恭宪嫡一子，万历十六年(1588)封长子，三十一年(1604)袭。

容枘，盛漠嫡一子，万历三十九年(1611)封长子，同年袭。

蕴钺，南明隆武元年(1645)封，当年十二月广州城陷遇难。

蕴钎，南明永历二年(1648)封，永历四年(1650)，桂林城陷被杀。

通城郡

孟灿(1389—1455)，楚昭王庶七子，永乐二年(1404)封，景泰六年(1455)逝，谥庄靖。

季塏，庄靖嫡一子，天顺元年(1457)袭，成化十九年(1483)逝，谥荣顺。

均钃，荣顺嫡二子，初封辅国将军，卒。以子荣渡袭封，追封王，谥僖穆。

荣渡，僖穆嫡一子，成化二十三年(1487)袭，谥温惠。

显柜，温惠嫡一子，封长子，先卒。以子英熔袭而追封为王，谥怀简。

英焴，怀简嫡二子，嘉靖二年（1523）袭。

华垆，英焴子，先封长子，万历四年（1576）袭。

盛浮，华垆庶孙，先封长孙，万历三十三年（1605）袭。

盛澂，华垆庶孙，南明隆武二年（1646）封，永历三年逝。

盛濂，华垆庶孙，南明时袭封年不详。其仆从以"通城王"报官，永历七年（顺治十年1653）被处决。

景陵郡

孟炤（1393—1446），楚昭王庶八子，永乐二年（1404）封，正统十一年（1446）逝，谥顺靖。无出。《明宪宗实录》第190卷记，成化十五年（1479），由楚王均鈋奏请，以永安懿简王孟炯次子镇国军季垗继景陵王宗祀。宪宗批旨"从之"。从后面的记载分析，季垗仍称镇国将军，名义上承祧景陵王的"香火"，并未继袭景陵郡爵。

岳阳郡

孟爌（1394—1426），楚昭王庶九子，永乐二年（1404）封，宣德元年（1426）逝，谥悼惠。

季境，悼惠嫡一子，宣德七年（1432），天顺七年（1463）逝，谥恭僖。无子，郡除。

江夏郡

孟炬（1412—1474），楚昭王庶十子，宣德三年（1428）封，成化十年（1474）逝，谥康靖。

季壁，康靖庶一子，成化十四年（1478）袭，成化十八年（1482）逝，谥悼顺。成化十年袭封，本年逝。

均鈋，悼顺嫡一子，成化二十一年（1485）袭，弘治十三年（1500）逝，谥安惠。

荣漠，安惠庶一子，弘治十六年（1503）袭，当年逝，谥端僖。

显桔，端僖庶一子，嘉靖二十六年（1547），万历中逝，谥庄定。

英熯，庄定嫡一子，万历十二年（1584）袭，十七年逝，万历二十五年（1597）谥恭懿。

华壿，恭懿嫡一子，万历十五年（1587）封长子，二十一年（1593）袭。

蕴铗，华壿嫡一子，万历三十九年（1611）袭，永历十三年（即顺治十六年1659）逝。

武陵郡

季坲，楚庄王庶长子，宣德三年（1428）封，正统五年（1440）晋封楚王，即楚宪王。无嗣，由其弟黔阳王季坺继袭楚王。

黔阳郡

季坺，楚庄王孟烷第二子，正统二年（1437）封，正统九年（1444）晋封楚王，即楚康王。无嗣。天顺八年（1464），永安恭定王庶长子均铆继楚康王袭其爵。

东安郡

季𡎜，楚庄王庶三子，正统二年（1437）封，天顺六年（1462）逝，谥恭定。庶一子均铆继袭，晋嗣楚王后，以均铈袭。

均铈，恭定庶二子，成化元年（1465）袭，正德三年（1508）逝，谥昭简。

荣淑，昭简庶二子，嘉靖二年（1523）袭封，四十一年（1562）逝，谥恭懿。

显榞，恭懿庶三子，以镇国将军改封长子，隆庆元年（1567）袭封。万历二年至八年（1574—1580）赞理楚府，十五年（1587）逝，谥康惠。

英燧，康惠庶一子，先封长子，万历二十四年（1596）袭。

华堈，英燧一子，天启三年（1630）袭封。

盛蒗，不知何年袭封，永历十七年（1663）逝。永历二年（1648），南安侯郝永忠为其疏请承袭楚王，未果。

大冶郡

季埨，楚庄王第四子正统九年（1444）封王，景泰元年（1450）逝，谥悼僖。无袭，郡除。

缙云郡

荣淋，楚靖王庶二子，弘治十四年（1501）封缙云王，正德三年（1508）逝，谥怀僖。无袭，郡除。

长乐郡

显榕，楚端王庶长子，正德十一年（1516）封，十六年（1521）改封楚世子，嘉靖十四年（1535）嗣楚王，即楚愍王。

保康郡

显樟，楚端王荣减庶二子，嘉靖六年（1527）封保康王，十年（1531）逝，谥荣靖。无袭，郡除。

武冈郡

显槐，楚端王荣减庶三子，嘉靖十六年（1537）封武冈王，万历十九年（1591）逝。

英㰚，显槐庶一子，封长子，早逝。以子华增袭而追封为王。

华增，英㰚庶一子，万历二十八年（1600）袭封，明亡不知所终。

汉阳郡

蕴鑼，楚王华奎庶一子，万历二十四年（1596）封。万历三十九年（1611）景氏册为汉阳王妃。康熙《湖广武昌府志》有"先王（楚王华奎）卒"之说。①

宣化郡

楚恭王英燫庶二子华壁，万历九年（1581），封宣化王。南明政权封为楚王，隆武二年（1646）逝。

新安郡

华堞，南明隆武二年（1646）由鲁王封新安王，同年嗣封楚王，永历三年（1649）逝。

说明：

1. 一般史籍称郡王生命终结为"薨"，本处采用《朱氏宗谱》说法，选用"逝"或"卒"。

2. 四川明蜀王陵博物馆网页《明藩历史沿革》一文提道：楚藩有"兴国王蕴铣，定（华奎）庶子，不知何年封"②。此为孤本，未见其他文献记载。

---

① （清）裴天锡修，武汉地方志办公室整理校注．清康熙湖广武昌府志校注［M］．武汉：武汉出版社，2011：194.

② 引自明蜀王陵博物馆，http：//www.mswlbwg.cn/content.aspx？page＝lisi。

三、郡王代表人物

(一)江夏王朱荣漠

朱荣漠,安惠王均铆之子,袭封时间正史未见记载。嘉靖二十四年(1545),英燿谋杀父王,与崇阳、永安、东安等王一同为英燿谎奏显榕暴病亡故作担保,被革禄三分。谥"端僖"。

(二)武冈王朱显槐(约 1527—1591)①

楚端王朱荣㳦庶三子,宫人田氏所生。端王朱荣㳦第三子、愍王朱显榕之弟。嘉靖十六年(1537)封武冈王。嘉靖二十四年(1545),英燿弑杀楚王显榕之时,试图营救而受伤,获得白银 50 两、彩币表里 4 件的奖励。世宗又指派其摄楚府事。嘉靖二十八年(1549),领头揭发崇阳王显休殴死从兄显栲一事。稍后,与通城王英焯互讦,世宗劝谕显槐反省改过,安静行事。嘉靖四十三年(1564)上书条陈藩政,提议:"设宗学,择立宗正、宗表,督课亲郡王以下子弟。十岁入学,月饩米一石,三载督学使者考绩,陟其中程式者全禄之,五试不中课则黜之,给以本禄三之二。其庶人暨妻女,月饩六石,庶女勿加恩。"万历二年(1574)解除摄政。隆庆五年(1571),穆宗再度命其扶助英燫,辅佐楚事。万历二年(1574)湖广巡抚赵贤检举其多有不当之举,被解摄事,革禄三分之一。万历十九年(1591)病故。"所有祭葬表仪依例给半,仍差行人掌礼。"《明史》有小传专门提及拟设宗学之议,"其后廷臣集议,多采其意"。其诗文在楚藩中较为突出,或许这也是皇帝委以摄事的原由之一,其作品详见第八章第二节。

---

① 朱显槐于嘉靖十六年(1537)封郡王,若按正常册封年龄,推算其出生年份在1527 年前后。

（三）东安王朱显槐

朱显槐是东安恭懿王荣淑庶三子，隆庆元年（1567）袭封。万历二年（1574），因武冈王显槐解职，续理楚府，历时 7 年（1574—1580）。万历七年（1579），华奎检举其多项罪名，被责令查勘，显槐诬奏内使郭伦。次年神宗斥责其昏聩，并革其代管府事之职。谥"康惠"。

（四）崇阳王朱显休（？—1549）

朱显休为崇阳端懿王均鏓庶长孙，荣潪之子，正德十一年（1516），袭封崇阳王。嘉靖二十四年（1545），与江夏、永安、东安等郡王为英燿保奏，被革禄三分。显休等遂竞攫其金帛，显休等反，群击通城王，毁通城王冠舆，显休恣肆违法，夺禄一年；嘉靖二十八年（1549）纠集群小，打死奉国将军显柈，被世宗赐死。

（五）通城王朱英焌

朱英焌，通城怀简王显柜嫡第二子，弘治十七年（1504）赐名。嘉靖二年（1523）袭封通城王。楚府宫变后，由世宗指派代摄楚府事，协同抚养英燫。后与武冈王显槐不和，嘉靖二十五年（1546），在"军余刘贵骗财害人事件"中，被崇阳王显休等人殴伤。嘉靖二十九年（1550），与显槐争执公开化，互相指责。世宗削减其禄米三分之一。

笔者对于钱海岳先生关于朱英焌的记载存疑。其《南明史》谓："通城王朱英焌，与瞿式耜同守桂林，桂林城陷，不知所踪。"[1]此条记载有误，理由有三：一是英焌弘治十七年（1504）赐名，嘉靖二年（1523）袭封通城王。桂林最后失守，留守大学士瞿式耜遇难，是在永历三年（1649）。二是若按 5 岁请名推算，英焌出生在 1499 年，到 1649 年，正好相差 150 年。三是明王世贞《弇山堂别集》："英焌薨寿七十二，子今王华埘嗣。"按此推

---

① 钱海岳 . 南明史［M］. 北京：中华书局，2006：1442.

算，其终年当是 1571 年，即隆庆五年。因此钱先生所言或另有其人，或表述为"通城王英焰后裔"，合乎情理。

第三节　楚藩宗室代表人物

一、南明楚藩人物

从崇祯十七年（1644）五月，福王朱由崧于南京称帝，至永历三十七年（1683）郑克塽降清，史称"南明"。明朝皇族后裔，招兵买马，玥朝旧官老将纷纷聚集在明朝皇族麾下，抵抗清军南进。顾诚《南明史》说："这一时期，朱明后裔先后建立多个政权。"

表 1-3　南明政权简表

组建者	政权名	政权中心	时间	谥号
福王朱由崧	弘光	南京	弘光元年（1644）五月—二年（1645）五月	安宗
唐王朱聿键	隆武	福州	隆武元年（1645）闰六月—二年（1646）八月	绍宗
唐藩朱聿鐭	绍武	广州	绍武元年（1646）十一月—十二月	文宗
桂王朱由榔	永历	肇庆	永历元年（1646）十一月—三十七年（1683）十二月	昭宗

南明楚藩人物良莠不齐，有真心反清复明的义士，他们或紧随南明政权，或揭竿而起，割据为王，涌现出一批义勇之士，演绎了一个个英勇悲壮的故事；也有少数试图捞取名利、甚至觊觎国鼎的投机分子。为方便介绍楚藩人物，以下列弘光、隆武、绍武、永历四个政权为线索作一梳理。

（一）永安王华壋

永安王朱华壋（？—1656），永安恭顺王英焌之子，弘光元年（1645）五月，袭封永安王。南京城陷，追随永历皇帝转战广西，阻击清兵。永历十年(1656)，迫于形势，与总兵、知府、士官 150 余人降清。① 《清史稿》本纪五记载：顺治十三年(1656)"夏四月辛亥，广西故明永安王朱华堨及土司等来降"。

(二)通山郡叔侄三人

朱蕴钺、朱蕴铻，朱盛浓。

朱蕴钺(？—1646)，通山荣悼王华垠之子，隆武中袭封通山王。隆武二年(1646)十二月，广州城陷，宁死不降，被杀。② 被列于"明藩二十四英烈王"。

朱蕴铻(？—1650)，朱蕴钺胞弟，永历二年(1648)袭封通山王。《岭表纪年》记："永历二年郝永忠(原名"摇旗"，闯王军中部将，李自成逝后投奔南明，更名"永忠")营中，有通城王蕴铻、东安王盛澹。""守辅(瞿式耜)为蕴铻，郝永忠为盛澹疏请承袭楚王"，鲁可藻谓此二人虽属楚藩疏裔，自称郡王都有问题，袭封亲王更悖封王例制。③

永历元年(1647)，南明政权驻梧江。安国公上柱国刘承胤约同孔有德胁迫永历帝降清，故意谎报军情。朱蕴铻如实报告敌情，并警醒永历帝："清军骑兵已近逼，皇上还不知；倘若来个突然袭击，如何护驾？"永历帝惊骇，急召承胤问讯。承胤得知实情，愤愤出门遇到蕴铻，双方互殴一场。蕴铻跑到桂林，跟从大学士瞿式耜。永历四年(1650)，桂林告急，诸将皆有溃散之势。蕴铻涕泣，急求式耜主持迎战，式耜未作应允，蕴铻感到无望。不久桂林城陷被逮，蕴铻宁死不降被杀。

朱盛浓(？—1655)，字杨亭(钱海岳《南明史》作"扬廷")，通山郡荷迳之子，楚府中尉。张献忠攻武昌时，成功逃脱投奔南明朝廷。弘光元年(顺治二年 1645)，授为池州(今安徽池州)推官。池州失守，退避石埭(今安徽石台县)。在石埭起兵，收复东流(今安徽东流县)，联络贵池太学生

———————————

① 钱海岳. 南明史[M]. 北京：中华书局，2006：1441.
② 钱海岳. 南明史[M]. 北京：中华书局，2006：1442.
③ 鲁可藻. 岭表纪年[M]. 杭州：浙江古籍出版社，1985：58.

吴应箕、徽州金声义兵，合攻池州失败。稍后领兵收复建德，与清兵对垒。但因力量悬殊，且战且退。东流、建德、常州等地相继沦陷，盛浓奔赴太湖，依托总督吴易继续抵抗。吴易战败后，避走浙东。隆武帝授盛浓为御史，巡按广信、饶州。盛浓奏请强化训练兵卒，嘉奖军功。隆武帝对其寄予厚望，告诫其："兵宜练，必练心，练胆，练力，练气，练忠义，方成劲旅。"

永历元年（1647），进入广东。升为兵部右侍郎，总督两广，协同瞿式耜守卫桂林。不久改为刑部侍郎，奏请罢黜内监庞天寿执掌勇卫营的兵权。永历四年（1650），擢为兵部尚书，总督京营戎政，据山练兵。永历九年（1655），与弟盛添等人，起兵广西富川。月余，山砦被攻陷，盛浓、盛添等被捕殉国。

四明西亭凌雪纂修《南天痕·宗藩传》记："（永历）四年十一月，护驾赴浔州（广西浔州府辖桂平、平南、贵县、武宣四县），叛将陈邦傅纵兵大掠，遇害。"

附记：《小腆纪传补遗》卷第一、同治八年《江夏县志》有其小传。一些资料记述略有差异。《明末忠烈纪实》记"盛浓，丙戌（1646）八月死于衢州"。倪在田《续明纪事本末》卷十五《诸方义旅》记："盛浓辗转兵间，为期最久；自粤入川。康熙元年（1662）被获，抗节而死。"同治八年《江夏县志》云："盛浓走灵州，五年，大兵破灵州，阖门自焚死。"[1]章学诚谓："官池州知府，甲申国变'阖室自焚。'"[2]

（三）崇阳王朱蕴钤

朱蕴钤（？—1648），崇阳悼隐王显休曾孙。为了壮大朱氏皇族势力，隆武政权再封蕴钤为崇阳王（有些南明史料误作"荥阳"）。总兵闵士英等奉

---

① （清）王庭桢修，彭崧毓纂. 江夏县志[M]. 同治八年刻本卷六人物志. 台北：成文书局，1975：684.

② （清）章学诚著，郭康松点校. 湖北通志检存稿湖北通志未定稿[M]. 武汉：湖北教育出版社，2002：136.

之起兵，攻徽州失败。永历二年（1648），蕴钤率苗兵收复贵州黎平，不成，诸营溃散。永历十一年（1657）二月，云南府陷落，与总兵李盛功降于清。① 也有诈降后谋反被杀的说法。《小腆纪传》则未指其名，但事迹与此相近："崇阳王某，名系不可详；盖南渡后所封也。戊子（1648）二月，率苗兵十二营攻黎平，为降将陈友龙所败。诸营俱溃。"②

（四）江夏王朱蕴铗

朱蕴铗（？—1659），江夏王华墭之子，万历三十一年（1603）封王世子、三十九年（1611）袭封江夏王。永历四年（1650）年冬，广州失陷后，会同益阳王、抗清义士陈奇策在新会起兵，斩杀清廷招抚使两人。永历七年（1653），率舟师会同农民军将领李定国抗清。次年，协陈奇策收复江门，屯兵江门两岸。永历十年（1656），清平南王尚可喜率军3万前来围攻，南明军凭借西洋船优势，大战七日，清军伤亡惨重，被迫撤退，巩固了南明在广东沿海的抗清据点，并且形成了东恃郑成功、西附李定国的局势，声势颇壮。永历十三年（1659）闰三月，朱蕴铗来到广西上思（今广西防城港市），试图联络土司抗清，因奸细告密被逮，誓死不屈，遇害，王妃从殉。③

（五）黄州砦王朱蕴铲

朱蕴铲（？—1649），"为武昌楚王之裔。不知何时领砦王职。大抵始事之豪假以号令群砦，而蕴朱蕴铲亦持以生活"④。蕲黄抗清斗争，以反剃发斗争为起点。在此统领四十八砦抗清的，有三支宗室，黄州诸砦推举楚藩后裔朱蕴铲为领袖，斗方砦推举襄藩樊山后裔王朱常渫，飞旗

---

①　钱海岳 . 南明史［M］. 北京：中华书局，2006：1442.

②　（清）徐鼒撰著，徐承礼补遗 . 小腆纪传［M］. 北京：中华书局，2018：115.

③　钱海岳 . 南明史［M］. 北京：中华书局，2006：1443.

④　（清）王葆心 . 宣统黄州府志拾遗［M］. 宣统二年刻本卷一武备志兵事蕲黄四十八寨纪事卷一鄂寨篇.

寨拥戴宁藩石城王后裔朱统锜。各山寨倚凭险阻，垒石砌城，择机出击，两度掀起斗争高潮。永历三年（1649）秋，"清陷黄州三百寨，朱蕴铲被执死"①。随后，朱统锜、南明蕲黄总兵等相继被俘，大规模的反清斗争失败。②

（六）东安王朱盛蒗

东安王盛蒗（？—1663），东安王英㸅曾孙，东安王华堌孙。③隆武二年（1646），盛蒗招郝摇旗等人，联合地方武装，聚众 20 余万。又转至川东，率领"夔东十三家"，游击于川鄂交界、豫陕南部。永历元年（1647），封为东安王，组建"大明忠贞十六营"，以巴东、兴山、归州、旁县等为根据地，占据川东、鄂西一带，屯田练兵，担负三峡地区抗清大业，常出奇兵袭击南下清军。永历二年（1648），南安侯郝永忠为其疏请"承袭楚王"，未果。④永历十六年（康熙元年即 1662），清兵四川总督李国英统兵进剿，驻扎奉节，双方交手多个回合，死伤甚众。次年八月，清兵乘雾攻击，南明军粮尽援绝，节节失利，多部被击溃。盛蒗在巫山被擒获。永历十七年（1663）十月，清廷指令，将朱盛蒗与郝永忠、袁宗第等人押送巫山县城，予以处决。⑤

（七）通城郡三兄弟

朱盛澂、朱盛濂、朱盛瀠，此三兄弟的名字，相关典籍记录略有差异。盛澂之"澂"，四明西亭凌雪纂修《南天痕·宗藩传》与顾诚《南明史》作"澂"，邵廷寀《东南纪事》均谓："朝升在太湖，奉剑州知州朱盛征，始

①　钱海岳. 南明史［M］. 北京：中华书局，2006：1444.

②　涂文学. 蕲黄四十八砦抗清斗争述略［J］. 武汉师范学院学报（哲学社会科学版），1983（4）：100.

③　《小腆纪传》有其小传，见：徐鼒撰，徐承礼补遗. 小腆纪传［M］. 北京：中华书局，2018：111.

④　鲁可藻. 岭表纪年［M］. 杭州：浙江古籍出版社，1985：58.

⑤　钱海岳. 南明史［M］. 北京：中华书局，2006：1443.

称通城王。"①《小腆纪传补遗》卷一作"澄"。

顺治九年（1652）十二月《江宁巡抚周国佐题本》显示，"盛廉与真、隆"是同胞兄弟，他们的行动轨迹与其他史料提及"盛澂""盛濂"的史实相同，笔者推测：朱盛濂被捕后，为了逃避或减轻罪责，有意将三兄弟名字说成"盛真""盛廉""盛隆"。真或为"征"音演化而成。将盛濂、盛滗写作"盛廉""盛隆"。按楚藩宗派"盛"字辈取名均以"氵"作偏旁，因而三人名字当为"澂""濂""滗"。该《题本》载有周国佐审讯盛濂、盛濂之侄朱凤毛、盛滗仆役李兴、盛澂仆役张真元的记录。② 结合史料，梳理其兄弟3人在江浙一带活动的轨迹。

朱盛澂（？—1646），字青潮，崇祯十六年（1643）武昌城陷，出逃东行。次年辗转到宿迁，③ 协同弟盛濂到南京。弘光元年（1645）五月，授四川剑州知州，未赴任。

朱盛濂（？—1653），崇祯十四年至十六年（1641—1643）任宿迁知县。④

朱盛滗（？—1646），曾在云南任知州。⑤

崇祯十二年（1639），朱盛濂在武昌打劫犯事，因楚王保救，幸未发往凤阳高墙。次年选为宿迁知县，十六年（1643）在"淮安府带同知印"。甲申之变（1644）后，受唐、鲁二王鼓动，同兄盛澂、弟盛滗到南京。供词显示："唐、鲁二王说二千岁（指盛濂）有本事，先到南京，你便为君。尚有龙袍、龙幞在郭潭夫（盛濂的内弟）家。"清兵攻占南京后，三人到太湖，结

---

① （清）邵廷寀. 东南纪事（外十二种）·卷三［M］. 北京：北京古籍出版社，2002：200.

② 台湾"中央研究院"历史语言研究所编. 明清史料（己编第2册）［M］. 北京：中华书局，1987：277-285.

③ （清）李德溥修，方骏谟纂. 宿迁县志［M］. 同治十三年刊本卷四职官表. 台北：成文出版社，1974：225.

④ （清）李德溥修，方骏谟纂. 宿迁县志［M］. 同治十三年刊本四卷职官表. 台北：成文出版社，1974：225.

⑤ 钱海岳. 南明史［M］. 北京：中华书局，2006：1445.

兵抗清。黄宗羲《郑成功传》中记载，隆武元年（1645）九月，太湖人蔡永新，邀约兵部郎中王期升、礼部主事吴景亶等人，奉盛澂为"通城王行大将军事"。其中有人梦见上书"青潮"两字的旗帜，"盛澄字适与之合；众以为祥，故多应之者"。盛澉等人前往长兴，发动金有鉴等聚众起义，盛澂率部与之会合。金有鉴奉盛澂为通城王，自署总兵，两战湖州。拟攻杭州，未成。又有宁藩乐安王后裔朱议溢加盟，中书舍人卢象观等率部与王朝升部在西山会师，阵势进一步壮大。盛澂乘势称帝，继而派饷、卖官、强夺民女。不久，兵败退守衢州。隆武二年（1646），授右佥都御史，巡抚衢州、严州。清军攻陷衢州城，自刎。隆武二年（1646），义军复攻长兴，金有鉴陷阵而亡，盛澉拔剑自刎。

夹浦一战，朱盛濂腹部中箭，拟联络盛澂到舟山会商起事。事泄后潜于镇江，从子朱凤毛在此为僧。其仆役李兴以"通城王"将其报官，被逮，于永历七年（顺治十年1653）春被处决。

查继佐颇加赞赏盛澂兄弟的勇气："兵耀笠泽（太湖），殆尽殉三衢，允哉宗之正矣！"①

关于盛澂袭封"通城王"问题。当时各地义军为了壮势，多推举明某藩王或某郡王宗室"挂帅"，以资号召，盛澂即属此类。野史诸书有类似记载，但未见南明政权任命书。

（八）投机者朱容藩②

朱容藩（生卒年不详），通城王庶支。平素无赖，被楚王宗室驱逐后，窜至左良玉军中，冒称郡王。征战中肆意劫掠，遭到诸将鄙视。崇祯十七年（1644）逃至南京，贿赂马士英，得到镇国将军封号，监管楚营。因自恣横暴，行至九江，激起兵变，惧罪外逃。次年在湖广加入李自成农民军，诡称"楚世子"。然其异常举止，引起众将怀疑，将其奉为

---

① （明末清初）查继佐著，倪志云，刘天路点校．罪惟录[M]．《四部丛刊》影印本列卷四同姓诸王列卷．济南：齐鲁书社，2014：1306．

② 徐鼒撰，徐承礼补遗．小腆纪传[M]．北京：中华书局，2018：118-120．

楚王的动议被废止。于是投奔南明政权。隆武二年（1646）十月，奏称甚悉敌军情形，骗得内阁丁魁楚和兵科主事程源赏识，被举荐执掌宗人府事，稍后改为兵部右侍郎兼右金都御史、总督川东兵马。弘光朝廷移治桂林，朱容藩托人奏请让他进入内阁，弘光帝恼怒，夺其印信，欲将斩之。他托人央求方得赦免，官复原职。进入四川后，其野心更加暴露，自称"三省总督"，沿途卖官，私发文告，饱中私利，无视南明朝廷削职之诏，自称"楚世子""天下兵马副元帅"，招募兵马，指令川军将士与清军交战，取得小胜。自恃一时的胜利，干些僭越之举：改忠州（今重庆忠县）为大定府，称居所为行宫，私铸官印，封官授爵，世人不明真伪。四川巡按御史钱邦芑，告发其"僭逾之罪"："容藩假借朝廷威灵，笼络诸将，潜怀不轨；三年之间，四易年号。窥伺神器，阳尊朝廷，阴行僭伪。"①更为严重的是，他的决策使得南明内部开始互相攻伐。尔后，朱容藩移驻万县天字城，割据涪州（今重庆市涪陵）、夔州（今重庆市北部）自雄。时有讹传永历帝遇害，认为有机可乘，自称监国。（《客滇录》说他先后自称"楚王世子""楚王""吴王"）。在牌劄上写有"楚王世子""监国""天下兵马副元帅"的头衔，大学士吕大器严厉指明："此人反叛明矣。"派人征粮，遇到秦良玉不买帐，便派兵攻打秦良玉，李占春乘势支援秦良玉。朱容藩属军伤亡甚众，余部不再听从朱容藩指挥，各自解散。朱容藩众叛亲离，落荒而逃，在云阳（今重庆市云阳县）被土著人擒获送斩。事见《堵文忠公集》（堵胤锡1601—1649）。明末学者王夫之评："容藩有小智而不知大体。"②

（九）其他

1. 武冈王朱华增

武冈王朱华增，南京陷落后，起兵徽州。后事无载。

---

① （明）鲁可藻．岭表纪年（明末清初史料）[M]．杭州：浙江古籍出版社，1985：65.

② （明）王夫之．永历实录[M]．北京：北京古籍出版社，2002：128.

2. 朱华埼

朱华埼(？—1649)，参与南明抗击清军，"永历三年执死"①。

3. 朱华塘

顺治六年(1649)，清江南总督马国柱《题明宗室诈传令旨审拟罪状本》称：朱华塘(1571—1649)，永安王宗室，在崇祯十六年(1643)72 岁时，才袭封镇国将军。② 顺治二年(1645)拟主动投清，并"市刻诏书壹本，前往湖广招抚，见族中宗室，俱已投顺"，便在九华山出家。顺治三年(1646)，下山沿村化缘，行至九江被当地张姓把总认出。把总原本补锅匠，曾在武昌永安王府补锅，并与华塘有过勾结，于是举报华塘，声称其藏匿诏书、启本、藩王印信等物。九江有司将其捕获归案。经过层层审讯、复审，查得诏书是清兵平南诏书；启本、封筒是托人制作，华塘本人不知真伪；明朝勘合，藏匿未缴，有干法纪。马总督所见华塘："年以望八，衰病垂危，相随徒弟两人，乞食贫衲，实无别项情节。若夫木印一颗，实系道家钤记。"鉴于华塘"罪诈传令旨宗，屡审情真"，报请上方裁夺。马总督得到摄政王批红："着即就彼正法。"③可见清朝官方对于未"归顺"的朱明王室遗民处置甚严。

4. 朱盛治

朱盛治(？—1662)，楚王朱华廛长孙，南明时为楚世子。永历十六年(康熙元年1662)，南明军击败荷兰殖民者，占领赤嵌，郑成功更赤嵌为承天府，设天兴、万年县。三月，兵部右侍郎兼金都御史严通谋奉楚世子盛治在天兴起兵，后均被俘。当年在福京(今福建福州)被处决。④

5. 朱盛涧

朱盛涧，选贡，永历中自吉安通判累迁广西布政使。清兵进剿，顺治

---

① 钱海岳 . 南明史[M]. 北京：中华书局，2006：1443.

② 目前尚无显示朱华塘册封"镇国将军"的其他资料。

③ 故宫博物院明清档案部编 . 清代档案史料丛编(第三辑)[M]. 北京：中华书局，1979：101-105.

④ 钱海岳 . 南明史[M]. 北京：中华书局，2006：225.

四年，清兵进攻桂林，总督侍郎朱盛浓走灵川，布政使朱盛涧等多人逃遁。①

6. 楚藩女将

名号失考的郡主，协助丈夫岑甲破敌，失利后择地隐居。"郡主某尚岑甲，通兵法，武勇工书。甲以大破张献忠功官总兵，守荆南。郡主时出奇计佐之。卒以兵寡不敌，城陷，突围出。偕隐南直。"②

二、方志所载宗室人物

《明实录》很少记载将军以下低阶宗室的生封婚逝等信息，而且弘治年以后不再载录中阶宗室的信息。以下是搜索方志记载一些宗室人物的事例。

（一）孝善至纯，捐赀济灾

1. 朱蕴鈈

朱蕴鈈，字澍宇，"六龄失怙，事母至孝。母当六十称觞，有白鹤绕庭飞良久而去，人谓节孝所感。（蕴鈈）初艰于嗣，母为买一妾。闻其夫失官金坐狱，鬻之以偿。（蕴鈈）遣还，更赠以资。终身不置妾。后连举二子。"③"母督诲之甚严，择贤师传讲肄。中州饥，流莩楚中者载道。蕴鈈捐赀劝赈，全活者众。"蕴鈈"有文誉，有《双白唱和诗草》。"④

2. 朱盛渶

朱盛渶，字巽吉。崇祯癸未之劫，幸运逃离。清初乐善好施，普惠百姓。"明故昭藩九世孙，年十四游庠。献逆破城，与兄保母突围。手刃数贼，得脱。隐居教授。己未（康熙十八年，即1679），大饥，流民腾聚，捐

①　钱海岳．南明史［M］．北京：中华书局，2006：1447.

②　钱海岳．南明史［M］．北京：中华书局，2006：1449.

③　（清）王庭桢修，彭崧毓纂．江夏县志［M］．同治八年刻本卷六人物二十三．台北：成文书局，1975：708.

④　（清）裴天锡修，武汉地方志办公室整理校注．清康熙湖广武昌府志校注［M］．武汉：武汉出版社，2011：610.

赈活数万人，施棺木、汤药，代赎掠卖子女，修桥拯溺。"①

3. 朱容楯

朱容楯，"楚藩宗室，崇祯时，任无为县(实为庐州府'无为州')牧。饥馑之后，继以兵燹。容楯修整城壕，招来百姓，戴月出入，叠著勤劳"②。

(二)勤学有成，学有专攻

1. 朱英烑

朱英烑，字宾桃。楚藩裔孙，与晚明江夏学者贺时泰(贺逢圣之父)，黄陂黄彦士(后任贵州道监察御史)、黄奇士(仕至户部司务)，互为师友，"学尚敦修，不贵冥悟。父卒，庐墓三年。两台疏其行谊，神宗嘉之，拜为宗学大宗正"③。

2. 朱华圉

朱华圉，字淮仙，镇国中尉朱英韶次子。6岁时就学，14岁就博通经籍，却不屑于科举中第，独喜欢编录著述，学宗王守仁(明代思想家)。先后辑录《宋元诗选》，编纂《圣贤宝鉴》计50万字，综列历代圣贤忠佞。有文集《梅湖》《桃溪》。崇祯十六年(1643)三月，预见大难将临，警醒亲友："情势危急，赶快逃命!"独自出逃，易名陶朱公。④ 其妻周氏旌表为烈女。⑤ 其子蕴铉、蕴钍，去名中"金"字旁，改名蕴宏、蕴上，出家为僧。

3. 朱蕴鉥

① (清)王庭桢修，彭崧毓纂.江夏县志[M].同治八年刻本卷六人物七十四.台北：成文书局，1975：810.

② (清)王庭桢修，彭崧毓纂.江夏县志[M].同治八年刻本卷六人物五十四.台北：成文书局，1975：770.

③ (清)王庭桢修，彭崧毓纂.江夏县志[M].同治八年刻本卷六人物页二十一.台北：成文书局，1975：704.

④ (清)王庭桢修，彭崧毓纂.江夏县志[M].同治八年刻本卷六人物页九十一.台北：成文书局，1975：844.

⑤ 吕调元，刘承恩，张仲炘，杨承喜纂修.湖北通志[M].民国十年刻本卷一百五十九人物志烈女附录一江夏县页一.台北：华文书局，1967：3723.

朱蕴铯，"字希周，楚藩宗室，博学工文辞，力辞中尉禄"①。湖广官员"闻其贤，特疏，未下。献贼（指张献忠军，下同）破城。蕴铯与昆弟蕴铘骂贼，死"②。长子盛滴中崇祯十二年（1639）副榜；次子圣裔，贡士，出嗣陈姓。

4. 朱盛洬、朱容栋

朱盛洬，字蓼菴，楚藩宗室。乾隆《武昌县志》所记突出两点：一是彰扬其孝行："幼知祈神以疗亲病，后亲殁，泣血三年，未尝见齿。"二是表彰其医德高尚、医术高明："寓居樊湖（今名梁子湖），嗜古、博学、眈诗、爱琴，尤善岐黄术。经其手，手到病除，无不活者。或得疾，法在不治，涕泣从之。即按古方出已意治，多有死中得生者焉。性至孝，少年，尝割股疗亲，血痕斑斑可验。虽盛暑，必衣掩覆之，恐为人所测识，其隐德类如此。"③《江夏县志》记载："献逆之变，尽驱楚宗入江。洬浮三十里至鲍家庄，汲僧求之甦。逃梁子山，易名谢世仁，字忍生。隐于医，工于诗，与王子云、叶井叔（诗人叶封）辈合刻有《郢雪编》《通丹经》。子容栋，字二安，亦以医著。著《医宗》《王琴操谐谱》《谱梁子草》。"④

（三）蓄势待发，应试中第

明末应允宗室子弟参加科举应试，以下见于记载的楚宗科考人员。

乾隆《江夏县志》所见：崇祯九年（1636）举人有朱盛浸⑤；岁贡条目中

①　（清）穆彰阿. 大清一统志［M］. 第21册卷三百三十七武昌府三页十一. 北京：中华书局，1984：253.

②　（清）王庭桢修，彭崧毓纂. 江夏县志［M］. 同治八年刻本卷六人物页八. 台北：成文书局 1975 年影印，677.

③　（清）邵遐龄撰. 武昌县志［M］. 乾隆二十八年刻本卷九人物方伎. 南京：江苏古籍出版社，2001：138.

④　（清）王庭桢修，彭崧毓纂. 江夏县志［M］. 同治八年刻本卷八杂志页四十六. 台北：成文书局，1975；1139-1140.

⑤　（清）陈元京修，范述之纂. 江夏县志［M］. 乾隆五十九年刻本卷七选举诰封荫袭例考页二十.

有朱盛凌、朱盛梁、朱盛渗。①

康熙《湖广武昌府志》第六卷《选举志》显示：朱盛淦为崇祯六年（1633）举人，朱盛汀、朱容槟均为崇祯十五年（1642）举人。②

朱盛潊，贵州镇远府推官。查乾隆《贵州通志》，该府明代 14 任推官中，盛潊是第 12 任③，已属晚明。

朱华坯，选贡，崇祯末福建泉州府德化知县，左良玉兵溃，陷城，执而裸之，令负重，抗骂不屈。杀之儒学莲花池上。④

朱华均，恩贡，河南嵩县知县，崇祯十五年（1642）任。⑤

朱华垧，选贡，隆武年间，迁云南道御史，管保甲。

朱蕴铄，字玉藻，四川保县知县，与训导钱养昆修南堡。

朱蕴镦，崇祯十七年（1644），授徐州知州。⑥

朱蕴镁，岁贡，崇祯年间任浪穹知县。⑦ 光绪《浪穹县志略》可见其为明朝倒数第二任知县。⑧

朱蕴铇，岁贡，光山知县，摄息县。⑨

朱蕴镶，光山知县，复城。⑩ 民国《光山县志约稿》显示：朱蕴镶为明

① （清）陈元京修，范述之纂．江夏县志［M］．乾隆五十九年刻本卷七选举诰封荫袭例考页二十八．

② （清）裴天锡修，武汉地方志办公室整理校注．湖广武昌府志校注［M］．卷六选举志．武汉：武汉出版社，2011：405-406．

③ （清）鄂尔泰等修，靖道谟等纂．贵州通志［M］．乾隆四十五年《钦定四库全书》刊本卷十七历代秩官职官页六十二.

④ （清）陈嵿等修，黄凤楼等纂．德化县志［M］．同治十一年刻本卷二十七名宦五．台北：成文出版社，1970：359．

⑤ （清）康基渊纂修．嵩县县志［M］．乾隆三十二年刻本卷二职官表十．台北：成文出版社，1976：100．

⑥ （清）吴世熊，朱忻修，刘庠等纂．同治徐州府志［M］．同治十三年刻本卷六页二十．南京：江苏古籍出版社，1991：148．

⑦ 钱海岳．南明史［M］．北京：中华书局，2006：1444．

⑧ （清）罗瀛修，周沆纂．浪穹县志略［M］．光绪二十八年刻本卷七秩官．台北：成文出版社，1975：219．

⑨ 钱海岳．南明史［M］．北京：中华书局，2006：1444．

⑩ 钱海岳．南明史［M］．北京：中华书局，2006：1444．

朝最后一任知县。另有附注：江夏岁贡，万历以后任事，年代籍贯失载。①

朱蕴鏶，岁贡，福建漳州府宁洋知县。光绪《宁洋县志》知县栏显示：明宗室贡生，明朝末任知县。崇祯十七年(1644)，生员廖淡修、范元会，以勤王名义聚众造反，四处劫掠，蕴鏶计斩廖部百余人。②

朱蕴金，字大和，选贡，授衡州同知。康熙《衡州府志》记其崇祯十七年(1644)任。③ 南明授光禄少卿(时间不明)。永历二年(1648)九月，衡阳举人夏汝弼救出被清军俘擒起解的朱蕴金，“会未兵起，遂推为主”。发动士民起义。④ 永历三年(1649)，擢佥都御史，巡抚沅兴；十年(1656)迁通政使，十三年(1659)扈从入缅甸，在阿瓦被缅兵围困，自缢而亡。⑤

朱盛凝，选贡，永历中官大理评事，上在南宁，瞿式耜命迎驾，累升寺承。从守桂林。⑥

朱盛泳，永历中官贺县知县。⑦

朱盛汒，字宇三，崇祯十五年(1642)乡试中举。明亡后隐于诗酒⑧。

(四)英勇抗暴宁死不屈

1. 朱英燧

朱英燧，“号复礼，东安郡孙。说礼敦诗，礼贤下士，有河间东平风。万历四十年举贤良方正，授宗正。崇祯九年，遇覃恩赐坊额曰‘贤行可嘉’，建忠孝门内府第前。世袭一子，管理府事。献贼陷鄂，(英)燧率子华塈缒城去，削壁发为僧，止孝感李家庵。甲申之变，绝粟七日，振衣北

---

① 晏兆平编．光山县志约稿[M]．台北：成文出版社，1968：258.

② (清)董钟骥修，陈天枢等纂．宁洋县志[M]．光绪元年刻本卷五页三．台北：成文出版社，1967：151.

③ (清)张奇勋，周士仪纂修，谭弘宪，周士仪续修．康熙衡州府志[M]．康熙二十一年刻本卷九秩官．北京：北京图书馆出版社，1998：324.

④ 王夫之．宋论·永历实录·箨史·莲峰志[M]．长沙：岳麓书社，2011：233.

⑤ 钱海岳．南明史[M]．北京：中华书局，2006：1444.

⑥ 钱海岳．南明史[M]．北京：中华书局，2006：1447.

⑦ 钱海岳．南明史[M]．北京：中华书局，2006：1447.

⑧ 钱海岳．南明史[M]．北京：中华书局，2006：1447.

拜，自缢"①。

2. 朱华趆

朱华趆，字德心，崇阳郡孙。"慷慨任侠，力能扛鼎。崇祯末，寇（指张献忠军）逼邻境。于屋后掘一池及城受围，集妻子池旁，拔剑急呼曰："我与贼势不两立，贼来汝辈当死。此少懦忍，唯此剑耳"已而城破，妻子俱赴池死。率家丁巷战，杀贼三十余人。势不支，伏剑死。"②

3. 朱蕴锣

关于此人，有三点需要补正。一是其名，有文献写作"罗"，但按楚宗派行，蕴字辈当是"锣"；二是任职县名有蒲江、蒲田、蓝田之说。《钦定胜朝殉节诸臣录》作官蒲江（蒲田）知县。同治《江夏县志》作蓝田知县。有其任职的《蒲江县志》为证：崇祯末年"任蒲江县令"③。三是殉难时间。凡注明时间的写作"崇祯十七年"，"湘北（朱蕴锣字），江夏举人，崇祯中令蒲江。甲申（崇祯十七年即1644）城陷，率民巷战死。祀名宦并入忠义"④。然张献贼陷武昌，是崇祯十六年（1643）五月。通过以上补正，梳理如下：朱蕴锣，崇祯末年举于乡，任蒲江县令。"归（江夏），值献逆陷城，阖家殉难。"⑤"城陷，骂贼，不屈死。"⑥张献忠至，巷战被执，"阖家被难"。⑦"献贼陷城，骂贼，不屈，合家死节。"谥"烈愍"。⑧

———————

① （清）王庭桢修，彭崧毓纂．江夏县志[M]．同治八年刻本卷六人物十二．台北：成文书局，1975：685.

② （清）王庭桢修，彭崧毓纂．江夏县志[M]．同治八年刻本卷六人物八．台北：成文书局，1975：681.

③ （清）孙清士．蒲江县志[M]．光绪四年重纂刻本卷二官师页四.

④ （清）孙清士．蒲江县志[M]．光绪四年重纂刻本卷三名宦页十九.

⑤ （清）王庭桢，彭崧毓．江夏县志[M]．同治八年刻本卷六人物十二．台北：成文书局，1975：686.

⑥ （清）穆彰阿．大清一统志（第21册）[M]．卷三百三十七武昌府三页十一．北京：中华书局，1984：253.

⑦ （清）张廷玉等．明史[M]．列传第一百八十三忠义七．北京：中华书局，1974：7566.

⑧ （清）舒赫德，于敏中等．钦定胜朝殉节诸臣录[M]．乾隆四十一年《四库全书》刊本卷五页四十.

4. 朱恭敬

朱恭敬，崇祯十六年（1643），"贼陷省城（武昌），偕城外居民，生缚数十贼。被戕"①。

5. 朱蕴镜

朱蕴镜，"字希周，楚藩宗室，博学工文辞，力辞中尉禄"②。《江夏县志》："博闻强记，亲贤乐善。"朝廷对于明藩宗室开科取士解禁，皇帝下诏允许宗室有真才实学之人，可以参加科举考试。照品换俸授职，首举不果。湖广有官员"闻其贤，特疏，未下。献贼（指张献忠军，下同）破城。蕴镜与昆弟蕴锊骂贼，死"。长子盛滴，中崇祯乙卯（崇祯十二年1639）副榜；次子圣裔，贡士。③

6. 朱恭敬

不知何因未封名的楚宗。"贼（指张献忠军）陷省城，偕城外居民，生缚数十贼。被戕。"④

7. 观音保

观音保，楚宗室盛潮之子。崇祯癸未（1643），时年十三。武昌城破，被逮到军营中。设计把众军士灌醉，"见其少不之备，潜拔贼刀刺杀数人，然后自刭"⑤。

8. 桂文瀚

桂文瀚，字嗣宗，楚府仪宾，有过目成诵之功。"楚藩延为世孙师，尽捐馆谷。设祠堂，置义田。""癸未献贼陷城，贼执其父，亦佯出就执绐，

---

① （清）王庭桢修，彭崧毓纂．江夏县志［M］．同治八年刻本卷六人物八．台北：成文书局，1975：681.

② （清）穆彰阿．大清一统志（第21册）［M］．卷三百三十七武昌府三页十一．北京：中华书局，1984：255.

③ （清）王庭桢修，彭崧毓纂．江夏县志［M］．同治八年刻本卷六人物四．台北：成文书局，1975：677.

④ （清）王庭桢修，彭崧毓纂．江夏县志［M］．同治八年刻本卷六人物八．台北：成文书局，1975：681.

⑤ 娄东梅村野史编纂．鹿樵纪闻（第三版）［M］．北京：商务印书馆，1917.

若不相识者。父嬴不能行，身被重伤，负出，免害。后绝意仕进。唯读书谈道，种竹、浇花为务。"①

9. 娄贵宸

娄贵宸，字君淑，通城王府仪宾。"有胆识，不畏强，御献贼寇，贵宸率乡勇数百人，败之。次日贼大队至，围宾阳门外。乡勇皆散，贵宸独横槊奋呼，斩贼数级，被擒。贼壮其英勇，百计诱从，执节不屈，大骂，投壕死。后子孙蕃衍京兆。"②

（五）朱明亡国祝发空门

明末一些楚宗劫后余生，遁迹空门。史载较为著名的有：不错，本名朱蕴鉴，在云南浪穹标山结楚云庵，坐卧三十年。③ 寂灯，主江苏仪征东园十笏庵。瓶粟屡空，绝不干人。翠涛，"国亡居衡州（听月楼），与王夫之往来甚密"④。

（六）郡主殉难节义流芳⑤

崇祯十六年（1643），楚王华奎之女朱凤德已到了适婚年龄。华奎嘱托湖广乡试考官帮他挑选女婿（明代称藩王女婿为"仪宾"或"郡马"），考官选中17岁的考生王国梓，楚王召见王生觉得满意，当即决定次日拜堂成婚。此时，农民起义军已经逼近武昌。婚后第八天楚王谕旨：郡主和仪宾该当殉国。第九天，郡主催促仪宾带着母亲出城，随后自绝。三个月后仪宾回到武昌城的楚王宫，宫仆告知郡主临终遗嘱及自绝经过。仪宾依照遗愿，安葬郡主，在江夏县卓刀泉（今武昌伏虎山西麓）买下一片土地，取名

① （清）王庭桢修，彭崧毓纂. 江夏县志［M］. 同治八年刻本卷六人物三十四. 台北：成文书局，1975：708.

② （清）王庭桢修，彭崧毓纂. 江夏县志［M］. 同治八年刻本卷六人物十二. 台北：成文书局，1975：685-686.

③ 钱海岳. 南明史［M］. 北京：中华书局，2006：1444.

④ 钱海岳. 南明史［M］. 北京：中华书局，2006：1449.

⑤ 涂明星.《一梦缘》的文史价值［J］. 中外交流，2020（15）：58-59.

"驻凤村",造屋建房,与郡主侍女结婚生子。康熙三十八年(1699),王国梓撰写《一梦缘》,以个人自传形式记录他与楚王朱华奎之女、郡主朱凤德短暂的婚姻,"诠次以实,以诏于后"①,追忆郡主留给他刻骨铭心的印象。郡主的举动,展现了"节义"的形象。其一,郡主对父王的态度。说服父王募兵守城。朱华奎原本不出资募兵,朱凤德以"不嫁"为筹码,要挟华奎改变主意。父女对比,华奎"宁藏金以待其败",其"志节固有愧于其女"。其二,听从父命以身殉国,凛然气概让人肃然佩服。同时告慰仪宾:两人情投意合,本可以百年偕老,因为"宗室之女,殉节是尽忠尽孝",不能相伴终身。这是自己的身份使然,纯属无奈。其三,请求父王改变仪宾殉国主意。仪宾是独生子,寡母尚在,应当赡养尽孝。力劝仪宾不要因她殉国而殉情。其四,写遗书交代后事,纲纪条具,事无不遗。遗书内容涉及身后重大事项:嘱咐侍女嫁给仪宾为妾,能让王家继嗣有望;身边侍者去留由仪宾决定,但要赡养乳母;分列宫内财物清单,声明财物均归仪宾所有,任由处置。叮嘱侍者要等仪宾返回亲自盖棺,安葬在郡马祖坟茔侧,等等。其五,郡主持守爱美的天性。吞食大量云母粉保持容颜,留给仪宾"虽殁犹美"的形象。其六,为了凸显郡主的节烈,《一梦缘》以记述太监的回忆来渲染"郡主显灵":楚王宫沦陷,进入郡主寝宫的士兵要么脸部被灼伤,要么七窍流血而死,张献忠不信邪,亲自监督点火,结果多次被旋风扑灭,该宫得以保存。民间流传郡主在武昌伏虎山显灵,与驻扎此处的张献忠军作对的传说。郡主阴灵半夜作祟,折腾得将士人心惶惶,使得张献忠心存恐惧,不敢久留,被迫南撤。在仪宾看来,郡主虽然年仅十六,深居王宫,养尊处优,却是知书达理,精通人情世故,贤德节义的女子,遗书与节义之举让他刻骨铭心,永生不忘。"百年流水尽,万事落花空。玉人何处也,天上会相逢。"②王葆心称其"幽光皓节"。③《一梦缘》记录了明王朝在其最后的时刻,楚王府运行、宗室人群生活的状态,不可

---

① 王国梓.一梦缘[M].上海:上海书店,1994:241.

② 王国梓.一梦缘[M].上海:上海书店,1994:240.

③ 王国梓.一梦缘[M].武汉:益善书局,1933(书后页六).

"仅与稗官小说等量而齐观之"，在民国文艺界产生影响，有着极其深刻的社会背景。明中晚期的皇族王室，遍遭鄙弃，而楚藩朱凤德广为称颂，特别是她的生命观，有其独特性和闪光点。抗战时期，文艺界从不同的切入点提取素材，创作文艺作品。有人挖掘其社会教育意义，将其作为反对投降、鼓舞斗志的题材，一时为文艺界所推崇。民国山东籍文士常燕生称楚王郡主朱凤德为楚凤烈。民国时期，有多个版本出版物，戏曲师卢前将其改编为剧本《楚凤烈传奇》，编排演出，用以昭示民族传统责任与爱国忧患意识。20 世纪 30 年代，武昌伏虎山西麓的卓刀泉出土刻有"大明殉难节义郡主朱氏凤德之墓"的墓碑，与王国梓所撰《一梦缘》所记相吻合。① 《湖北文征》收有朱凤德《绝命书》。②

① 张少林. 洪山掌故[M]. 武汉：湖北人民出版社，2011：161.
② 王葆心，甘鹏云等. 湖北文征(第 5 卷)[M]. 武汉：湖北人民出版社，2000：390-391.

第二章　楚府僚属及其运行机制

第一节　明代王官制度概略

一、王官选任及其诠政

"洪武二年(1369)四月，定封建诸王国邑及官之制。"①这是王官制度的最初版本，以后的修订大多以此为蓝本，结合实际，因事修订宗藩条例。

(一)朝廷选任王府官员

王官的选任有举荐、选补、迁擢、改授、拣选等形式。既注重"忠君"这一政治标准，又关注"事王"的才学标准。在"事王"方面，必须辅导、规谏诸王，真正做到"直言敢谏"。

明朝中央限制宗藩笼络亲近势力，禁止藩王擅自延揽王官。洪武时代，王相府左、右相，其武相皆以勋旧大臣充任，位文相上。明太祖命各布政使推举教官中有学行者充任王府官。"伴读，选老成、明经、慎行之士任之。"楚府早年就有翰林院编修朱廉、山西行省员外郎谢达等资深文士兵充任长史。随着朝廷逐渐强化"藩禁"政策，王府官社会地位式微，越来

---

① (明)徐学聚. 国朝典汇[M]. 北京大学图书馆善本丛书卷十三宗藩页一. 北京：书目文献出版社，1996：234.

越多的士人只有在无奈情形下充作王府幕僚。天顺之后，正途出身士人大多不愿就任王官。弘治朝始，王官的选任资格限制有所放宽。只得"降格以求"，由进士而举人，最后更多的是贡生。嘉靖二十年(1541)，又出台政策，王官缺员，按季奏报，由吏部拣选相应人员升补。限制长史、教授、纪善等职位的出身。长史应为进士、举人出身，审理、纪善应为举贡出身，典宝、奉祠等官应为监生出身，工正应为吏员出身。晚期则渐次降格以求。

(二)王府理当礼待王官

王府官员由朝廷选授，辅佐诸王，朝廷强调要以礼相待，《皇明祖训》中规定"其文武官，有能守正规谏助王、保全其国者，毋得轻易凌辱。朝廷闻之，亦以礼待"。建文帝要求诸王礼待王官如宾师。

(三)藩王奏褒殊功王官

王府官员有特殊贡献，藩王可奏请留任、保升、儿子荫袭等情形。奏请成功与否，很大程度上取决于王官的作为，以及藩王与皇帝、朝廷的亲密程度。

管讷，洪武年由纪善升任右长史，直至楚王府最高文官——左长史。致仕后，其子管延枝，被保举为纪善。凿刻于正统十二年(1447)的楚昭王神道碑碑文、楚庄王神道碑碑文，落款为：迪功郎、纪善管延枝篆额，迪功郎、纪善马纯书；天顺二年(1458)《重修洪山崇宁万寿禅寺碑》，迪功郎、纪善马纯撰文，迪功郎、纪善管延枝篆额，将仕佐郎、伴读马驯书丹。迪功郎、将仕佐郎为明代散官，分别为正八品、从九品。楚府右长史王綖，在弘治十四年(1501)《书重立大洪山崇宁万寿寺记碑》落款中，拥有两个官名：奉政大夫、修正庶尹，均为正五品。① 正德十六年(1521)，楚

---

① (明)申时行.明会典(万历朝重修本卷六散官)[M].北京：中华书局，1989：34.

王荣减奏保，升楚府右长史吕尚功为中顺大夫（正四品）。[①]

（四）王府可申请子顶父职补缺王官

楚王可以奏请以王官子弟顶职方式，弥补王官缺员。永乐八年（1410），楚王朱桢上奏：王府校尉中有的亡故，没有按例补给，导致缺员。以前校尉所生男子多被其他有司招用，请求自今起留在楚府补缺，不再履行招录相关手续。永乐二十一年（1423），楚王朱桢奏：武昌护卫中的仪卫司指挥同知翟瑶、千百户等18名官员，有的病故，有的老疾，请求以其子弟袭代职事。明成祖均表示同意。

二、王官职能及其效用

《诸司职掌》《大明一统文武诸司衙门官制》《明会典》《明实录》《明史》等典籍，规定了王府机构的设置。在洪武时代，初具雏形。在执行过程中，奉行边行边改的原则，实质上并无太多改动。

（一）因事设岗，力尽王府所需

朱元璋视诸王若御民股肱，有着较高的期待，希望儿子都能文武双全。因而王府文官和武官的职能职责就是，"文以臻善启德，武以耀武扬威"，终极目标是"导王以善"。早期王府的左右相、傅，多是由开国元勋担任，享有高段位的品秩。朱元璋宣称："朕封诸子颇殊古道，内设武臣，盖欲藩屏国家，备侮御边，闲中助王，便知时务。所以出则为将，入则为相。"[②]又在王府设武相，"如忽有警，则出为主将，傅与指挥副之，入不预兵，止怀韬谋以控奸顽。"藩王兼有守御边疆、镇守地方的职责，同时还可以培养藩王的武功。在明初政治稳定之后，王官转向以文官为主体，适

---

① 许大龄．明清史论集［M］．北京：北京大学出版社，2000：409.

② （明）姚士观编校．明太祖文集［M］．乾隆四十六年《钦定四库全书》刊本卷七页五.

应和平时期藩王理藩的职责。

（二）先武后文，协同亲王理藩

"先武后文"在洪武时代成为定局。王官的设置与任命，"尽其所需"，充分满足王府的初建与发展。诸王分封之初，诸王尚未就藩，王府设王傅府、典签司、咨议官、护军府。洪武三年（1370），"诏诸王相府武相居文相之上"，增置参军府、仪卫司、承奉司。参军府，设参军一人（正五品），录事二人（正七品），纪善一人（正七品）。洪武五年（1372），置护卫指挥使司，掌亲王护卫军，比照京卫设官。洪武九年（1376），重定王府官制，首领官由参军改为长史，表明文官地位超越武官。经过几次改革，加大了王府文官的比例，提高了文官的地位，明确了长史的综合管理职能。而武官的职能趋向单一化，地位逐渐下降。

三、王官家庭背景限定

限制王府姻亲在京任职。京官与王府联姻的，俱须外调或改任。王府官与藩王同居一城的，改任。王府亲戚不得担任显要职务。已在任的，须"闲住"。

第二节 僚属体系及运行机制

王天有《明代国家机构研究》（北京大学出版社，1992年版）中有"王府机构"一节，将王府机构的设置分为三类。但从实际职能来看，可分为五类：文官系统、武职系统、内侍系统（中官、宫婢等），差役杂职系统（匠夫、工勤等），以及宗室自治系统。具体机构设置参见明代王府组织架构与岗位配备示意图（图2-1）。

一、文官系统

（一）文官系统设置沿革

洪武九年（1376），重定王府官制：王相府设左相（武相）、右柜（文

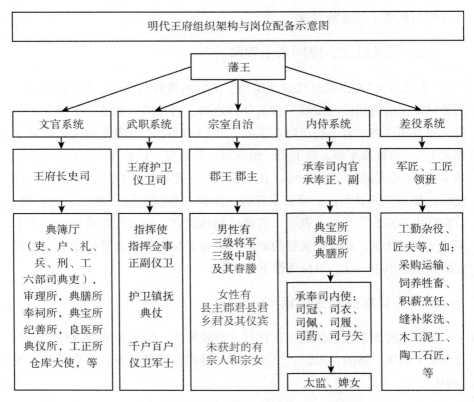

图 2-1 明代王府组织架构与岗位配备示意图

相)各一人；王傅府设武傅、文傅各一人；改参军府为长史司，设左、右长史各一人(正五品)。属官有典簿厅置典簿(正九品)一人；所辖部门有：纪善所，掌讽导礼法、开谕古谊、国家恩义大节，以诏王善。

洪武末又对长史司的职能与机构进一步完善。长史职责为："府中一切事务，无不周知；导王以仁，永王之国。"[①]掌政讼，匡王失，率府僚各供其事。凡请名、请封、请婚、请恩泽，及陈谢、进献表启、书疏，长史代拟，由王上奏。下置机构有：纪善所(正八品)二人；典宝所，掌王宝符契，设典宝正(正八品)一人，副(从八品)一人；典膳所，掌祭祀、宾客，

---

① 张德信，毛佩琦主编：洪武御制全书[M]．合肥：黄山书社，1995：144．

侍王若妃之膳羞，设典膳正（正八品）一人，设副（从八品）一人；典仪所，掌陈仪式，设典仪正（正九品）一人，副（从九品）一人；奉祠所，掌祭祀乐舞，设奉祠正（正八品）一人，副（从八品）一人，典乐（正九品）一人；审理所，掌推按刑狱，禁诘横暴，无干国纪，设审理正（正六品）一人，副（正七品）一人；良医所，掌医，设良医正（正八品）一人，副（从八品）一人；工正所，掌缮造修葺宫邸、廨舍，设工正（正八品）一人，副（从八品）一人。伴读（从九品，掌侍从起居、陈设经史）四人，教授（从九品，掌德义迪王、校勘经籍，协同纪善教育宗室子弟）依需求定员。

建文中，藩王府、郡王府增置十六种职位共二十人。永乐初恢复洪武旧制。嘉靖四十四年（1565）革除前述各所副职，增设如下职位：藩王府引礼生两人，仓大使、副使各一人，库大使、副使各一人（仓、库副使后革除）；郡王府，教授一人，典膳（正八品）一人；镇国将军府，教授（从九品）一人。

（二）楚府王官设置实情

《湖广图经志书》中"楚府长史司"的描述，表明王官制度在嘉靖前期基本保持着洪武时代的格局。"在府城南一里许（从该书所载《司志总图》看），长史司在楚王府东门前，洪武三年（1370）建。置左、右长史、典薄各一员，吏、户、礼、兵、刑、工六司，典吏八员，典簿厅典吏一员。审理所（正、副审理各一员）；典膳所（正、副典膳各一员）；奉祠所（正、副奉祠各一员，典乐一员）；典宝所（正、副典宝各一员）；纪善所（纪善两员，教授一员，伴读四员）；良医所（正、副良医各一员）；典仪所（正、副典仪各一员，引礼舍人2员）；工正所（正、副工正各一员）；广阜仓（在楚府西北，大使、副使各一员，典吏一员）"①共三十九名官员。

由此可知：

（1）藩王府的文官中，长吏司是官职最高的机构，统领王府政务。

---

① （明）薛纲纂，吴廷举续修．湖广图经志书［M］．嘉靖元年刻本卷一．北京：书目文献出版社，1991：18.

（2）嘉靖元年成书的《湖广图经志书》，书中所记是楚府文官当时的状态。

（3）该志所列均为朝廷给予俸禄的品秩官员。各厅所当有属吏，即文官队伍数量当是大于三十九。

明代中后期，王府机构与人员配备有所变化。徐学谟主修《湖广总志》较为详细地记载了万历十九年（1591）楚府机构设置与人员配备情况：

长史司置左、右长史各一员，典簿厅典簿一员。审理所（审理正一员）；典膳所（典膳正一员）；奉祠所（奉祠正一员）；典宝所（典宝正一员）；纪善所（纪善一员）；良医所（良医正一员）；典仪所（典仪正、副各一员，引礼舍人三员）；工正所（工正正一员）；伴读四员教授一员，广阜仓（仓大使、仓副使各一员，库大使一员，库副使一员）共二十四名官员。郡王府，设教授一员，典膳一员，典仗一员。①

护卫指挥使司，指挥使，指挥使同知，佥事（以上无定员），经历司经历一员，知事一员，卫镇抚一员；千户所正、副千户（以上无定员），所镇抚一员；百户所百户无定员。仪卫司仪卫正一员，副一员，典仗六员。隆庆以来护卫各设群牧所。②

二、武职系统

（一）设计初衷

1. 分割兵权，加大朱氏皇族武装比重

明太祖在大政方略上，希望通过分封诸王与联姻武臣来"藩屏帝室"，建立一个以皇室为中心，以血缘、姻缘关系为纽带的政治军事集团。然而诸多史实表明，他一直对无血缘关系的勋臣持有戒心。藩王，实为亲王，《剑桥明代中国史》称作"血族亲王"③。在他看来，江山可以同他人来打，

---

① （明）徐学谟纂修. 湖广总志[M]. 万历十九年刻本卷九藩封志页一.

② （明）徐学谟纂修. 湖广总志[M]. 万历十九年刻本卷九藩封志页四.

③ ［美］牟复礼，［英］崔瑞德编，张书生等译. 剑桥明代中国史[M]. 北京：中国社会科学出版社，2007：144.

但打定的朱明王朝还是主要靠朱家皇族来守护。24 个儿子分封到全国各地，必有战略谋划。粗略估算，若按每藩 3 护卫、每个卫所约 5000 人估算（明朝一个卫所标配 5600 人，《明太祖实录》就藩所带兵士一般未超过此数，因而按 5000 人计算），藩王就藩后，拥有的兵力扩充到约 1.5 万人，24 个藩王掌管的兵力，可达 36 万人，这是朱姓皇室掌握的兵力。然而事实上，有的边塞藩王，如燕王朱棣等人，实际拥有的兵力远远不止 1.5 万人，以至于后来敢于发动"靖难"。但在建文和永乐时代，实行削藩，护卫军规模渐次有所裁减，但王府一直保留着一定的防卫力量。为了防备从前一同打江山的武将发动反叛，有意削夺其兵权，削弱其威信。异姓武将虽有带兵权，却绝无发兵权。若地方出兵，异姓武将必须同时收到皇帝和属地藩王的命令，方能发兵。傅友德被派往北京协助燕王征伐蒙古，王弼则被派往协助晋王朱㭎。① 而楚王平息西南少数民族暴动，有意指玥由 17 岁的朱桢先后率江夏侯周德兴、信国公汤和协助讨平。这些身经百战的武将此时受命听从王子的节制。这些决策明显宣示：大明军事领导权把持在朱姓皇室手中，而非异姓诸位公侯。

2. 威震地方藩屏边疆，拱卫大明江山

设立王府护卫的初衷即是上卫国家，下安生民。若有战事，听命朝廷调遣，维持地方治安平定叛乱。日常工作是执掌"防御非常"，护卫王邸，保护藩王及王府人员的居行安全。

3. 平时屯田戍卫，战时出征平叛

护卫军队士兵自耕自种，实现自给自足。一般两分戍卫，八分屯田。屯田的耕田种地，牧马养羊；戍卫的每日轮直守城，兼顾修府建居、王府杂务。② 而仪卫兵种，主要用以强化王国威仪，服务大型祭祀典礼。

嘉靖《湖广图经志书》有记："武昌护卫"（官署）在府（武昌府治所）南，洪武三年建，原封有三护卫。宣德初"宪王进还二护卫，止留内经历司、

---

① ［美］牟复礼，［英］崔瑞德编，张书生等译. 剑桥明代中国史［M］. 北京：中国社会科学出版社，2007.

② （明）杨士奇等修. 明宣宗实录［M］. 宣德六年三月丁丑卷七十七. "国立"北平图书馆红格抄本影印版. 台北："中央研究院"历史语言研究所，1962：1793.

卫镇抚、左、中、右、前、后五所"①。可惜"仪卫司"条下无附注。洪武九年(1376)，明太祖赐楚府仓库名"广阜"，"武昌广埠屯"是楚府护卫屯田之所(不知何时何因，"阜"写作"埠")，北有现今洪山、珞珈山，南有马房山、伏虎山，东有东湖，是屯田的首选之地。若按护卫总数的80%比例测算，在此屯田的官校、士兵约有1.2万人。在武昌城建设开发过程中，此地段发现多口古井，或与明代屯田有关。

宣德以后，武昌护卫兵力数量，留存一卫建制，楚王基本上一直沿用。《安楚录》第一卷显示，时任钦差巡抚湖广都御史秦金，正德十一年(1521)六月奏疏可见楚府护卫的兵力配备及其职能：查得武昌护卫、旗军约4100名，每岁食粮不下11000石。除西安州养马、牧羊的600多人外，在卫尚存有3500名。另外还有仪卫司官校，未计在内。这些官兵，"俱无征运杂差，专一防护王国"②。

(二)建制沿革

明代藩府武官系统，架构和职能相对简单一些。明太祖洪武三年(1370)创置护军府。下置仪卫司，掌侍卫仪仗，有仪卫正(正五品)1人，仪卫副(从五品)2人，秩比正、副千户；典仗(正六品)6人。五年(1372)，增置"护卫指挥使司"，总管武职，职掌防御，护卫王邸。洪武九年(1376)撤销护军府建制，护卫指挥使司，有指挥使1人(正三品)，同知2人(从三品)，金事3人(正四品)，卫镇抚1人(从五品)；下设仪卫司、经历司及卫所。仪卫司职官如前。经历司设经历(从七品)、知事(正八品)。王府设3支护卫军，卫设左、右、前、后、中5所，各所置千户2人，百户10人。又设围子手2所，每所置千户1人。护卫官员品秩、俸禄比照京卫。

藩王配备护卫即是亲王在政治和军事方面特权的一个表现。藩王府的

---

① (明)薛纲纂．吴廷举续修．湖广图经志书[M]．嘉靖元年刻本卷一．北京：书目文献出版社，1991：18.

② (明)秦金．安楚录[M]．浙江汪启淑家藏万历四年秦氏刻本卷一页三十八.

武职系统，功能包括护卫和仪仗。早在洪武十年（1377），叶伯巨提出限制王府护卫："优以甲兵卫士之盛，恐数世之后，尾大不掉。"①

随着世事的发展，宗室特权与中央皇权产生矛盾，自永乐至正德年间，一些宗藩的护卫相继削减。削减王府护卫，是宗室政治和军事特权逐步削弱的一个重要标志。藩王护卫的职能逐渐演化为单纯的安保与仪仗。多部方志显示，明代中后期，部分护卫官校沦为楚王府霸占田产、搜刮钱财的工具。

三、宦官系统

（一）人员构成

明初，王府设承奉司，有承奉1人，承奉副2人；典宝、典服、典膳3所，各设正1人，副1人；门官设门正1人，副1人。洪武二十八年（1395）定员定级，王府内官10人，内使10人。承奉司承奉正（正六品），承奉副（从六品），典宝正（正六品）、典宝副（从六品）、典膳正（正六品）、典膳副（从六品）、典服正（正六品）及典服副（从六品）。王府宫门各有两名太监看守，分别称为门正（正六品）与门副（副六品）。然而查阅有关典籍，关于内使10员，岗位与人数，记载不尽一致。

典宝、典服、典膳3所，与长史司对应的岗位设置名称相同，表明此类岗位的太监须协助完成这3项职能。内侍的工作、起居，均有相应的场地。《明会典》有记载：承奉司，正房3间、厢房6间；承奉，歇房2所，每所正房3间、厨房3间、厢房6间；内使，歇房2处，每处正房3间、厨房6间、歇房24间。六局（尚宫局、尚仪局、尚服局、尚食局、尚寝局、尚功局），每局17间，共计102间，其中正房3间、后房5间、厢房6间、厨房3间。各王府以此比照营建。

郡王府每府给赐内使2名，专管宫闱事务与门禁关防。

---

① （明）龙文彬. 明会要［M］. 卷四十职官十二. 北京：中华书局，1956：752.

（二）宦官来源

明廷规定：王府承奉等官并郡王内使，俱有定额，不许额外延揽，否则坐罪；王府不得收用私自净身之人；王府缺少内官、内使，司礼监择其老成读书者，具奏照缺给赐；王府内若缺太监人手，由藩王奏明原由，才能得到扩增编制的许可；成化四年（1468），楚王朱均鈋奏请增员太监，协理宫务。由于王宫人口增加，杂务增多，应对宫内一些体力活，照护寡居女眷。奏请增加藩府内官、内使，得到批准。

（三）职能职责

宦官的职能职责包括：

（1）传达信息，随行侍奉。宫中通常由"随侍太监"传宣谕示。

（2）内勤服务，照料王室生活，记录起居。照料藩王、王妃、世子、郡主、郡王等高阶宗室的生活起居；打理膳房、茶房、药房事务；记录藩王、王妃房事，作为受胎凭据；王府宗室的新生子女，承奉司开具生母姓氏、接生婆姓氏，以及出生日期，通报长史，再由长史呈奏宗人府，以便载入玉牒，以备后期命名、封爵。

（3）收贮、运送生活物品，整理、传取宫殿陈设。申办各类新添器物，负责清点、造册。宫中既需要承担粗重使役的劳动力，却又不能允许正常男性的存在。宫婢难以完成的杂役自然由太监来承担。宫中用品，数不胜数，王室需要必须随传随取，这就需要专人收贮，以备听用。

（4）守护门户，掌管钥匙，洒扫庭除，巡夜打更。值守宫殿、园门等各处，清扫庭院，巡察火烛、坐更报时、晨启昏闭等一类的琐事。巡夜击更这类苦差事，往往是犯有过错的太监。每夜 5 人，轮流打更，无论寒冬酷暑，风雨无阻。藩王常常选调老成内使，看守高阶孀居女眷的门户。

（5）高阶内官参与一些重大事务。长期接触王府高层，常常涉及王府要务。有时会委以重任充任特使。参与王府各类经济事务，如禄米的运送、宗室的田产管理、监督王税的征缴。部分承奉拥有较高文化程度，帮助整理文案，亦可参与王府重要文本的编辑与刊刻。必要时，还参与宗室选婚(选婿、选媳)。

(四)升迁例制

承奉等官额设一正一副,俱照次序迁转,承奉正副员缺,由典宝正副挨补,典宝正副员缺,由典膳正副挨补,典膳正副员缺,由典服正副挨补,典服正副员缺,由门官挨补,门官员缺,由内使升补。内使升职到内官,有着严苛的要求,"保升内官,王府内使不系钦拨者,不准乞恩保升"。在年限规定上,亲王府内使须历10年之上,郡王府内使须历12年之上,方许具奏。

(五)典型案例

典型案例有以下两例:

(1)楚王华奎因为"十岁封王"的特殊经历,与承奉郭伦有着"患难之情"。由于郭伦辅佐有功,在郭伦晚年,楚王授意长史高曰化编纂、刊印了一部《宫省贤声录》的文集。文集罗列了郭伦多次递交辞呈、多次被楚王回绝的文稿,搜罗了楚王华奎自称"楚愚王"的2首赞美诗,还收录了湖广籍官员或文士撰写的赞文赞词,以及楚府低阶宗室的赞扬之诗。高曰化在书跋中称郭伦为"鉴楚之臣子"①。楚王刊刻文集的用意,在于展现郭伦对楚王无懈的忠诚,康达认为《宫省贤声录》"背后也可能有政治意图,那就是恢复楚藩的名声,或者捍卫当时楚王已经开始遭到质疑的继承合法性"。

(2)内侍人员一般听从王府成员。明末张献忠攻陷武昌,许多楚宗遭到屠杀,一些内侍陪伴到最后。如楚王华奎之女郡主朱凤德,殉节之后仍有3个内侍留守,直到仪宾王国梓3个月后返回王宫。其中有1宫女听从郡主指令,嫁与仪宾,育有1子。

四、差役系统

差役系统包括各类匠夫、工勤人员。洪武十一年(1378),秦王朱樉、

---

① (明)高曰化. 宫省贤声录[M]. 万历十五年楚藩刻本卷四后序页八.

晋王朱棡之国，其随从除文武官员外，还有"军匠、杂役"。史料所及差役之职，极为罕见。然而庞大的亲王府邸、郡王府邸，要维持日常，必须配备完备的差役系统，而且多数差役俸薪可能是由王府自行解决。依据日常运行需要，其匠夫、工勤岗位设置，大致有：采购运输、饲养牲畜、积薪烹饪、缝补浆洗、木工泥工、陶工石匠，等等。

楚王宫历经 9 年竣工，外围是高大的城垣，城内有承运殿、圜殿、存心殿、前宫、中宫、后宫，还有配套的堂库、门楼廊庑，在纯粹依赖手工人力的时代，建造如此规模的建筑群，投入的工匠数目可想而知。楚藩 9 大茔园及其配套设施，4 座碑亭（其中 1 座中途而废），见于《明实录》记载的 20 个王妃（夫人）墓。建造时间跨度长久，几乎与明代同始终。《灵泉志·再参楚藩本》披露楚藩指使工匠盗毁他人祖茔，"石匠王成，凿洗三日。"武昌楚王宫、灵泉山茔园、二妃山郡王茔园，建造工程浩大，雇佣工匠数量可想而知。2003 年，在武汉市武昌区西城壕改造拆迁工地，发掘一些印有"崇祯十一年江夏县督造修城砖楚府窑户造""崇祯十二年江夏县楚府窑户造"字样的墙砖，表明楚府窑户造砖，不仅供给楚王府，而且供应地方官府，证实楚王府拥有一支相当规模的砖瓦生产队伍。

五、宗室自治系统

（一）按等级实行自上而下管理

从藩王到郡王、镇国将军、辅国将军、奉国将军、镇国中尉、辅国中尉、奉国中尉，到宗人；从藩王到郡主、县主、郡君、县君、乡君，到宗女，论血缘是辈分关系，论管理是上下级关系。宗室之中，无论是父子、父女关系，还是长辈与晚辈的关系，均有严格的爵位等级区分。郡王以下，有奏必须经过藩王，否则视作"越关渎呈"治罪。

马文升《题为选辅导预防闲以保全宗室事疏》基本描述了王府自治的若干规则。"如藩王所为未善，长史等官从容谏正。如其不听，再三匡谏，如再不听，密切具奏；其郡王所为不合礼度者，教授、藩王密切诫勉，如再不听，藩王具奏。事情轻者降敕切责，若事干宫闱，重者差内官皇亲前去体勘，密切处置，不宜露泄于外。若系外事，仍差内官并法司官前去勘问。藩王有过，专罪辅导官员；郡王有过，专罪内使、教授。如此关防，事无过举。其藩王府辅导官员，亦要日逐请王于书堂内讲读经史，王子王孙，亦要讲读习礼。若各府将军有前项所为者，各府郡王自行禁治；若藩王郡王府互相容忍，不行禁治，许镇巡等官，将所为不法之事，会本着实具奏。"①

(二)朝廷设有宗族事务管理机构

宗人管理机构的职掌是撰修玉碟，掌管皇帝九族的宗族名册，记录宗室生逝时间、子女嫡庶、名字、封号、爵位、婚嫁、安葬、谥号等事宜。洪武三年(1370)，成立大宗正院，二十二年(1389)改为宗人府。其长官有宗人令、左宗正、右宗正、左宗人、右宗人等，品级为正一品。明初藩王曾其中任职，如楚王朱桢等，洪武后期任右宗人，永乐年担任宗正。后经改革，宗人府归于礼部经历司管理。隆庆四年(1570)，各王府设宗正 1人，协调宗室自治自理。

(三)特殊情形郡王代摄府事

如果藩王空缺或藩王年幼，则由朝廷任命资深郡王代理府事。楚王显榕为长子英燿所弑，次子朱英㷿仅有 4 岁。朝廷先令通城王朱英焴摄国事，后改为武冈王朱显槐。楚王英㷿去世，其子华奎尚幼，朝廷再度委任武冈王显槐管理府事，但显槐"罪恶暴著"，改由东安王朱显梡代理。但显梡"不遵约束"，又被解除托管之职。楚府的两次郡王代管，导致多次代管郡王互掐的事件，既反映了宗室内部矛盾错综复杂，又暴露了人性自私的弱点。

---

① 　(明)陈子龙. 明经世文编(第 1 册)[M]. 卷六十二. 北京：中华书局，1962：509. (清)孙承泽. 春明梦余录[M]. 北京：北京古籍出版社，1992：733.

第三节 楚府长史小传

长史作为王府的"总管家"，有左(正)、右(副)之分，早期由皇帝钦点，后期大多由朝臣择派。明太祖《王相府长史敕》表达了设置王府长史的主观愿望，界定了选用资格条件："古君封诸子，藩屏国家，先择人以辅之。故有长史之设。其为职也，府中一切事务无不周知，导王以仁，永王之国。若有斯者，良哉！某今授某相府长史，尔因儒吏授此职任，虽未见忠良若何，止以目前之学用耳。尔当竭乃志，尽乃心，勿汙先圣贤之道，往辅之，弗怠。"①附加一条："过犯之人，毋得选用。"终明一代，长史的选任资格上学行并重，要求科班出身并品行端善。其职责类似藩王的"保姆"，而且"若王有过，则诘长史。"

一、就任有实绩

(一)朱廉

朱廉(或作濂)，字伯清，浙江金华府义乌(今为浙江省金华市义乌市)人。师从元末侍讲学士黄溍，淹贯经传，悉领要义，文笔可嘉，名播浙东。洪武三年(1370)，明太祖诏为翰林编修。洪武八年(1375)，诏为楚相府长史。朱廉"居官恭谨自持"，陪同楚王朱桢，在京师、凤阳两地读书、讲武、练兵。洪武十一年(1378)致仕。著有《理学纂言》2卷，《朱伯清文集》17卷。过庭训称其文"谨严精密"。②

(二)谢达

谢达，山西省承宣布使司员外郎，洪武九年(1376)，命为楚府长史。

---

① 钱伯城等. 全明文[M]. 上海：上海古籍出版社，1994：130-131.
② (明)过庭训. 明朝分省人物考[M]. 扬州：广陵书社，2015：1157.

（三）王舆

王舆，字行之，浙江严州府分水县（今浙江省杭州市桐庐县）人。洪武四年（1371）荐辟，举为分水县儒学教谕，启迪有方。洪武十三年（1380），被荐于朝，后征拜楚府长史。力行长史之职，微意规诚年轻的楚王，"多所匡正"。随同楚王朝觐，逝于京师。祀于分水县乡贤祠。① 著有《南楗集》，有"南楗先生"之称。

（四）管讷

管讷（1339—1421），字时敏，别号竹间，南直隶松江府（今上海市）人，洪武九年（1376）任楚府纪善，后随楚王朱桢之国武昌。两度跟随楚王出征铜鼓、古州。洪武三十一年（1398）升为左长史。管讷能诗，"以忠谨称"。《松江府志》谓："洪武中以秀才仕楚府长史。有《蚓窍集》评者谓与清新幽柔，可与袁景文（明初松江府诗人袁凯）并驾。"②《四库全书·万姓统谱》称管讷"忠诚谨恪始终如一"。朱彝尊《明诗综》谓《蚓窍集》14 卷，黄虞稷《千顷堂书目》载其有《管长史纪行诗》1 卷，《秋香百咏》1 卷。

（五）胡粹中

胡粹中，名由，以字行，浙江山阴（今浙江省绍兴市辖区）人，永乐年间任楚府右长史。"尽心辅导，在王门者二十年。"楚王奏为奉议大夫。③ 博通经史，尤长春秋。著有《元史续编》（《元史举要》）16 卷、《读史笔记》《毛诗春秋三传》。

---

①　吴士进著，吴世荣续纂．严州府志［M］．光绪九年增修重刊本．台北：成文出版社，1970：453.

②　（明）顾清等修纂．松江府志［M］．正德七年刊本卷三十人物页二十三．台北：成文出版社，1983：1430.

③　（明）管讷．蚓窍集［M］．上海涵芬楼影印北京图书馆藏永乐刊本．上海：商务印书馆，1936：9.

(六)方祖安

方祖安，浙江温州府永嘉县(今浙江省温州市永嘉县)人，永乐九年举人，刑部给事中。① 宣德五年(1430)八月，命为楚府左长史。次年，由楚王朱孟烷奏请，方祖安还任便道之官。在楚府任职一年。

(七)贾恭

贾恭(悫字为上恭下心)，河南省开封府商丘县(今河南省商丘市)人，景泰四年(1453)举人，任至楚府长史。②

(八)徐子渊

徐子渊，江西南昌府丰城县(今江西省宜春市丰城市)人，景泰七年(1456)举人，楚府长史。③

(九)杨振

杨振，楚府长史。宣德五年(1430)十一月，受楚王朱孟烷指派，赴朝提奏：楚府三护卫将二卫归奉朝廷，府中留一卫。宣宗准奏。④

(十)邓昌

邓昌，江西抚州府(今江西省抚州市)金溪县人，永乐九年(1411)举

---

① (清)嵇曾筠修，沈翼机纂．浙江通志[M]．乾隆《四库全书》光绪二十五年重刊本．上海：商务印书馆，1934：2372．
② (清)陈锡辂，查歧昌纂修，河南省商丘地区地方志编纂委员会整理．归德府志[M]．乾隆十九年刊本卷七选举．郑州：中州古籍出版社，1994：243．
③ 高其倬等修，陶成等纂．江西通志[M]．雍正十年《四库全书》刊本卷五十三页五．
④ (明)杨士奇等修．明宣宗实录[M]．卷七十二宣德五年十一月壬子．"国立"北平图书馆红格抄本影印版．台北："中央研究院"历史语言研究所，1962：1683．

人，由湖广武昌府通判，升楚府左长史。① 正统元年（1436），楚王朱孟烷奏，左长史邓昌等人老疾，欲令致仕。其家乡建有"忠义世家"牌坊。

（十一）卢同

卢同，福建兴化府莆田县（今福建省莆田市）人，正统九年（1444）举人，初任泰和教谕，后迁楚府长史。②

（十二）周新

周新，江西吉安府吉水县（江西省吉安市）人，正统三年（1438）乡试举人，③ 楚府长史。天顺六年（1462）六月，奏请，因楚康王朱季塙薨，庶子年幼，命东安王代祀山川等神。

（十三）徐震

徐震（1426—？），字用起，号养未，江西抚州府（今江西省抚州市）金溪县人，徐霖（官至浙江嘉兴府知府）之弟，宣德年间以通经儒士荐举。④ 历任太谷王府教授，楚王府教授。⑤ 天顺二年（1458）升为楚康王朱季塙右长史。朱均鈋继袭楚王，成化元年（1465），授任左长史。任内颇有异政，清除骄横跋扈之徒，抑制心存侥幸之流，处理事务讲求典章国法，筹划安排、裁判断定也是井井有条，藩府为之肃然。鉴于楚藩开支难以节制，制订《朝夕陈论》，从此一于正道，上下安定。成化二年（1466），徐震长女敕为东安王朱均铈妃。次年，因父亲去世回籍守孝。

---

① （清）松安撰修．金溪县志［M］．道光六年刻本卷五页六．

② （明）陈道监修，黄仲昭编纂．八闽通志［M］．弘治三年刊本卷五十四页二十四（清代刊行时将"弘治"改成"顺治"）．

③ （清）高其倬等修，陶成等纂．江西通志［M］．雍正十年《四库全书》刊本卷五十三选举五页二．

④ （清）杨文灏修．金溪县志［M］．乾隆十六年刻本卷四页五十七．

⑤ （清）松安撰修．金溪县志［M］．道光六年刻本卷十一页二十．

（十四）徐仁

徐仁，籍贯四川蓬溪县（今四川省遂宁市），天顺年举人。① 成化中，为湖广宝庆府新化县（今湖南）教谕，教思勤恳，士竟知劝，迁博士，转楚府长史。②

（十五）李显

李显（1440—1491），字道彰，河南彰德府安阳县（今河南省安阳市）人，成化二年（1466）进士。③ 授翰林院检讨，调任吉王府，后升长史，再改楚府长史。在选授藩府官员时，有人称病回避推脱，也有人托贵势请免。他决意参加考选，果真安排在王府，一干就是 20 余年。④ 湖广遭遇灾荒之年，设法资助受灾亲戚。弘治四年（1491）卒，年 51 岁。

（十六）张瑶

张瑶，陕西西安府华阴县（今陕西省渭南市华阴市）人，成化十六年（1480）举人，官楚府长史。⑤

（十七）林希范

林希范，福建兴化府莆田县（今福建省莆田市）人，弘治八年（1495）举人，初任汉阳同知，以廉能调岳州，迁楚府长史，致仕，祀岳州名宦。⑥

---

① （清）黄廷桂修，张晋生纂．四川通志［M］．雍正《四库全书》本卷三十五选举页四十四.

② （清）裕禄，李瀚章等纂修．湖南通志［M］．光绪十一年刊本卷九十八名宦七明二．上海：上海古籍出版社，2003：635.

③ （清）赵希璜修，武亿纂．安阳县志［M］．嘉庆四年刊本卷四页十一.

④ （明）崔铣．彰德府志［M］．嘉靖元年刻本卷六页九十九.

⑤ （清）刘于义修，沈青崖等纂．敕修陕西通志［M］．雍正十三年《钦定四库全书》刊本卷三十一选举二举人页五十三.

⑥ （清）郝玉麟等修，谢道承等纂．福建通志［M］．乾隆二年刊本卷三十七明举人页七十五.

(十八)朱绥

朱绥，字文佩，浙江嘉兴秀水县人。成化二十二年（1486）举人，次年第进士，初授翰林院检讨。针对藩府宦官越职揽事的情形，上奏斥责宦官"擅专国政"。宪宗"俞旨颁行诸藩，自是政事悉隶辅臣"。弘治三年（1490），升为岐府左长史，后迁楚藩左相。朱荣减《正心诗集》有《寄题旧长史朱文佩》。著有《易经精蕴》《清溪草》。

(十九)沈景

沈景，南直隶金陵人（今江苏省南京市）人（《江南通志》称江宁人）。成化七年（1471）举人。① 秦金《安楚录》有沈景一诗，称赞都御史秦金平叛的功绩：报国摅历有年，才堪任重握兵权。一挥白羽绥三省，六出奇谋计万全。赫赫功应书汗间，堂堂像合绘凌烟。凤山屹立高千仞，挥拄江南半壁天。② 嘉靖《湖广图经志书》载其《彰孝坊》诗，详见附录二。

(二十)吕尚功

吕尚功，四川叙州府富顺县（今四川省自贡市）人，成化年举人，楚府右长史。有赞秦金平南诗："荆南猛獐乱天纪，泥涂肝脑血如水。猖獗顽凶草木昏，流毒生灵数千里……君不见指挥谈笑收全算，食狼突豕无逃窜。又不见风雷翕忽掌中生，顷刻销烁天地清。"③嘉靖《湖广图经志书》载其《彰孝坊》诗，详见附录二。正德十六年（1521），楚王荣减奏保升为正四品俸级。

(二十一)叶祗

叶祗（1448—1516），其名或作"缧"，字廷佩，号半湖。苏州府吴江汾

---

① （清）黄之隽编纂，赵弘恩监修．江南通志[M]．乾隆《钦定四库全书》本卷一百二十六选举志页三十三．

② （明）秦金．安楚录[M]．浙江汪启淑家藏万历四年秦氏刻本卷七页五．

③ （明）秦金．安楚录[M]．浙江汪启淑家藏万历四年秦氏刻本卷八页四．

湖(今江苏苏州市吴江市)人。明成化十年(1474)举人，初授中书舍人，除四川寿府审理，升楚府长史。楚王朱荣㴴有诗《审理正叶缞荐升长史不俟命下先归吴江》①为政廉洁，世称"清白吏"②

(二十二)杨汝宫

杨汝宫，陕西凤翔府宝鸡(今陕西省宝鸡市)人，正德二年(1507)举人③，初任府判，"禁豪华亲粮政"，迁江西临江府同知，"御兵民有方"，土著居民和移民各得其所。官至楚府长史。④

(二十三)杨天茂

杨天茂，浙江绍兴府余姚(今浙江省余姚市)人，正德九年(1514年)三甲进士，楚府长史。⑤ 嘉靖十二年(1533)，因楚府通山王府镇国中尉"朱显栖纳贿市私案"被巡按御史逮问。(《明大政纂要(22—28)》)当年由楚王朱荣㴴乞进散官致仕。

(二十四)孙立

孙立，贵州清平卫(今贵州省凯里市)人，弘治十七年(1504)举人，官长史。⑥ 在楚府任职，从嘉靖十二年(1533)至嘉靖二十四年(1545)，至少有13年。因朱英燿锤弑楚王朱显榕，与王府承奉太监张庆、太监王宪等人

————————

① (明)朱荣㴴. 正心诗集[M]. 嘉靖楚藩刻本卷二. 北京：书目文献出版社，1999：23.

② 王晓洋. 明清江南文化望族研究——以吴江汾湖叶氏为中心[D]. 苏州：苏州大学，2004.

③ (清)达灵阿修，周方炯纂. 凤翔府志[M]. 乾隆三十一年本卷八. 台北：成文出版社，1970：309.

④ (清)达灵阿修，周方炯纂. 凤翔府志[M]. 乾隆三十一年本卷七. 台北：成文出版社，1970：267.

⑤ (清)嵇曾筠修，沈翼机纂. 浙江通志[M]. 乾隆《四库全书》光绪二十五年重刊本卷一百三十二选举十明进士. 上海：商务印书馆，1934：2326.

⑥ (清)鄂尔泰等修，靖道谟等纂. 贵州通志[M]. 乾隆四十五年《四库全书》本卷二十六页三十一.

一同被斩首。

(二十五)吴溥

吴溥，江西进贤县人，嘉靖年间县学岁贡，楚府长史。①

(二十六)唐钺

唐钺，字君锡，浙江金华府兰溪县(今浙江省金华市兰溪市)人，嘉靖二十二年(1543)举人，由扬州府同知升楚府长史。王礼重焉。沈德潜《明诗别裁集(卷七)》载其五言律诗《江行》。②

(二十七)林德

林德，字有本，福建福州府长乐县(今福建省福州市长乐区)人，嘉靖三十一年(1552)举人，三十五年(1556)一甲进士及第，初知高安县，升真定府同知，迁楚府长史。③

(二十八)桂早馨

桂早馨，字儒征，安徽池州府贵池县(今安徽省池州市)人，万历二十七年(1599)岁贡，任定远教谕，迁楚王府长史。楚王华奎与宗人不睦，早馨劝言："宗人虽不善，在祖宗视之一体也。王以祖宗之心为心，固宜曲全之矣。"华奎感悟。辞归时，王书"清端良辅"四字赠之。④

(二十九)刘正亨

刘正亨，江西临江府新淦县(今江西省吉安市新干县)人，万历六年任

① (清)陈兰森等修，熊为霖等纂．南昌府志[M]．乾隆五十四年刻本卷四十二选举页十五．

② (明)王懋德纂等修．金华府志[M]．成化十六年刻本卷十八页六十一．

③ (清)郝玉麟等修，谢道承等纂．福建通志[M]．乾隆二年刊本卷三十六页四十八．

④ (清)沈葆桢，吴坤修．重修安徽通志[M]．光绪七年刻本卷一九二页五．

温州同知。多才略，事至猝办，尤善规画署郡，即修府庠，建文丞相祠，迁楚府长史。① 浙江仙都景区有"半壁池"题留，落款为"大明万历十年新淦刘正亨书"。

（三十）庞尚龙

庞尚龙，字德普，广东省广州府南海县（今为广东省佛山市南海区）人，万历元年（1573）举人，授应天府溧水教谕，升广西富川县令、永宁知州，转迁楚府左长史。②

万历二十四年（1596），王守仁称"楚府侵匿王弼巨金"，楚王嘱其上疏辩白。致仕 30 余年，与官府衙门绝迹往来。③

（三十一）熊珂

熊珂（《绍兴府志》写作烱），江西南昌人，嘉靖举人，隆庆四年（1570）任浙江绍兴府通判，万历初转湖广黄州府同知，政绩可嘉，士民感之，升楚府长史。在黄州府同知 6 年，推算其任楚府长史时间在万历六年（1578）之后。④

（三十二）程文绣

程文绣，南直隶宁国府南陵县（安徽省芜湖市南陵县）人，嘉靖、万历年间，授礼部儒士，颖悟过人，沉酣经史，任郑藩引礼舍人，升楚府长史，署县丞。按其经历推算，任职楚府当在万历后期。纂有《齐家要略》

---

① （清）嵇曾筠修，沈翼机纂．浙江通志[M]．乾隆《四库全书》光绪二十五年重刊本卷一百五十六名宦十一．上海：商务印书馆，1934：2784．

② （清）戴肇辰等修，史澄等纂．广州府志[M]．光绪五年刻本卷百十五列传四页十九．

③ （清）郝玉麟等监修、鲁曾煜编纂．广东通志[M]．雍正九年《钦定四库全书》刊本卷四十五页十二．

④ （清）陈兰森等修，熊为霖等纂．南昌府志[M]．乾隆五十四年刻本卷五十三仕迹页十五．

《纶恩录》，著有《游艺集》《紫霞盃孝义记》。①

（三十三）唐景龙

唐景龙，福建泉州府安溪县（今福建省泉州市安溪县）人，万历年县学贡生，任广西梧州府通判，革减盐务例金。巡抚戴燿钦佩其清廉正直，委摄府事。后迁楚府长史。查《广西通志》第 35 卷秩官表：戴燿于万历二十三年（1595）以副都御史升任巡抚，可知其在楚府任职时间当在此以后。②

（三十四）江一蔚

万历四十四年（1616），江一蔚揭发楚宗朱万年冒领禄粮被殴伤，不久称病归里。

（三十五）徐拱安

徐拱安，江西广信府弋阳县（江西省上饶市弋阳县）人，同治《广信府志》《江西通志》显示其职为楚府长史。③

（三十六）贺学纯

贺学纯，南直隶镇江府丹阳县（今江苏省镇江市辖县级市）人，贡生（乾隆《镇江府志》称例监），楚州长史。④ "楚州"或为"楚府"误刻，参见乾隆《镇江府志》。⑤

---

① 余谊密修，徐乃昌纂修. 南陵县志［M］. 1924 年铅印本卷二一选举志例仕. 台北：成文出版社，1970：278.

② （清）金鉷等修，钱元昌纂. 广西通志［M］. 乾隆四十六年《钦定四库全书》刊本卷五十三页五.

③ （清）蒋继洙修，李树藩纂. 江西广信府志［M］. 同治十二年刊本卷七之二下仕籍. 台北：成文出版社，1970：612.

④ （清）刘诰等修，徐锡麟等纂. 丹阳县志［M］. 光绪十一年重修刻本第十九卷二十三页. 台北：成文出版社，1983：847.

⑤ （清）高得贵修，张九征等纂. 乾隆镇江府志［M］. 卷三十一页三十五. 南京：江苏古籍出版社，1991：648.

(三十七)胡荣

胡荣，浙江严州府寿昌县(今浙江省建德市)人，举明经荐辟，楚府右长史。①

(三十八)唐时

唐时，字宜之，湖州府乌城县人(今属浙江省湖州市)人，仕楚府长史。后弃官归里，离群索居。常常高吟远眺，以歌抒情；有兴致时行书数幅，以书寄怀。资禀高洁，遗世独立，飘举世味之外。"明亡，不出。"著有《莲花世界》。②

(三十九)徐学颜

徐学颜，字君复，浙江金华府永康县(今浙江省金华永康市)人。崇祯十二年(1639)贡生，楚府左长史。着力匡辅楚府，强力制裁不法宗人，受到楚王敬重。③ 崇祯十五年(1642)，受命统摄江夏防卫，指挥增补兵备，整缮守具，修筑炮台。十六年(1643)五月末，率兵血战武昌城，力穷被杀。全家20余人殉难。赠官按察司佥事，专祀于乡。④ 著有《四书日衷》。谥"烈愍"。⑤

---

　　① (清)嵇曾筠修，沈翼机纂．浙江通志[M].乾隆《四库全书》光绪二十五年重刊本卷一百三十选举八明荐辟进士．上海：商务印书馆，1934：2299.

　　② (清)黄之隽编纂，赵弘恩监修．江南通志[M].乾隆《钦定四库全书》本卷一百七十二人物志页六.

　　③ (清)嵇曾筠修，沈翼机纂．浙江通志[M].乾隆《四库全书》光绪二十五年重刊本卷一百六十五忠臣三．上海：商务印书馆，1934：2915.

　　④ (清)徐秉义，张金正校点．明末忠烈纪实[M].杭州：浙江古籍出版社，1987：42.

　　⑤ (清)舒赫德，于敏中等．钦定胜朝殉节诸臣录[M].乾隆《四库全书》本卷五页三十三.

二、有令未到任

(一)段子美

段子美,字文峰,湖广衡州府桂阳州(今湖南省郴州市桂阳县)人,由恩贡授广东韶州府曲江县丞。属吏敬畏,民众拥戴。政绩可圈可点,仕途潜力极佳。然而接到楚府长史擢令,拒不就职,闲住优游 30 余年。①

(二)庄望栋

庄望栋,字彦宇,号仰山,福建省泉州府晋江县(今福建省泉州市所辖晋江市)人,嘉靖三十七年(1558)举人,授荆门知州。② 地当孔道,供亿络绎。值丈亩,民苦流困,厘剔冗费,与民更新。豪诡藉州印欲夺民田,廉其实,勒追还民,舆论称快,竟以是中蜚语,左迁淮府左史。又改楚府长史,中途卒。有《仰止堂诗稿》。③

(三)顾顺升

顾顺升,字与登,吴县人,为太学生有文誉,万历中仕为兵马司副,屡剖冤狱,擢楚府长史,不赴,抵里即庐墓,以终其年。④

(四)赵世卿

赵世卿(1540—1618),山东历城人,隆庆五年(1571)进士。"廉谨周

---

① (清)裕禄,李瀚章等纂修.湖南通志[M].上海:上海古籍出版社,2003:385.

② (清)周学曾等纂修,晋江县地方志编纂委员会整理.晋江县志[M].道光十年刻本卷三十一.福州:福建人民出版社,1990:792.

③ (清)陈寿祺等纂.重纂福建通志·明晋江县列传[M].同治十年正谊书院刻本.南京:凤凰出版社,2011:3695.

④ (清)黄之隽编纂,赵弘恩监修.江南通志[M].乾隆《钦定四库全书》本卷一百五十七人物志孝义一页四十三至四十四.

慎"。万历八年(1580)上奏针砭时弊,由南京兵部主事"出为楚府左长史",未能到任。① 又因察典以不谨而黜,至张居正逝后复被启用。

三、恩荫且到任

王綖

王綖,字文冕,都御史王暹之子,天顺八年(1464)荫为国子生。"初典教郡县,终官楚府长史,博学笃行,有雅度,乡称长者,所著有《名宦乡贤赞》。"②参与楚王主持的宗教活动。《书重立大洪山崇宁万寿寺记碑阴》落款为弘治十四年(1501)"奉政大夫修正庶尹,楚府右长史山阴王綖书"。

四、恩赠名衔类

(一)卢质中

卢质中,福建兴化府莆田县(今福建省莆田市)人,永乐十年(1412)举人,淳安知县,终韶州府学训导,以子卢同(约在正统成化年间任楚府长史)恩赠楚府左长史。③

(二)李举

李举,河南彰德府安阳县(今河南省安阳市)人,以子显赠征仕郎翰林院检讨,又赠奉政大夫、楚府右长史。④

(三)贺邦谟

贺邦谟,南直隶镇江府丹阳县(今江苏省镇江市辖县级市)人,南阳府

---

① (明)过庭训.明朝分省人物考[M].天启二年刻本卷九十四页三十.
② (清)徐元梅等修,朱文瀚等纂.山阴县志[M].嘉庆八年刻本卷十四乡贤二.台北:成文出版社,1983:407.
③ (明)陈道监修,黄仲昭编纂.八闽通志[M].弘治三年刊本卷五十四页二十.
④ (清)赵希璜,修武亿纂.安阳县志[M].嘉庆四年刊本卷二贶封页十一.

裕州同知，以子贺学纯赠朝请大夫、楚州长史。① "楚州"或为"楚府"误刻。这在乾隆《镇江府志》②可得应证。楚州为江苏省淮安古称，明代无此行政区划。

（四）杨宗相

杨宗相为杨一清（1454—1530）曾孙，巴陵（治所在今湖南省岳阳）人。杨一清成化八年（1472）进士，历经成化、弘治、正德、嘉靖四朝，官至内阁首辅。杨宗相以祖荫任楚府长史。③ "巴陵"历来属"楚"，所荫官职或与巴陵有关。

以上四例恩赠，具有一定的代表性。卢质中以府学训导，贺邦谟以州县同知，均以儿子曾任楚府长史，被赠如其官；而杨宗相凭借曾祖的"显重"而获赠。封建国家的荫赠制度，利弊兼有。然而对于获赠者及其家庭来说，哪怕是没有什么实质待遇的虚衔，在封建时代，也是家族的荣耀。

五、存疑待证类

（一）黄惟正

有网文《江苏历代黄氏进士一览表》称：黄惟正，江都人，永乐二年（1404）进士，楚府长史。但查以下 2 部方志，未提及黄惟正楚府长史。《江南通志》第 125 卷、第 121 卷显示：其为建文元年（1399）举人，永乐二年（1404）进士。《扬州府志》均未及黄惟正为楚府长史。

---

① （清）刘诰等修，徐锡麟等纂．丹阳县志［M］．光绪十一年重修刻本卷十五页十六．台北：成文出版社，1983：846.

② （清）高得贵修，张九征等纂．乾隆镇江府志［M］．卷三十页十二．南京：江苏古籍出版社，1991：665.

③ （清）高得贵修，张九征等纂．乾隆镇江府志［M］．卷三十二页十九．江苏古籍出版社，1991：668.

（二）李延春

李延春（1519—1603），长阳人，有人称其为楚府长史。查民国二十五年《长阳县志》"坊表"记有李延春长史坊："长史坊，在（县）治西七十里水竹园，为长史李延春建。"该县志《孝友传》"李延春条"云："崇祯时人……时国家有采木之役，人皆避之，延春独不辞，役竣，特恩召见，赐衣冠，命为长史，下有司，旌其门。"①虽"命为长史"，但未指名楚府，如同雍正《湖广通志》所述：李延春，长阳人，万历贡生，长史。②

（三）刘守复

湖北红安县档案馆《刘姓来源之说》称："刘守复，国学生，任保和知县，升楚府长史。"但查阅楚府右长史高曰化编《宫省贤声录》，各卷卷标下注明"楚司理前保昌县知县古黄刘守复校正"。刻书之时（万历十五年，即 1587 年），职务是楚司理、承德郎。后来是否晋为长史，未查到相关资料。

第四节　史籍所见其他官员

一、录事

韩宜可，字伯时，浙江山阴县（今浙江绍兴）人。元末征为御史台属员，不就。洪武初，荐授本县教谕，寻转楚府录事，洪武十年（1377）拜监察御史。奉命拟写诏书、祭祀文稿，逝于建文年。③

---

① 故宫博物院编．乾隆长阳县志［M］．海口：海南出版社，2001：103.

② （清）迈柱修，夏力恕纂．湖广通志［M］．雍正十一年文渊阁《四库全书》刻本卷三十七页五十五.

③ （明）过庭训．明朝分省人物考（第 2 册第 49 卷）［M］．扬州：广陵书社，2015：1037.

二、护卫

胡泉，是胡充妃兄弟、朱桢舅父，随楚王之武昌，任护卫都指挥。随朱桢征古州等处，以功升前军都督佥事，后被调遣在外征战，永乐元年被朱桢奏召回府。不久，调任皇陵卫指挥佥事。

胡显，胡充妃从子、朱桢姑舅表兄弟。乾隆《凤阳县志》卷十载："胡泉子显。显随父陛辞，太祖曰："泉老矣，显嗣其官。"胡显"代父官都指挥同知，掌武昌护卫事"。"洪武二十二年，封胡充妃侄胡显为梁国公，食禄二千石，世袭。"①

武昌中护卫指挥陈幹，南直隶凤阳府寿州(今安徽省淮南市寿县)人。

武昌右护卫指挥姜昺，庐州府庐江县(今安徽省合肥市庐江县)人。

武昌卫镇抚汪礼，南直隶和州(今安徽省马鞍山市和县)人。

武昌左护卫指挥佥事田胜，南直隶凤阳府寿州(今安徽省淮南市寿县)人。以上四人均于洪武二十六年(1393)株连蓝玉谋反案，坐罪。②

翟璠，武昌护卫指挥同知。永乐九年(1411)，楚王府遣指挥同知翟璠等人进羊马庆贺。永乐二十一年(1423)，明成祖同意楚王所奏：武昌护卫指挥同知翟璠之子入职。

蔡瑢，武昌护卫百户。其女于正统元年(1436)册为岳阳王朱季境妃。

翟政，武昌护卫指挥同知。其妹正统十三年(1448)封为楚府大冶王朱季埙妃。

王佐，武昌护卫副千户。正统十三年(1448)，其子册封为永安懿简王第二女嘉鱼县主仪宾。

武昌护卫孙广、邢琏等人，成化年间，将汉口新开拓片区(当时归辖湖广汉阳府)，投献到楚王府名下。

---

① (明)沈德符. 万历野获编[M]. 道光七年姚氏扶荔山房刻本卷四宗藩. 北京：中华书局，1997：148.

② (明)朱元璋. 王天有、张何清点校. 逆臣录(卷五)[M]. 北京：北京大学出版社，1991：262-263.

武昌护卫军校纪銮、吴大贵、徐友富、单廷华、王文智、石荣、陈忠、张滨等人，嘉靖二十四年(1545)前后，企图占据湖广汉阳府汉口新开拓片区，未得逞，被收归湖广地方官府。

王如言，隶属武昌护卫。其女嫁镇国中尉朱华越。

三、审理

田堷：浙江处州府缙云县(浙江省丽水市辖县)永乐二年(1404)进士，楚府审理正。① 毕昶：福建兴化府莆田县(今福建莆田市)永乐间县学岁贡，楚府审理。② 薛龚：福建兴化府莆田县(今福建省莆田市)永乐间县学岁贡，楚府审理。③

谷逨，南直隶宿州(今安徽省宿州市)嘉靖岁贡，楚府审理。④

汪鸿宾，字敬之，徽州府婺源(今江西省上饶市婺源县)隆庆岁贡，楚府审理。⑤

陈自植，南直隶凤阳府五河县(今安徽省上饶市蚌埠市五河县)天启岁贡，楚府审理。⑥

黎祐，楚府审理，广西梧州府苍梧县(今广西梧州市苍梧县)人，黎广德之子，(景泰、天顺年前后)楚府审理。黎广德，"子祐为楚府审理，广德以老不能从。天顺间寇陷城，不可山避。乃衣红褐兀坐厅。事中，寇造

---

① （清）嵇曾筠修、沈翼机纂．浙江通志(乾隆《四库全书》光绪二十五年重刊本卷一百三十进士)［M］．上海：商务印书馆，1934：2305.

② （清）郝玉麟等修，谢道承等纂．福建通志［M］．乾隆二年刊本卷三十九页三十八.

③ （清）郝玉麟等修，谢道承等纂．福建通志［M］．乾隆二年刊本卷三十九页三十八.

④ （清）沈葆桢，吴坤修等修．光绪重修安徽通志［M］．光绪七年刻本卷一百六十八选举表页五.

⑤ （清）沈葆桢，吴坤修等修．光绪重修安徽通志［M］．光绪七年刻本卷一百六十八选举表页二百十.

⑥ （清）沈葆桢，吴坤修等修．光绪重修安徽通志［M］．光绪七年刻本卷一百六十九选举表页十八.

庭见其老，不忍害……寇皆罗拜。且遗之米与一牛"①。

周正，浙江金华府永康县（今浙江省金华永康市）弘治十一年（1498）举人，楚府审理正。②

邓河，江西建昌府南丰县（今江西省抚州市南丰县）人，嘉靖县学贡生，楚府审理。③

吴升，正德年任伴读，嘉靖初晋审理正。朱荣滅有《古松书屋为伴读吴升赋》《伴读吴升擢任审理正》可见④。

姚瓒，正德年任教授，嘉靖初晋升为审理副。见楚王朱荣滅诗《教授姚瓒升审理副》⑤

蔚炅，正德嘉靖年间审理。楚王朱荣滅有诗《审理蔚炅暑行秋觐卷》⑥

苏春芳，字昭元，福建泉州府南安（今福建省泉州南安市）人，万历中就县功曹，以异材选皇宫程工，上嘉其能。迁楚王府审理正，累奉京差。万历三十八年（1610），授通议大夫。万历四十五年（1617）辞归。⑦

奉直大夫吏部员外郎山西平定人白杰之父，以孝廉举，累官楚审理正。⑧

———————————

①　（明）林富修，黄佐纂．广西通志[M]．嘉靖十年刊本卷四十七页十二．

②　（清）嵇曾筠修，沈翼机纂．浙江通志[M]．乾隆《四库全书》光绪二十五年重刊本卷一百三十七选举．上海：商务印书馆，1934：2418．

③　（清）孟炤．建昌府志[M]．乾隆二十四年刻本卷三十二选举四页四．

④　（明）朱荣滅．正心诗集[M]．嘉靖楚藩刻本卷三．北京：书目文献出版社，1999：40，59．

⑤　（明）朱荣滅．正心诗集[M]．嘉靖楚藩刻本卷六．北京：书目文献出版社，1999：68．

⑥　（明）朱荣滅．正心诗集[M]．嘉靖楚藩刻本卷五．北京：书目文献出版社，1999：56．

⑦　戴希朱，苏镜潭，陈蓁纂，马振理修．南安县志[M]．民国二十年铅印本卷二六页三十五．泉州：泉山书社．

⑧　张正明，[英]科大卫，王勇红．明清山西碑刻资料选续一[M]．太原：山西古籍出版社，2007：303．

四、典膳

盛昱，南直隶宁国府南陵县（安徽省芜湖市南陵县）永乐贡例，由吏员迁楚府典膳。①

林青，正统二年（1437），楚王派遣典膳林青诣阙，受领王妃冠服仪仗。

翁宽，字世厚，浙江严州府寿昌县（今浙江省寿昌县）人，成化间以例贡授楚府典膳。②

樊诚，南直隶扬州府仪真（今江苏省仪征市）人，楚府典膳。③

毕竟藻，江西广信府贵溪人，楚府典膳。④

詹春，江西广信府贵溪县（今江西省鹰潭市贵溪市）人，楚府典膳。⑤

叶维藩之父，浙江台州府临海县（今浙江省台州临海市）人，楚府典膳。《临海县志》："叶维藩，字价叔，父官楚府典膳，维藩念定省远隔，蹑属走二千里，启楚王假归。王感其孝，许之扶持还里，尽瀡之欢。以子贵赠奉直大夫。"⑥

五、奉祠

李员：河南怀庆府孟县（今河南省焦作孟州市）贡生，楚府奉祀。⑦

---

① 余谊密修，徐乃昌纂修．南陵县志[M]．台北：成文出版社，1970：275.

② （清）吴士进原本，吴世荣续纂．严州府志[M]．光绪九年增修重刊本卷十七页五十七.

③ （清）阿克当阿修，姚文田撰．扬州府志[M]．嘉庆十五年刊本卷五十二页十三.

④ （清）蒋继洙修，李树藩纂．江西广信府志（同治十二年刊本）[M]．台北：成文出版社影印.

⑤ （清）蒋继洙修，李树藩纂．江西广信府志[M]．同治十二年刊本卷七之二仕籍．台北：成文出版社，1970：617.

⑥ （清）嵇曾筠修，沈翼机纂．浙江通志[M]．乾隆《四库全书》光绪二十五年重刊本卷一百八十五人物七孝友三．上海：商务印书馆，1934：3214-3215.

⑦ （清）唐侍陛．新修怀庆府志[M]．乾隆五十四年卷十八页十五.

李时珍，字东璧，湖广蕲州（今湖北省蕲春县）人。以医为业，楚王闻其贤，聘为奉祠，掌良医所事。（楚王）世子暴厥，（时珍）立活之。王妃自负金帛以谢，不受。（楚王）荐（时珍）于朝，授太医院判。数岁告归，著《本草纲目》。据考证，李时珍在楚王府任职时间为嘉靖二十年（1541）至嘉靖二十三年（1544）之间。①

六、典宝

沈大亨，字正叔，号樟亭，浙江钱塘县（今浙江省杭州市）人。"少为诸生，博极群书，善尺牍百函，可立待，而不善举场之文，以故艰于遇合。中岁游京师，入赀，得楚府典宝。正昭王（应为恭王，参见第一章《楚恭王朱英㷿》）雅志典坟，接遇贤士大夫尽礼。大亨辅导之，功居多。"后归老于杭州。②

郑广宗，福建福州府连江县（今福建省福州市连江县）正统间县学贡生，楚府典宝。③

刘懋，山西汾州（今山西省吕梁汾阳市）永乐年贡生，楚府典宝。④

杨腾，江西赣州府宁都县（今江西省赣州市宁都县）岁贡，楚府典宝。⑤

邓恕，江西省赣州府宁都县（今江西省赣州市宁都县）荐辟，楚府典宝。⑥

熊珙，江西南昌府进贤县（今江西省南昌市进贤县）人，楚府典宝正。⑦

---

① 吴佐忻．李时珍楚王府任职日期考[J]．上海中医药杂志，1988(1)．

② （清）厉鹗．东城杂记[M]．上海：上海进步书局，1936：25．

③ （清）郝玉麟等修，谢道承等纂．福建通志[M]．乾隆二年刊本卷三十九页十六．

④ （清）孙和相修，戴震纂．汾州府志[M]．乾隆三十六年刻本卷十九科举明贡生页三．

⑤ （明）董天锡．赣州府志[M]．嘉靖十五年刊天一阁藏本卷九页二十二．

⑥ （明）董天锡修．赣州府志[M]．嘉靖十五年刊天一阁藏本卷九页三十一．

⑦ （明）秦聚奎总修，武汉地方志办公室整理校注．明万历汉阳府志校注[M]．武汉：武汉出版社，2007：894．

七、纪善

贝翱，字季翔，浙江嘉兴府崇德县（今浙江省嘉兴市）人，以明经官楚府纪善。能诗，著有《平澹集》。洪武末为楚昭王所建正觉禅寺作《九峰山正觉禅寺碑》文。①

俞允，字嘉言，南直隶松江府华亭（今上海市）洪武二十六年（1393）举人，次年举进士。为人疏节，倜傥不羁，拜楚府纪善。② 今寻迁礼部主事，奉命使楚，坐还报失期，谪判长沙，故今称长沙公。林大春有《俞长沙传》。

程理，浙江严州府遂安县（今浙江省淳安县）洪武二十六年（1393）举人，楚府纪善。③

梁炯，浙江台州府临海县（今浙江省临海市）洪武二十九年（1396）举人，楚府纪善。④

管延枝，楚府长史管时敏之子，楚王朱桢为其命名，师从丁鹤年。永乐年朱桢奏为楚府伴读，后任楚府纪善，受封迪功郎。工诗，擅书画刻字。先后为朱季坤《毓秀轩诗》《维藩清暇录》作序。正统年楚昭王神道碑署名"迪功郎纪善管延枝篆额"。天顺二年（1458），《重修洪山崇宁万寿禅寺碑》署名"迪功郎纪善管延枝篆额"。其诗见《湖海耆英集》。⑤

赵哲，陕西咸阳（今陕西省咸阳市）永乐十五年（1417）举人，楚府纪善。⑥

---

① （明）薛纲纂，吴廷举续修. 湖广图经志书［M］. 嘉靖元年刻本卷二. 北京：书目文献出版社，1991：233.

② （明）顾清等修纂. 松江府志［M］. 正德七年刊本卷二十六页二. 台北：成文出版社，1983. 1155.

③ （清）嵇曾筠修，沈翼机纂. 浙江通志［M］. 乾隆《四库全书》光绪二十五年重刊本卷一百三十四选举十二明举人. 上海：商务印书馆，1934：2364.

④ （清）嵇曾筠修，沈翼机纂. 浙江通志［M］. 乾隆《四库全书》光绪二十五年重刊本卷一百三十四选举十二明举人. 上海：商务印书馆，1934：2365.

⑤ （清）钱谦益. 列朝诗集（甲集）［M］. 北京：中华书局，1997：1052.

⑥ （清）刘于义修，沈青崖等纂. 敕修陕西通志［M］. 雍正十三年《钦定四库全书》刊本卷三十一举人二页二十.

刘锦，江西吉安府泰和县（今江西省吉安市泰和县）人，宣德元年（1426）应天中式，楚府纪善。①

陈熙，浙江省台州府太平县（今浙江省温岭市）弘治十二年（1499）贡生，由霑化训导升楚府纪善。②

李文，陕西醴泉（今礼泉县）弘治十七年（1504）举人，楚府纪善。③

高德崇，嘉靖初年为纪善。见楚王朱荣㳨诗《再用前韵答纪善高德崇》。④

颜标，福建泉州府永春县（今福建省泉州市永春县）人，嘉靖年县学岁贡，历惠州府、长宁州训导，象州学正，广州、温州教授，终楚府纪善。⑤

吴腾，隆庆间福建兴化府莆田县（今福建省莆田市）县学贡生，楚府纪善。⑥

张潮，福建福州府罗源县（今福建省福州罗源县）人，嘉靖至万历学贡，楚府纪善。⑦

车骑，福建延平府延平县（今福建省南平市延平区）岁贡，楚府纪善。⑧

---

① （清）高其倬等修，陶成等纂．江西通志［M］．雍正十年《四库全书》刊本卷五十二选举四页五十八．

② 喻长霖．台州府志［M］．民国二十五年铅印本．台北：成文出版社，1970：475．

③ （清）刘于义修，沈青崖等纂．敕修陕西通志［M］．雍正十三年《钦定四库全书》刊本卷三十一选举二页六十八．（明）周绍稷纂修．郧阳府志［M］．卷八万历六年刻本．台北：台湾学生书局，1987：210．

④ （明）朱荣㳨．正心诗集［M］．嘉靖楚藩刻本卷八．北京：书目文献出版社，1999：98．

⑤ （清）郝玉麟等修，谢道承等纂．福建通志［M］．乾隆二年刊本卷三十九页五十五．

⑥ （清）清郝玉麟等监修，卢焯撰．福建通志［M］．乾隆二年刻本卷三十九页三十四．

⑦ （清）郝玉麟等修，谢道承等纂．福建通志［M］．乾隆二年刊本卷三十九页二十．

⑧ （清）郝玉麟等修，谢道承等纂．福建通志［M］．乾隆二年刊本卷四十页十一．

俞有诏，建德(今浙江省杭州建德市)人，性酷谨。万历四十年(1612)贡元，授丽水训导，转公安教谕，寻署石首、监利二邑。象有政声，再升楚府纪善。致仕归，家贫。设馆授徒，从游者屡满户外，寿七十五。①

郭尚璠，江西吉安府泰和县(今江西省吉安市泰和县)人，万历间任福建宁化县教谕，后迁楚府纪善。②

韩鸣皋，广东惠州府博罗县(今广东省惠州博罗县)贡生，历任海阳训导，福建永福县、湖广九溪卫教谕。公恪慎精详，所至皆能其官。后迁楚府纪善归。③

袁亮，广东德庆州封川县(今广东省肇庆封开县)景泰四年(1453)举人，由广西阳朔训导，转广东潮阳教谕，擢楚府纪善。④

杨元实，江西赣州府信丰县(今江西省赣州信丰县)人，松阳主薄，升楚府纪善。⑤

陈祖念，福建福州府连江县(今福建省福州市连江县)天启年县学贡生，永定训导迁永春教谕，进衢州府教授，终楚府纪善。⑥

八、良医

葛哲，明代医家(1389—1461)，字明仲，昆山(今属江苏省)人。家世业医，博览儒医二家之书。致仕前为迪功佐郎楚府良医副。"自荆改梁，

---

① (清)吴世荣续纂. 严州府志[M]. 光绪九年增修重刊本. 台北：成文出版社版，1970：128，457.

② (清)卢崧修，朱承煦等纂. 吉安府志[M]. 乾隆四十一年原刊道光二十二年补刻本卷之十六页十九.

③ (清)徐景熹，鲁曾煜，施延枢等纂修. 乾隆福州府志[M]. 乾隆十九年刻本卷三十三职官六页六十三. 南京：江苏古籍出版社，2000：662. (清)陈裔虞纂修. 博罗县志[M]. 乾隆二十八年刻本卷十二人物乡贤页三十一.

④ (清)郝玉麟等监修，鲁曾煜编纂. 广东通志[M]. 雍正九年《钦定四库全书》本卷三十三选举志三举人页四十五.

⑤ (清)魏瀛等修，锺音鸿等纂. 赣州府志[M]. 同治十二年刊本卷四十八仕籍表八. 台北：成文出版社，1960：903.

⑥ (清)陈寿祺等纂. 重纂福建通志[M]. 同治十年刻本卷一百五十七页十三. 台北：华文书局，1968：2771.

又改楚(府)。持恒守道，历三府鲜有败事。府僚自长史而下，无不重其人。而神其术也，在医垣日，尝集《保婴方论》若干卷上进。在荆府日，尝授赐敕有式，克勤慎之。褒阶修职佐郎。"(《平桥稿》)辑有《葛氏保婴集》。①

张槩，京师直隶含山县(今安徽省马鞍山市)嘉靖岁贡，楚府良医。②

刘永学，武志刚，赵泉，胡文椿，嘉靖前期为良医。见楚王朱荣㳨诗《赐医士刘永学》《赐医士武志刚》《赐医士赵泉》③《赐医士胡文椿》。④

夏德泽，浙江台州府黄岩县(今浙江省台州市黄岩区)，万历年例授楚府良医。⑤

九、典仪

罗练，初为引礼舍人，嘉靖前期擢为典仪。见楚王朱荣㳨诗《引礼舍人罗练投剂有效》⑥《典仪罗练病署有作依韵慰问》⑦，其医术深得楚王赏识。罗练，故儒家，深医学。诊脉，断生死不爽。楚王妃周氏微恙，诊之曰："今午殆不起。"时妃犹饮食言笑，午果中风死。⑧

---

① 〔日〕丹波元胤. 中国医籍考[M]. 卷七十五方论五十三. 北京：人民卫生出版社，1983：1291-1292.

② (清)沈葆桢，吴坤修等修. 光绪重修安徽通志[M]. 上海：上海古籍出版社，1995.

③ (明)朱荣㳨. 正心诗集[M]. 嘉靖楚藩刻本卷九. 北京：书目文献出版社，1999：103.

④ (明)朱荣㳨. 正心诗集[M]. 嘉靖楚藩刻本卷九. 北京：书目文献出版社，1999：107.

⑤ 喻长霖. 台州府志[M]. 民国二十五年铅印本卷二十八选举表八页十三. 台北：成文出版社，1970：513.

⑥ (明)朱荣㳨. 正心诗集[M]. 嘉靖楚藩刻本卷一. 北京：书目文献出版社，1999：15.

⑦ (明)朱荣㳨. 正心诗集[M]. 嘉靖楚藩刻本卷四. 北京：书目文献出版社，1999：52.

⑧ (清)裴天锡修，武汉地方志办公室整理校注. 清康熙湖广武昌府志校注[M]. 武汉：武汉出版社，2011：672.

陈国华：江西广信府弋阳县（今江西省上饶市弋阳县）人，楚府典仪正。同治《广信府志》列入"仕籍"谓仕进年代与途径失考。①

邹璀：福建延平府沙县（今福建省三明市沙县区）县学选贡，楚府典仪副（年代无考）。②

杨四维，贡监，楚府典仪。③

徐步逵，湖广黄州府蕲水县（今湖北省黄冈市浠水县）贡生，楚府典仪。④

吴国典，字少松，湖广兴国州（辖今阳新县、通山县、黄石市区、大冶市）人，楚府典仪。⑤

十、工正

林承春，浙江省台州府太平县（今浙江省温岭市）县学贡生，渑池主簿，擢楚府工正。⑥

陈简菴，嘉靖前期为工正，楚王称之为"工侍"。见楚王朱荣㴒诗《赠陈简菴工侍》。⑦

王楼，南直隶休宁县（安徽省黄山市休宁县）人，万历三十九年（1611）

---

① 蒋继洙修，李树藩纂．江西广信府志[M]．同治十二年刊本．台北：成文出版社，1970．

② （清）郝玉麟等修，谢道承等纂．福建通志[M]．乾隆二年刊本卷四十页四十三．

③ （清）孙和相修，戴震纂．汾州府志[M]．乾隆三十六年刻本卷十九科举页二十二．

④ （清）英启修，邓琛撰．黄州府志[M]．光绪十年刊本卷十七．台北：成文出版社，645．

⑤ （清）裴天锡修，武汉地方志办公室整理校注．清康熙湖广武昌府志校注（卷八）[M]．武汉：武汉出版社，2011：603．

⑥ 喻长霖．台州府志[M]．民国二十五年铅印本卷二十八选举表八页二十二．台北：成文出版社，1970：517．

⑦ （明）朱荣㴒．正心诗集[M]．嘉靖楚藩刻本卷六．北京：书目文献出版社，1999：67．

任长兴县吏员，后升楚府工正。①

十一、伴读

雷贯，楚府早期伴读。楚庄王朱孟烷常与长史管讷、纪善贝翱、伴读雷贯等人切磋诗文。

陆阎，字伯阳，号友菊，南直隶扬州府兴化(江苏省泰州兴化市)人，洪武十四年(1381)以明经辟为楚府伴读，"为人端正，修洁敦行，义严于是非邪正之辨，善诗工书"。亦擅画山水木石。② 世称"友兰先生"。著有《友兰集》《续古乐章》。③

潘中，字大本，浙江钱塘县(今浙江省杭州市)永乐二年(1404)进士，楚府伴读。骨鲠负气，貌庄而词确，与士大夫计天下事，正论侃侃，同列皆敬惮之，家法严整，闺门之内肃如也。④

徐曦，字叔睿，浙江衢州府开化县(今浙江省衢州市开化县)建文元年(1399)举人，历官文渊阁纂修、沔阳学正、预修《永乐大典》给事中，"以疾转楚府伴读"⑤。因父年高乞归养。著有《大方笑集》10卷。⑥

欧阳璧，正德年伴读。见楚王朱荣㳞两首诗：《雪后柬欧阳(璧)伴读》《寿欧阳封君(一子并任宪佥，其宗人伴读璧求此作)》⑦

----

① 高锡龄纂修．湖州府志(卷七)[M]．台北：成文出版社，1983：114.

② (清)徐沁著，印晓峰点校．明画录[M]．上海：华东师范大学出版社，2009：38.

③ (清)阿克当阿修，姚文田撰．扬州府志[M]．嘉庆十五年刊本．台北：成文出版社，1974：3902.

④ (明)过庭训．明朝分省人物考[M]．扬州：广陵书社，2015：840.

⑤ (明)童承叙纂．沔阳州志[M]．嘉靖十年刊本《民国六十四年》重印本卷四人物表卷十三秩官列传．台北：成文出版社，1975：299.

⑥ (清)嵇曾筠修，沈翼机纂．浙江通志[M]．乾隆《四库全书》光绪二十五年重刊本卷一百三十四选举十二明举人．上海：商务印书馆．1934：2366.

⑦ (明)朱荣㳞．正心诗集[M]．嘉靖楚藩刻本卷一．北京：书目文献出版社，1999：10.

程仁发：南直隶休宁县(安徽省休宁县)明经举人，楚府伴读。①

陈澧，福建福州府长乐县(今福建省福州市长乐区)景泰六年(1455)奉例充贡，楚府伴读。②

余枢，字季枢，号玉菴，常州府无锡(今江苏省无锡市)人。"天顺朝征辟，博学工古文，举授楚府伴读，有《玉菴集》。"③有《游洪山寺和韵》诗。无锡人秦夔，"从楚府伴读余季枢游……出为武昌知府。"④

苏龙，字尧臣，江西赣州府宁都县(今江西省赣州市宁都县)贡生，湖广蕲州训导。忧归，升楚府伴读，竟未起。⑤

十二、教授

吴勤，字孟勤，江西省吉安府永新县(今江西省吉安市永新县)人，号黄鹤山樵。洪武初经魁，诗文清丽，尤善楷书，由学士胡广荐入翰林。出任武昌府教授，转楚府教授。傅维鳞《明书》谓："洪武戊辰(洪武二十一年1388)楚王遣人致书请为诸王子师，至则待以殊礼，凡十载。"⑥永乐初召入史馆预修太祖实录，改开封府教授。著有《黄鹤山樵集》《匡山樵者集》《幽翁集》。

张炯，洪武二十年(1387)福建建宁府建安县(今福建省建瓯市)县学乡试举人，楚府教授。⑦

张敬，广西桂林府灵川县(今广西壮族自治区桂林市灵川县)洪武二十

---

① (清)吴坤修，何绍基，卢士杰，冯焞纂．重修安徽通志[M]．清光绪七年刻本卷一百五十二页二十九．上海：上海古籍出版社，1995：152．

② (清)陈寿祺等纂．重纂福建通志[M]．同治十年刻本卷一百五十七页八．台北：华文书局，1968：2768．

③ (清)于琨修陈玉璂撰．常州府志[M]．康熙三十四年刻本卷十六页九．南京：江苏古籍出版社，1991：300．

④ (明)倪岳．青溪漫稿[M]．乾隆四十三年《四库全书》刊本卷二十三页十．

⑤ (明)董天锡修．赣州府志[M]．嘉靖十五年刊天一阁藏本卷九页二十三．

⑥ (清)傅维鳞．明书[M]．浙江孙仰曾家藏本卷一百四十五页十八．

⑦ (明)陈道监修，黄仲昭编纂．八闽通志[M]．弘治三年刊本卷四十九页九十五．

年(1387)科举人，楚府教授。①

游思敬，浙江温州府平阳(今浙江省平阳县)洪武二十九年(1396)举人，楚府教授。②

冯佑，广西平乐府建文元年(1399)举人，楚府教授。③

陈道同，广东肇庆府(今广东省肇庆市)永乐三年(1405)举人，次年进士，初任浙江道监察御史，为官廉正，所上奏议深切时弊。任楚府教授时，深得楚王敬重。退官后，在家著述自娱。④

黄普，福建兴化府莆田县(今福建省莆田市)永乐十二年(1414)举人，楚府教授。宦终南安教授，以子谨恩赠监察御史。⑤

俞道英，浙江金华府义乌(今浙江省金华市义乌市)永乐十二年(1414)举人，楚府教授。⑥

乌浚，楚府教授，永乐十三年(1415)升调吏科给事中。

张登，楚府教授，因威仪不修，放肆傲慢，宣德六年(1431)降为广宁前屯卫仓副使。

方中侔，楚王朱荣㳨有《挽教授方中侔》诗。⑦

李元嗣，楚府教授。楚王朱荣㳨应邀作诗。⑧

---

①　(清)金鉷等修，钱元昌纂．广西通志[M]．乾隆四十六年《四库全书》卷七十一页五．

②　(清)嵇曾筠修，沈翼机纂．浙江通志[M]．乾隆《四库全书》光绪二十五年重刊本卷一百三十四选举十二明举人．上海：商务印书馆，1934；2365．

③　(清)金鉷等修，钱元昌纂．广西通志[M]．乾隆四十六年《四库全书》卷七十一页十．

④　(清)郝玉麟等监修，鲁曾煜编纂．广东通志[M]．雍正九年《钦定四库全书》本卷三十二选举志页二．

⑤　(清)郝玉麟等修，谢道承等纂．福建通志[M]．乾隆二年刊本卷三十七页二十三．

⑥　(清)嵇曾筠修，沈翼机纂．浙江通志[M]．乾隆《四库全书》光绪二十五年重刊本卷一百三十四选举十二明举人．上海：商务印书馆，1934；2373．

⑦　(明)朱荣㳨．正心诗集[M]．嘉靖楚藩刻本卷一．北京：书目文献出版社，1999；13．

⑧　(明)朱荣㳨．正心诗集[M]．嘉靖楚藩刻本卷七．北京：书目文献出版社，1999；80．

　　黄松，福建延平府沙县(今福建省三明市沙县区)嘉靖年选贡，楚府教授。①

　　李乾清，福建邵武府光泽县(今福建省南平市光泽县)嘉靖年选贡，楚府教授。②

　　汪潮海，直隶徽州府绩溪县(今安徽省绩溪县)万历岁贡，楚府教授。③

　　陈彦生，浙江苍南(今浙江省温州市苍南县)嘉靖年岁贡。由福建漳州府学升楚府教授。致仕后淹贯诸子百家，专心著述，著《雨岩文稿》。乡人称为"百岁翁"。

　　吴天祐，福建汀州府宁化县(今福建省三明市宁化县)人，嘉靖间选贡，楚府教授。④

　　陈彦才(一作彦生)，浙江温州府平阳县(今浙江省平阳县)嘉靖年贡生，楚府教授。⑤

　　雷时祚，福建汀州府宁化县(今福建省三明市宁化县)隆庆年选贡，楚府教授。延平府志有记。⑥

　　段锦，福建邵武府光泽县(今福建省南平市光泽县)隆庆至崇祯间选贡，楚府教授。⑦

　　王允佐，字右卿，江西抚州府(今江西省抚州金溪县)人。崇祯三年

---

① (清)郝玉麟等修，谢道承等纂. 福建通志[M]. 乾隆二年刊本卷四十页十五.

② (清)郝玉麟等修，谢道承等纂. 福建通志[M]. 乾隆二年刊本卷四十页七十四.

③ (清)沈葆桢，吴坤修等修. 光绪重修安徽通志[M]. 光绪七年刻本卷一百六十八选举志页三十二.

④ (清)郝玉麟等修，谢道承等纂. 福建通志[M]. 乾隆二年刊本卷四十页五十四.

⑤ (清)李琬修，齐召南纂. 温州府志[M]. 乾隆二十五年刊民国三年补刻版卷十九贡士. 台北：成文出版社，1983：1471.

⑥ (清)郝玉麟等修，谢道承等纂. 福建通志[M]. 乾隆二年刊本卷四十页五十七.

⑦ (清)郝玉麟等修，谢道承等纂. 福建通志[M]. 乾隆二年刊本卷四十页五十四.

（1630），由贡生选武宜训导，升教谕，寻擢楚府教授。①

左文台，湖广德安府云梦县（今湖北省孝感市云梦县）贡生，楚府教授。②

林英，福建延平府尤溪县（今福建省三明市尤溪县）贡生，楚府教谕。③

朱佩，南直隶淮安府（今江苏省淮安市）隆庆年岁贡，由剡城县训导改楚府教授。④

顾世伦，南直隶镇江府（今江苏省镇江市）人，由高邮州训导，升楚府教授。⑤

颜观光，广东化州（今广东省茂名市化州市）万历间选贡，历任番禺训导、广宁教谕，后迁楚府教授。化州祀乡贤。⑥

王同亨，湖广黄州府（今湖北省黄冈市）万历年间贡生，楚庑教授。⑦

康天衢，湖广郧阳府（今湖北省十堰市）隆庆年府学岁贡，楚府教授。⑧

熊蟠，江西建昌府新城县（今江西省抚州市黎川县）洪武十九年（1386）贡生，楚府教授。⑨

————————

① （清）胡钊，松安等．金溪县志[M]．道光六年刻本卷十一宦业页三十九.

② （清）赓音布主修，孝感市地方志编纂委员会办公室编．德安府志校注本（卷十二选举贡生）[M]．武汉：湖北人民出版社，2015：638.

③ （清）清傅尔泰修，陶元藻等纂．福建延平府志[M]．乾隆三十年刻本卷十二一选举页八．台北：成文出版社，1967：374.

④ 卫哲治，陈琦等纂修．淮安府志[M]．乾隆十三年修咸丰二年重刊本卷二十页六十二．台北：成文书局，1956.

⑤ （清）高得贵修，张九征等纂．镇江府志[M]．乾隆十五年刻本卷三十一页十二．南京：江苏古籍出版社，1991：631.

⑥ （清）杨霁修，陈兰彬等纂．高州府志[M]．光绪十五年刻本卷三十七页二十二.

⑦ （清）英启修，邓琛撰黄州府志[M]．光绪十年刊本卷十六贡生上页五．台北：成文出版社，645.

⑧ （明）周绍稷纂修．郧阳府志[M]．万历六年刻本卷八选举页二．台北：台湾学生书局，1987：190.

⑨ （清）清孟炤．建昌府志[M]．乾隆二十四年刻本卷三十选举二页一.

胡梦旸，江西抚州府(今江西省抚州市金溪县)贡生，楚府教授。①

徐征庆，江西抚州府(今江西省抚州市金溪县)贡生，楚府仪宾。②

刘一翺，字醒翼，江西抚州府(今江西省抚州市金溪县)贡生。初为县吏，考职授富水司巡检，以廉能称职，升楚府属官?，逝年七十八。③

魏宗彝，河南开封府归德州(今河南省商丘市归德县)永乐三年(1405)举人，楚府教授。④

褚清，河南彰德府安阳县(今河南省安阳市)永乐六年(1408)举人，楚府教授。⑤

乌浚，字士正，严州府建德县(今浙江省杭州市建德市)永乐二年(1404)进士，楚府教授。永乐十三年(1415)，升楚府教授乌浚为吏科给事中。

刘应斗，南直隶湖州府武康县(今属浙江省湖州市)岁贡，万历十一年(1583)任苏州府儒学教授，升楚府教授。⑥

喻秉彝，湖广黄州府黄陂县(今湖北省武汉市黄陂区)人，初任楚府教授，继任陕州。捐俸赈民，民感德之。⑦

周泰，字存敬，南直隶苏州府(今江苏省苏州市)正统丁卯(1447)举人，授乌程训导，升东安王府教授。东安王有两个儿子，偏爱少者，并有让幼者袭爵的打算。东安王听从周泰的劝说："序立称谓皆先其长。"周泰

---

① (清)胡钊，松安等. 金溪县志[M]. 道光六年刻本卷六选举页十一.

② (清)胡钊，松安等. 金溪县志[M]. 道光六年刻本卷六选举页二十八.

③ (清)胡钊，松安等. 金溪县志[M]. 道光六年刻本卷六选举二十八贡生卷十七耆德页一.

④ (清)陈锡辂，查歧昌纂修，河南省商丘地区地方志编纂委员会整理. 归德府志[M]. 乾隆十九年刻本卷七选举二. 郑州：中州古籍出版社，1994：241.

⑤ (清)赵希璜，修武亿纂修. 安阳县志[M]. 嘉庆四年刊本卷四选举页十.

⑥ (清)冯桂芬，冯芳撰. 同治苏州府志[M]. 南京：江苏古籍出版社，1991：519.

⑦ (清)刘昌绪修，徐瀛纂. 黄陂县志[M]. 同治十年刊本卷八人物仕迹. 南京：江苏古籍出版社，2001：877.

后转蒙阴教谕致仕。①

汪颐，永安王教授，楚王朱荣㳨有《永安王教授汪颐》诗。②

何达，南直隶镇江府（今江苏省镇江市）正德元年（1506）贡生，授福建光泽县训导。"训迪有方，士习蹶然以起。"调任楚府永安王教授。未几，弃官归。③

袁贤，南直隶镇江府京口（今江苏省镇江市京口区）人，东安王府教授。④ 其父任淮安府知府，楚王朱荣㳨应邀作《挽袁太守》诗。⑤

十三、典簿

苏茂，河南彰德府林县（今河南省林州市）成化十五年（1479）贡生，楚府典簿。⑥

汪绍有，徽州府婺源（今江西省婺源县）天启年岁贡，楚府典薄。⑦

张铎，浙江台州府（今浙江省台州市仙居县）贡生，楚府典籍。⑧

梁岳，广西梧州府岑溪县（今广西壮族自治区梧州市岑溪市）嘉靖年贡生，楚府典籍。⑨

---

① （清）同治．苏州府志（卷九十二）[M]．南京：江苏古籍出版社，1991：401.

② （明）朱荣㳨．正心诗集[M]．嘉靖楚藩刻本卷一．北京：书目文献出版社，1999：12.

③ （清）陈裔虞纂修．博罗县志[M]．乾隆二十八年刻本卷十二人物乡贤页十四.

④ （清）清高得贵修，张九征等纂．镇江府志[M]．南京：江苏古籍出版社，1991：644.

⑤ （明）朱荣㳨．正心诗集[M]．嘉靖楚藩刻本卷一．北京：书目文献出版社，1999：15.

⑥ 王泽溥．重修林县志[M]．林县华昌石印局民国二十一年石印本卷八选举表二明页二.

⑦ （清）沈葆桢，吴坤修．重修安徽通志[M]．光绪七年刻本卷一百六十九页五.

⑧ 喻长霖．台州府志[M]．台北：成文出版社，1970：511.

⑨ （清）吴九龄修，史鸣皋等纂．梧州府志[M]．同治十二年刊本卷十七选举页二十六．台北：成文出版社，1971：357.

十四、引礼

高朗，正统元年（1436），楚王孟烷奏：以引礼舍人高名礼之子高朗为引礼舍人。

蔡逢时，广东雷州府海康县（今广东省湛江市海康市）人，《东里续集·故余干知县蔡君墓碣铭》："世其儒业，累官楚府引礼舍人。方正刚介，持行如玉雪，最为昭王所重。"①

王铠，嘉靖年引礼舍人。楚王朱荣𤊟有诗《赐引礼舍人王铠》。②

邹廷美（1467—1521），字质秀，江西瑞州府高安（今江西省宜春市高安市）正德十一年（1516）例贡，楚府引礼。

童承芳，字士登，湖广沔阳州（今湖北省仙桃市）嘉靖元年（1522）岁贡，授楚府引礼。③

龚廷珠，字聘之，湖广沔阳州（今湖北省仙桃市）嘉靖四年（1525）岁贡，授楚府引礼。④

杨桂，字子文，湖广沔阳州（今湖北省仙桃市）嘉靖十年（1531）岁贡，授楚府引礼。⑤

沈良士，江苏扬州府人，引礼舍人。"楚府引礼舍人沈良士等，相度规制报德祠，鸠材劝工。"⑥

耿荣，河南省河南府岁贡，楚府舍人。⑦

---

① （明）杨士奇撰．东里续集[M]．乾隆四十四年《钦定四库全书》刊本卷四十一页十七．

② （明）朱荣𤊟．正心诗集[M]．嘉靖楚藩刻本卷八．北京：书目文献出版社，1999：93．

③ （明）童承叙纂．沔阳州志[M]．台北：成文出版社，1975：99．

④ （明）童承叙纂．沔阳州志[M]．台北：成文出版社，1975：99．

⑤ （明）童承叙纂．沔阳州志[M]．台北：成文出版社，1975：101．

⑥ （清）阿克当阿修，姚文田撰．扬州府志[M]．嘉庆十五年刊本卷二十一页二十四．台北：成文出版社，1974：1737．

⑦ （清）孙居湜修，董正纂．河南府志[M]．康熙三十四年刻本卷七十九页一百八．

朱恩、杨铠，湖广武昌府江夏县（今属湖北省武汉市）人，楚府引礼生。嘉靖二十四年（1545），朱英燿弒父显榕，二人翻起城墙报告湖广巡按。①

十五、经历

陈润，字泽民，福建福州府连江县（今福建省福州市连江县）永乐十年（1412）进士，楚府经历。②

十六、仓大使

张宗敏，正统元年（1436），楚王孟烷奏：以典乐张诚之子张宗敏为广阜仓大使。

十七、承奉

刘旺，洪武六年（1373），楚王朱桢尚在南京，指派刘旺为楚府承奉。

李贵，永乐六年（1408），内使李贵在云南非法贩马，被逮送京师问罪。皇帝顾及楚王情面，命其自行处治李贵。

范敬，天顺四年（1460），仪宾方规诬称承奉范敬谋杀门官陈鉴。

潘朝，嘉靖二年（1523），承奉潘朝受贿败露，肆意顶撞楚王，被处杖责充军。

张庆、王宪，嘉靖四年，承奉张庆带人擅占汉口新开拓片区，收取农户田税。嘉靖二十四年（1545）正月，楚王显榕被害之时，张庆、王宪等人，不仅没有正义作为，反而包庇说谎，为虎作伥，被处极刑。

郭伦，长期在楚宫当差。因为扶助华奎有功，升为承奉，在楚府留任长达近40年。万历十四年（1586）前后，多次乞请退职，一再被华奎

---

① （清）王庭桢修，彭崧毓纂．江夏县志［M］．同治八年刻本．台北：成文书局，1975：806.

② （清）郝玉麟等修，谢道承等纂．福建通志［M］．乾隆二年刊本卷三十六卷三十六明进士页九.

挽留。挽留郭伦的人员还有楚府官员和一批中下阶宗室，其中官员有：护卫指挥吉嘉祯，镇抚陈朝，千户百户官张焕武、谢琼，审理叶梦祖，典宝谢君凭，教授刘郜，经历谭举、孙世德，仓大使傅镇等人，仪卫正顾节等人。

辑录典籍所记楚府官员，困难重重。一是要从浩如烟海的史籍中查找出楚府某官，费尽精神；二是多地方志科举卷目，只列某年号举人或进士，并未标注官职。即便标注，也多为终任官职，仅有部分方志标注楚府某官；三是不同年代编撰的方志信息不尽相同，需要对照不同版本的方志。一些文士笔记，提到某君出任楚府，却未点明何职。如明娄坚《徐兆佐君孺卿墓志铭》："徐兆佐，字孺卿，世为嘉定人。尝以例得给事楚府，耻不由经生进，箧藏其衣冠，不屑御也。"①

一些网站通过地方文献，包括宗谱，获取一些信息，一方面补充官印方志，另一方面又与其有些出入。如"博雅人物网"显示："刘时可，广东高明县隆庆四年（1570）举人，初授黟县教谕，终任楚王府副官。"②查阅雍正九年《广东通志》显示："嘉靖四十年乡试榜，刘时可，广东高要人，官知县。"很多方志只记载王府某官，并未标注哪个王府。如清代阿克当阿修、姚文田撰《扬州府志》嘉庆十五年刊本：扬州府江都县，洪武年贡生，方安，王府长史。似例很多，因而本专著所录楚府官员数目相当有限。

第五节　楚府官员生活状态

一、史籍所见典型事例

楚府官员依附王府为生，服役王府事务，各司其职为其日常。此处所

---

① （明）娄坚.学古绪言［M］.《钦定四库全书》刊本卷十一页七.
② 博雅人物网.广东省佛山市高明人物刘时可［EB/OL］. http://mren.bytravel.cn/history/3/liushike.html.

列生活状态的一些事例，更能反映其品性与爱好。

(一)互赠题跋

时任纪善的管讷，藏有宋蔡襄《行书自书诗》书法轴本，中有长史胡粹中建文四年(1402)和教授吴勤洪武九年(1376)题跋。胡粹中跋云："余同僚云间管侯得之珍重特甚，非好仁之君子恶能然。壬午冬十二月甲子会稽胡粹中拜观敬书。"吴勤跋云："楚纪善管公竹间示余所藏宋学士君谟诗累幅……竹间公宝而藏之，可谓好古博雅之君子矣。洪武九年正月庚寅匡山由翁。"此轴本现藏故宫博物院。

管讷《蚓窍集》前有吴勤序言："公晚年由纪善升秩长史，其忠诚爱君之心，一于诗歌发之，而学问德业其所从来者远矣……公之作铿锵炳爥，流出肺肝，钟山水之秀，而鸣治世之音，是奚足以名其集欤。"[1]胡粹中永乐元年(1403)序云："管公时敏，辅翼匡赞，开陈启沃，凡二十五年，而贤王仁厚明恕，寅畏恭俭之德闻于天下。"[2]宣德中，楚庄王朱孟烷常与教官，如管时敏、雷贯、贝翱等人，讨论经艺自娱。

(二)教授种菜

明倪谦(1415—1479，谥文僖)所著《倪文僖公集》，其中《题楚府于教授菜圃卷》诗句，描写楚府教授打理菜圃的场景："躬曳长裾也自嘉，却从老圃讬生涯。汉阴抱瓮无机事，湑缺蹲鸱有岁华。紫芥放花晴舞蝶，碧茄成子雨鸣蛙。闲来如作冰壶传，露夜黄韭谩自夸。"[3]依倪谦生活年代，于教授任职时间约在正统至弘治之间。

① (明)管讷. 蚓窍集[M].《四部丛刊(三编)》上海涵芬楼影印北京图书馆藏永乐刊本. 上海：商务印书馆，1936：1.

② (明)管讷. 蚓窍集[M].《四部丛刊(三编)》上海涵芬楼影印北京图书馆藏永乐刊本. 上海：商务印书馆，1936：9.

③ (明)倪谦. 倪文僖集[M]. 乾隆四十五年《钦定四库全书》刊本卷八页八至十二.

(三)吴国典孝悌好捐赀

吴国典，字少松，湖广武昌府兴国人州(今湖北省阳新)人。授楚府典仪。母冯氏早世，事父极孝，寝必相傍，疾不解衣；事继母汪氏不异生母。起家素封，好施予，捐赀修城、建桥、掩骼、拯殍甚众。①

(四)一些王官晚年生活维艰

引礼生江夏人朱恩、杨镗，英燿弒杀憨王当夜，二人即刻先到后宫，猛叩铜环，告知内臣保护英㷿，随后二人缒城而下，出门报信。二人致仕后"以穷老，人惜之"②。

二、王官社会地位日渐降沉

王官地位变化，与藩禁政策密切相关，大致分三个阶段。一是洪武到永乐初期，二是永乐中后期到弘治初期，三是弘治朝以后，变化尤剧。弘治初年，6名进士不愿出授长史，已经暴露出王府官处境。

弘治三年(1490)，岐王朱祐楎出阁就藩。6名进士出授长史，"众人不乐此选，共约诣部堂，哗然辩论，不肯就职，极言偏私选推不当。耿(礼部尚书耿裕)安慰之，众愈侵侮。耿复正色叱之，众亦诋斥。"少詹事吴宽软硬兼施地训斥一通后，众人方退出部堂。6人受到处罚，"奉旨以为首者从军，余皆从吏，纪纲乃振"③。自是人薄长史，多不以进士选除。

到了正德年，因纳银捐官之风，再次冲击王官地位。礼生孟添祥递补引礼舍人一例，反映了王官录用手续繁琐，以及王官仕途之艰难。正德八年(1513)，湖广布政司呈报：楚府缺引礼舍人，起送纳银，礼生孟添祥除

---

① (清)裴天锡修，武汉地方志办公室整理校注．清康熙湖广武昌府志校注[M]．武汉：武汉出版社，2011：603.

② (清)王庭桢，彭崧毓．江夏县志[M]．同治八年刻本．台北：成文书局，1975：806.

③ (明)陈洪谟．治世余闻[M]．北京：中华书局，1997：9.

补。楚府奏称，该生持身端谨，礼仪娴熟，乞要除补引礼舍人续该行。湖广布政司查照：该生在府十年以上，身家无过，又兼遇例，具结连人回缴前来。终由吏部查验题准除补。①

嘉靖以后，对于王官改任、调用、晋级的限制愈益苛严。八年（1529），杨一清"王官与别官一体升用"的提议被否决；十二年（1533），"今后非真能辅导有功贤能可录者，不许请加服色品级"。二十二年（1543），"以辅导失职调者，不得授府州县亲民官"②。

综观明代，王官地位前显后微。明初王府的机构设置、官员配备，以及官员地位变化，具有明显的政治意义。明初，亲王拥有各方面的特权，王府机构庞大，设官多高品位。最为明显的是，任命一些勋戚宿将出任王官，因而王官地位较为显重。建文永乐时代，改变了以往的做法，规定王府官员不再兼任地方军政职位。随着藩禁政策日严，亲王政治军事特权渐受裁抑，王府官员的地位随之每况愈下。"王府官的地位前后变化，随着亲王权势与地位的升降而浮沉。"③

王府官员地位变化，主要体现在两个层面，一是王府内部，文官地位超越武官；二是社会地位的降沉或许直接影响王官待遇。归有光《赠司仪杨君序》反映了明代中期其禄秩问题。"昆山杨君，嘉靖戊午（嘉靖三十七年，1558），奉例至京师，得楚府司仪以归……杨君登田里为王官，然未有真禄秩也。"④王府官员社会地位和经济收入，低于明朝国家军政官员，以至于后期士人不愿甚至拒绝充任。

三、明代中后期王官成鸡肋

最为典型材料要数符锡代撰楚府典仪正阮瑞《求改职事疏》，披露了明

① （明）夏良胜．东洲初稿［M］．乾隆四十四年《四库全书》刊本卷六页三十三．
② （明）龙文彬．明会要［M］．卷四十职官十二．北京：中华书局，1956：706-707．
③ 王天有．明代国家机构研究［M］．北京：北京大学出版社，1992：245．
④ （明）归有光著，周本淳校点．震川先生集［M］．上海：上海古籍出版社，2007：161-162．

代中期官员补阙机制的混乱，以及生员拒授王府官员的心态，反映出王官择用的困境。

　　江西临江府新淦县（今江西省吉安市新干县）人阮瑞，嘉靖六年（1527）由监生除授楚府典仪所典仪正，嘉靖八年丁母忧，嘉靖十一年到吏部等候补阙，足足等了17个月。自老家行进"四五千里"来到京师，本想乘此机会改个职位，"衣敝履穿无能更置，朝饔夕飧不免称贷，屡告该司未蒙怜察"。岂料等到的结果是官复原职。心情异常抑郁，请符锡拟疏代呈改职。该疏提出不再愿意出任王官的理由："与臣同选列名居臣前后，或为京职，或为府幕县佐，独臣为典仪……岂谓王府官卒不可改，而为有司，有司卒不可改，而为王府官耶？"一是"各王府自典仪而下职事，多因奏保升授以此缺"，二是他人有此先例。"查例改选"，近日南京某官"起复到部不久，即得改除锦衣卫经历"。三是本人资历符合条件。"发身胄监（如前述国子监生员）"，在楚府任职近2年。最后表明此乃无奈之举，乞天恩悯怜。"有同鱼处辙迹，衹触藩篱控告无门，进退罔据。"此疏中心落脚点是"王府官难当"，反映了士人视王府之职为鸡肋的心态。事见明代中期文士符锡《颖江漫稿·颖江文稿》第十一卷《代阮瑞求改职事疏》。

　　王府官员早期看似香饽，实则不然。高级官员的职责对于亲王既要辅佐，又要"监督"。亲王、郡王等若有过失，长史、教授将被问责。后来王府官员成为士人忌讳就职的地方。前述有多位有任命未就职的官员，有一部分人认为"王官吃力不讨好"。万历初期"赵世卿出为楚府左长史事件"的背后折射出王官的生存状态。万历八年（1580），时任南京兵部主事的赵世卿上奏，条陈时务五策，条条切中时弊，朝野纷纷抄传，却激怒首辅张居正，"出为楚府左长史"，社会舆论反响强烈。将仕途潜力很大的赵世卿改为楚府长史有些不公：一是宣布其仕途到达终点，二是带有打击性改任，这是官场熟知的潜规则。因为"王府官僚禁绝迁转，几升王府者，皆不堪任事者也。世卿一升王府，而终其身，无复迁转之路矣"。接着赵世卿又掉进水坑，正当其未能到任之时，遇京官大察，被劾为"不谨"，判以闲居，永不叙用。虽最终还是复官，但此事件充分表明：王府官已经成为士人望而生畏的陷阱。

明廷"削藩"导致宗藩体制败落，依附宗藩而存的王官，确有"一损俱损"的势头。嘉隆万时期的王官制度改革，力图改变王官日益式微的局面，但未能触及宗藩体制，故而王官制度积重难返。

第三章　楚藩作为及其各方关系

明太祖建立宗藩制度的良苦用心，有其多方面目的。政治目的，在地方与异姓官员把持的地方政府抗衡。军事上，分制异姓军将的兵力总量。而藩邦的自身作为直接关系到其兴衰存亡，对外表现在各方关系的处理。藩王若修德谨行、虔心理藩、惠及宗室，宗室做到按章行事，藩邦则发展平稳，藩昌家盛。这一情形在楚藩前六王时期，表现较为突出；藩邦内部若是各人站在自身立场，则会相互揭短，内讧不已，甚至铤而走险、违法乱纪。这一情形在楚藩后期，反映最为明显。

藩王授有金册金宝，在政治上，必须维护明王朝的集权统治，是皇帝的耳目；在军事上，俨如皇帝派到地方的"御林军"；在经济上，世代享有宗禄。名义上"分封而不赐土，列爵而不临民，食禄而不治事"，① 事实并非如此。以藩府为中心的各种外在关系中，皇帝和朝廷决定其生死存亡，随着"藩禁"日严，藩王总会润色与皇帝的契合，拉近与朝官的关系；在地方，藩王与地方臬司存在相互监督关系，前期地方官畏于藩势，因而"监督检举"往往浮于细枝末节。到中后期，伴随着社会矛盾的加剧，宗室犯法增多，藩府与其关系变得扑朔迷离；随着宗室人口膨胀，更多的供给需要促使王府违制侵占他人利益，与地方社会的矛盾日益剧烈。楚藩在地方和民众中的名声愈来愈坏，武昌府江夏县(藩府处所)籍官员，对楚藩"敬而远之"、嗤之以鼻的居多。本章通过疏理、揭示藩邦的作为及其运行情况，有助于探讨明代楚藩发展与兴衰，甚至朱明王朝的盛衰的走向和脉络。

---

① （清）张廷玉等. 明史[M]. 列传第十一. 北京：中华书局，1974：3659.

第一节 楚府与朝廷关系

一、明代藩封政策概略

藩封政策决定了王国与帝国的关系。第一代藩王与朝廷的关系，除靖江王(朱元璋侄孙朱守谦)外，其他都是儿子与老子的关系。儿子的母亲身份不同、嫡生与庶生背景不同，其封赏、待遇略有差异。明成祖朱棣以燕藩承袭大明帝统之后，藩府与皇权的之间，总有一种因猜疑、防范而产生的隔阂，随着血亲程度越来越疏远，关系越来越淡漠，朝廷对于藩府的防范、戒备越来越严密。因此，明代历朝藩封政策呈现渐趋收紧态势。

(一)政治地位与军事实力方面，法治日增，兵事渐禁

朝廷逐步削夺藩府政治权力和武装力量，直至无力对抗或反叛。洪武朝，即便是父子关系，明太祖对于藩王，同样存有防范戒心。政治上注重教化，消弭藩王的夺权野心。思想观念上，提倡"孝治天下"，强化藩王的宗亲观念，强化诸王警示教育。法律法规上，制定系列条款。编订鉴戒读物，评述历代藩王行实善恶，罗列历代逆藩罪恶及结局，用作训戒诸王及后人，劝谕诸王务必恪守的藩辅之礼。洪武六年(1373)颁发《祖训录》(洪武末年重订，更名为《皇明祖训》)，其中关于宗藩的禁令，是明朝最早的藩禁政策。《宗藩昭鉴录》，明确了藩王的权力和责任，"辑历代宗室诸王为恶悖逆者，以类为编"，颁赐诸王，警示诸王。此后上至天子，下至百姓，都将《皇明祖训》奉为圭臬。而《永鉴录》书中6条中后4条"善可为法""恶可为戒""立功国家""被奸陷害"，用以训导诸王。在行政体制设计上，有意设置藩王与王官之间的契合障碍，削弱他们达成政治同盟的可能性。① 军事上，朱元璋自信分封能够"藩屏朝廷"，并多次派遣藩王平定内乱，征

① 刘晓东. 王府文官与明初中央集权[J]. 东北师大学报(哲学社会科学版)，2008(5).

伐外侵。建文朝，朱允炆面对众多掌有重兵的皇叔，感觉威胁巨大，决定限制藩王势力，引发了"靖难之役"，导致位失身亡。永乐朝，是宗藩政策调整的拐点。朱棣亲历藩王坐大、夺取皇权的过程，莅祚之后继续削藩。政治上，采取又拉又打的策略。"拉"是恢复被建文废黜的周、齐、代、岷4王的爵位；奖励"靖难"中有助于他或中立的藩王，包括楚王朱桢。"打"是制造高压态势，"防闲过峻，法制日增"①；动用厂卫监视藩王动静，"自京师至天下，旁迕侦事，虽王府不免"②；将兄弟齐王和谷王贬为庶人，威慑其他藩王；制定防止藩王与王府官员联手反叛朝廷的措施。军事上，极力遏制宗藩坐大一方，防止兵变夺权重演。变更藩王封地，迁徙握有重兵的宁、谷、辽、韩、沈5藩到内地，便于监控；削夺兵权，革除周、辽、代、岷4藩护卫军。

宣德朝，鉴于汉王、晋王叛乱，朱瞻基颁行更为严苛的藩禁：授权地方官监视、上报藩王的异常举动；藩王不可拥有王府护卫以外的武装，无圣旨不得进宫；严禁藩王相互串亲；藩王及宗室活动限于城内，出城狩猎须向地方官报备。至此，宗藩从一个拥有统治权力的贵族集团变成被多重限制的对象，政治地位蓦然下降。

正统以后，禁止藩王觐见，宣称：违反藩禁者，"一不律则夺禄，再不律则夺兵，三不律则夺爵。"③正德朝，天子通过揽纲结纽，先后剥夺安化王、宁王封爵。藩王无力对抗皇权，其通过武力夺取皇位的可能性趋近于零。

（二）经济特权与物质待遇方面，优禄闲养，乱象丛生

朝廷尽力满足王室"吃饱穿好用足"的需求，宗藩经济待遇，由早期的节俭走向追求奢华，并衍生两大恶果。

一是随着宗藩人口增长，宗禄负担日臻沉重。弘治以后，社会经济的

---

① （清）张廷玉等．明史［M］．诸王五．北京：中华书局，1974：3659．
② （清）张廷玉等．明史［M］．刑法三．北京：中华书局，1974：2331．
③ （明）章潢．皇明同姓诸王传叙［M］．扬州：江苏广陵古籍印刻社，1988．

发展满足不了宗藩日益暴涨的消费。越来越多的郡王相继加封，郡王王宫的兴建，成为地方财政、工役的难题。湖广按察使林俊上书直言：湖广辖地王宫的兴建与修缮，"工役浩繁、财费巨万、民不堪命"①。江西、河南、四川等省，出现了相同的现象。二是宗藩索请经济特权乱象丛生，奏请赐田，夺民田地，借助土地经商牟利。奏请税课、盐引牟利。王室消费逐渐成为国家经济的沉重负担。

中期，世宗调整宗藩政策，嘉靖四十四年（1565）颁布了《宗藩条例》，以期解决"岁禄不继"问题，修订完善王室爵位继承制度，谋求宗室自身发展（开办宗学、自谋生路、参加科考入仕等）。万历年，针对"宗人有益禄，而天下无增田"的情状，提出限禄令，"既不给以应得之禄，而有奉行条律，一切以法绳之，令摇首触目，资身无策"②。后期，天启年，《宗室限禄法》给予宗藩一张大饼，让王府自行分配。结果造成人多禄少，支不敷用，中尉以下的宗室走向贫困化。

（三）文化环境与子弟教育方面，环境宽松，多加扶持

1. 提供较为宽松的文化环境。

明太祖诸多著录晓谕藩王、督促子孙用功读书，要求宗室"蓄养德性，博通古今，庶可以承籍天下国家之重"。王府官员中，配备有教授、伴读等官，专事王室教育。中后期创设"宗学"，延聘了地方名师，教育子弟。朝廷不断修订文教政策，促使宗藩淡化政治，将文化消费转化为精神食粮。众多宗室陶醉于文娱，好学之风渐盛。

2. 造就宗室文化走向巅峰的良好环境。

宗室凭借优厚的经济实力和优越的社会地位，购置经典古籍，点校重刊一些缮本、秘本古籍。有些宗室闭门读书，潜心文化创作与研究，将其

---

① （清）张廷玉等．明史［M］．卷一百九十四列传八十二．北京：中华书局，1974：5136.

② （明）张瀚撰，盛冬铃点校．松窗梦语［M］．宗藩纪卷八．北京：中华书局，1985：156.

当作保命养晦之策，力避一切可能产生的嫌疑。他们在文化创作与研究领域，代表着明代文化的高峰。其文化创作成果，或被封建国家采用，或被世人视为时髦，竞相模仿。因而宗室文化的学术品位、价值取向、审美趣味，承载着明代文化的精神和走向。

二、楚藩与朝廷往来关系

撰诸明史可见，朱元璋的形象至为冷酷，无论是勋臣、宿将、官员、妻妾，甚至是儿时的放牛同伴，极为冷血无情。唯有对自己的子嗣是慈颜笑脸，宠爱有加。这一态度直接关系到其分封政策的制定。明代分封制度，在中国分封制开创以来，当属规模最大、品级最高、经济待遇最优。这一体制成为明代藩封定制。后朝皇帝恪守"有言更《祖训》者，以奸臣论"的格律，只是根据事态变化，在具体政策上略有修订，但最终未能脱离明初的框架。为了梳理楚藩与历朝帝王的关系，笔者制作了明朝帝王世系与楚藩世系对照表（表3-1）。

表 3-1　明朝帝王世系与楚藩世系对照表

明朝帝王世系		楚藩世系	
庙号姓名	年号与在位时间	姓名	在藩时间
太祖朱元璋	洪武 1368—1398	朱桢	洪武九年至永乐二十二年（1370—1424）
惠宗朱允炆	建文 1399—1402		
成祖朱棣	永乐 1403—1424	朱孟烷	永乐二十二年至正统四年（1424—1439）
仁宗朱高炽	洪熙 1424—1425		
宣宗朱瞻基	宣德 1426—1435	朱季坦	正统五年至正统八年（1440—1443）
英宗朱祁镇	正统 1436—1449	朱季塙	正统九年至天顺六年（1444—1462）
代宗朱祁钰	景泰 1450—1457		
英宗朱祁镇	天顺 1457—1464		

续表

明朝帝王世系		楚藩世系	
宪宗朱见深	成化 1465—1487	朱均鈋	成化元年至正德五年(1465—1510)
孝宗朱佑樘	弘治 1488—1505	朱荣淢	正德七年至嘉靖十三年(1512—1534)
武宗朱厚照	正德 1506—1521	朱显榕	嘉靖十五年至二十四年(1536—1545)
世宗朱厚熜	嘉靖 1522—1566	朱英㷿ˌ	嘉靖三十年至隆庆六年(1551—1572)
穆宗朱载垕	隆庆 1567—1572		
神宗朱翊钧	万历 1573—1620	朱华奎	万历元年至崇祯十六年(1573—1643)
光宗朱常洛	泰昌 1620—1621		
熹宗朱由校	天启 1621—1627		
思宗朱由检	崇祯 1628—1644		

总体趋势，受制于朝廷各时期的政策影响，由亲到疏。但从楚藩实际情况来看，因为藩王个人与皇帝的私人感情，以及藩王主动并且争取到手的政策，略有起伏变化。以藩王为主线，略加描述。

(一)昭庄宪三代藩王：泽被皇恩

1. 洪武时代

“楚都武昌，昭王以支子屡立战功，高皇帝特钟爱之。(楚国)以故江汉间鱼鲜、陇稻之利，半入其国。累世尊宠，蓄积饶富。”①明太祖偏宠朱桢，在第一章“楚昭王朱桢小传”中有些描述。朱桢作为儿子，对于明太祖、马皇后的恩宠予以相应的回报。一是遵从父皇的旨意，恪守藩封条规，平定地方叛乱。二是感恩上辈的恩惠。在武昌梅亭山山顶建造“楚望台”，既作为分封楚地的纪念，又可在此遥望帝京。洪武十五年(1382)八

① (明)徐学谟．徐氏海隅集[M]．万历五年刻万历四十年徐元嘏重修本卷三十九页六．

月，马皇后崩逝，明太祖选推有道高僧辅侍诸藩王子，为皇后"诵经荐福"。朱桢在湖广大洪山举办超度大会，选中僧人无念，将其招迎至武昌洪山宝通寺。后在九峰山卜地建寺，洪武二十四年（1391），明太祖命名并赐匾额"九峰正觉禅寺"，又召见无念。在无念婉谢了太祖的重用意向与挽留之后，先是赠送金钵、袈裟等物，后又赠诗，赐予保健食品。朱桢命人将诗文刻在九峰山狮子峰摩崖，现称"洪山摩崖"。① 洪武三十年（1397），朱桢庶长子孟熜去世，明太祖遣使追封为巴陵郡王，谥"悼简"，并捎来书信："自古至今，有土有众者，务谨身心，观天道，察人事，不敢自暇自逸。"②表达了晚年朱元璋关怀儿子做好藩王的惓惓之忧。

物质方面，《明实录》所记朱桢洪武年间获赐，不亚其他藩王。多次朝觐回藩，得到大量赏赐，如下所示：

洪武五年（1372）诏赐：岁米 3800 石。

洪武十四年（1381）诏赐：银 2 万两，黄金 1600 两，钞 20 万锭。

洪武十七年（1384）诏赐：大明天文分野 24 卷。

洪武二十二年（1389）诏赐：钞 5 万锭。

洪武二十四年（1391）诏赐：钞 5 万锭，胡椒 1 千斤。

洪武二十八年（1395）诏赐：岁米 1 万石。

仅"之国"一项，《明太祖实录》记述楚王便与首封各王的赏赐就有差别。在后期发生的事件中，可见明太祖还赐予楚府的一些特权，然而《明实录》当时未予记载。例如：天顺四年（1460），湖广布政司左参议凌志等人奉敕督造运粮船。欲从楚府所辖金沙洲竹木税课中，按 30 抽 1 的比例抽取，用来造船。工部以"太祖皇帝以赐（楚）王"予以否决。朱季坧《楚昭王神道碑》所云："时宗室诸藩，洲地商税，多已停止。（唯）楚国仍旧，盖嘉宠云。"这也应证明中期官员陆钎所言："天下王府惟蜀府最富，楚府、秦

---

① 凃明星. 明太祖与无念禅师的佛缘[J]. 武汉文史资料，2019（5）：61-64.

② （明）胡广等修. 明太祖实录[M]. 洪武三十年三月壬午卷二百五十一页四. "国立"北平图书馆红格抄本影印版. 台北："中央研究院"历史语言研究所，1962：3635.

府次之。楚府昭王太祖高皇帝爱子田地最多，故富。"①

另外，在朱元璋晚年的"大清洗"中，朱桢的母族、妃族及戚畹未受牵连，这也是较之有些藩王幸运之处，楚藩亦因此而减少了诸多伤害。

2. 永乐时代

综观朱桢人生，经历了三个时期。一是荣宠有加尊威并显时期：至正二十四年（1364）至洪武三十一年（1398）；二是垂衣拱手坐观时局时期：建文元年（1399）至建文四年（1402）；三是省愆行事慎明处世时期：永乐元年（1403）至永乐二十二年（1424）。②

永乐时期仍然是楚藩享受滋润的时代。朱棣初莅皇位，迅即召见朱桢，升朱桢为宗人府宗正。永乐元年（1403），楚世子孟烷、永安王孟炯上京回府，带回书信："别来恒用思念，世子至，知安好，良以为慰。"话语甚是亲近感人。朱棣一次性册封朱桢的 5 个儿子为郡王。这是一桩顺水人情。

楚王疑似遭遇诬陷事件，再次证明朱棣信任朱桢。永乐九年（1411）年，有人举报：浙江黄岩县豪民传阅建文年间士人进献朱桢的书稿，书中有冒犯朱棣之词，呈请朱棣惩治朱桢。然而朱棣不听蛊惑，坚信朱桢，"此必与豪民有怨而欲报之"。

永乐八年（1410）腊月，朱桢来朝，宴于华盖殿（最高规格的礼宾待遇）。永乐十年二月，明成祖追谥胡充妃"昭敬"，是楚世子孟烷朝觐期间。永乐十四年（1416）十一月，朱桢最后一次来朝，接风饯行设宴华盖殿。朱桢还藩，成祖赐马匹、钱物，以及稀有之物，如胡椒、椰子、红撒哈剌狮子尾等。次年，朱桢进贡良马 2000 匹。朱棣挑选 100 匹，其余返还。朱棣最担心他人夺权，甚至到了迷信的地步。古代相术认为重瞳是异相、帝王之相。永乐七年（1409），听闻楚府某王子是重瞳，便派遣袁珙、袁忠彻父

①　（明）陆釴. 病逸漫记［M］.《丛书集成初编》页十二. 北京：商务印书馆，1939.

②　涂明星. 龙泉山历史文化资源及其开发价值［M］. 武汉：武汉大学出版社，2017：79-81.

子，秘密调查。经过现场观察，并未发现术士认为的异相。"公还奏，无他异。"①朱棣心上的石头终于落地。诸多迹象表明，朱棣对于各种失位都格外关注和害怕。史称永乐以后，防备过峻，法治日增。

永乐二十二年（1424），孟烷袭封楚王，进献面料千匹。朝廷凡有庆贺和大型祭祀，做到诚敬随礼。从洪武末到永乐末，孟烷先后9次赴京朝觐，有时一年2次，其中永乐五年是祭奠徐皇后，其余均未交代赴京理由。但可以推测，其他8次主要是调和朝藩关系。而且每次回藩，得到一批赏赐。朱桢去世，朱棣辍朝7日，谥曰："昭。"朱桢将朱棣所赐《鎏金铜谥册》视为珍宝，带到地宫"永世相伴"。

3. 洪宣时代

洪宣时代，国家运势初张，民风仍旧淳朴，史称"仁宣致治"。仁宗初御，停罢采买，平反冤滥。宣宗即位，裁员简政，法祖重农，赈荒惩贪。巡抚大理卿请增设管粮布政司官，宣宗以"省事不如省官"而未许。② 洪武时代虽有"宗室出仕"的构想，本来只有文没有行，明宣宗"废（宗室）出仕之令"正式阻断了宗室参政之路，在宗藩与政权之间建起一道铜墙铁壁。这一停便是200年。

从《明实录》记述来看，楚藩与朝廷往来，如同"走亲戚"一般，颇有"礼尚往来"意趣。洪熙元年（1426），仁宗赐孟烷白金500两，钞60锭，纻丝60匹，锦6匹，罗10匹，纱10匹；封邓氏为王妃。孟烷遣官祭祀长陵、献陵，礼官悉获赐钞。宣宗命造江夏王、武陵王镀金银印。"宣德元年（1426），发楚、鲁二王护兵各千人，征安南。"③宣德五年（1430），孟烷主动将3支护卫军交出2支，皇帝在侍臣面前褒扬楚藩。正统年，北虏犯

---

① （明）李贤 . 古穰集［M］. 乾隆四十三年《钦定四库全书》卷十五页十 . （明）郑晓，李致忠点校 . 今言［M］.（卷三），北京：中华书局，1984：116.

② （清）谷应泰撰，河北师范学院历史系点校 . 明史纪事本末（卷二十八）［M］. 北京：中华书局，1977：426.（清）谷应泰 . 明史纪事本末附补遗补编［M］. 上海：上海古籍出版社 .1994.

③ （明）焦竑 . 国朝献征录［M］. 万历四十四年刻本卷一页三十二.

境，奏请朝廷征用楚府名马，以补边军之缺。朱孟烷理藩时期，极力维持良好的朝藩关系。

（二）康靖两王在藩：平淡渐远

朱季坺、朱均鈋与皇帝是亲戚关系，跟朱元璋与朱桢、朱孟烷"一家人"的关系相比，已经不能同人而语了。

1. 朝藩关系日渐疏远

朱季坺在藩跨越正统（后期）、景泰、天顺 3 个时期，是楚藩与朝廷关系的低潮时期，不如前三代楚王那样，朝藩关系比较融洽。

宣德七年（1432）十月，孟烷奏请朝觐，宣宗劝止，这是重大变化。从此，皇帝不再接待藩王朝觐。正统五年至景泰七年，季坺、坺 5 次请朝觐见，5 次被拒。列举 3 例，证实朝藩关系较为平淡。

第一桩，皇帝不再像朱棣那样就势送个"顺水人情"。正统十年（1445）朱季坺奏请，乞赐其生母邬氏（朱孟烷的媵妾）王妃冠服。英宗仅同意封邬氏为夫人。就楚藩而言，后来有若干例封次妃或继妃的情形。

第二桩，正统十二年（1447），礼部报告山西乡试题"维周之桢"，有犯楚王朱桢名讳之嫌，奏请重罚各级考官。此举源于明初迭兴文字狱，推行文化专制主义的做法。"因出试题得祸，因进书得祸的，在永乐年间亦迭有出现。宣德年间以后，文字狱大体停止下来。"[1]英宗批示仅将直接责任人罚俸一个月，戒示毋要再犯。这一事件的处置，反映侵犯藩王名讳在国家政治生活中有所变化。

第三桩，"公事公办"。国家卫戍、征战需要的战备物质，如战马、骆驼等，藩府出资，不再作为"贡品"，朝廷或按市值同酬支付，或赏以等酬物品。正统二年（1437），楚王孟烷等藩王，出马助给甘肃官军，英宗"以白金、文绮、纱罗、布钞等物酬之"。

2. 赈济宗亲代管荆藩

---

① 冯天瑜. 明清文化史散论[M]. 武汉：湖北人民出版社，2018：179-180.

朱均鈋历经成化、弘治、正德（前期）3 朝。成化时期，表面太平无事，然而"晏安则易耽怠玩，富盛则渐启骄奢"。孝宗独能恭俭有制，勤政爱民，兢兢于保泰持盈之道，用使朝序清宁，民物康阜。

弘治三年（1490），孝宗先后颁旨："禁宗室、勋戚奏请田土及受人投献。"①明令"献地王府者戍边。"禁止非法经商，禁止势家侵夺民利。②

随着藩府人口逐步增长及其自然规律，郡王、将军病故，其遗孀、遗嗣及其宫眷生活问题越来越突出。藩王，不得不为宗室、宫眷奏请禄米。正统至弘治年间，这一问题显得十分突出。由朝廷所赐楚府郡王、将军遗属养赡米的列表可见一斑。详见第八章附录表 8-4《正统—成化年准赐楚藩宗室禄米表》。

对于社会关系、宗室内部的各方关系的处理，与个人修养有关，如朱均鈋、朱显榕脾气暴烈，蛮横行事。受托代管荆藩是朝藩关系最重大的事件。据分析，明武宗的决定基于两方面原因，一是缘于信任楚藩，二是地域关系，荆藩在蕲州，楚藩在武昌。弘治五年（1492），荆王朱见潚坐不法降为庶人，子女迁置武昌，由楚藩代管。

（三）端王荣㳦在藩：力求中兴

朱荣㳦善于"接天线"，走对"上层路线"。借助孝道文章、亲情文章的有利背景，充分利用嘉靖皇帝出自湖广的地域背景，将藩朝关系推到新高度。

崔桐撰《明楚端王神道碑文》云："天子雅重王，宠赉特异。"正德十二年（1517），楚藩新建祖庙落成，用以奉祭昭、庄、宪、康、靖五王。明武宗派遣专人致祭，继而颁赐《大明会典》《资政通鉴》诸书。世人皆知皇上赏赐，更重要的是其政治意义。

明世宗朱厚熜承继大统，楚王上表恭贺，获赐厚赏。世宗生母蒋太后

---

① （清）张廷玉等．明史［M］．北京：中华书局，1974：185.

② 汤纲，朱元寅．明史之二十五史新编［M］．上海：上海古籍出版社，1997.

（即兴献皇后）自承天府经湖广省城到北京，荣滅恭迎备至，世宗降书致慰。嘉靖元年，荣滅奏议世宗之父献皇帝徽号，得到皇帝嘉奖。在朝野反对呼声高过拥护之时，代表皇族力挺世宗，上呈仪宾沈宝所撰《大礼议》。事成之后，世宗特赐沈宝加授散官职事，并称"楚王等慰劳别议"。荣滅遣官前往承天府祭祀显陵，赴京城庆贺圜丘落成。

荣滅通过考订《祖训》等相关条例，提出王国礼仪的两项改革，即"庆贺筵宴日，镇巡等官有不具朝服，止行四拜礼"，"朔望朝见（藩王），或四拜或一拜叩头"。被礼部采纳，通行天下，王府遵行。此举再度引起世宗关注。嘉靖十八年三（1539）月，行在承天府，楚王来朝。《新刻明政统宗》记载，世宗谕王："烦王来朝，感悦至意"①。

承奉副潘朝侮辱荣滅，世宗来信劝慰，赐荣滅书院"崇本"名额。世宗颁发其父献皇帝《恩纪含春》诗集、宣德皇帝《述祖德诗》等书，荣滅视若至宝，组织刊印世宗《御制箴轴》、兴献皇后所制《女训》，分发给属吏、世子、郡王及宗室。楚府每年春节前都要朝贡本地物产——江豚。这一朝贡已在100年前就开始。"江豚"即江猪、鲟鳇，食味鲜美。"大江上下则美鲟、鳇，然此鱼虽佳而最丑恶，如身长五尺则鼻亦四尺余，惟鼻长，故口在鼻下如在腰间。"②荣滅有诗《方物致贡遣使将行偶赋》："几尺江鱼斫鲙鲜，深冬驰效九重天。"

世宗委托荣滅代管岷藩宗室。嘉靖四年（1525），岷王朱彦汰革为庶人。次年初，鉴于岷藩家属羁押凤阳过多，朝廷将其一部分拨置武昌，"以属楚王钤束。仍令所在有司，严加约束"。嘉靖十五年（1536），朱彦汰得以复爵，其家属留居武昌直到明末。楚府在武昌城内建有"岷藩王府"，在武汉江夏庙山西潭湾发掘明宗室朱淑龄之墓，出土的"明故江夏王母朱

---

① （明）涂山编辑，傅兆祥校订. 新刻明政统宗[M]. 万历四十三年刻本卷十二四页三十六.

② （明）王士性撰，周振鹤点校. 广志绎[M]. 上海：上海人民出版社，2019：300.

夫人墓志铭"显示:"朱淑龄,出自楚岷藩王府……在本省(指湖广武昌城)中和门内梅南山府第。"①

世宗恩赐荣减至少有三个"下不为例",足见荣减所受皇恩非同一般:

(1)正德年间,皇上有命:世子荣减居丧,未封缘故,给禄米,下不为例。

(2)因为宗室禄粮供给不足、婚丧大事缺钱,请求预借湖广布政司库银。世宗圣旨:预借无例,念宗室贫苦,准与所奏之半,下不为例。

(3)常理是藩王去世,王府整理藩王行实,礼部走"核勘"的流程。因荣减世子显榕乞请免勘赐谥,而世宗特给荣减"免勘"的御旨。

由上可知,明世宗对于楚王朱荣减的"皇恩",可谓厚矣。

(四)愍王恭王在藩:内外交困

1. 社会矛盾、宗室内部矛盾重重

康靖二王时期,国家藩封政策虽无大的变革,但社会矛盾、家族矛盾在积蓄、涌动。荣减在藩时有所暴露,但被表象、物质刺激所掩盖。愍王、恭王、华奎在藩时,犹如间歇性火山,偶尔爆发。到英燿理藩时,小宗与大宗已经出五服,血缘关系已经疏淡,因为利益、生存的需要,内部纠纷层出不穷。

2. 朝廷经济政策紧缩

朝廷修改例制,治标未能治本。穆宗在位六载,意欲减赋息民,却苦于国库空虚,难以施展。而户部"计无所出,多方括索"。由隆庆元年(1567)户部奏折中触及楚府利益:本部会议奏行条件内开分取军饷,变卖番货税粮存剩,抽收铁税、鱼课、引钱。查楚府芦州盐课、河银,申明茶禁官产等价屯田银;税契引钱,查取引钱改折马价,酌处驲递水夫工食、历日纸张、缺宫柴薪,并开纳事例等项。御史萧廪奏请朝廷收缴楚府牧场,穆宗准奏。隆庆二年(1568),辽王朱宪燏犯下十三大罪,穆宗将其废

---

①　祁金刚. 江夏溯源[M]. 武汉:武汉出版社,2008:195-196.

为庶人，禁锢高墙。"世子及王者皆废，迁楚府钤束。"①

"荆、岷庶宗，众至二百。"《楚藩善后事宜十二款》显示楚藩已经面临焦头烂额的局势，② 朝廷将辽宗迁至武昌，无疑增加了楚藩的巨力。

（五）楚王华奎在藩：内讧通天

华奎继统承藩，明神宗给予楚府诸多恩惠，赐楚府书院额名"崇德"，归还因英燿弑父朝廷追回的金宝，以及隆庆年朝廷收回的陕西牧场。

华奎为了迎合上方，选取了金钱铺路。万历十七年（1589），出赀1000两赈恤贫宗，得到神宗奖慰。万历三十二年（1604）九月，敬献白银20000两以助殿工，中途被楚宗截获。万历三十三年（1605），进助工银10936两，天启二年（1629）捐助2000两。天启七年（1634），捐赀1000两，在武昌城高观山凤凰窝之阳兴建魏忠贤生祠。此事历来被诟病。众多史书，如张廷玉《明史》也批其献媚过于露骨。"以藩王之尊，戚畹之贵，亦献谄希恩，祝厘恐后。"

或许对于朝廷官员出奇地慷慨大方，一些朝官愿意借助"话语权"和"影响力"帮助华奎。"温郑奏本"对于神宗处置"真假楚王案"颇有影响。万历三十二年（1604），都察院都御史温纯、大理寺卿郑继之奏呈：楚王（华奎）幼孤，武冈（朱显槐）监国，百计倾害，何所不至。若果有暧昧，谁能容之。而诸宗并无一人有浮议者，且联名请封册立（华奎为楚王）已三十余载。忽然造无影虚词，荧惑视听乎？即楚王（华奎）平日绳削太过，然诸宗被戒，俱各有因。再乞皇上严谕楚王益弘含茹之量，尽捐苟细之端，舍故录新，合离萃涣……则衅永社而国益崇矣。③ 次年，"以各宗既送回，着

---

① （明）王世贞撰，魏连科点校．弇山堂别集[M]．北京：中华书局，1985：573.

② （明）叶向高等修，明神宗实录[M]．万历三十三年十一月卷四百一十五．"国立"北平图书馆红格抄本影印版．台北："中央研究院"历史语言研究所，1962：7807-7810.

③ （明）叶向高等修．明神宗实录[M]．万历三十二年六月辛丑卷三百九十七．"国立"北平图书馆红格抄本影印版．台北："中央研究院"历史语言研究所，1962：7472-7473.

楚王遵前旨钤束，不得生事"。

　　而在藩内，漠视宗室，赈济贫宗也是象征性地略施雨露，平日绳削过严。宗室对其恨之入骨，一场"惊天动地"的楚藩地震在酝酿，等待爆发时机。

三、楚藩与朝廷官员

　　早期，宗藩实力雄厚，宗室人口较少，禄粮丰盛，日子过得滋润无比。官员出使宗藩，算是肥差，也是一项福利。中后期，声势较大、频率密集的出使，渐次减少。有明一代，出使楚藩的朝官，按其使命来分，主要有三类：

（一）持节册封的使团

　　担任使团正副使节的，大多是朝中耆硕，带领相关有司，捧着"奉天承运皇帝诏曰"的圣旨，举行藩王、郡王、世子及其王妃等人的册封仪式，庄严而又隆重，面对藩王、郡王，以及王府官员的跪拜，那种神圣威仪，不言而喻。他们带来了帝泽皇恩，藩府上下自然"以礼相待"，除了盛情款待，往往还能得到较为丰厚的回报。

（二）皇朝祭葬使团

　　藩王或郡王、王妃去世，朝廷派遣专使来楚举行追悼、安葬的仪式。

　　这两类使团来楚，自然是恭迎敬送，美酒佳肴，回京时还有厚礼相送。出使宗藩是件美差，也是朝廷、使节之间心照不宣的事。

　　以袁宗道（1560—1600）为例，万历十八年（1590，《明右春坊右庶子兼翰林院侍读袁公圹志》谓"万历庚寅"），年方 30 岁，册封楚藩，又可便归省觐，真可谓青春得志、衣锦还乡。① 笔者搜到其三位友人写的送行诗。

---

① 孟祥荣．新发现的一则公安派研究的重要史料——黄辉《明右春坊右庶子兼翰林院侍读袁公圹志》介绍［J］．文献，2004（1）：118.

冯琦在《送袁玉磐册封楚藩并怀乃弟倩修三首》中披露："王家台榭枕重湖，曲席亲觞汉大夫。君到楚宫逢设醴，不知曾问穆生无?"①

余继登《袁太史册封楚藩》："为衔恩命出明光，驿路迢迢向武昌。……楚筵酒设黄金缕，郢歌吟成白雪章。"何事锦云随地落，乘流知欲赋潇湘。②

焦竑有《送袁太史册封楚府便归省觐》诗云："绶花晴自媚，剑气晚生寒。莫以乡关滞，云霄待握兰。"③此诗表露三层意思：一是惜别友人遥盼友人安归；二是欣羡出使藩府这种美差。三是上方器重主才委派出使，出使藩府、省亲完毕快快返京，很快便会提拔为皇帝左右处理政务的近臣了。

不少官员接受了馈赠，但也有一些拒收楚府馈赠。列举如下：

任礼，江西丰城人，永乐十九年（1421）进士。持节册封楚王，凡王府金币之赍俱弗受。④

何钺，江宁人，正德二年（1507）中举，六年（1511），奉使楚藩，固辞馈赠，以廉介著声。⑤

周用，吴江人，弘治十五年（1502）进士。奉使谕祭楚藩。凡王赠遗，悉辞不受。⑥

钱薇，海盐人，嘉靖十一年（1532）进士。出使楚藩，正拜坐礼，却宴赐金。⑦

郑一鹏，莆田人。正德十六年（1521）进士。奉使楚藩，馈遗尽却。⑧

---

① （明）冯琦撰．冯琢庵先生北海集［M］．明万历三十七年序刊本卷五页十九.

② （明）余继登．淡然轩集［M］．乾隆四十五年《钦定四库全书》刊本卷八页四十二.

③ 焦竑编著，李剑雄点校．澹园集（上册卷三十九）［M］．北京：中华书局，1999：617.

④ （明）李贤．古穰集［M］．乾隆四十三年《钦定四库全书》刊本卷十七页十三.

⑤ （明）过庭训．明朝分省人物考（第1册）［M］．扬州：广陵书社，2015：281.

⑥ （明）过庭训．明朝分省人物考（第1册）［M］．扬州：广陵书社，2015：435.

⑦ （明）过庭训．明朝分省人物考（第2册）［M］．扬州：广陵书社，2015：927.

⑧ （明）过庭训．明朝分省人物考（第1册）［M］．扬州：广陵书社，2015：1694.

黄弘宇，琼山人，嘉靖三十八年（1559）进士。知湖广武昌府，楚藩以争，馈黄金百两，不受。①

吴宁，歙县人，宣德五年（1430）进士。正统十二年（1447），持节册封楚府通山王及妃周氏，馈送悉却不受。②

王豫，祥符人，景泰五年（1454）进士。天顺元年（1457），诣楚府，馈赠一无所受。③

郭绪，太康人，成化十七年（1481）进士。出使楚府，却其馈。④

邓顒，广东乐昌人，正统七年（1442）进士。奉使楚藩，却赆不受，楚藩嘉之。⑤

黄显，琼山人，嘉靖辛丑进士。楚藩以事馈黄金百两，不受。⑥

熊绣，道州人，成化二年进士。授行人奉使楚府，巡查四川，力拒馈遗。⑦

索要馈赠和非法收受馈赠，一旦被弹劾，既退还馈赠，又要受到惩罚。《明宣宗实录》101 卷载：宣德八年（1433），（宣宗）闻有使臣至楚府，主已厚与钞币，又逼求白金。指令"凡所受皆追入官"。天顺三年（1459），成山伯王琮、给事中郑瑞册封楚府，动用校尉护驾，收受护卫官员和王府物品。被检举，迅即下狱，勒令退还馈赠。王琮罚禄 1 年，郑瑞罢官为民。⑧

---

①　（明）过庭训．明朝分省人物考（第 4 册）[M]．扬州：广陵书社，2015：2497.

②　（明）过庭训．明朝分省人物考（第 2 册）[M]．扬州：广陵书社，2015：716.（明）徐纮．明名臣琬琰续录[M]．乾隆四十六年《钦定四库全书》刊本卷五页四十七.

③　（明）过庭训．明朝分省人物考（第 3 册）[M]．扬州：广陵书社，2015：1867.

④　（清）张廷玉等．明史[M]．列传第五十三．北京：中华书局，1974：4475.

⑤　（清）郝玉麟等监修、鲁曾煜编纂．广东通志[M]．雍正九年《钦定四库全书》刊本卷四十七人物志忠烈页四.

⑥　（清）郝玉麟等监修、鲁曾煜编纂．广东通志[M]．雍正九年《钦定四库全书》刊本卷四十五人物志.

⑦　（清）迈柱修，夏力恕纂．湖广通志[M]．雍正十一年《四库全书》刊本卷五十乡贤湖南页二十三.

⑧　（明）陈文等修．明英宗实录[M]．卷三百十八天顺四年八月丙寅．"国立"北平图书馆红格抄本影印版．台北："中央研究院"历史语言研究所，1962：6634.

（三）勘察案情的官员

楚藩发生的几起大案，朝廷派出要员督办。朝臣明显地出现对立派别，发表不同的主张，有时是截然对立的。现举两例予以概述。

"真假楚王案"中，在朝的江夏籍官员，原本就与楚藩有水火不相容之势，他们本想公事公办，却被恶意指责，使得案件更加交错复杂。一方是浙党领袖、内阁首辅沈一贯及其党羽，怀着打压东林党的政治目的，收有华奎重贿，抱有私心，极力敷衍，表面上力反公开查勘，实质是担心难以预料的真相暴露，欲偏袒的人得不到庇护；另一方是江夏籍官员、东林党人、代理礼部尚书郭正域，严辞拒贿，力主湖广巡抚公勘，查明真相。沈一贯一直指使党羽从中作梗，并诋毁郭正域。郭正域继续上疏辩解，但万历皇帝没有理会，因而愤然提出辞官。尤其值得注意的是对于楚宗过度量刑增加了"不服周"的怨气，埋下了次年楚宗劫杠案的引线。

楚宗劫杠杀人案中，朝中官员从内内阁大臣沈一贯，到刑部有司，虽未直接参与案件处理，但从案件的上传下达过程中，也能看出其充当了幕后指挥，明哲保身，主观臆断。具体表现为：一是没有深入现场调查实情，仅听湖广地方官员主观报告的一面之词；二是没有及时制止湖广地方官员肆意渲染事态的行为；三是按照地方官员主观报告对于楚宗过度施刑。

当朝不乏同情楚宗的官员。如：万历四十一年（1613），御史潘之祥请释英燧等二十四宗、蕴钫等二十二宗，理由是"曾为楚令亲见诸宗骈戮之状禁锢之惨，故也。"刑科给事中姜性疏催热审（"热审"为明代审判制度，因气候炎热而采取的一种宽大审判）请释楚宗英燧等人。明熹宗分别在天启三年和五年，颁诏大赦天下。

第二节　楚府与地方官府

藩王子孙不仅可以世袭，而且在地方的社会地位相当崇高。"布政司、都指挥司，并卫、府、州、县杂职官，皆于朔、望日至王府口候见。"地方官员还要负责王府的安全保卫。虽然法令禁止，但王室还是执意要做干预地方事务的事情。

一、制度设定模式

建文时期开始推行"藩禁"，历经数朝，到嘉靖前期至中期，终于达到顶峰。"藩禁"政策主要包括：

（1）禁止宗室干预地方行政。建文元年令："亲王不得节制文武吏士。"①并着手更定王府官制。王府官吏不再兼任地方职务。明成祖规定"王府非得朝命，不许擅役一军一民，及敛一钱一物，听从者有罚"②。又谕天下诸司："事干王府者，遵祖训，启王知之。有司合行事务，不许一概启请推托利害；若王府事有相关，即遣人驰奏，不待报而擅承行者，论以重罪。"③

（2）禁止宗室从事士、农、工、商"四民之业"，而且禁锢于一城。不得从军、入仕、种田、从事匠艺、经商，排除了宗室子弟自食其力和在经济领域任意发展的可能。

（3）遏止王府宗室同在朝高官联姻。从明永乐帝开始宗室姻亲渐渐从民间选取；发展到宣德一朝实行"王府婚姻不得除授京职"，首开王府与京官联姻之禁"以故诗礼故家衣冠世胄俱不愿与王府结亲"④，发展到弘治朝宗室从民间选亲成为一项必须坚持的制度。

（4）明令禁止宗室参议国事。宣德初年颁行明文禁令宗室出仕，用以限制宗藩政治势力蔓延。

（5）地方官府监视王府动向。从宣宗开始历朝以此为例亲王就藩之后

---

① （清）谷应泰．明史记事本末[M]．顺治十五年刊本卷十五削夺诸藩．北京：中华书局，1985：228.

② （明）杨士奇等修，明太宗实录[M]．永乐元年夏四月丁卯卷十九．"国立"北平图书馆红格抄本影印版．台北："中央研究院"历史语言研究所，1962：346.

③ （明）杨士奇等修，明太宗实录[M]．永乐元年五月甲辰卷二十下．"国立"北平图书馆红格抄本影印版．台北："中央研究院"历史语言研究所，1962：1041.

④ （明）陈子龙等．明经世文编（卷九）[M]．北京：中华书局，1962：1142.

便永无再入京机会，相互之间也不能再相见甚至不准出城。实行了出城之禁和二王相见之禁。"宗人出城务令长史司启王查勘条详应诶具奏。然后给批差人齐奏违者听恢衙门。"就连宗室蓄养的术士等人也不得出城，如有违反，"巡抚、巡按等官即时奏闻，先行追究设谋拨置之人"，视其情节，分别给予杖责、降级、罢职、流放、充军等处罚。①

（6）阻止宗室来京朝觐奏事。朱元璋去世后建文帝发太祖遗诏，诸王不准来京奔丧，从此诸王无诏不得进京朝觐。整个宣德朝虽然朱瞻基与宗藩始终保持着联系，但是仅仅限于书信与奏疏的往来，现存史料中找不到任何接见记录。正德四年亲郡王入朝之禁成为朝廷的定制。一般宗人入朝彻底无望。

（7）要求藩府与地方官府共同维护地方秩序。由于藩王官高位显，因此胡作非为，甚至反叛中央的事件屡有发生。按照明廷例制，地方官府对于藩府负有监督之职。但各省掌管地方军事、行政、监察大权的官员，与藩王相比，官卑职低，也无可奈何，形成事实上的"监督"不对等。尽管如此，朝廷还是要求双方共同维持地方秩序。

二、实际执行情形

所谓"监督"，取决于地方官员的态度，在前期和中期，地方官员一定程度上行使"监督"职责。大多官员能够忠于职守。后期，受到社会大势影响，有的官员畏于藩势，对于一般小事，往往采取"睁一只眼闭一只眼"的态度，仅有少数官员敢于碰硬，敢于揭发楚府的不端行径。

（一）地方臬司与楚府相互制约事例

1. 陈谔义揭楚王遭遇谪贬

陈谔，广东番禺人。永乐中，出为湖广按察使。仁宗即位，帝以谔前

---

① （明）申时行等．大明会典［M］．续修《四库全书》本刑部二．上海：上海古籍出版社，2002：689.

在湖广颇撼楚王细故，谪海盐知县。再迁荆王长史，为王府所厌苦。①

2. 张悦处置楚府承奉张通

松江府（今上海市）人张悦，成化年中期任湖广按察使，"（楚）王府承奉张通纵恣，悦绳以法"②。

3. 教授刘玑直言楚王越制

雍正朝《陕西通志》摘《耀州志》：陕西白水人刘玑，字士衡，嘉靖四年（1525）中举，初任知县正七品。因质疑官员判案失当，顶撞御史，降谪武昌府教授。在武昌，见"楚王谒庙由中道，（刘）玑直言非礼，时论韪之"③。众人称赞其敢于较真。

4. 副使应檟力拒楚王之贿

应檟（1493—1553），浙江遂昌人。嘉靖五年（1526）进士。雍正朝《湖广通志》：应檟，嘉靖年任湖广提学副使，遂昌进士。清严方正。楚愍王显榕设宴不赴，馈遗不纳。王怀在心里，及王被世子英燿杀。檟发其事，英燿伏诛。④

5. 御史余鋹秉公遭遇谪贬

余鋹，江西饶州府德兴县人，嘉靖年间，任御史，巡按湖广，"发楚府世子诸不法事，权贵忌之，谪宿州"⑤。

6. 王銮力争收归税课

王銮，江西大庾（今江西省大余县）进士。嘉靖初，迁武昌知府。"楚府征税，茶商重困。銮谓税当归官，力与争，王诋为毁辱亲王。銮遂请终养，不待报竟归。后吏部坐以擅离职守，夺官。"⑥

7. 刘廷梅阻止楚府并吞民田

①　（明）张廷玉等．明史[M]．列卷第五十卷．北京：中华书局，1974：4399.

②　（明）张廷玉等．明史[M]．列卷第七十三卷．北京：中华书局，1974：4898.

③　（清）刘于义修，沈青崖等纂．敕修陕西通志[M]．雍正十三年《钦定四库全书》刊本卷六十人物页九十.

④　（清）吴熊光．湖北通志[M]．嘉庆九年刻本卷五十九页十三.

⑤　（清）高其倬、谢旻．江西通志[M]．《钦定四库全书》本卷九十人物二十五.

⑥　（清）张廷玉等．明史[M]．列传七十六．北京：中华书局，1974：4992.

刘廷梅，南昌人，"嘉靖进士，历知汉阳府擢广东副使致仕"①。"出守汉阳。楚国赐田在汉川者，与民田相错而欲并得之。楚人大哗，誓众斗。廷梅为正经界树标识，楚王不能难之。"②

（二）地方官民扼制楚府侵占公共资源事例

1. 葛素成功阻止楚藩侵占斧头湖

葛素，字叔绘，湖广武昌府人。身长八尺，声如洪钟。洪武十四年（1381）岁贡，任工科给事中。"丁母忧，服阕将赴京"。时逢楚藩侵占斧头湖（位于咸宁与江夏两县交界处），用作养殖凫雁。受命前来的楚藩校尉十分骄横，威逼居民让出湖面，肆意鞭挞抗拒民众。葛素设计诱捕其随从 10 人，准备赴京控告楚藩的不法行径。"王恐，遣使求解，还所侵湖于民，咸人赖之。"③

2. 知府陈宗问力揭楚府侵占民地

陈宗问，名裕，以字行，浙江宁波府鄞县（今浙江宁波市鄞州区）人，洪武二十四年（1391）进士。"出守武昌，奏楚府侵占民地，被遣縻役石窝。时有例雇车运砖赎罪，武昌属官醵钱代运，（陈裕）力拒之。在役逾年，工满复职。清介之操，一时无二。"④

3. 李金范理裁王府归还随州民田

正统四年（1439），湖广德安府（今湖北安陆市）奏楚府官军占种随州民地，英宗传命湖广三司查实来报。知府李金（北直隶永平府迁安人，进士，正德元年至三年任）经过调查勘核，裁定楚府归田还民。楚王不服上奏，刘瑾矫旨归田于王府，李金被革官降为民，并罚运送物质 1000 石。⑤

---

① （清）高其倬等修，陶成等纂．江西通志［M］．雍正十年《四库全书》刊本卷六十九人物页三十一.

② 明末清初傅维鳞．明书［M］．康熙三十四年刻本卷一百三十七页二十四.

③ （清）裴天锡修，武汉地方志办公室整理校注．清康熙湖广武昌府志校注卷八［M］．武汉：武汉出版社，2011：553.

④ （清）曹秉仁．宁波府志［M］．雍正十一年刊本卷二十页十六.

⑤ （明）何乔远，周骏富编．明代传记丛刊：名山藏列传［M］．台北：明文书局，1991.

德安知府范理(1408—1473)，查得楚府护卫占种 400 家民田。范理上奏朝廷，勒令王府归还于民。①"民感甚，皆立主祀之。"②乾隆《浙江通志》载：范理，"荐知德安府，随州民数百家田为楚府护卫所占，犹输租。理奏，尽归其田。以最超陟福建布政使。"③

4. 凌志奏请抽取楚府税课未果

天顺四年(1460)，湖广布政司左参议凌志(浙江杭州府新城县人)等奏："臣等奉敕督造运粮船……其合用物料，若令有司采购，恐重困民力，逼之逃亡。臣等见(武昌)金沙洲等处商贩，竹木辖楚府税课司。(臣等)已启王，不为例于三十分内借抽一分，以资成造事。"工部认为：楚府税课司，为太祖皇帝所赐，岂能随意抽取？可由未被灾州县采购。明英宗赞成工部裁决，并降敕责凌志专擅。

5. 王銮收回楚藩所占武昌府茶税

王銮，江西大庾人，"嘉靖初知武昌府指挥。楚府征茶税，商重困，銮谓税当归官，据故事力争。王怒，诘銮。(王銮)遂请终养归"④。《国朝献征录》收录黄佐所撰《武昌府知府王公銮墓志》记述更详细：公(王銮)考税课经营始末，谓楚府当退还武昌，建议白当道未敢议行。公即引证条陈，恳疏于朝至再。于是税课竟还武昌藩司，以榷税责成于公，公移文辩之。楚府指摘其语，谓公欺骂亲王。知势不可留，遂陈归养。⑤

6. 湖广官员收回楚府侵占的汉口房地赋税

成化年间，汉江改道，汉口渐次开发。楚藩一度占管汉口征银纳赋，湖广官员据理收归地方。天顺年前后，乡民承佃汉江北岸一段，并筑基盖房。成化年间，武昌护卫军孙广、邢琏将其投献在楚王府名下。弘治十年

---

① (清)赓音布等修，刘国光等纂. 德安府志[M]. 光绪十四年刊本卷十职官列传页二十四.

② (明)过庭训. 明朝分省人物考(第 2 册)[M]. 扬州：广陵书社，2015.

③ (清)嵇曾筠修，沈翼机纂. 浙江通志[M]. 乾隆《四库全书》光绪二十五年重刊本卷一百六十一人物名宦四页三. 上海：商务印书馆，1934：2847.

④ (清)吴熊光. 湖北通志[M]. 嘉庆九年刻本卷五十九页三十一.

⑤ (明)焦竑. 国朝献征录[M]. 万历四十四年刻本卷八十九页二十.

(1497)，王府要加征课银，居民不敢违抗。嘉靖四年(1525)，王府每年收银 647 两。嘉靖二十四年(1545)，楚府军校纪銮等称：洪武年钦赐楚府白沙湾、犁头嘴等处柴地，后来抵换到此。居民徐文高等人不服，联名告状。经查实：声称此地为洪武年间钦赐官地，却无明文可证。嘉靖二十五年(1546)巡抚都御史姜仪、巡按监察御史伊敏生会同各级官员，议决将汉口收归汉阳府，奏报准行后，在此立碑，继而敦促王府长史核销册籍，王府管占的民房尽数查给各主，照例征银，以补王府欠缺禄粮之数。《汉口地课碑记》详细记录事件原委。① 本著第八章第三节录有碑文。

7. 平民抵制楚藩强占汉口土地

廖应魁，汉阳人，混迹市廛，留心诗史，楚藩争汉口地课甚横，应魁挺身以辩。"至受拷掠，终不肯诬服一辞，人称其劲正焉。"②

8. 黄陂贡生控告悍宗夺田

王命珪，黄陂县岁贡，明末悍宗夺人田宅，纵猎歌舞，为民害。(命珪)白其状于节钺(指官府)，除之。③

第三节　楚王与王府僚属的关系

王府僚属德能参差不齐，不同时期，受到各种因素影响，表现出不同类型，从不同侧面反映僚属与楚府、楚王的关系。

一、尽心尽职型

胡粹中身为长史，在楚府匡扶 20 年，协同其他王官"尽心辅导"。王舆，力行长史之职，讲究规诫方法，对于年轻的楚王举止"多所匡正"。管

---

① (明)秦聚奎总修，武汉地方志办公室整理校注．明万历汉阳府志校注[M]．武汉：武汉出版社，2007：239-241.

② (清)迈柱修，夏力恕纂．湖广通志[M]．雍正十一年《四库全书》刊本卷五十八页六.

③ (清)徐瀛纂，刘昌绪修．黄陂县志[M]．同治十年刊本卷九．南京：江苏古籍出版社，2001：956.

讷由南京随朱桢来武昌，洪武末由右长史升为左长史，永乐七年（1409），70岁的管时敏乞归故里。朱桢请命于朝，赐地江夏黄屯山，供以终身禄养。朱桢认为其"有辅翼功，其疾也，两命驾视之。既殁，哀之恸"①。楚王两次授意刊刻其诗作《蚓窍集》。永乐年间右长史胡粹中，"尽心辅导，在王门者二十年"。左长史徐学颜，面对楚府错综复杂的局面，着力匡辅，顶着压力制裁不法宗人，备受楚王华奎钦佩。

二、伙同违法型

王府官靠着王府吃饭，在某些事情上共同"糊弄"朝廷和地方官。例如，楚府内使李贵犯法案。永乐六年（1408），楚王朱桢派内使李贵、百户卞旺，往云南市马。李贵恣肆犯法，被执送京师，朱桢派人说情，请示宽免。明成祖下令由楚王处置。成化年间，户部发现楚府之中，"有子受封王妃禄米不停支"的问题，拟将王府官逮治，成化二十三年（1487）宪宗"以其年远"，饶恕王府官，又命令通查各王府。结果发现此为普遍现象，也就放弃了追究。

三、冒犯藩王型

楚府一些镇国将军为了能够尽快领到俸禄，曾向潘朝行贿，事情败露之后，楚王奏请处罚潘朝等人。嘉靖二年（1523），承奉副潘朝等13人，挟势要求，肆言谤毁，指斥亲王，面忤世子。潘潮以专权、蔑视亲王、越分胁迫楚王，判处极刑。相关人员先行杖责，尔后充孝陵卫净军。

四、不安职守型

宣德八年（1433），"火者"（泛指宫中服务的受阉仆役）百户陶酉，"素号无赖"，乘机出逃，楚王朱孟烷担心其逃到京师会散播"诬词"，火速传信京师。明宣宗下令将其归案下狱。②

---

① （清）陈元京，范述之. 江夏县志[M]. 乾隆五十九年刻本卷十三艺文记页十七.

② （（明）杨士奇等修. 明宣宗实录[M]. 宣德八年三月己巳卷一百. "国立"北平图书馆红格抄本影印版. 台北："中央研究院"历史语言研究所，1962：2246.

正统四年(1439),寿昌郡王府一名"火者"不听管束,寿昌王朱孟焯施以教训,却抗拒不服,只得交锦衣卫收治问罪。

五、图谋私利型

宦官仗着王府的名号狐假虎威,四处招摇。他们常常参与由王府侍卫或宗室有连带关系的事,造成不良社会影响,还利用守门的特权,收受贿赂。也通常在参与王府各类经济事务的过程中,如营利事业、禄米运送等过程中,趁机捞取不少油水。承奉副王宪一次拿出银元 7000 两交给潜藏于北京、曾任楚府百户官的同僚王鉴。① 可见承奉作为王府中最高职位的内官,得利的可能性最大。

武昌卫军余甘玉海,与楚府仪宾沈宝合谋诬陷楚王显榕,潜逃后被逮回。皇帝宥其不死,但先施杖刑,再充孝陵卫净军。

第四节　楚府与江夏籍官宦士人

按常理,供职在外地的江夏籍官员,与家乡的楚藩至少是"相安无事"。然而楚藩在地方的所作所为,社会各阶层敢怒不敢言。一些江夏籍官员守持正义,敢于揭露楚藩劣迹。

一、冯世雍讥讽朱显榕恣情放纵

冯世雍,正德十四年(1519)举人,嘉靖二年(1523)进士,"由吏部郎中出知杭州府,有惠政。忽弃官归。时楚愍王恣睢,(世雍)讥谑自如。著有《三石文集》《吕梁志》行世,祀乡贤"②。

二、张文光议假王忤时相沈一贯

张文光,字公觐,博学雄文。弱冠举万历四年(1576)经魁,万历二十

---

① (未著撰人). 楚王案(抄本卷一页二十一) [EB/OL]. http://read.nlc.cn/OutOpenBook/OpenObjectBook? aid=892&bid=205728.0.

② (清)王庭桢修,彭崧毓纂. 江夏县志[M]. 同治八年刻本. 台北:成文书局, 1975:750-751.

六年(1598)进士。选庶吉士，授检讨。"以论楚藩华奎事，忤时相久之。"得罪沈一贯，谪光山县丞。"乞差还里未抵舍，忽疾作，卒于孝感署中"。祀乡贤。①

三、段然力挺华越揭秘被谪江西

段然，字幻然，湖广江夏县涂口(今湖北武汉江夏区金口)人。万历十六年(1588)举人，万历二十三年(1595)进士。历授福建南平、江苏吴县、河南辉县县令，所至有异政。②"楚宗华越奏王非恭王子，楚绅给事中段然亦疏论之，上不竟其事。"③疏中力挺华越，不合首辅沈一贯之意，谪江西按察司知事。久任才迁兵部员外。"历官以风节闻，朝野惮之。"④

段然视楚藩如敝屣，却与宁藩瑞昌王中尉、江夏知县朱统鎮之子朱议霶相处甚好。"与中尉语，大爱之，令其读《大学衍义》等书求实用。"⑤段然"枢乃得还南昌，中尉自是得呕血疾，数十年且瘳且作。以至于死"⑥。

四、郭正域力举公勘"真假楚王案"

郭正域，湖广江夏县(今湖北武汉江夏区)人，万历十一年(1583)进士，授编修，历礼部侍郎。代署礼部尚书之职时，力举公勘"真假楚王案"，与内阁首辅沈一贯的矛盾日渐白热化。

从公勘的初衷来看，其立场和举措是公允的。有传闻说正域与楚王有构怨，真相并非如此。其一，皇帝交付的案件，作为代理尚书，查明真相

---

① (清)王庭桢修，彭崧毓纂．江夏县志[M]．同治八年刻本．台北：成文书局，1975：758.

② (清)王庭桢修，彭崧毓纂．江夏县志[M]．同治八年刻本．台北：成文书局，1975：764.

③ (清)裴天锡修，武汉地方志办公室整理校注．清康熙湖广武昌府志校注[M]．武汉：武汉出版社，2011：194.

④ (清)裴天锡修，武汉地方志办公室整理校注．清康熙湖广武昌府志校注[M]．武汉：武汉出版社，2011：540.

⑤ (清)魏禧著，胡守仁等校点．魏叔子文集[M]．北京：中华书局．2003.

⑥ (清)魏禧著，胡守仁等校点．魏叔子文集[M]．北京：中华书局．2003.

责无旁贷；其二，华奎极力阻止公勘，正域认为公勘方能公开、公平、公正，这是常理。

从郭正域与楚藩的关系来看，有着由来已久的交集，一是地域渊源，祖居江夏县南乡（今江夏区土地堂乡王家边湾），后迁居武昌城；二是正域与楚宗有戚畹关系。《文毅郭公正域改葬墓志铭》显示：其长女嫁与楚藩宗人蕴镶。①

从事件查处的难度来看，一是调查取证难，多数当事人已经不在人世，仅凭道听途说不足为信；二是限于当时血缘签定技术，仅凭少数人口述亦不足为信。

从社会背景来看，案件几乎被首辅沈一贯操纵，处处设陷，正域处于被动局势。由郑天挺以郭正域为中心分析《楚宗案》的复杂程度。②

表 3-2　郭正域力举公勘"真假楚王案"的社会背景

事态背景	大学士沈一贯、沈鲤不相得，沈一贯欲攻沈鲤与郭王域。
党郭者	沈鲤（大学士）、温纯（都御史）
攻郭者	姚文蔚（给事中）、钱梦皋（给事中）、杨应文（给事中）
反郭者	沈一贯（浙党）、赵世卿、谢杰、黄汝良。

从诬奏勘定结论来看，正域最终被洗白。御史史学迁巡按湖广，彻查原委，洗白正域之冤。清钱谦益《牧斋初学集》，感叹正域因为世道险恶导致阴沟翻船："时宰正域望益起，乃忽奄逝，海内共叹惜之，正域留心国家大计，任事甚勇，不摇利害。"③

---

① （清）钱谦益撰，钱曾笺注．牧斋初学集［M］．上海：上海古籍出版社，1985：1296.

② 郑天挺著，孙卫国校注．郑天挺明史讲义［M］．北京：中华书局，2017：862.

③ （清）钱谦益撰，钱曾笺注．牧斋初学集［M］．上海：上海古籍出版社，1985：1289-1297.

五、熊廷弼仇视楚藩势如水火

熊廷弼,湖广江夏县(今湖北武汉江夏区)人,熊家与楚藩的矛盾始于楚王的夺地官司。朱显榕嗣位后,为了霸占江夏乡绅张沉的祖坟山——永丰山(今江夏流芳二妃山),机关算尽。适有楚府官员猝死,显榕欲与廷弼祖父熊大选合谋诬陷张沉,被严词拒绝。显榕便以"莫须有"的罪名,将其逮捕入狱,直到显榕被英燿弑杀,方得释放。冤狱之灾,使得熊家中道衰落,廷弼在亲戚的援助下,得以续读。万历二十五年(1597)举乡试第一,次年进士中第入仕,初授保定推官。因杖责之祸回籍听勘,客住夹山西村馆时,得到正被楚藩列为禁书、四处追劈的《灵泉志》,欣然作序,倍加称道。熊公在回籍听勘期间,寓居"熊园"(今武昌紫阳湖公园一带),与楚藩仅隔一条大朝街(今张之洞路),但"家居逾年,不一出见官府"①。

灵泉乡宦张诚入祀乡贤祠,因为张家子孙带头抗拒夺地,频频告状,激怒楚王。楚王为了打压张家的锐气,惩罚张家四处告状,"罢黜张诚之祀,削其职名"。为此,廷弼公开叫板楚藩至尊权威,专程致信徐日久,痛斥楚王,伸张正义。② 万历四十二年(1614),廷弼率领同邑进士李自重、段成功、段然、佟卜年等前往灵泉,举行御史张璞公祭仪式,撰有《邑绅公祭灵泉张监察先生文》③公然站到楚藩对立阵营。

六、贺逢圣抱怨华奎"怒其不争"

如果说江夏其他乡宦对于楚王嗤之以鼻,铁心不跟楚王玩,仅有贺逢圣心存寄望。贺逢圣(1587—1643),字克繇(《武昌府志》作"克由")、对扬,湖广江夏人,万历四十四年(1616)榜眼,官至礼部尚书兼东阁大学士,入阁辅政,加太子太保。后告归江夏,时值张献忠军拟攻武昌城,他

---

① 李红权.熊廷弼集[M]北京:学苑出版社,2011.
② 李红权.熊廷弼集[M].北京:学苑出版社,2011.
③ (明)熊廷弼.熊襄愍公全集[M].道光二十一年刻本卷九页六至七.

力劝楚王募兵设防，并"启楚藩发锸为战守画"①，极其懊恼朱华奎"一把裹金交椅当军饷"的态度，真可谓"怒其不争"。当得知楚王招募的守军开门迎敌时，便彻底失望。他悲愤选择沉湖自尽，终年 58 岁。

---

① （清）裴天锡修，武汉地方志办公室整理校注．清康熙湖广武昌府志校注［M］．武汉：武汉出版社，2011：273.

第四章　楚藩宗室群体生活状态

朱元璋建立宗藩制度，希望子子孙孙"永绥禄位，以藩屏帝室"，然而世事并非所愿。

第一节　规制中的理想情形

关于宗藩，明太祖的政治寓意，亦即理想状态是：分封诸王，藩屏宗社；宗室享有朝廷赐予的禄粮、物质，衣食病老无忧，传序万年。

一、出身决定社会地位

王室成员，属朱氏皇族的分支，是明朝社会的贵族群体。明代宗藩总体规制，在洪武时代已经初具雏形，明确了宗藩封袭制度与王室成员的社会地位。皇子之中，长子立为太子，留待宫中，以作皇储。其余均封藩王，俗称"亲王""一字王"。朱桢是朱元璋的第六子，封楚王，在楚王国中，地位最高。冠服、宫室、车马、仪仗仅亚天子一等。

藩王出阁就藩之际，皇上举行隆重典礼，文武百官参与送行。所过州县，文武诸官迎接，行四拜礼。藩王抵达藩国之时，当地文武官员须出城迎接。王府属官每日常朝，依照文左武右序立。每月初一、十五，藩属地的布政司、都指挥司、并卫府州县杂职官，到王府行礼。四品以上方能入殿，五品以下在殿外序立。"朝臣奉使至王府，或因使经过见王，并行四拜礼。虽王公、大将军，亦必四拜，王坐受之。故意迂回躲避不行朝王者，处以斩首刑罚。"藩王遣使至朝廷，不须经由诸司衙门，可直达御前。

宗室非机密重情，不得径奏。郡王以下，有事须报藩王，方能呈奏，否则视作"越关"。

在藩国中，王分二等(藩王、郡王)，将军分三等(镇国将军、辅国将军、奉国将军)，中尉分三等(镇国中尉、辅国中尉、奉国中尉)，奉国中尉以下称"宗人"，无爵位；女子分主君五等(郡主、县主、郡君、县君、乡君)，乡君以下称"宗女"，无爵位。

藩王之子均封郡王，俗称"二字王"。郡王封号，一般以藩国所在地域的州县地名命名(郡王本身与该州县并无实际关联)。永乐间拟定王室爵位品级，比洪武年有所提高：镇国将军从一品(原三品)，辅国将军从二品(原四品)，奉国将军从三品(原五品)，镇国中尉从四品(原六品)，辅国中尉从五品。(原七品)，奉国中尉从六品(原八品)。按此类推，郡王为正一品，藩王品级在正一品之上。可见王室爵位，比文武官员品级要高得多。在前期，藩王、郡王薨逝，皇帝须辍朝以示悼念。

宁王朱权在仁宣年间，上疏取消宗室品级而被斥责，不得不上疏请罪。爵位实行世袭制，宗法制度下，"立长"成为约定俗成的基本规则。藩王、郡王爵位，享有父逝子继、兄终弟及。因此，出身决定其政治地位。王室成员本人、妻子、儿女、女婿均有相应的称号，本质上是等级社会的文化符号。

表 4-1　明朝宗室爵位、受封资格及其家庭成员封号列表

爵位	受封资格	正妻封号	女儿封号	女婿封号
藩王	皇子	妃	郡主	仪宾
世子	藩王嫡长子	妃	县主	仪宾
世孙	藩王嫡长孙	妃	郡君	仪宾
郡王	藩王之子	妃	县主	仪宾
镇国将军	郡王之子(嫡长子以下)	夫人	郡君	仪宾
辅国将军	镇国将军之子	夫人	县君	仪宾

续表

爵位	受封资格	正妻封号	女儿封号	女婿封号
奉国将军	辅国将军之子	淑人	乡君	仪宾
镇国中尉	奉国将军之子	恭人	宗女	
辅国中尉	镇国中尉之子	宜人	宗女	
奉国中尉	辅国中尉之子	安人	宗女	

二、身份决定生活待遇

藩王册封后，若无过失，爵位直至终老。藩王一般在 14～15 岁，必须出镇封国，以后无觐见诏书不得进京。藩王选婚，封王妃，少数可封继妃。其嫡长子，通常 10 岁封世子，是藩王的法定承袭人，世子之妻封世子妃。世子嫡长子，封世孙。世孙之妻封世孙夫人。如无嫡长子，以庶长子承袭。藩王嫡长子以外，嫡次子、庶子，年至 10 岁，皆封郡王。未封子孙称王子王孙，其指令皆称裔旨。藩王之女，封郡主。明代前期，王室主要成员的册封、成婚，朝廷遣官至王国举行册命仪式；藩王去世，皇帝辍朝三日，遣官祭葬，赐予谥号。

经济待遇，宗室"食禄不治事"，按封爵等级领受宗禄。衣食住行、生婚卒葬等所有费用，均由国家包揽。衣有官服，食有禄米，住房由官府修造，出行有马车，卒葬有丧葬官银。成了不农不仕、唉民脂膏、被软禁于封地内的典型寄生阶层。

成化十四年奏准，从郡王至乡君，宗室造房由官府给价：郡王 1000 两，镇国将军 700 两，辅国将军 660 两，奉国将军 620 两，中尉并郡主 500 两，县主 460 两，县君 360 两，乡君 340 两。①

造坟价，郡王并妃 350 两，镇国将军并夫人 245 两，辅国将军并夫人、

---

① （明）申时行. 明会典[M]. 万历朝重修本卷二〇三山陵. 北京：中华书局，1989：919.

郡主各 225 两，县主 215 两，郡君 196 两，县君 185 两，奉国将军 147 两，中尉 123 两。另有"开圹银、冥器、斋粮、麻布各有差。"①

比较文武官员与王室封爵人员的丧葬费，可见王室人员待遇相当之高。以嘉靖初核定的官员丧葬费为例，一品官，材料价银 300 两，匠夫 200 名，匠夫工钱银每名 1 两计（下同），二项共计 500 两；二品官，材料 250 两，匠夫 150 名；三品官，材料 200 两，匠夫 100 名；四品官、五品官、特恩赐葬者、材料价银 80 两。匠夫 30 名；凡内臣病故乞葬。正德十二年（1517）奏准：务查本官历年深浅、有无勤劳、应该造坟、或盖享堂碑亭者、定与等第、照例奏请。不许一概妄行比乞。凡功臣武官造坟。洪武三年（1370）定：功臣守墓人户，各以封爵官品之差等给之。②

有人为了改变命运，想方设法，钻条例的空子，打擦边球，改变自身地位，目的是为了获取更优厚的待遇。

《明孝宗实录》第 44 卷记有一例：岳阳悼惠王孟爟有 3 个儿子，长子季境袭爵，逝后无嗣；次子季墀、三子季坡封镇国将军，俱卒。季坡无嗣。季墀之子辅国将军均锽，自天顺成化间奏请承袭郡王之爵，弘治三年（1490）再奏，朝廷"以辅国将军无进封王爵例"为由上呈皇上，孝宗批示：均锽以侄继伯，不予批准。"今后请封类此者，只从此例。"③

此例表明：其一，身份决定待遇，一些宗室只要有一点可能，便会去努力争取；其二，在辅国将军均锽看来，倘若他不继袭，郡王爵位，岳阳郡支就会因"无嗣"而"国除"；其三，在楚王看来，均锽继袭在"可与不可"之间，而且其他藩府亦有类似情形，何不做个顺水人情，上报了再说；其四，在朝中大臣看来，《皇明祖训》显然无此规定，只能依照爵位等级次序裁定；其五，在皇帝看来，此项继袭，事体重大，若开此例，往后不知

① （明）申时行．明会典［M］．万历朝重修本卷二〇三山陵．北京：中华书局，1989：1020.

② （明）申时行．明会典［M］．万历朝重修本卷二〇三山陵．北京：中华书局，1989：1022.

③ （明）李东阳等修．明孝宗实录［M］．卷一百八十七弘治十五年五月丙戌．"国立"北平图书馆红格抄本影印版．台北："中央研究院"历史语言研究所，1962：892.

还有多少打擦边球的情形，本来宗粮吃紧、国家财政紧张，早作决断，以免遗患。

在宗室内部，尤其是中后期，在宗法制度、代际关系的影响下，本宗与庶宗、宗子与庶子的境遇，差别渐显。

三、日常生活常规例制

明廷制定王室报生、请名（赐名）、请立（请封）、请婚（选婚）制度，以此来规范王府及宗室的运行，并希望通过系列制度，来限制人口暴涨。其制度性安排有洪武年代《皇明祖训》、申时行等修《大明会典》（此典章经历洪武初创、弘治汇编、正德重校、嘉靖续修、万历重修共 5 个阶段）、《皇明典礼志》《礼部志稿》等。

报生。弘治十年（1497）令：王府宗支，新生子女，报本支郡王，启亲王审实，年终类奏。王府长史造册两本，一本送宗人府比对，一本留礼部查考。嘉靖九年，亲王除长子限以五子，之外其余多生者，止给冠带荣身，并无爵禄，令其自行营业；郡王以三子为例，将军以下各随等差，超生子女不许造入玉牒名册，听其自为生计。

请名。嘉靖四十四年（1565）议准：亲王、郡王、将军、中尉所生之子，俱 5 岁请名。王府奏报礼部，翰林院遵照祖训钦定派行，编拟名字，附簿登记，于每年三、九月报请皇上，颁行各王府。弘治九年议准：未成婚而纳妾所生子女，不许请名请封。未经奏请滥娶妾媵，所生子女，止给口粮。万历七年议准：请名封过期者，非特恩不准滥及冠带。为避免同名，朱元璋制定了 24 个儿子的子孙世系取名"辈行"法则。每一皇子，各拟 20 个字，每 5 字一句，每个字为一代，相当于 4 句言诗。楚藩派行为：孟季均荣显，英华蕴盛容，宏才升博衍，茂士立全功。楚王以下，由王府报生，宗人府依据世次顺序取双名，前字即"辈行"，后字则是以五行（火、土、金、水、木）作偏旁的字，依次循环。楚府宗室取名这一特征，便于区分辈分。查阅资料，比较容易找到楚宗人物。

请立（请封）。皇子封王爵，亲王嫡长子，10 岁朝廷授以金册金宝，立为王世子。正妃未有嫡子，庶子封郡王，待王与妃年至 50 岁仍无嫡，则立庶长子为王世子。亲王世孙、郡王长孙 10 岁请封。弘治八年起，亲王子 14 岁封郡王。天顺八年又定：各王府所生子女，年至 15 方能请封。

亲王嫡庶子女及世孙，郡王嫡长子长孙，10 岁请封，15 岁选婚；亲王次嫡庶孙，郡王次嫡庶子及嫡庶女，将军、中尉嫡庶子女，15 岁请封。

嘉靖二十三年（1544），楚王奏通城王英㷿妃故，无出，止有庶第一子镇国将军华坿……该本部覆题奉圣旨是钦此。万历四年（1576），册封楚府通城王长子华坿袭爵。嘉靖三十二年（1553），楚府崇阳王长子降封镇国将军，欲乞袭王爵，不许。

请名、请婚也很严格，未经请准，只能呼乳名，不得婚嫁。然而由于种种原因，许多宗室壮年以后都未能请到名字、成婚，以致后来一些走京游棍，以请名、请婚为由，乘机勒索宗室钱财。

请谥（赐谥）。洪武二十五年（1392）定：亲王谥，例用一字，郡王二字。弘治十五年（1502）定：巡抚巡按等官复勘亲王行实，本府亲王、承奉、长史等官复勘郡王行实，奏报定谥。

以上例制均有统一的奏报格式，以报生为例：某王臣某、谨奏、为报生事。为某郡王某等，启称本王、长子、长孙、镇辅奉国将军中尉某等，妃夫淑恭宜安人、第几妾某氏，于某年月日，嫡庶生第几子女等，例该报生。其他请名、选婚、并妃、请封、选妾等俱仿此例。

四、生活消费全赖国家

国家包揽宗室所有生活开支。赵贞吉（1508—1576）除额定的岁支宗禄外，《三几九弊三势疏》明示："官给有册封、宫室、婚姻、丧葬诸费。民编有厨役、斋郎、铺陈诸役。"[①]"生也请名，其长也请婚，禄之终身，丧葬予费。"[②]

"国家分封王府，颁给禄粮，亲亲之恩，备极隆渥。然而纪纲法度，

---

① （明）陈子龙，徐孚远，宋征璧选录. 皇明经世文编[M]. 卷二百五十四赵文肃公文集一页十九. 北京：中华书局，1962：2688.

② （明）张廷玉等. 明史·卷一百一十六·诸王传序[M]. 北京：中华书局，1974：2351.

载在令甲，亦懔不可犯。夫是以恩威并举，知劝知惩，永保福泽于无疆也。"①

　　"分封不赐土，食禄不治事"是明太祖圈定的规制。他的愿景是，子子孙孙、世世代代坐食国家禄米，穿戴制式冠服。优渥待遇除享用宗禄岁禄和赐田外，还能获得一些国家发放的物质供应。

　　表 4-2 为《洪武末年王府宗室与官员禄米比较表》。此表依据《明史》(中华书局 1974 年版)第七册志第五十八食货六第 1999—2003 页文字描述绘制。

表 4-2　洪武末年王府宗室与官员禄米比较表

洪武二十五年(1392)定		洪武二十八年(1395)定	
官员品级	禄米(石)	爵位	禄米(石)
正一品	1044	藩王	10000
从一品	888	郡王	2000
正二品	732	镇国将军	1000
从二品	576	辅国将军	800
正三品	420	奉国将军	600
从三品	312	镇国中尉	400
正四品	288	辅国中尉	300
从四品	252	奉国中尉	200
正五品	192	郡主及仪宾	800
从五品	168	县主及仪宾	600
正六品	120	郡君及仪宾	400
从六品	96	县君及仪宾	300
正七品	90	乡君及仪宾	200

---

　　①　(明)张瀚撰，盛冬铃点校．松窗梦语[M]．卷八宗藩纪．北京：中华书局，1985：154.

续表

洪武二十五年(1392)定		洪武二十八年(1395)定	
官员品级	禄米(石)	爵位	禄米(石)
从七品	84		
正八品	78		
从八品	72		
正九品	66		
从九品	60		

由表4-2可知：

1. 楚王岁支本色禄米10000石。隆庆三年(1569)，奏辞1000石，岁支9000石。楚府郡王，初封岁支禄米各2000石，袭封各1000石，明中后期米钞中半兼支。宗室有罪革爵者曰庶人。英宗初，颇给以粮。嘉靖中，月支米6石。万历中减至2石或1石。

2. 正一品官员俸禄，比藩王少8956石禄米/年，比镇国将军少956石，仅比镇国将军多44石。《明史》在述说官员俸禄指出："自后为永制"。并有感而发："自古官俸之薄，未有若此者。"①

于慎行将明朝与以前藩封待遇予以比较，得出结论，藩王的岁禄超过唐宋："唐制，诸王食邑不过千户，乃汉封一小侯也；公主不过三百五十户……本朝公主食邑不及前代，而亲王岁禄，本色万石，则过唐、宋远矣。"②因而当时就有"我朝亲亲之恩，可谓无所不用，其厚远过前代矣"之说。

---

① (清)张廷玉等. 明史[M]. 二十四史点校本志第五十八食货六. 北京：中华书局，1974：2003.

② (明)于慎行著，吕景琳点校. 谷山笔麈[M]. 北京：中华书局，1994. 卷三页二十五.

五、仪宾照例坐享官禄

仪宾即明代王室受封女子的丈夫。女子年满 15 岁择婿成婚，结婚后朝廷每年按封爵等级，并赐予其相应数量的禄米。洪武二十七年（1393）令："郡县主之夫，都与宗人府仪宾职事散官，还照品级，俱授诰命。"宣德三年（1428）定："郡主仪宾秩从二品，县主仪宾从三品，郡君仪宾从四品，县君仪宾从五品，乡君仪宾从六品。"①《明实录》中，约有数以千计的受封女子许配仪宾的记录（由于太多，后期少有载录）。一般体例为：赐某王府（某郡王）某女并仪宾某，岁禄如例（郡主 800、县主 600、郡君 400、县君 300、乡君 200 石／），并赐诰命冠服鞍马仪等物。

史实表明，众多仪宾并无实际职事。事实上他们是依赖禄粮生活。因而仪宾加入到不劳而获、坐享其成之列。这是明朝一项奇葩的规定，把宗室女子及其丈夫也捆绑在即将失去制动的机器上，表面上体现"女儿出身也能享有朝廷俸禄"的优越，无形中加重了社会负担。

朱明王朝，有一条防止姻亲串通谋反的规定，即驸马须从平民或低级官吏家庭中选取，而且子弟被选中的人家，近亲中便不能再出仕为官，即使已经做着官的也得退休回家。《明世宗实录》中便记载着这样一句话："弘治十三年，三法司遂以入问刑条例中，沿袭至今，遂为定例。以故诗礼世家、衣冠世胄，俱不愿与王家结亲，惟间井白丁扳援宗戚，转相诱引。……覆议'累朝以不许王亲除授京职，盖亦防闲之道宜然'……"②事实上，这条规定成为宗室女子选婚的屏障。

第二节　现实中的生活状态

明初制度设计与现实状态，随着史事演进，渐行渐远，困境重重。当

---

① （明）申时行．明会典（万历朝重修本）[M]．北京：中华书局，1989：357-358.
② （明）张居正等修，明世宗实录[M]．卷九十八嘉靖八年二月戊子．"国立"北平图书馆红格抄本影印版．台北："中央研究院"历史语言研究所，1962：2316.

"分封不赐土，列爵不治民，食禄不治事"的理想状态与现实形成强烈的反差时，宗藩问题导致的社会问题越来越被诟病。从皇帝到朝廷，从官员到王府，一直都在疲于应付。早期皇帝赐予楚王府一些经济特权，但这些满足不了宗室消费的情形愈来愈严重，在王府内部，因享受种种待遇的机会不均等，造成贫富不均。尤其是中下层宗室现实中他们的日常生活每况愈下，看到自己与上层的隔阂越来越明显，亲情越来越淡薄，甚至认为天下是少数朱家人的天下，他们有的选择沉默，有的选择采取非法，甚至极端行为，争得均等的待遇，求得暂时的心理平衡。

一、体制藩笼中的高贵囚鸟

宗藩政治上无权但仍有其优越的社会地位，日常生活和交际行为受到诸多制约，成为处境非常尴尬的社会角色。藩王"当敬天地在心，不可逾礼，以祀其宗社山川，依时享之。谨兵卫，恤下民，必尽其道于戏，勤民奉天，藩辅帝室，允执厥中，则永膺多福"。因而藩王在其封地也有限制：藩王之间不得相互约见；不得擅离封地；出城省墓，须申报，得到允许后才能成行；如私自出城游玩，地方官要及时上奏，相关官员全部从重杖罪，文官重至罢官，武官降级甚至罚调边疆；藩王除了生辰外，不得邀约有司饮酒；王府重大事务，地方官要立即奏闻，必待钦准，方许奉行，否则治以重罪。

宗室子弟禁锢于宫城，不授职任事，不能参与政治，也不能参与士农工商四民之业。有的宗室擅自外出，往往被地方官在皇帝那里告状，受到"训责"。人越闲散矛盾就越多，也有人成天无所事事，近乎无聊状态，侍机干些挑事生非，甚至违例犯法之事。楚藩在中后期发生一些大案，是否与长期禁锢有关，值得探究。直到万历中，更定的《宗藩事例》，准许无爵的宗室自谋生计；准许奉国中尉以下宗室参加科举考试，但在任命、奖励等某些政策上又加以限制，如：不得选授京师地区的官职，朝廷只是给予宗室多一条出路，从本质上看，对于宗室还存有戒心。诸多亲王为了避嫌，便醉心佛老以韬光养晦，求得平安。

关于宗室禁于一城何时放宽，没有明确记载。但方志、文人笔记地从宗室犯案的场所来看，大约在晚期，尤其是贫困宗室可以外出，做些营生。如做些生意买卖，如前所述《南中纪闻》显示：楚府绸帛是当时武昌城的抢手货。康熙《武昌府志》描述：明季，楚藩庶宗不下万余，廪禄不沾，困穷无赖。或昼攫通市，或夜出南塘。崇祯十二年，巡抚以闻，许如律治。尝以伍伯缚掷江中，又可悲矣。①

二、人口暴涨引发宗禄危机

（一）人口暴涨

宗藩政策衍生出人尽皆知的心理：多生一个儿子，就多一份禄米。于是全国宗藩不约而同地开起了一场生育竞赛。嘉靖八年（1529年）"宗室载属籍者八千二百三人"，② 至隆庆三年（1569），藩王、郡王、将军等"宗支入《玉牒》见存者二万八千四百九十二位"。国家财政状况每况愈下，"视国初不啻千倍，即尽今岁供之输，犹不能给其半"③。"今天潢日蕃，而民赋有限，势不能供，且冒滥滋多，奸弊百出。故嘉靖间、更定条例。万历十年，复颁要例。宗禄皆有限制"④。然而人口增长失控。据徐光启记载，万历三十二年（1604），"隶属籍者十三万，而见存者不下八万"。藩府所需要的岁支禄粮也随着宗室人员的增长而成倍增加，已经到了"每年竭国课之数不足以供宗室之半"的地步，到了天启初年，甚至使得朝廷财政收入出现"超支"。"崇祯末年宗禄占二税收入的225%，达到财政难以承受的地步。"⑤

① （清）裴天锡修，武汉地方志办公室整理校注．清康熙湖广武昌府志校注［M］．武汉：武汉出版社，2011；190.

② （明）郑晓著．李致忠点校．今言［M］．北京：中华书局，1984；159.

③ （明）张居正等修．明穆宗实录［M］．隆庆三年五月辛酉卷三十二．"国立"北平图书馆红格抄本影印版．台北："中央研究院"历史语言研究所，1962；843-844.

④ （明）申时行．明会典万历朝重修本［M］．北京：中华书局，1989；271.

⑤ 傅衣凌主编，杨国桢、陈支平著．明史新编［M］．北京：人民出版社，1993；410.

楚藩宗室繁衍，呈几何级势态递增。在洪武初年是 1 个藩王，1 个妃子，5 个夫人。楚昭王神道碑碑文显示：到正统十二年（1447），朱桢有子女 19 人，孙男孙女 44 人，曾孙男女 24 人，共计 87 人。早期藩王、郡王收纳宫眷条例不明，也是导致人口猛涨的原因之一。以第一代郡王为例，景陵顺靖王孟炤，逝后无嗣。正统十二年（1447），该王所遗宫眷 28 人，朝廷每月供米 10 石，以供养赡。嘉靖前期，户部尚书梁材《会议王禄军粮及内府收纳疏》提到：楚府郡王、将军、中尉、郡县主君并仪宾，共有 587 人。湖广各府？每年需要禄米 259830 万石。① 嘉靖隆庆年间仍在增长趋势。在武昌黄家湾考古发现的圹志显示：镇国中尉朱显枎隆庆二年（1568）下葬时，有儿子 11 人均封辅国中尉，儿媳 11 人，女儿 2 人，均封乡君；孙子 19 人封奉国中尉，孙儿媳宜人，孙女 10；曾孙男 15 人，女 14 人。该中尉妻儿老小共计 82 人。

（二）禄粮危机

岁禄即朝廷每年拨付的禄粮（典籍中通常称禄米）。洪武五年朱元璋首定亲王禄粮 5 万石，郡王 6 千石。洪武二十八年"量减各王岁支"，第一次削减额定禄粮。正统、景泰、天顺年间，"宗室请乞"禄粮司空见惯。弘治十四年（1501），第二次削减禄粮。明廷：郡王以下禄粮俱米、钞中半兼支，郡主而下米、钞按四六比例兼支。在宝钞贬值情形下，通过"折钞"，禄粮较前大大减少。

楚王岁支本色禄粮 10000 石。隆庆三年奏辞 1000 石，岁支 9000 石。② 王府、镇国、辅国、奉国、将军。镇国、辅国、奉国、中尉。米抄本折中半兼支。嘉靖四十四年定，将军改三分本色，七分折钞。中尉改四分本色，六分折钞。各王府郡县主君乡君及仪宾本色四分，折钞六分。嘉靖四

---

① 陈子龙，徐孚远，宋征璧选录．皇明经世文编［M］．北京：中华书局，1962：926.

② （明）申时行等修．赵用贤等纂．大明会典［M］．《续修四库全书》刊本．上海：上海古籍出版社，2002：667.

十四年(1565)，改定二分本色，八分折钞。① 万历天启间采用"分大饼"的方法，希图宗禄"永为定额"。却又衍生出新的问题。宗藩纷纷向皇帝、朝廷诉苦，以求增加王庄的土地。其次横蛮侵吞地方官民田产、地方商税。从而引发因土地纷争而发生的动荡。

三、禄粮缺口趋向无可救药

明太祖封藩，令世世皆食岁禄，不授职任事。然天潢日繁，而民赋有限。洪武二十八年(1395)诏量减诸王岁给，以资军国之用。乃更定亲王、郡王、将军禄粮定额，自后为永制。嘉靖四十一年(1562)，御史林润言："天下之事，极弊而大可虑者，莫甚于宗藩禄廪。天下岁供京师粮四百万石，而诸府禄米凡八百五十三万石。"

"二百年来，宗支繁衍，多寡迥异。如陕西一省，建有秦、韩、肃、庆四府，禄粮均有拖欠。"②"以有限供无穷，势必难久。余以不弛禁、不受田、不入仕，则宗人之禄日积月增，前者之欠负既无完期，后来之增加愈难给授，司宗籍者奈何不为之所也？"③

嘉靖中，宗室祜楬请"除宗人禄，听其以四民业自为生，贤者应科目试。"世宗不许。④

从嘉靖年起，不少地方已经无力支出禄粮，不少宗室因贫困而走上犯罪道路，如伪造官印冒支禄粮，冲击地方衙门，殴辱地方官的事频频发生。楚藩亦然，嘉靖元年(1522)宗室禄粮欠缺婚丧不举，乞预借湖广布政司库银17000两，世宗"准与所奏之半"。嘉靖二年(1523)，镇国将军荣㳖(càn)等人预借湖广布政司库银以济贫乏。

　①　(明)申时行.明会典[M].万历朝重修本.北京：中华书局，1989：272.

　②　(明)张瀚撰，盛冬铃点校.松窗梦语·卷八·宗藩纪[M].北京：中华书局，1985：154.

　③　(明)张瀚撰，盛冬铃点校.松窗梦语·卷八·宗藩纪[M].北京：中华书局，1985：158.

　④　(清)赵翼著，王树民校证本.廿二史劄记札记[M].北京：中华书局，2001：749.

为了解决禄粮供不应求、王府自行催督，嘉靖八年（1529），世宗批准湖广巡抚都御史朱廷声的奏请：湖广属地的王府禄粮，如同楚府，折银解纳。"亲王，每石折银七钱六分三厘；郡王，每石七钱；将军、中尉、郡主、夫人、仪宾，每石五钱。所在府州县贮库支给，不许王府遣使自诣州县催督。"

万历早期享有禄粮的共计 1144 人，根据新政策，仍有很大缺口。"郡王初封岁支禄米各贰仟石，袭封各壹仟石，米钞中半兼支。楚府郡王镇辅奉国将军中尉仪宾夫淑人共壹仟壹百肆拾肆位员。岁用本色禄米叁拾肆万贰仟玖拾柒石陆斗贰升陆合。"①到万历四十四年（1616）七月，湖广巡按御史彭宗孟报：楚宗之禄，旧额岁派并募兵等项共 83400 两（银，下同），属以新封岁支 93600 两，新旧相抵，每年还亏 10200 两矣。诸宗告急，则任意那借。自万历三十一年（1603）至今，业已借支 100 余万。奏请以"武昌船料岁额万金"略作抵补。②

天启六年（1633），巡按湖广御史有《酌议最急钱粮四款》疏中说：楚宗之禄，额定 10 万有余，但天潢繁衍缺额数逾一万。而限禄之法，不适合宗室。因为"宗室黠者甚多，兼以衙役扶同侵克，或已故而不除，或借名而要索。年复一年，习为故智"。天启五年（1632），藩司稍一稽查，发现冒领宗禄"三百金有奇"。因此请求皇帝指令抚按委派精明官，协同楚府长史，按籍稽查。

以右佥都御史巡抚湖广的方孔炤《启楚绅书》描述到了崇祯后期楚藩禄粮情状："至于宗禄，尤属贵乡莫大之忧。旧额每年八万，支庶繁衍，一年食禄十五万。而寇至，地方困苦，征收不给。司币才四五万，诸宗持之甚正，加之无礼；去年碎衣诟辱，已见诸李藩司；今正遮道需索，晓晓未

---

① （明）张学颜．万历会计录［M］．万历十年刻本卷三十二页一．北京：书目文献出版社，1987：1028.

② （明）叶向高等修，明神宗实录［M］．万历四十四年七月壬辰卷五百四十七."国立"北平图书馆红格抄本影印版．台北："中央研究院"历史语言研究所，1962：10370.

定。且楚藩独多，一有鼓噪，诸府闻风倡乱，祸将不可知。"①方巡抚预见宗藩禄粮，蕴藏巨大的社会危机，成为压垮大明帝国的一根稻草。

四、宗室人群贫富悬殊渐大

随着时间推移，宗藩内部贫富悬殊越来越大，成为普遍现象。早期宗室人口总量少，按封爵就能领到实实在在的足数禄粮，只是爵位等级有所差别；中期人数超过以前的几倍。禄米只能领到 5—6 成或折成银两，余下的是纸钞。面对形势变化，朝廷改革滞后，相当多的中下层宗室，不仅缺乏正常的生活来源，而且还遭遇生存甚至死亡威胁。嘉靖四十年（1561），代府镇国将军朱聪浸奏疏描述：有人年过 30 而尚未婚配，有人流落他乡，有人行乞市井或民间，有人饿死于道，有人逝后暴露 10 年未得埋葬。"臣等身系封城，动作有禁，无产可鬻，无人可依。数日之中，不曾一食，老幼嗷嗷，艰难万状……名虽宗室，苦甚穷民，俯地仰天，无门控诉。"②

湖广靖州绥宁知县包汝辑《南中纪闻》记：天启崇祯年间，"楚宗错处市廛者甚多，经济贸易与市民无异。通衢诸绸帛店，俱系宗室。间有三吴人携负至彼开铺者，亦必借王府名色。各衙门取用绸帛，俱有直月伺候，并不爽惧（同误，失误）。宗室与市民一体。"③

康熙《湖广武昌府志》描述楚府宗室明季生活状况，因为生计而犯法，甚至丧命："明季，楚藩庶宗不下万余，廪禄不沾，困穷无赖。或昼攫通市，或夜出南塘。崇祯十二年，巡抚以闻，许如律治。尝以伍伯（官府小吏）缚掷江中，又可悲矣。"④

① 方昌翰撰．彭君华校点．桐城方氏七代遗书之八抚楚公牍[M]．合肥：黄山书社，2019：376．

② （明）张居正等修，明世宗实录[M]．嘉靖四十年二月癸丑卷四百九十三．"国立"北平图书馆红格抄本影印版．台北："中央研究院"历史语言研究所，1962：8191-8192．

③ （明）包汝辑．南中纪闻[M]．北京：中华书局，1985：11．

④ （清）裴天锡修，武汉地方志办公室整理校注．清康熙湖广武昌府志校注[M]．武汉：武汉出版社，2011：190．

从墓葬看，从藩王、郡王、将军、中尉，到普通宗人，墓葬形制、建材到内部结构，明显地体现了贫富悬殊。由武昌黄家湾镇国中尉夫妇墓葬考古发现：所谓"棺材"是用瓷碗现浇而成，并无棺木。穴内仅有少许腐木、铁钉，只是暂时作支撑，防护坍塌。因无钱安葬而等待赐祭，恭人赵氏嘉靖七年（1528）逝，死后四年，即嘉靖十一年（1532）"讣闻赐祭如仪，复有营造茔城之赙"才下葬。镇国中尉朱显栻嘉靖三十四年（1555）死后13年，即隆庆二年（1568）下葬。这与代府将军所奏相似。

在集权制政治体系中，宗室成员只能处于边缘地位。"位重而愈疏，禄多而愈贫。"①在种种限制中，他们"溺于富贵，妄自骄矜，不知礼义。至其贫者则游手逐食，靡事不为，名曰天枝，实为弃物"②。张献忠破武昌后，看到楚王府里堆积如山的财货。这与中下层宗室的贫困状态，形成强烈的反差。

五、侵占公共资源加剧社会矛盾

（一）侵占人力、土地资源

早在永乐元年（1403），朱孟烷奏请欲到河南境内购买劳力，虽然未能遂愿，但购买劳力的背后反映楚府拥有众多田地，缺少农户耕种。而且王室拥有的土地，约定俗成地不必缴纳赋税。明中后期朝廷官员张瀚（1510—1593）一针见血地指出："膏腴之地，盖为宗室占买，而应纳税粮，又复恃势不纳。夫以额定有限之粮，供积渐无穷之禄，虽多方措处，终不能足其应得之数。势难禁其置买民业，但既受民业，则惟正之供，自当出办。乃今买占滋多，逋负日甚，税粮之征输既少，常禄之供给愈难。"③

凌雪认为这是导致农民暴动、宗室遭戮的重要原因："呜呼！明制之

---

① （明）顾炎武．日知录·卷九·宗室［M］．上海：上海古籍出版社，1984：738.
② （明）顾炎武．日知录·卷九·宗室［M］．上海：上海古籍出版社，1984：734.
③ （明）张瀚撰，盛冬铃点校．松窗梦语·卷八·宗藩纪［M］．北京：中华书局，1985：155.

于天潢，可谓厚矣。岁时皆有常饩；冠娶妻必告，别有赐予；生子女，则请名。……其后，宗支愈繁衍，遍天下几百万；贫乏者暴横于乡里，百姓患苦之，有司莫能制。迨遭闯、献之祸，屠戮几尽焉。"①

（二）截留、动用地方财政收入

基础设施营建修缮经费由国家财政支出。楚府宫殿遭遇五次大的灾难。宣德六年（1431）八月，湖广金沙洲商船失火，蔓延至武昌城楼，祸及诸司衙门、居民 2600 余家，延及楚王后宫。王宫所存谱系、敕符、底簿均被烧毁。宣宗致信表示慰问，并命侍臣重新抄录，送到楚府；天顺四年（1460）四月，楚王宫中累次起火，好在随救随熄。至八月十八日，再次发火，昼夜不熄。导致宫殿家庙门廊，以及皇帝所赐释道藏经悉毁，皇上要求彻查原因。最后查得"无故失火"，只得指令营建楚王府；天顺六年（1462）六月，楚府再次失火；万历三年（1575），"楚府后殿灾，通山火"②。天启元年（1621），"楚藩承运殿灾时大雷雨"③。楚王宫城初建之时，便有殿堂库房、廊庑室屋共计数百间，其致命的弊端是宫殿亭台，间距不大，很多房屋通过廊庑相连，木质结构，一旦失火，形成高温区，火势容易蔓延，殃及大片。以天顺六年（1462）火灾为例，楚王奏请截留武昌府税课司茶引，作为修葺费，直到嘉靖三年（1524），武昌知府王銮疏请归官。仅此 1 项，截留该款长达 60 年。

第三节 自寻寄托的精神生活

一些宗室为了逃避政治上的失意、钳制。众多宗室，包括藩王、郡

① （清）凌雪．南天痕·卷三·宗藩传［M］．成都：巴蜀书社，1993：734.

② （清）裴天锡修，武汉地方志办公室整理校注．清康熙湖广武昌府志校注［M］．武汉：武汉出版社，2011：264.

③ （清）王庭桢修，彭崧毓纂．江夏县志［M］．同治八年刻本卷八杂志祥异．台北：成文书局，1975：1113.

王、将军、中尉，以及普通宗人，选择优哉游哉，或寄情养花种草钓鱼，或寄情琴棋书诗赋酒茶，或闭门读书专心创作，或托身佛道来避嫌躲祸，成为宗室生活的日常。

一、各得其所的文化娱乐

（一）读书与写作

楚府书堂，当是楚王的子嗣后孙读书习字之所。在楚王宫城内，楚庄王朱孟烷《书堂记》描述：书堂共有十余间，宽十余丈，深二仞。入学者"长幼以次列坐"，有"儒臣侍者数辈"①，还有宦官陪侍。正德二年（1507）改建，湖广参议吴世忠有述："中为堂五楹，置几、案、书、史、笔、砚于中，以为披阅潜养心之地。堂之前为门，堂之后为燕室，室之旁为东、西厢，尽搁四库之书，与祖宗列神所颁、先王之所积。凡奕世之宝器、图籍，皆在焉。"堂后"聚芳园"中有八景："拟阆楼、环巧山、滴墨池、梯山窦、虚白洞、觅云台、幽赏亭、芳桂堂"②。可见，其设计体现了读憩调节、劳逸结合的理念。各郡王一般建有书堂，配备有教师教授弟子。

楚藩可引以为荣的有4方御赐书院匾额。一是正德三年（1508），应楚王均鈋之请，明武宗赐其书院额"正心"。二是嘉靖八年（1529），应楚王荣减之请，明世宗赐其书院额"崇本"。三是嘉靖三十一年（1552），应楚王英燡之请，明世宗赐其书院额"纯心"，《四书集注》《五经集注》各一部。四是万历三十六年（1608），明神宗赐楚王华奎书院额名"崇德"。

万历二十三年（1594）开"宗室不仕之禁"，宗室子弟中的有志者读书积极性更高，其中多人参加科举而中第。隆庆三年（1569）后，各王府建立宗学，10岁以上宗室子弟均可入学。规模更大。

---

① （明）薛纲纂．吴廷举续修．湖广图经志书（卷一）［M］．嘉靖元年刻本．北京：书目文献出版社，1991：77.

② （明）薛纲纂．吴廷举续修．湖广图经志书（卷一）［M］．嘉靖元年刻本．北京：书目文献出版社，1991：81.

在地方文献和诗歌总集中，偶尔可见藩王、郡王及其他宗室成员的文作。体裁多见于记叙文和诗赋。内容大多与楚藩人文景观相关，也有少量的游记。诗词唱和对象主要是宗室成员、王府属官、地方官员。

（二）游赏兼娱乐

早期"禁于宫城"的限制，宗藩高层，如藩王、郡王游赏的机会比将军、中尉多一些，普通宗室可能只是在春秋祭祖时才有出城的机会。宗室的中下层成员，自我寻求一些娱乐方式。明清文士笔记记录了一些典型事例：

（1）镇国将军仲和为了充分享受井泉之乐，专门盖起馆舍，取名"中泠馆"。将井水煮沸沏茶，一度受到文人雅士追捧。王世贞（1526—1590），任湖广按察使四年（1573—1576，武冈王朱显槐东安王朱显梡代理府事），与楚藩多有交集。其《弇山堂别集·中泠馆集小叙》载："武昌中泠井，在黄鹤楼下。楚王孙镇国将军仲和，博古多通，嗜秇（古同'艺'）如渴。尝治圃武昌城，中为高楼，颇瞰黄鹄矶。其下有井，并与大江脉通。仲和饮之甘之，名之曰'中泠'，其馆亦曰'中泠馆'。夫中泠，天下第一泉也。"王世贞又作《中泠馆诗》："武昌王孙，凿井其城。濯彼心魄，导之清澄。爰荫崇馆，爰饰嘉名。"[1]万历年举人胡应麟（1551—1602），有《为楚宗侯中泠馆作》（称镇国将军仲和为楚宗侯）云："胜迹中泠畔，名亭大海头。石栏三楚色，金锡九江流。谷有康王卧，泉堪陆羽留。春芽阳羡熟，一钵许同游。"[2]如今在武昌蛇山南坪的九井街、中营街存有若干古井，当年的中泠井是已经湮塞，还是现存古井中的哪一口，尚需进一步考证。

（2）正月十五，元宵节，夜出观灯。"楚王例于端阳日，集三堂巨公观

①　（清）王庭桢修，彭崧毓纂.江夏县志[M].同治八年刻本.台北：成文书局，1975：145.

②　（明）胡应麟著.少室山房集[M].《钦定四库全书》本.上海：上海古籍出版社，1993：1290-226.

竞渡于墩子湖。"①

（3）楚王府在武昌有歌笛湖，种植芦苇取笛膜。《小腆纪年》谓：张献忠"见楚府碧玉箫尺九寸，曰'此何用？'碎之"②。

二、封建特征的信仰崇拜

宗教信仰是指信奉某一特定宗教人群对所信仰的对象由崇拜、认同而产生的坚定不移的信念及全身心的皈依。③ 楚王宫中承运殿左建有"斋居"，楚王大祭前在此斋戒别居，以示心存敬畏。

（一）虔诚礼佛

1. 修建修缮佛寺

明太祖定鼎南京后，便确立了宗教政策，"承认三教合一地位的同时，更喜欢佛教"④。其子女深受影响。朱桢有疾，为了祛病消灾，大修境内寺院道观。明朝典章禁止藩王擅建佛寺，但湖广方志多次提及楚藩修建、修缮寺庙。

楚藩信佛，主要集中在三座寺院，首推武昌洪山宝通禅寺（位于今湖北省武汉市洪山区），其次是九峰山正觉禅寺，再次为长春寺。楚昭王洪山下的宝通寺"益扩旧制"⑤，《洪山宝通寺志》记述楚王及宗室特别青睐宝通寺：楚昭王朱桢洪武十五年（1382）启奏明太祖，请浙之龙门海禅师主此鄂席，修理各殿佛像。洪武十七年（1384）为钟楼铸 5048 斤青铜钟。二十六年（1393）龙门海禅师涅槃，命建塔于洪山，赐祭葬。楚庄王朱孟烷，正

---

①　（明）王同轨撰. 耳谈[M]. 中州古籍出版社，1990：241.

②　贵州安龙县方志办. 南明史料集（第 2 册）[M]. 贵阳：贵州人民出版社，2011：297.

③　任继愈主编. 宗教词典[M]. 上海：上海辞书出版社，2009：670.

④　[加]卜正民编著，潘玮琳译. 哈佛中国史之五·挣扎的帝国元与明[M]. 北京：中信出版社，2016：162.

⑤　（清）迈柱修，夏力恕纂. 湖广通志[M]. 雍正十一年文渊阁《四库全书》刻本. 台北：台湾商务印书馆，1983：50.

统元年(1436)铸1200斤青铜钟，置于大雄宝殿。正统十年(1445)，康王季堄，亲送明英宗亲书金字法华经、所赐经书至藏经阁，并制备经柜、经盖。楚靖王朱均鈋，景泰六年(1455)，修理大雄宝殿禅堂、藏经阁、法堂、方丈、两廊山门，及香积库寮等处。成化二十一年(1485)启奏明宪宗，勅赐"宝通禅寺"，更塔名为"宝通塔"。楚端王名荣㳇登山，祝釐供佛，斋僧诗赞，数莫能计。楚王名华奎，万历十九年(1591)奏请光宗皇帝颁发帑金，重修各殿碑文存。江夏王、寿昌王、长乐王及诸王护持，莫能尽述。[1]

　　洪武中，朱桢选僧人无念在九峰山卜地建寺。明太祖命名"九峰正觉禅寺"。楚王府纪善贝翱撰有《九峰山正觉禅寺碑》记："佛、菩萨、大士、金刚等神，塑像庄严，极其精妙……金碧丹垩，照曜林廊。观者骇叹，以为非人力可为，诚天造地设也。"[2]

　　永乐元年(1403)，朱桢修造长春寺，"奉安(安置神像)佛祖，为百千万年香火计"，用时12年，落成典礼选在佛诞生日(四月初八)，可见其诚。[3] "长春寺，楚藩宫后，黄龙禅师道场左。有龙池，闻其泉有二十四孔，具以石覆。明洪武末，二蛟起，开二孔。清初更名黄龙寺。"[4] "潘国祚《晚过黄龙寺》云："碧瓦前朝寺，重过百感生。夜深清磬发，飞入楚王城。"[5] "铁炉寺，在中和乡，明楚府建"，又有方广寺"在金铺山北，金鼎

　　① (清)天正、松泉辑录，(清)达澄增辑，杜洁祥编.洪山宝通寺志[M].光绪八年续纂版.台北：丹青图书公司出版，1985：37-39.
　　② (明)薛纲纂.吴廷举续修.嘉靖湖广图经志书[M].嘉靖元年刻本卷二.北京：书目文献出版社，1991：234.
　　③ (民国)陈梦雷等.钦定古今图书集成[M].明伦汇编官常典卷一千一百二十四湖广总部武昌府部艺文二.北京：中华书局，1934：51.
　　④ (清)裴天锡修，武汉地方志办公室整理校注.清康熙湖广武昌府志校注[M].武汉：武汉出版社，2011：199.
　　⑤ (清)裴天锡修，武汉地方志办公室整理校注.清康熙湖广武昌府志校注[M].武汉：武汉出版社，2011：774.

山下，前后二塔，明楚府建"①。嘉靖六年，楚王荣减拟重修位于武昌洪山公园西侧的修静寺，"疏请赐额"，因为有悖例制，未予准许。

出游佛寺情形，见于楚王诗句。楚庄王孟烷有《九峰寺》《重游九峰寺》。楚端王朱荣减《正心诗集》收录于其游历寺庙的诗作，《九峰寺留题》《观音阁》《宁湖寺》。嘉靖《湖广图经志书》录其《东严寺》《长春寺观灯》《龙华寺》《云隐寺》等10首。② 光绪八年《洪山宝通寺志》载楚端王朱荣减《宝通寺留题》5首。武昌蛇山灵山寺，是武昌最古老的佛寺。时为楚世子的朱荣减(署名宝贤堂)所作《重修古迹灵山寺序》碑。③ 碑文记录了楚藩修楫该寺的情形。

夫释之为教也，肇自汉明帝夜梦金人求净土，其法始流入中国。寺拟梦而作也。达摩东渡以来，其教大阐于天下。自兹以后，愈久愈兴，以空广其说，以善扬其道。其旨以善为主，故人乐为而从之。去仁义者众，故为儒者攻之。吾儒朱夫子有言，人性皆善，良有以也。人性不善，释焉得而善之？学于释者，必因山水之清，以养其性，而成其善，寺由此而多矣。是以名山之下，必有禅刹。若予国城之北，灵山禅院，宋节使信国武穆王岳飞鹏举之所建也。厥后改院为寺，比丘尼者居之。若宋景定间，院主广润，住持承慧。及我朝正统间，住持禧闓者素守清规，率诸尼众焚修，谨恪祝延圣寿。时因殿宇倾颓，寮舍萧条，禧闓疏闻，予伯祖康王，募缘重建。俾后之院首住持，灯灯相续，代不乏人。其佛像森严，晨昏礼诵，盖使人向善，得所依归。慨夫自古帝王兴役建寺，劳民费财者比比，非尚其教、亶其事，而何求焉？予暇之日，过灵山之址，睹其院宇荒凉，古碑剥落，惟爱

① (清)迈柱修，夏力恕纂. 湖广通志[M]. 雍正十一年文渊阁《四库全书》刻本，台北：台湾商务印书馆，1983：60.

② (明)薛纲纂. 吴廷举修编. 湖广图经志书[M]. 嘉靖元年刻本卷二. 北京：书目文献出版社，1991：174-175.

③ 严昌洪. 武昌掌故[M]. 武汉：武汉出版社，2019：217-218.

山水清胜，形势幽雅，不忍废也。欲用鼎新，而惮财力。恭承父王命内典服陈王董工，募缘劝贷。贵族高门向善者，输财赞成。于是土木皆兴，物用咸遂。轮焉奂焉，完矣美矣，殿堂寮舍，佛像天王，焕然一新。始于弘治四年（1491）八月初二日，落成于弘治九年（1496）八月初三日。用财有道，欲以传示于后人，以善化俗，万一小补。于是乎书。

清江南总督马国柱《题明宗室诈传令旨审拟罪状本》显示：朱华塘供称，"素好持斋念佛，寓居省城（武昌）兴善寺"①。

2. 祈寿求嗣

楚藩蕴镏（刻本为"瑠"，笔者按楚宗派行订改作"镏"），被称作"侯"应是将军级的宗室，其事例较为典型。光绪《洪山宝通寺志》"护法"条目述："昭王九世孙璧山侯蕴镏，重修各殿庄严佛像，及五百阿罗汉，护持共计三十余年。"崇祯十一年（1638），明末大学士贺逢圣所撰《重修洪山万寿禅寺弥陀殿碑文》，记述蕴镏："我璧山贤侯老亲翁，于前万历癸卯（万历三十一年1603）岁，同太翁（贺）时轩翁游此。侯阴发二愿：一为太翁祝厘，一为己身祈嗣。如愿，则一举而新之，乃祝厘而太翁果登八十，祈嗣而侯乃生丈夫子五人。"②由于30余年的护法，五子如愿成长："盛浤侗初（前为赐名，后为乳名，以下同），弱冠以是年领岁荐；盛涉邻初、盛潜寅初，甫髫年入学序；盛淮端初、盛□嘉初（尚未赐名，仅有乳名），稚年咸具成人之概。"③

3. 交结僧人

洪武十五年（1382），楚王朱桢启奏太祖高皇帝，请浙之龙门海禅师主

---

①　故宫博物院明清档案部编．清代档案史料丛编（第三辑）[M]．北京：中华书局，1979：101．

②　（清）天正、松泉辑录，（清）达澄增辑，杜洁祥编．洪山宝通寺志[M]．光绪八年续纂版．台北：丹青图书公司出版，1985：88-89．

③　（清）天正、松泉辑录，（清）达澄增辑，杜洁祥编．洪山宝通寺志[M]．光绪八年续纂版．台北：丹青图书公司出版，1985：95．

此鄂席。释胜学号无念"洪武中，楚昭王迎至洪山寻迁九峰，奏闻，召见优赐还山"①。

洪武十五年(1382)八月，马皇后崩逝，明太祖选推有道高僧辅侍诸藩王子，为其"诵经荐福"。楚藩王朱桢在湖广大洪山举办超度大会，发现僧人无念，将其招迎至武昌洪山宝通寺，对无念"语必竟日，美馔鲜果，以食馔之"。后在九峰山卜地建寺。洪武二十四年(1391)，太祖命名"九峰正觉禅寺"，并专赐金字匾额。无念由一介小僧跃为太祖儿子——楚藩王朱桢身边的座上宾。明河撰《补续高僧传·无念传》："(楚)王见而异之，建九峰寺居之……当道者荐于朝。"明太祖朱元璋得知无念修炼入化，召见于朝，随后赐诗写序、赠送礼物，无念光耀一时。楚王朱桢在无念示寂后，命人在武昌九峰山狮子峰断崖凿石铭刻太祖《赐僧无念诗》、无念诗和无念肖像，保留至今。②

洪武二十八年(1395)，明太祖命楚昭王往南京，迎宝昙应禅师灵骨，建塔于洪山，赐祭葬。

暹罗僧人(《大冶县志》谓"海东新罗人")昙晦禅师，"领临济宗，悟禅，住平等山(湖北大冶县铁山堡平等寺)。楚王迎奉之"。与其吟对讲经。崇祯壬申(崇祯五年1632)腊月日，趺坐吉祥而逝。全身归塔。③

心如，俗姓王，黄安人，苦修顿悟，楚藩迎主修静寺，后端坐而化，鼻中玉柱双垂，异香四散。④

(二)兼收道教

在武昌黄家湾发掘的镇国中尉夫妇墓，恭人赵氏墓(M1)中有地券一

① (清)迈柱修，夏力恕纂．湖广通志[M]．雍正十一年《四库全书》刊本．台北：台湾商务印书馆，1983：750.

② 涂明星．明太祖与无念禅师的佛缘[J]．武汉文史资料，2019(5)：61-64.

③ (清)裴天锡修，武汉地方志办公室整理校注．清康熙湖广武昌府志校注[M]．武汉：武汉出版社，2011：671.

④ (清)迈柱修，夏力恕纂．湖广通志[M]．雍正十一年《四库全书》刻本卷七十四页六.

件，外围刻有八卦之象，券文中"青鸟子曰""人生天地之间，受阴阳二气""业主张坚固""中人东王公""证人李定度"等是明显的道教特征。

1. 珍藏道经

楚王奏："今年四月府中火累起，随救随熄，至八月十八日复火，经昼夜不绝，宫殿家庙门廊并所赐释道藏经悉毁。命所司覆实以闻。"楚藩府邸同时存有释道藏经，遭火焚毁后即可向皇帝上报，可见王府内对释道藏经的重视，也佐证了王府佛道兼信的情形。

2. 修建道观

楚王朱桢有疾，大修境内名地。洪武十六年（1383），"汉阳玄妙观殿庑门阁，昔皆精丽，昭王鼎建也"①。斥资装修汉阳县城玄妙观的殿庑、门阁，精丽华贵。"羽士（道教法术高超者）王智明行术兼至，举为副都纪，复加修葺，愈益宏壮。"②

洪武三十年（1397），朱桢庶长子卒，在江夏县九峰山宝盖峰"卜葬掘圹，雷雨忽作，从圹中得石刻真武像。王异之，因建真武观"③。而在武昌平湖门内建武当宫，与朱棣崇奉道教大修武当相呼应。洪武初年续建，正统年重修。楚庄王朱孟烷有《大岳太和山》诗（大岳太和山即今湖北武当山》），楚端王朱荣㳦有《武当宫》诗。

3. 炼丹祈寿

明代，内丹思想尤为发展，宗藩中亦不乏主张修炼内丹以求延年益寿者。如鲁荒王因服丹药中毒早亡，尤为典型。近年在楚王宫遗址发现两处炼丹遗迹，成为楚王笃信道教、祈望炼丹延寿的实物见证。近年在武昌旧城改造、修建地铁过程中，发现明代楚王府炼丹房，表明楚藩中寄望炼丹求长生的人不在少数。

---

① （明）秦聚奎总修，武汉地方志办公室整理校注. 明万历汉阳府志校注[M]. 武汉：武汉出版社，2007：333.

② （明）秦聚奎总修，武汉地方志办公室整理校注. 明万历汉阳府志校注[M]. 武汉：武汉出版社，2007：210.

③ （清）裴天锡修，武汉地方志办公室整理校注. 清康熙湖广武昌府志校注[M]. 武汉：武汉出版社，2011：201.

楚藩信仰，佛道兼顾，湖北方志中有诸多礼佛信道的记载。当然，楚藩宗教信仰，是与明朝中央宗教政策大环境相适应的，这是底线。明朝宗教基本政策，一是信仰自由，二是保持国家政治世俗性质，三是国家可控范围之内以便维持社会秩序稳定。

（三）民俗信仰崇拜

民俗信仰指"在民众中自发产生的一套神灵崇拜观念、行为习惯和相应的仪式制度"①。楚藩的民俗信仰主要表现为崇拜诸多神灵、祈祷求吉避凶、结交异人术士等几个方面。

1. 崇拜诸多神灵

诸多神灵包括自然神（风雨雷电等）、超自然力的神、神格化的历史人物神或虚构的人物神。

主持地方祭祀典礼是大明封建国家赋予藩王的一项"国事"，也是理藩事务的重要项目。作为坐享宗禄的藩王在特定时间祷告，祈求自然赐予藩王本人、家庭、藩封属地及其百官百姓更多的福祉。

社稷坛，在府（武昌府治）北三里，楚王春秋两祭。山川坛，在府（武昌府治）东南三里，保安门外，楚王春秋两祭。②

前述楚王修建一些祭祀特定神灵的设施，如：楚王朱桢在新沙洲造水母祠，用以镇水，又在武昌城南门外建晏公庙，用于平浪。

灾荒之年，楚王承担起祈求神灵的责任。遇雨雪水涝求天晴、求退水，遇旱求雨。湖广方志中有些载录。楚庄王朱孟烷指派工匠重建仰山庙，用于祈雨；永乐十一年（1413），岁旱，躬祷仰山，树雨随应。祈雨应验正是因为其出于为民为公的善意目的，其仁厚和虔诚是得到神灵回

---

① 钟敬文. 民俗学概论[M]. 上海：上海文艺出版社，1998：187.
② （清）薛纲纂. 吴廷举续修. 湖广图经志书[M]. 嘉靖元年刻本卷二. 北京：书目文献出版社，1991：150.

应的条件。楚王华奎在黄鹤楼祈祷镇水。"岁大浸，步祷于黄鹤楼，水骤退。"①

他们相信：人能与上天开展"互动"，善行与美德会"感动上苍"，可以得到现世回报。季坦侍奉楚庄王孟烷遗孀邓氏，为非亲生的"母亲"，坚持煎药熬汤达数月，直至去世。得到明英宗称道："封建楚国，昭王庄王，世有令德。宗藩之贤，楚为首称。"②楚府"世子荣减(后为楚王)天性至孝。母妃周氏遘疾，朝夕吁天，求以身代。居丧哀毁，葬时多雨，祈晴即应"。(《明孝宗实录》第187卷弘治十五年五月丙戌)前述两王"以孝感天"，是我国传统神话母本(本土有董永孝行感动七仙女的故事)的演绎。

楚王信奉堪舆、执著风水，本质上是崇拜土地神灵。如九峰律寺、武昌长春寺、江夏灵泉山(今江夏龙泉山)的楚王茔园，二妃山、次古山(今武汉流芳四股山)等地的郡王茔园，其选址必请堪舆师为其相地。

2. 信奉巫术占卜

某些异人、术士往往被传具有一定的"通神"或"预知未来"的特异功能，为权势者所看中，有时甚至被利用。朱元璋在征战中，随身带有占卜师。洪武二十六年(1393)，开卜筮禁。凡瞽目及阴阳人，仍听其卜筮，诸人不许妄词评告。宣布卜筮、算命合法化。明太祖常常灌输"天象预兆人事"思想，影响诸子言行。洪武三十年(1397)三月，委派专使传信朱桢："荧惑入太微，不可不虑……顺入而逆出，已八十日矣，在内庭十日，有死君者，有死后者，死宰相者，况八十日乎？……今尔子(庶长子孟熜)因疾而逝，天象岂不可信？灾非止此，更有甚焉。尔当省愆慎德，以回天心。"次月，又敕晋王朱棡：近钦天监奏占天象，当有胡兵入寇。

史载朱桢蓄养异人术士为其服务。光绪《荆州府志》载："邓权，监利人，善风角，尝在武昌。随楚王(朱桢)入朝时，成祖(朱棣)在燕亦来朝，

①　(清)裴天锡修，武汉地方志办公室整理校注. 清康熙湖广武昌府志校注[M].武汉：武汉出版社，2011：194.

②　(明)陈文等修. 明英宗实录[M]. 正统七年二月乙卯卷八十九."国立"北平图书馆红格抄本影印版. 台北："中央研究院"历史语言研究所，1962. 1798-1799.

同宿邸第，以物命之，果验。(朱棣)大书'明鉴'二字赐之。"①清夏力恕《湖广通志》第 74 卷《仙释方伎》也载录此条，有异的是邓权"尝戍武昌"。成化年妖人频出，并希望其"法术"能在楚府得以施展。"王臣尝为奸盗，被楚伤胫，号王瘸子。""僧继晓者，始以淫术欺诳楚府，事败走匿京师。"②僧继晓的方术不知何因，被揭穿逃至京城，以房中术迷惑宪宗，骤然达贵，最后还是遭遇杀头的下场。《鹿樵纪闻》记，楚宫还招揽身怀特种技艺之人，称作"老脚"，楚王宫沦陷后，被张献忠收归帐下，"献忠嬖(宠爱)楚府宫人老脚"，侍其左右。③

在科学不兴的时代，由于诊治技术有限、医疗条件不良，世人常常乞求神灵赋予神秘的外力，用来求吉避凶，带来好运。因而祈求风调雨顺、保佑平安、驱鬼逐祟、祷雨镇水、求得子嗣等，都是民众的共同心愿。随着人类文明的进步，民众对于神秘外力的倚重程度越来越小，但始终受到或多或少的影响。

3. 相信梦有预兆

《明太祖实录》第一卷记，朱元璋出生前夜，母亲"梦一黄冠自西北来"，出生后"夜数有光，邻里遥见"。这些成为朱元璋"君权神授"的预兆。至正二十三年(1363)，陈友谅军围南昌，朱元璋忽得异梦，命占之，得"嘉兆"。此战结果正如梦境预兆。

洪武三十一年(1398)四月，明太祖朱元璋享太庙谓侍臣曰："昔太庙始成，迁主就室礼毕，朕退而休息，梦朕皇考呼曰：'西南有警。'觉即视朝，果得边报。祖考神明昭格在上，无时不存，尔等掌祭祀，务斋洁以安神灵。"④

---

①　(清)倪文蔚，蒋铭勋．荆州府志[M]．光绪六年刻本卷五十九艺术页二．

②　(明)黄瑜著．双槐岁钞(历代笔记小说大观第 4 册)[M]．上海：上海古籍出版社，2005：252.

③　(清)娄东梅村野史编纂．鹿樵纪闻(中)[M]．北京：商务印书馆，1917.

④　(明)余继登撰．典故纪闻[M]．元明史料笔记丛刊．北京：中华书局，1981.卷五 P99.

督学副使沈钟《楚宪王叙赞》曰："宪王讳季垠，正统四年秋八月壬辰，梦持水晶笔大书。自兹文藻焕发，诗调高旷。"①《徐氏海隅集》记朱均鈚"母妃王氏尝梦天使授玄圭，已而母邢氏在娠，生王。"②

梦境预兆未来之事，人皆相信。镇国中尉朱英昭之子朱华圉，崇祯十六年（1643）三月，梦见石壁有"暗壁流花瓣，渔郎何处寻?"诗句，认为是神灵警示将有灾难来临，告知众人赶紧逃离。

此时张献忠军正自蕲州率军攻入黄州，居民多弃家而逃。接着下个目标就是楚藩王宫所在的武昌城。华圉奔走告亲友曰："时危矣，去之可也。"随后弃家遁入桃溪，不知所终。同年五月底，张献忠军攻陷武昌，报复性地杀戮楚宗。捜诸史料，确有一批楚藩宗人在城破之前成功出逃，或换姓更名隐居僻野，或参加南明抗清。

宗藩成员的信仰呈现多元性，且具有明显的功利性，祈祷国运昌隆、地方安宁、宗藩兴旺、个人及子嗣平安。一些修建、布施活动往往带有消灾、还愿、酬谢神灵的心理。

三、颇为奢靡的自娱自乐

（一）教坊鼓乐歌舞升平

"洪武初年，亲王之国，必以词曲千百本赐之。"③"诸王府广置女乐，淫纵宴乐，因而私娶者"，一度下令"革诸王乐户，其朝贺宴享，迎接诏敕，拜进表笺，当用乐者，假鼓吹与有司"，于是嘉靖四十四年裁革各王府例设二十七户乐。至万历初年，因张居正等上奏认为，"《大明会典》中嘉靖中所定《宗藩条例》多有不当"，其中高皇帝所定亲王乐工"盖以藩王体

---

① （明）廖道南．楚纪［M］．嘉靖二十五年刊本．北京：书目文献出版社．1999.84.

② （明）徐学谟．徐氏海隅集［M］．万历五年刻万历四十年徐元曍重修本卷三十九页二.

③ （明）李开先撰，路工辑．李开先集［M］．北京：中华书局，1959：370.

尊，宴享皆得用乐，今概从裁革，此减削太苛力，需敕礼部再加斟酌"①。于是万历十年，出于"存藩国之体"的考虑，命"拨还各府革退乐工"②。

张居正逝后，教坊司归王府管理，藩府把持教坊的权力更大。楚王府专辟"御菜园"以蓄歌姬。而永安王府梨园演艺的火爆，博得众人羡慕。

明末顾景星（1621—1687）《白茅堂集》，其中有诗《楚宫老妓行》。此诗旨在批驳明朝藩王宫庭生活的过度挥霍浪费，过分追求享乐。作者偶遇蓝七娘，得知其身世。该诗记录了楚王宫乐女蓝七娘的经历，通过她的回忆，展示了楚王宫的奢靡。蓝七娘本南京乐籍，初随阿母长干里（南京乐伎集散地），擅长秋千、蹴鞠。后转入楚宫从事艺技，明朝灭亡后出家为尼。蓝七娘所见楚宫景象：

> 门前车马隘阛阓，席上缠头不知数。
> 章华娇贵世应稀，征歌度曲辨音徽。
> 龙楼宴月香成阵，凤篆障风肉作围。
> 曾逐行宫同象辂，不嫌花底夺鸾篦。
> 鸳央瓦暗流萤度，翡翠帘深络纬啼。
> 年年恩典官舖后，善和门外饶花柳。
> 东肆郭郎西肆歌，社北厨娘社南酒。
> 半仙小女斗腰支，齐云儿郎好身手。
> 王舍空门乍改移，平台戚里今何有？
> 乍来岂识婆罗门？梦中只记君王后。③

---

①　（明）叶向高等修，明神宗实录[M]．万历七年二月乙酉卷八十四．台北："中央研究院"历史语言研究所，1962：3731.

②　（明）俞汝楫等．礼部志稿[M]．乾隆四十五年《钦定四库全书》刊本卷十六．上海：上海古籍出版社，1993：247-248.

③　（清）裴天锡修，武汉地方志办公室整理校注．清康熙湖广武昌府志校注[M]．武汉：武汉出版社，2011：719.

郡王教坊演艺业最为繁盛要数永安郡，福建籍官员张正声记录了当时亲历的兴盛情形。第八代永安郡王朱蕴钟，号星崖，在王府宫中，开辟梨园，蓄养一批王府专用的歌姬。其建有"御风亭"，在此"教梨园女子数十人，每值花辰令节，演出堂下，士民观者如堵不之禁"①。永安王梨园演艺一度兴盛，并延续到明末。崇祯二年（1629）客居武昌的福建籍官员张正声作有长诗《永安王宫人梨园行》，并撰有诗序。"妆成少妇想春闺，粉红黛绿不须借。有时径作武人身，吴王宫里能骑射。汉仪秦声君须知，纤袅历落幕不得。上将头上进贤冠，大夫腰间黄金色。"②诗句描绘了王府梨园鼓乐阵式的庞大整齐，展现了伶人演技的高超和服装的俏艳华丽，还记录了剧目内容的丰富多彩，如洛水遇神女、嫦娥奔月的故事、吴起教授宫女习射等。这些表明永安王府的家乐规模、艺术水平、剧目的丰富性，在全国藩府中居于上乘。

（二）部分楚府乐户的命运

1. 年老色衰生活无着

顾景星《楚宫老妓行》还述说了蓝七娘失业之后的境遇："初时夏腊尚红颜，几度春秋成老丑。家亡国破有如此，媪乎媪乎何足论。莫到玉钩斜下路，天阴新鬼哭黄昏。"③

2. 被掠入川亡命他乡

张献忠占领武昌后，挟掠了一些乐户。"有曼仙者，本楚府乐户，被掠，其侪琼枝不辱而死，曼仙刻意奉迎，黄虎嬖之，携入蜀，屡欲图贼不得间。及黄虎自平阳败还，竟忽忽不乐，曼仙乃奉毒酒，清歌以侑，黄虎手挽其颈曰：'汝先饮此'。曼仙不能却，立饮而毙。"④

---

①　（清）刘朝英、张希良纂修. 江夏县志[M]. 康熙五十三年刻本卷五古迹十四至十五.

②　（清）娄云纂修. 惠安县志[M]. 道光十二年刊本. 上海：上海书店出版社，2000：160.

③　（清）裴天锡修，武汉地方志办公室整理校注. 清康熙湖广武昌府志校注[M]. 武汉：武汉出版社，2011：719.

④　（清）娄东梅村野史编纂. 鹿樵纪闻（第三版）[M]. 北京：商务印书馆，1917.

第四节　宗室婚姻状态

一、宗室选婚请婚制度

综观宗室婚姻，朝廷有例制，选婚请婚不得违反常伦秩序。例制在执行中因时因事而不断变通，针对滥象，定有整治措施。"择婚有令，选婚有期，擅婚有禁，妾媵有限，至于滥妾、花生等有弊有罚。"①宗室男女婚配均由王府指定，然后呈报宗人府请婚。

关于选婚。亲王 15 岁选婚，亲王世孙、郡王长孙 15 岁请婚，亲王次孙、郡王次子，及将军中尉子 15 岁请封请婚；楚王朱桢 16 岁，婚配大都督府都督佥事王弼女。弘治间定：王府选婚，务要会同长史、承奉、教授等官，于本境内拣选家道清白、人物俊秀、年岁长成者，就行彼处按察司核勘明白，方许具奏。凡郡王长子长孙 10 岁请立 15 岁请婚。

关于郡王以下女眷册封。弘治十年定：郡王出府止封 1 妃；镇国、辅国将军各止封 1 夫人；奉国将军封 1 淑人；镇国中尉封 1 恭人；辅国中尉封 1 宜人；奉国中尉封 1 安人；妾媵一律不封。

关于纳妾。万历十年议准：亲王妾媵，许奏选 1 次，多者止于 10 人。

世子及郡王额妾 4 人，长子及将军额妾 3 人，中尉额妾 2 人；若世子、郡王选婚之后，年已 25 岁嫡配无出，则启亲王转奏，长史司申呈巡按御史查实具奏，于良家女内选娶 2 人。以后不拘嫡庶，如生有子，则止于 2 妾；至 30 岁再无出，方许仍前具奏，选足 4 妾。长子及将军中尉选婚之后，年 30 岁嫡配无出，照例奏请选娶 1 人。以后不拘嫡庶，如生有子，则止于 1 妾。至 35 岁再无出，方许仍前具奏。长子、将军娶足 3 妾。中尉娶足 2 妾。至于庶人，必年 40 以上无子方许奏选 1 妾。

---

① （明）申时行．明会典［M］．《续修四库全书》本卷五十七．上海：上海古籍出版社，2002：164.

二、宗室婚姻遭遇瓶颈

明朝中央明令：禁止王府亲戚选任京官，仕宦阶层一旦与王府结亲，即意味着任京官无望，致使"诗礼故家，衣冠世胄俱不愿与王结亲"，害怕阻断子孙仕途。不仅如此，民家亦是"不乐缔婚宗室，多方规避"①。宗室婚姻遭遇重重困境。选妻择婿面临诸多尴尬情形，要么有悖婚姻禁令，要么"门不当户不对"，要么年龄长相差距。宣德时期下放朝廷包办婚娶制度，改由王府奏选审批。由于宗室地位的变化，开始显现最突出就是难选和违制的情形。

鉴于此，明廷只得在宗室男子选妻方面变通一些做法，宣德年规定：亲王、郡王妃父无官职者，亲王岳父授兵马指挥，郡王岳父授副指挥，而所谓中、东、南、西、北五城兵马指挥司，均属虚职。例：正统十四年（1449），册封楚王季埏妃即是南城兵马指挥杜贵之女；成化二十三年，南城兵马司副指挥张桓女为楚府江夏王妃；正德八年，东城兵马副指挥郭信第三女郭氏为楚府缙云王妃；嘉靖八年，兵马副指挥田璋女田氏为楚府崇阳王妃。万历三十一年（1603）册封的东安王英燧之妃，择聘的是江夏县民程先民之女。宗室男子征选妃嫔媵妾不乏追香逐艳，渔猎杂流的情形。②虽然严格规定宗室"娼妓不许狎近"，然而，长期服务于王府的女乐，往往会带来"常在河边走，哪有不湿鞋"的可能。

宗室女子择婿限于"官员军民"中豪族之"有家教者"。明初，仪宾只授以中奉大夫一类的散官，没有品级。直到宣德三年（1428）方定成制：郡主仪宾秩从二品，县主仪宾从三品，郡君仪宾从四品，县君仪宾从五品，乡君仪宾从六品。嘉靖三十二年（1553），定镇国中尉婿授七品宗婿职事，辅国中尉婿授八品宗婿职事，奉国中尉婿授九品宗婿职事；并赐给冠带婚资，冠服宗婿同文职，宗女同命妇。后来修订仪宾条例在条件、义务等方

---

① （明）俞汝楫等．礼部志稿［M］．乾隆四十五年《钦定四库全书》文渊阁藏本．上海：上海古籍出版社，1993：377.

② 陈江．明藩王婚配制度考略［J］．东南文化，1991（01）：90.

面有了更详细苛刻的规定：宗室女子必须到 15 岁以上，方可具奏成婚；选配仪宾不得从本府军校中选择；王府长史、教授必须对仪宾进行相关教育考核，到 30 岁为止；郡主或县主亡故后，仪宾不得回还侍亲，只能移亲侍养，即留待王府侍奉岳父岳母。

事实上后来众多家庭忌于与王府联姻，"民间相戒以不婚王府为幸，而不以联姻帝室为荣"，甚至有意避匿婚龄。加上王府选婚手续繁琐、官场拖沓成风。到晚明，出现宗室成员，头发花白尚未取名、成婚的现象。《南天痕·宗藩传》有云："自神宗倦勤，中官礼曹，事必以贿请。始有白首不得婚娶、命名者矣。"①这便应证了崇祯初礼部尚书何如宠面临的情形。何如宠（1569—1641）"拜礼部尚书。宗藩婚嫁命名，例请于朝。贫者为部所稽，自万历末至是，积疏累千，有白首不能完家室，骨朽而尚未名者。用如宠请，贫宗得嫁娶者六百余人"②。

三、宗室成员生命状态

在楚藩人群中，不乏有英年早逝者。现据已知生卒年限的列举若干。

（1）楚王有 3 位：楚宪王朱季埦 31 岁（1413—1443），楚康王朱季㙤 40 岁（1423—1462），楚恭王朱英㷿 31 岁（1541—1571）。

（2）郡王有 4 位：景陵顺靖王朱孟炤 53 岁（1393—1446）；岳阳悼惠王朱孟爋 32 岁（1394—1426）；巴陵悼简孟熄，1397 年封，当年逝，约 15 岁；缙云怀僖王朱荣淋，1501 年封王、1508 年逝，保康荣靖王朱显樟，1527 年封、1531 年逝。

（3）郡主有 3 位：朱桢 9 位女儿中，就有 3 位先卒，占三分之一比例，分别为第二女沅江郡主，第三女临湘郡主，第五女云梦郡主。

（4）王妃有 6 位：楚王朱桢元妃王氏 35 岁（1363—1397）；通山王朱孟爋王妃程氏永乐五年（1407）21；武昌府教授杨莅之女，未婚，镇国将军季㙤亡故，自愿入府守节。正统九年（1444），杨夫人之妹聘为楚王朱季㙤

---

①　（清）凌雪．南天痕（卷三）[M]．成都：巴蜀书社，1993：735.

②　（清）张廷玉等．明史[M]．列传卷一百三十九．北京：中华书局，1974：6491.

妃，册封仅 3 个月去世；通城王英焴妃徐氏 30 岁（1493—1522）。

《武昌府志》记：罗练诊脉，断生死不爽。楚王妃周氏微恙，诊之曰：
"今午殆不起。"时妃犹饮食言笑，午果中风死。① 常人所见王妃身体状况
尚好，由当时楚王和诸宗怀疑罗练"请速治殓具"的误判程度分析，其还比
较年轻。② 这种现象，其他各藩亦有类似情形。"辽王晚抱异疾不能亲女
色，后宫中往往有抑郁致死者。"③

第五节　楚藩西北牧场

楚藩牧场位于陕西平凉府固原州海剌都堡（今宁夏回族自治区海原县
治所）。洪武二年（1369），徐达、常遇春率军攻取海剌都城（今海原县城），
蒙古豫王逃遁。④ 当时地广人稀，河道纵横"洪武二十年，赐楚王桢秦马二
十匹……并陕西草场一处，以征云南阿鲁图等处功也"⑤。楚府扩建经营，
更名"海城"，与"海剌都城"并称。⑥ 海剌都沿用前元称谓：海剌都是蒙语
"哈老徒"一词之音变（或音译），意即"成吉思汗也遂夫人的主宫"。⑦ 与此
相邻还有韩、肃、庆诸藩为牧场。

---

① （清）裴天锡修，武汉地方志办公室整理校注. 清康熙湖广武昌府志校注［M］.
武汉：武汉出版社，2011：672.

② （明）郭正域. 四库禁毁书丛刊·集部第 14 册·合并黄离草［M］. 北京：北京
出版社，1997：14-288.

③ （明）钱希言撰. 辽邸记闻［M］. 顺治三年宛委山堂刻本《说郛续》卷十八页
二.

④ 徐兴亚. 西海固史［M］. 兰州：甘肃人民出版社，2002：271.

⑤ （明）王世贞著，魏连科点校. 弇山堂别集［M］. 北京：中华书局，1985：
1270-1271. 该书卷六"亲王功赏之厚"谓："赐楚王桢秦马三千匹。"笔者认为"三千匹"
可能性大.

⑥ 固原地区地方志办公室. 固原史地文集［M］. 银川：宁夏人民出版社，1990：
52.

⑦ 李进兴. 海原县城出土明代墓砖之海剌都地名考析［J］. 宁夏师范学院学报，
2020（8）：63.

一、自然条件

明太祖赐给藩王有其战略思考。牧场地处偏远："东北至京师三千七百里，西北过靖远路至省会五百里。东南过固原路至省会九百六十里，东南至平凉府三百九十里，至固原州二百里。"道路难行，多鸟道。位置险要："地处固原之西北，前控六盘(山)，后恃高泉(山)，左抱下马(山)，右据天都(山)。为甘凉之襟带。乃固靖之咽喉。"①气候条件："耕种早则不生，而迟则不实。"②

从自然资源看，此地又比较有优势。山体有大六盘山、台山、须弥山、炮架山、香炉山等；河流有清水河、大黑水、小黑水、须灭都河、海子河、硝河、东海、西海等。③蕴藏丰富的地下水，有"天然水塔"之称，可谓"塞上江南"。春夏两季草木肥美，适宜孳畜耕种。

二、史料记载

"韩、肃、楚三藩牧地，与广宁、开城、黑水、清平等苑监，咸错壤焉。"④后来在城内东侧，发现一块"楚府海刺都界碑"，上书"明□□十五年，典膳邬恩同署承奉左知立。"⑤秦金《安楚录》正德年奏本说："查得武昌护卫、官舍(官府的差役)、旗军(明朝四卫营的官军)约四千一百余员名……除西安州养马、牧羊之外，在卫尚存有三千五百余员名。"嘉靖《固原州志》所载大致相同："洪武二十三年(1390)，调拨武昌护卫前所六百

---

① (清)杨金庚纂，刘华点校．光绪海城县志[M]．银川：宁夏人民出版社，2007：29.

② (清)杨金庚纂，刘华点校．光绪海城县志[M]．银川：宁夏人民出版社，2007：18.

③ (明)杨经、刘敏宽纂辑，牛达生、牛春生校勘．固原州志[M]．银川：宁夏人民出版社，1985：13-14.

④ (明)刘敏宽纂修．固原州志[M]．万历四十四年刻本卷一地理志页十一.

⑤ (清)杨金庚纂，刘华点校．光绪海城县志[M]．银川：宁夏人民出版社，2007：169.

户，官军一千五百员民，屯牧于此。"……天顺三年（1459），"营人自筑小城，周二里，高一丈余"。成化四年（1468），"选本府官军七百员民，冬操夏种"。成化七年（1471），"兵备金事杨勉，始增筑其城，高阔皆三丈，周四里三分，东、西、南三门，城池深阔各一丈五尺，内有大小官厅、操守厅，及承奉行司。官军九百四十八员民，马队四百五十七员民，步队四百九十五一员名"①。

后来牧地基础设施更加完善。"海剌都堡，楚藩牧地。土城周围四里三分，壕堑深、阔各三丈四尺。成化四年（1468），马公文升（巡抚陕西都御史）建，七年（1471）兵备杨勉增筑，仓、场全设。属堡二十有七，墩塘三十六座。"②

三、经营状况

牧地的经营状况在当地方志和楚王作品中有所反映。终明一朝，楚藩之于牧场，经历了获赐—中央回收—返赐的过程。这与明朝国家财经政策和经济状况有关。从史料记载经营人员和捐献给朝廷的马匹数量看，其经营规模大，经济效益好。

最先率领辟建牧场的是湖广人张子华，"明初，以功封世袭指挥使，随楚王分封武昌。王甚倚重，特命领楚兵七百户、八百七十四名，屯牧于此"③。张子华本人与部属，连同其家属，多数留居于此，成为西北新移民。时至嘉靖年，屯牧军士与屯牧（屯田）面积大有扩充。嘉靖《固原州志》显示：官军、牧人共计 1949 人，屯田 300 顷，折合今制 30000 亩。

楚朱荣减十分看好牧场"本小利大"的势头，因而倍加关注，常常发书信与牧场管辖地方官交流，也会委派相关人员拜访这些官员。正如他《赐

---

①　（明）杨经，刘敏宽纂辑，牛达生，牛春生校勘. 固原州志［M］. 银川：宁夏人民出版社，1985：23.

②　（明）刘敏宽. 固原州志［M］. 万历四十四年刻本上卷页七.

③　（清）杨金庚纂；刘华点校. 光绪海城县志［M］. 银川：宁夏人民出版社，2007：120.

承奉王宪诣西州考牧》所言："千年屯牧资长业，万里驰驱替远谋。"①

明中后期，屯田与马政大坏，藩王乘势大肆拓展牧场，招募逃亡的兵士及牧丁，引起地方官吏不满并向机予以弹劾，皇帝已经认识到问题愈演愈烈，逐步采取收拢政策。

四、利弊分析

牧场的存在有利有弊，具体如下：

（1）牧场作为楚藩在西北的一块"飞地"，也是楚藩一项重要的生产资料和重要的收入来源。

（2）牧场成为北房南侵的一道屏障。牧场经营，也时常遭遇北方异族骚扰、劫掠的危害。如：正统二年（1437），鞑贼犯边，掠楚府孳畜；景泰二年（1451），鞑贼入寇海剌都，到楚府马营内杀掠。

（3）随着实体的渐次强大，中后期出现恣意扩张、避缴国税的行为，威胁到明朝中央的军政与经济管理。朝廷采取相应的约束政策："荒闲平垫，非军民屯种者，听诸王驸马，以至近边军民樵采牧放，在边藩府不得自占。"②然而迨到明中后期，马政与屯田管理有些失控，藩王乘机招募牧丁，拓展牧场。地方官意识到牧场这种体制，是国家经济拮据的隐患。

五、社会影响

牧场所带来的社会影响有以下几个方面：

（1）牧场的辟建，客观上起到了守卫边疆、辅助定边的作用。弘治年杨一清督理陕西马政，主张边疆牧场"筑城通商，种植榆柳，春夏放牧，秋冬还厩，马既得安，敌来亦可收保"。

---

① （明）朱荣减．正心诗集［M］．嘉靖楚藩刻本卷八．北京：书目文献出版社，1999：93.

② （清）张廷玉等．明史［M］．卷九十二志第六十八兵四．北京：中华书局，1974：2275.

（2）孳牧成为楚藩日常收益的重要组成部分。经营增加了收入，中后期缓解了明廷中央宗禄不足的压力。

（3）贡马充实了明廷军备战马，实现了战略物资的补给。供应朝廷之需，按值收益。向朝廷贡马缓解了御边马匹供应不足的压力，客观上强化了明朝的军事防御力量。同时，向朝廷贡马赢得皇帝及朝廷的好感与信任，成为联络皇帝与朝廷的礼物。

（4）中后期的扩张，有碍边塞军政的统一管理。"藩牧军屯，什居七八租赋不给于公。而当制镇之冲，士马蚁屯，供亿蝟集。"①陕西抚按官殷学、梁汝魁疏言："悉心查理奸占，及丈量勘处还官，共清出牧场计一十二万五千九百二十余顷。乞敕谕楚、肃、庆三王府，严禁管庄群牧人等，毋兴异议，复图侵占。户部议覆，诏俱允行。"

（5）总体上看，在外敌随时入侵的边疆地区经营牧场，客观上对于民族整合、国家领土完整与统一起到了积极的推动作用。近年来，一些研究西北民族整合、边塞、明宗藩马政、明藩贡马等课题的论文，不少提及楚藩牧场，这些均表明楚藩牧场对于明代地方军政、经济、文化、移民等有着不同程度的影响。

---

① （明）刘敏宽纂修. 万历固原州志［M］. 万历四十四年刻本卷一地理志页十一.

第五章　楚藩人文风貌及其特性

第一节　宗室的文化面貌

楚宗文化面貌，只能依据现有文献来归纳其特征，主要有六个方面。

一、勤学有成

（一）武冈郡王朱显槐（？—1591）

朱显槐，因其父荣湅号"黄鹤道人"，显槐自称"少鹤"或"少鹤山人"。其作品名称，书家说法不尽一致。《明诗纪事甲签卷二（上）》载其著有《少鹤山人正续集》16卷，《少谷续稿》8卷，《和秋香百咏》1卷，《正心书院集》1册；《千顷堂书目（附索引）》载其著有《文集》，又《少鹤山人续集》8卷，又《诗集》8卷。黄虞稷《千顷堂书目》存《少鹤诗集》书目；《四库全书提要别集类存目四》列有《少鹤诗集》；俞宪《盛明百家诗》"雅善文墨，尤好诗歌。"其《书史会要》谓：辑有《宗室武冈王集》《少鹄（鹤）诗稿》8卷（台湾图书馆有嘉靖间武冈王府刻本）；还有记载其另有《正心书院集》《和秋香百咏》等文集。① 黄山书社出版《明别集丛刊》第3辑载有《少鹄诗稿》。朱显槐诗作撷录，详见附录三楚藩宗室文艺作品迻录。

---

① 曹之. 明代三大著者群[J]. 图书情报论坛，1996(4)：73.

（二）朱英炕

朱英炕，字宾桃，生活在明晚期。与江夏文士贺时泰（贺逢圣之父）、黄陂文士黄彦士（字武皋，官至贵州道监察御史）、黄奇士（字武滨，仕户部司务）结庐研学。同治《江夏县志》云："楚藩诸孙，尝筑学堂与同邑贺阳亨，黄陂黄武皋、黄武滨，互相师友，学尚敦修，不贵冥悟。父卒，庐墓三年。两台疏其行谊，神宗嘉之，拜为宗学大宗正。"①

（三）朱盛浕、朱容栋父子

朱盛浕，字蓼莃，朱克信之子。盛浕继承父亲清苦简朴遗风。因割股疗亲，手腕留有斑痕，总是掩饰不让外人看见。亲人去世，3 年未见笑容。后致力于医学研习，终有所成。崇祯癸未之变，张献忠尽驱楚宗入江。盛浕顺江漂浮 30 里至鲍家庄，被汲水僧人救起复甦。后隐居梁子湖中的梁子山，易名谢世仁，改字忍生。同治《江夏县志》有两处记载：一是记述其隐居生活。"隐于医，工于诗，与王子云、叶井叔（叶封，字井叔，1623—1687，晚年居梁子湖）辈合刻有《郢雪编》《通丹经》。"②二是彰扬其孝行，将其列入孝子人物。③ 康熙《武昌县志》称赞其医术高明、医德高尚："嗜古、博学、眈诗、爱琴，尤善岐黄术（通称中医医术）。经其手，手到病除，无不活者。或得疾，法在不治，涕泣从之。即按古方出已意治，多有死中得生者焉。性至孝，少年，尝割股疗亲，血痕斑斑可验。虽盛暑，必衣掩覆之，恐为人所测识，其隐德类如此。"。④ 邵遐龄撰乾隆《武昌县志》第九卷"人物方技"条目沿袭载录，少数语词稍异。

---

① （清）王庭桢，彭崧毓．江夏县志［M］．同治八年刻本孝子传．台北：成文书局，1975：704．

② （清）王庭桢，彭崧毓．江夏县志［M］．同治八年刻本卷八杂志．台北：成文书局，1975：1139．

③ （清）裴天锡修，武汉地方志办公室整理校注．清康熙湖广武昌府志校注［M］．武汉：武汉出版社，2011：619．

④ （清）熊登．武昌县志［M］．康熙十二年刻本第六卷人物流寓一百四十．

其子朱容栋，字二安，通医术，以医著。著有《医宗》《王琴操谐谱》《谱梁子草》。清初时被荐为太医，婉言不受，享年 90 而终。

（四）朱华圉

朱华圉，字淮仙，楚宗藩中尉英炤（同治《江夏县志》写作"诏"）次子。6 岁入私塾，看到"大学"二字，问塾师："大学是何等学问？"由于老师的悉心指导，加上个人勤奋努力，学识广博，通晓古今。不屑参加科举考试，专注著述。著有《梅湖桃溪》《宋元诗选》《圣贤宝鉴》共计 50 万字，梳理文化源流，评论先贤文艺成就。崇祯十六年（1643）三月，梦游石壁现有诗云："飞泉如白鹤，隐见渡平林。暗壁流花瓣，渔郎何处寻？"随告亲友曰："时危矣，去之可也。"即弃家隐遁，不知所终。不满两个月，武昌城陷，楚宗大多遭遇杀戮，他却逃过一劫。① 雍正《湖广通志》第 58 卷有相同记载。钱海岳《南明史》记："华圉，英炤子，博通古今，学宗王守仁。国亡，隐桃溪，易名陶朱公。"②其妻旌为节妇。③ 子蕴铉、蕴钮，明亡后去"钅"旁，更名"宏""上"，出家为僧。

二、应景作文

相关典籍、方志，零星载有楚王、郡王、将军、中尉等宗室的文艺作品。大多与生活中人、物、事相关，借物言情，有感而发。如，正德六年（1511），明武宗敕造"彰孝坊"牌楼，一些宗室作"彰孝坊"同题诗，嘉靖《湖广图经志书》收有 7 位郡王和将军的诗作。再如，朱荣㳦《正心诗集》中，有祭祀、斋坐、祝寿、酬和、馈赠、饮茶、宴会等为主题的诗句，而"松轩""梅轩""桂轩"者，即是朱荣㳦同辈郡王或将军的号，他们之间常

---

①　（清）王庭桢修，彭崧毓纂. 江夏县志［M］. 同治八年刻本卷八杂志. 台北：成文书局，1975：844.

②　钱海岳. 南明史［M］. 北京：中华书局，2006：1443.

③　张仲炘，杨承喜. 湖北通志［M］. 民国十年刻本. 台北：华文书局，1967：3723.

有诗作酬和。

三、军功受赏

正统十二年（1447），镇国将军季堂次子均鑼，镇国将军季涂嫡长子均钿封为辅国将军。因在山西大同威远卫等处两次杀贼有功，景泰元年（1450），奖赏两人岁禄各 800 石（爵位标准），米钞中半兼支。①

四、应试入仕

朱华圯，选贡，明末任福建行省德化县（今福建泉州市）知县。清同治年《德化县志》载："崇祯末知县事，左良玉兵溃，陷城，执而裸之，令负重，抗骂不屈。杀之儒学（县立学堂）莲花池上。"②

朱华坰，选贡，南明绍宗立，擢云南道御史，巡城，兼管保甲。③

朱华均，恩贡，嵩县知县。河南《嵩县县志》称："湖广贡士，崇祯十五年任。"④

朱蕴标，字玉藻，四川保县知县（明洪武六年（1373）置保县，治所在今四川省理县东北薛城乡，属成都府），与训导钱养昆修南堡。

朱蕴镦，同治朝江苏《徐州府志》知州名表显示：朱蕴镦，崇祯十七年（1644）任。⑤

朱蕴镁，岁贡，云南浪穹知县。光绪二十八年《浪穹县志略》第 7 卷

---

① （明）陈文等修．明英宗实录［M］．景泰元年夏四月戊子卷一百九十一．台北："中央研究院"历史语言研究所，1962：3959-3960．

② （清）陈鸁等修，黄凤楼等纂，德化县志［M］．同治十一年刊本．台北：成文出版社，1970：359．

③ 钱海岳．南明史［M］．北京：中华书局，2006：1443．

④ （清）康基渊纂修．嵩县县志［M］．乾隆三十二年本．台北：成文出版有限公司，1976：100．

⑤ （清）吴世熊，朱忻修．刘庠等纂．同治徐州府志［M］．南京：江苏古籍出版社，1991：148．

“秩官”条记：“朱蕴镤，崇祯年间任，明朝倒数第2任。”①

朱蕴铇，岁贡，河南光山知县，后又摄政息县。②

朱蕴铲，永历三年(顺治六年即1649年)，清军攻陷蕲黄四十八寨黄州府三百寨，被执死。③

朱蕴镶，江夏岁贡，“万历以后任事(光山知县)，年代籍贯失载”④。

朱蕴鏁，岁贡，明末任职福建省宁洋县(后撤建置)，隆武年，先后任江西崇仁、宁洋知县。《宁洋县志》知县名单显示：朱蕴鏁，明宗室贡生，崇祯十七年任(明朝最后一任知县)顺治元年(1644)，宁洋诸生廖淡修、范元会等，以“勤王”为名聚众造反，活动于宁洋、漳平、龙岩边境。朱蕴鏁设计斩杀廖部百余人。⑤

朱蕴金，字大和，崇祯末年任衡州府同知。《康熙衡州府志》知府名单显示：朱蕴金，楚藩抚授，崇祯十七年任。⑥“永历三年九月，起兵耒阳、永州，累擢佥都御史，巡抚沅、兴。十年十月，入为通政使。十三年扈从(随从永历帝)入缅，遇害。”⑦

朱盛滵，明末贵州省镇远府推官。《贵州通志》第17卷：朱盛滵，江夏人(未注明其楚藩宗室身份)。在该府14任推官中，盛滵是第12任。⑧

康熙朝《湖广武昌府志》：朱盛浍崇祯六年(1633)举人，朱盛泞、朱容

① (清)罗瀛修，周沆纂．浪穹县志略[M]．光绪二十八年刻本卷七秩官．台北：成文出版有限公司，1975：219.

② 钱海岳．南明史[M]．北京：中华书局，2006：1444.

③ 钱海岳．南明史[M]．北京：中华书局，2006：1444.

④ (民国)晏兆平，许希之编．光山县志约稿[M]．民国二十五年铅印本卷二人物志职官．台北：成文出版有限公司，1968：258.

⑤ (清)董钟骥修，陈天枢等纂．宁洋县志[M]．同治十三年修光绪元年刻本卷五官师志．台北：成文出版有限公司，1967：151.

⑥ (清)张奇勋，周士仪纂修，谭弘宪，周士仪续修．康熙衡州府志[M]．康熙二十一年刻本卷九职官．北京：北京图书馆出版社，1998：324.

⑦ 钱海岳．南明史[M]．北京：中华书局，2006：1444.

⑧ (清)鄂尔泰等修，靖道谟等纂．贵州通志[M]．乾隆四十五年《钦定四库全书》刊本卷十七页六十二.

槟均为崇祯十五年（1642）举人①；乾隆朝《江夏县志》选举志：崇祯九年（1636）举人有朱盛浸②；岁贡有朱盛凌、朱盛梁、朱盛溵（通判）等3人。③

朱盛澜，选贡，永历中自吉安通判累迁广西布政使。清兵进剿时，逃遁。④

朱盛凝，选贡，永历中官大理评事，上在南宁，瞿式，命迎驾，累升寺承。从守桂林。⑤

朱盛泳，永历中官广西贺县（现更名贺州市）知县。广西东北部地级贺州市，县志未查到。⑥

朱盛汇，字宇三，崇祯十五年举于乡，隐于诗酒。⑦

五、慈善捐赈

（一）朱蕴钏

朱蕴钏，字澍宇，"六龄失怙，事母至孝。母当六十称觞，有白鹤绕庭飞良久而去，人谓节孝所感。（蕴钏）初艰于嗣，母为买一妾。闻其夫失官金坐狱，鬻之以偿。（蕴钏）遣还，更赠以资。终身不置妾。后连举二子"⑧。康熙二十六年《武昌府志》曰："母督诲之甚严，择贤师传讲肆。母以百金买一妾，色甚丽。……中州饥，流莩楚中者载道。蕴钏捐赀劝赈，

---

①　（清）裴天锡修，武汉地方志办公室整理校注．清康熙湖广武昌府志校注卷六［M］．武汉：武汉出版社，2011：405-406.

②　（清）陈元京修，范述之纂．江夏县志［M］．乾隆五十九年刻本卷七页二十.

③　（清）陈元京修，范述之纂．江夏县志［M］．乾隆五十九年刻本卷七页二十.

④　钱海岳．南明史［M］．北京：中华书局，2006：1447.

⑤　钱海岳．南明史［M］．北京：中华书局，2006：1447.

⑥　钱海岳．南明史［M］．北京：中华书局，2006：1447.

⑦　钱海岳．南明史［M］．北京：中华书局，2006：1447.

⑧　（清）王庭桢修，彭崧毓纂．江夏县志［M］．同治八年刻本．台北：成文书局，1975：708.

全活者众。"蕴钏"有文誉，有《双白唱和诗草》"。①

（二）朱盛浈

朱盛浈，字巽吉，明故昭藩九世孙，年十四游庠。献逆破城，与兄保母突围。手刃数贼，得脱。隐居教授。己未（康熙十八年 1679）大饥，流民腾聚，捐赈活数万人，施棺木、汤药，代赎掠卖子女，修桥拯溺。② 盛浈，诸生，武昌陷，突围出免。好义振，活数万人。③

六、剃度避难

（一）朱英爝

朱英爝，东安郡五世孙，封镇国中尉。万历四十一年（1613），朝廷命为楚府宗副。同治朝《江夏县志》："献贼陷鄂，爝率子华墅缒城去，削发为僧，止孝感李家庵。甲申之变，绝粟七日，振衣北拜，自缢。国朝康熙甲戌（康熙三十三年 1694）归葬灵泉风火山祖寝。"④，此山北麓现已夷为平地，属东湖新技术开发区工业园。

（二）寂灯

寂灯，字天放。明楚藩后裔。住仪征（今江苏省仪征市）东园十笏庵，工诗，诗风简洁清健，颇有意境。"草树蒙密，萧然自远，而欣然居止 30 年。梵行清峻，无少放逸，闭户苦吟，瓶粟屡空，绝不干人。"《十笏庵诗集》辑入道光《重修仪征县志》集部别集类。⑤ 有"饭磬三朝断，毗卢共在

---

① （清）裴天锡修，武汉地方志办公室整理校注．清康熙湖广武昌府志校注［M］．武汉：武汉出版社，2011：610．

② （清）王庭桢，彭崧毓．江夏县志［M］．台北：成文书局，1975：810．

③ 钱海岳．南明史［M］．北京：中华书局，2006：1447．

④ （清）王庭桢，彭崧毓．江夏县志［M］．台北：成文书局，1975：685．

⑤ 南京师范大学古文献整理研究所编纂．江苏艺文志扬州卷（上）［M］．南京：江苏人民出版社，1995：407．

陈"偈句，收入佛学研究网菩提文库。其诗散见于《遗民集》《明末四百家遗民诗》(16 卷)、《江苏诗征》(179 卷)。《晚晴簃诗汇》第 196 卷录有《葛洪洞》："山色摇光入袖凉，松根风细茯苓香。局残柯烂人何在？深洞寒云锁夕阳。"①

(三) 翠涛

翠涛，本名未详。"工于诗，有志节。国亡，居衡州，与王夫之友。"②翠涛居衡州听月楼，王夫之常来交游，称翠涛为"王孙"。王夫之曾参与南明抗清，称翠涛"金闺郁龙种，玉山宛鸾吟"。他们常与诗友唐端笏(字须竹)、蒙正发(字圣功)、刘近鲁(字庶先)等一同饮酒作诗。从王夫之与翠涛交游看，两人有志同趣投之和，两人交情非同一般。翠涛诗文已经散佚，然从王夫之提及"翠涛"之名的至少达 17 首来看，王夫之与翠涛相和之诗作有：《楠园翠涛诸公作瓶菊诗，命仆和作则成四首》《翠涛喜雨见怀病枕赋答》《沁园春·翠涛六帙每句戏用彩色字》《苏幕遮·翠涛以新诗见怀作此答之》《翠涛携诸子游瞻云阁有作见寄遥答》《渔家傲·翠涛作煨榾柮诗索和以词代之六首》。③

(四) 不错

不错，本名朱蕴鉴，字衷白。"邵起(明末汝南分巡道)奉之起兵。后官云南，国亡为僧，曰'不错'，结楚云庵浪穹标山。坐卧三十年，工诗，与唐泰唱和，清微淡远，多弦外音。"④鄂尔泰等《云南通志》称："三十年惟与唐泰相往来，善弈，工吟咏。"⑤

---

①　徐世昌编．闻石点校．晚晴簃诗汇[M]．北京：中华书局，1990：9012．

②　钱海岳．南明史[M]．北京：中华书局，2006：1449．

③　(清)王之春撰，汪茂和点校．王夫之年谱[M]．．中华书局，1989：72-92．

④　钱海岳．南明史[M]．北京：中华书局，2006：1444．

⑤　(清)鄂尔泰等监修，靖道谟纂修．云南通志[M]．乾隆四十五年《钦定四库全书》本卷二十三页十二．

（五）道济

道济和尚藩属悬案。道济和尚，本名朱若极，字石涛。其藩属问题有楚藩说，靖藩说。《清史稿》曰："释道济，明楚藩裔。"①清徐鼒《小腆纪传》称："楚藩裔道济，字石涛。工绘事，尤精分隶书；大江以南无出其右。"楚藩裔道济，大江以南无出其右。② 清张庚、刘瑗《国朝画征录》：法号"道济"的石涛为"前明楚藩后"。③ 亦有道济是靖江王后裔之说。两种观点各执一词，至今仍是悬而难决。

（六）其他

《灵泉志》收有《静吾与宗弟玉璧书》，提到楚宗四人：静吾（俗名朱盛炳）与宗弟玉璧（俗名朱盛烛），加上朱相一、朱济宁（二人俗名不详）等楚宗四人，张献忠屠城时出逃成功，于宝峰寺剃度出家。信中描述道："八大王屠城之日（八大王即张献忠别号，崇祯十六年屠杀楚宗），令楚宗亲俱灭……幸而免者，只有我宗四人而已……今日冒姓乱宗，动以千数，乾坤颠倒，甚可畏哉？"静吾、玉璧、相一、济宁为四人法号，为了表明他们是楚藩宗室，著录人有意在法号前加上"朱"姓。④

第二节　楚藩文教事业

一、文化教育状况

明太祖特别重视子嗣教育，延请名儒在大本堂教授太子和诸王。诸王

---

① （清）赵尔巽等．清史稿·列传［M］．北京：中华书局，1976：504.

② （清）徐鼒．小腆纪传［M］．补遗卷第一列传宗藩．北京：中华书局，1958：766.

③ （清）张庚，刘瑗撰，祁晨越点校．国朝画征录（补录续录）［M］．杭州：浙江人民美术出版社，2011：166-167.

④ 张高荣．新编灵泉志［M］．武汉：武汉出版社，2006：100.

之国以后，各王府设宗学，并逐步形成宗学制度，到万历时正式确定成文。朱桢在武昌楚王宫，不遗余力地利用王府官员实施子嗣教育工作。参与王府教育的官员，有长史、纪善、伴读、侍读、教授，由藩王"择学行优长者除授"。子弟众多的郡王府另配设教授。明中叶后，王府官员的选任不如前期，但朝廷通过升官、加薪等政策吸引教官长期服役王府。规定："宗室于十岁以上俱入宗学。若宗子众多，分置数师；或于宗室中推举一人为宗正，领其事，令学生诵习明祖训。而四书、五经、通鉴、性理，亦相兼通读。"诸王教授"选部曹（中央各部官员）或进士改授翰林官充之"，掌管王府的长史、纪善、教授、伴读等官员则"择学行尤长者除授"。督促宗室入学是王府长史的职责之一，教授则是"掌以德议迪王，校勘经籍"。在诸王府教官中拥有许多博学的教官。为提高教学质量，还拟定了奖优黜劣条例：每隔三年考核，优秀者给予全禄，"五试不中则黜之，给本禄三分之二"。万历二十三年（1594）首开"宗室不仕之禁"。许多宗子或被举贡，或被恩贡，或参加科举而中第。

　　楚府聘请的教师，除了以上官员外，还有该府仪宾桂文瀚，并且延聘荆藩学有专长的宗室（当时由楚府代管，居武昌）充任宗正。荆藩樊山王朱载坅，以文行称。子"翊鏖，字仲良，为楚藩宗正，工诗文，善书翰"①。

　　隆庆三年（1569），皇帝批准设立"宗学"。《大明会典·卷之五十七王国礼》详细记载了"宗学"的条款：宗室之子十岁以上入学。教师配备：以本府教授、纪善等官，选取学行俱优充之。若宗生众多，则分置数师，或于宗室中推举一人为"宗正"，主领其事。教学内容：诵习《皇明祖训》《孝顺事实》《为善阴骘》等书，至于四书五经、史鉴性理，亦相兼讲读。"俟年至十五，许照例请封。先给禄米三分之一，仍习学五年，验有进益，亲王方与奏请出学支本等全禄……其有放纵、不循礼法者，学师具启各该亲郡王，小则径自训责，大则恭奏降革。"

―――――――――

① （清）迈柱修，夏力恕纂．湖广通志［M］．雍正十一年《钦定四库全书》刊本卷五十二页五十二．

二、楚藩书院刻书

明代王府书院，主观上是藩府精神需要的文化组织，客观上由于藩府"寄情托命"的全身心投入，才生产出了至今还为版本学者称道的王府书院图书"①。楚藩先后有四所御敕书院，即正德年武宗赐"正心"，嘉靖年世宗赐"崇本""纯心"，万历年神宗赐"崇德"。揆诸文献，明代楚府书院兼有教学与刻书两大功能。时任湖广左参议吴世忠撰有《正心书院》，扼录如下：

> 岁在正德丁卯（正德二年 1507），启奉尊王命拆而新之。揭额（之日），（湖广）三司俱官皆贺以落其成。中为堂五楹，置几、案、书、史、笔、砚于中，以为披阅潜养心之地。堂之前为门，以严手守；堂之后为燕室（燕通宴），室之旁为东、西厢（房），尽阁（搁）四库之书、与祖宗列神所颁、先王之所积。凡奕世（累世，代代）之宝器、图籍，皆在焉。室后有园，曰："聚芳"。园之景有八：曰：拟阆楼（拟简体作拟，阆高大空旷）、环巧山、滴翠池、梯山窦、虚白洞、觅云台、幽赏亭、芳桂堂。殿下端尔其居，粹尔其和，秩秩尔其言，出入经史，洋溢文艺而不及外事。酒半，命韵赋诗，观两厢图籍，游聚芳园，登拟阆楼，遍历八景之胜。好事者踞请其故，殿下笑曰："比子孝养之所，观物之地。不知我者，其以为逃名混迹也。"②

楚藩刻书书目大致有 6 类凡 39 种。

一是皇室撰著，用于烘托政治，如明世宗《御制箴轴》、兴献皇后《女训》、明成祖皇后《内训》。

---

① 陈谷嘉、邓洪波著．中国书院制度研究［M］．杭州：浙江教育出版社，1997：266.

② （明）薛纲纂．吴廷举续修．湖广图经志书［M］．嘉靖元年刻本．北京：书目文献出版社，1991：81.

二是本府藩王、郡王著作，如楚庄王朱孟烷、楚宪王朱季埱、楚端王朱荣㳘、武冈王朱显槐。

三是其他藩邦宗室著作，如宁藩献王朱权、荆藩樊山王载垱等。

四是名贤名著，如刘向的《说苑》《新序》，胡宏的《胡子知言》。

五是本府有功幕僚以及相关人物的文作，如长史管时敏、高曰化、纪善贝翱，以及与楚府相关文士如贝琼、丁鹤年（明初文儒，楚府纪善贝翱之父）等。贝琼是明初文儒，楚府纪善贝翱之父。《蚓窍集》（《四库全书》版）提要称，丁鹤年与管时敏皆为楚王礼重。丁鹤年墓在武昌樊山（今鄂州西山），楚王尝遣人祭祀。管时敏之子延枝曾受学于丁鹤年。长史高曰化编录的《宫省贤声录》，用以颂赞全心辅佐楚王华奎的承奉郭伦。

六是基础教育读物，如《四书集注》《五经》《小字帖》《文选》《三体唐诗》《古文训学大略》，《博物志》《锦绣万花谷》属于大型博物学类书。

七是翻刻当时畅销营利书籍。藩府刻书，也有销售营利之目的。《东莱先生古文关键》，是科举备考读物，历来受到文坛的推崇，士子的喜爱。戏曲集本《雍熙乐府》，或为适应当时昌盛的演艺需要。明代中期随着围棋由宫廷走向社会，仕宦阶层以及民间兴起了围棋热潮，刊刻围棋谱书恰是看好畅销的势头。

楚藩刻书有些已经散佚，但仍存有一些善本行世。吉少甫评价："明代官刻的书以藩府所刻为最好。"其中专门提到楚藩刊刻的《说苑》及其《新序》。[1] 正心书院所刻汉代刘向《新序》10卷，现今北京、辽宁、山东大学等图书馆有藏本。《中国古籍珍本丛刊·武汉大学图书馆卷》显示：崇本书院嘉靖十四年（1535）所刻《说苑》《新序》，嘉靖十九年所刻有宋吕祖谦《东莱先生古文关键》，今武汉大学图书馆有藏本。

现据张秀民《中国印刷史》（浙江古籍出版社，2006年版，295-296页），参照《中国古籍善本》编辑委员会《中国古籍善本书目》（上海古籍出版社，1998年版），杜信孚《明代版刻综录》（江苏广陵古籍刻印社，1983

---

[1]　吉少甫主编.中国出版简史[M].上海：学林出版社，1991：129.

年版)、周弘祖《古今书刻》(上海古籍出版社,2005 年版),叶德辉《书林
清话》(上海古籍出版社,2012 年版)、李致忠《古代版印通论》(紫禁城出
版社,2000 年版)、杜信孚、杜同书《全明分省分县刻书考》(北京线装书
局,2001 年版)、黄虞稷《千顷堂书目》(上海古籍出版社,2001 年版)挹录
成《明代楚藩刊刻书籍列表》。

表 5-1 明代楚藩刊刻书籍列表

序号	撰著(辑录)者	作品名称	刊刻时间	备注
1	(明)世宗朱厚熜	御制箴轴	嘉靖年间	正心书院
2	(明)兴献皇后蒋氏	兴献皇后女训	嘉靖年间	正心书院
3	(明)仁孝皇后徐氏	大明仁孝皇后内训		
4	(明)楚庄王朱孟烷	勤有堂诗集 1 卷	正统六年	朱季埌刊
5	(同上)	勤有堂文集 1 卷	正统六年	朱季埌刊
6	(明)楚宪王朱季埌	楚昭王行实 1 卷	正统年间	朱季埌刊
7	(同上)	东平河间图赞		
8	(明)楚端王朱荣㳦	正心诗集 9 卷 4 册	嘉靖年间	
9	(明)武冈王朱显槐	少鹄诗稿 8 卷	嘉靖年间	黄虞稷作少鹤诗稿
10	(同上)	少谷续稿 8 卷	嘉靖万历	
11	(同上)	和秋香百咏 1 卷	嘉靖万历	
12	(同上)	正心书院集 1 册	嘉靖万历	
13	(明)宁献王朱权	太玄月令经	隆庆五年	
14	(明)荆藩朱载坅	大隐山人集		
15	(同上)	茹蜡子 1 卷		黄虞稷作茹蝇子
16	(明)高曰化	宫省贤声录 4 卷	万历十五年	②楚王华奎嘱刻
17	(明)管时敏	蚓窍集 10 卷	洪武永乐年	昭王朱桢嘱刻
18	(明)丁鹤年	海巢集 3 卷	正统九年	朱季坧刊
19	(同上)	鹤年先生诗集 附录各 1 卷	正统九年	

续表

序号	撰著(辑录)者	作品名称	刊刻时间	备注
20	(明)贝琼	清江先生文集		
21	(明)贝翱	舒庵集10卷		
22	(汉)刘向	说苑20卷	正德五年	崇本书院
23	(同上)	刘向新序10卷	正德五年	崇本书院
24	(同上)	说苑20卷	嘉靖十四年	崇本书院
25	(同上)	刘向新序10卷	嘉靖十四年	崇本书院
26	(宋)胡宏	胡子知言6卷 附录疑义各1卷	嘉靖五年	正心书院
27	(宋)吕祖谦	东莱先生古文关键	嘉靖十九年	崇本书院
28	(南朝)萧统	文选	万历六年	正心书院
29	(晋)张华	博物志10卷		
30	(宋)佚名	锦绣万花谷		
31	(宋)周弼	三体唐诗6卷		
32		古文训学大略4卷		
33		四书集注26卷		
34		五经		崇本书院
35		小字帖		
36	(汉)蔡邕	独断2卷		
37	(明)郭勋辑	雍熙乐府20卷	嘉靖十九年	
38	(明)林应龙	适情录20卷棋谱	嘉靖四十年	崇本书院
39	(宋)唐慎微	重修政和经史证类备 用本草30卷	嘉靖十六年	崇本书院

说明：朱载埻为荆藩樊山王。荆藩在明中后期由楚府代管，部分宗室长居武昌。楚府樊山王载埻《茹蝇子》，又作茹蜡子一卷。①

---

① （清)黄虞稷撰，瞿凤起、潘景郑整理．千顷堂书目[M]．上海：上海古籍出版社，2001：323.

第三节　楚藩相关人文景观

一、明代楚王宫

明代王宫作为藩王屏藩地方的管理机关，也是其起居生活的处所，其规模与华丽超出了当时社会平均水准。许多地方志插图往往标注为"楚王府"，文字叙述则用"楚王宫"。楚王府偏重于机构、官员、藩府组织架构，以及其运行机制。楚王宫则偏重指物象、实体，通常言其方位、建筑格局、基本设施等。明代楚藩王宫包括藩王宫和郡王宫，分布在明代武昌城东部，形成一片建筑群。

明楚王宫，可谓当时武昌城乃至湖广地域的地标性建筑，其政治规格、设计式样、装饰装潢，胜出湖广布政使司、按察使司、都指挥使司等衙门建筑，可惜现在人们看不到原有的模样，只有通过文献记载、零星的遗址遗存，以及考古发现，来追溯明楚王宫当年的风貌。

《太祖实录》第54卷有："洪武三年七月，工部尚书张允言，诸王宫城宜各因其国择地。楚用武昌灵竹寺基。上可其奏，诏建王府。楚王府从洪武四年（1371）开建，历经10年，到洪武十三年（1380）主体建筑完工，次年二月楚王桢之国。"

楚王城即楚王府，在（湖广布政）司东南一里，"周围甃以砖城，城下为池，外为红墙。为四门，南曰端礼，东曰体仁，西曰遵义，北曰广智"。楚王城外有武昌城，是名副其实的城中之城。

（一）王宫选址

从地理环境看，楚王宫是优选之地，无疑是堪舆师眼中的"风水宝地"。

说它是宝地，有其历史渊源。楚王宫选址在"灵竹寺"，灵竹寺是中国传统孝道经典案例三国孟宗哭竹之处，甚有名气。宋代又建有安远楼。

"灵竹院……今安远楼即其故基。"①张商英(1043—1121)《题武昌灵竹寺》诗云:"孟宗泣竹笋冬生,岂是青青竹有情。"赵善俊(1132—1195),知鄂州时善政安民。因祷雨暴卒,鄂人绘像祀于灵竹寺,怀其忠德。南宋道人葛长庚(1134—1229)有《武昌怀古十咏·灵竹寺》:"孝之一字协天伦,信可通天感鬼神。霜满竹林安得笋,心倾泪雨自生春。"灵竹寺成为忠孝的象征,以其寺为中心建造楚王宫成为顺理成章的事。

"孟宗哭竹"典故主人公是三国江夏(今湖北武汉武昌区)真姓真名的人物,武昌有多处相关遗存地。"哭竹"之处说法不一。此处或为祭祀孟宗之所。

从外围环境看,季埰《长春山记》有载:"武昌,天地设险一都会也。长江回抱,缭绕乎其三面。武昌之地势,亦可谓形胜而雄壮哉。黄鹤山,东断于城内大街之鼓楼楼东,又萃然屹峙于宫城。"②《黄鹄山志》引《大清一统志》云:"高观山为蛇山中峰,高可瞻远,故名,为高冠以状肖也。楚藩易名长春山。山之阳即其故宫。"③黄鹄山,又名黄鹤山,即今湖北省武汉市武昌蛇山。

从内部环境看,楚王宫坐北朝南,内有二山,东曰紫金山,西曰梅山。宫城外部,东有长湖、梅亭山,由南向西分别有:墩子湖(滋阳湖,今紫阳湖)、歌笛湖、宁湖(菱湖或明月湖,今武昌实验小学周边一带)、西湖有(今武汉音乐学院、湖北省人民医院一带),北有黄鹄山(今蛇山)。

从安全指数看,楚王宫作为城中之城,有一套庞大的建筑群,外围还有一道武昌城。没有超高技术,没有大规模的军事武装,无法进入楚王宫。

楚王宫是明王朝在地方的重要机关,又是楚王及宗亲起居之地。坐北

---

① (宋)祝穆撰,祝洙增订,施和金点校.方舆胜览[M].北京:中华书局,2003:499.

② (清)陈梦雷辑,蒋廷锡等校编.钦定古今图书集成[M].明伦汇编官常典卷一千一百二十四湖广总部武昌府部艺文二.北京:中华书局,1934:51.

③ (清)胡凤丹.黄鹄山志[M].同治十三年退补斋版卷一页三.

朝南，背有靠山，外有护城河，内部设施呈对称布局，属于典型的城池格局。四门分别是"南曰端礼，东曰体仁，西曰遵义，北曰广智"①。其名称彰显了中国传统的道德伦理思想。全国各地王府统一规制，体现了明太祖朱元璋的"大一统"思想。楚王宫内建有王宫、仓储、书堂，可以满足王府政治、经济、教育、文化、娱乐生活的需要。王府的辅佐机关环绕在楚王宫周围，如长史司在楚王宫东，太监府、奉祀所、护卫所在楚王宫西南。

（二）方位面积

楚王宫的踪迹在清代逐渐消失，如今研究者只能根据文献记载推测其大致方位。

"在高观山（今蛇山中段）下，前临大朝街（今张之洞路），左（东）阅马场，右（西）长街（今解放路）。"②在"人文武汉·汉网社区"论坛，求实（笔名）发表《武昌明代楚王府猜想》。该文结合文献资料，利用地图软件进行测量，佐以明楚王宫遗址所在现有街区的实地考察，还配以图片来证实推测，在地图上勾勒出明楚王宫的大致方位，呈现给受众。笔者认为其为还原王宫基址迈出了可喜的一步。现借助其描述，来介绍明楚王宫遗址所在的方位。

东城墙，在体育街上，北端交汇于后宰门街的延长线上，南端交汇于读书院街。

南城墙，在今读书院街，两端分别与体育街、后长街相交汇。

西城墙，在后长街上，北端交汇于后宰门街的延长线上，南端交汇于读书院街。

北城墙，在今蛇山南后宰门街及其延长线上，东起体育街，西至后长街。

关于占有空间，同治《江夏县志》记："楚王故宫，北起高观山（蛇山）

---

① （明）薛纲纂，吴廷举续修．湖广图经志书［M］．嘉靖元年刻本．北京：书目文献出版社，1991：16.

② （清）王庭桢修，彭崧毓纂．江夏县志［M］．台北：成文书局，1975：182.

南坪，南抵大朝街（今张之洞路），东临阅马场，西达右长街（今解放路）。"依此志所言："宫广二里，袤倍之。"①按其宽 1000 米，深 2000 米测算，楚王府占地面积 20 万平方米。对比《明太祖实录》119 卷所载晋王宫面积，东西宽度基本相符，但南北深度增大了 113 米，即增大 113×150 米 = 16950 平方米。显然 8 平方米是估摸的概数，且有所虚夸。

东西 150 丈余，约折今制 480 米，南北 197 丈余，约折今制 630 米。王城的面积为 302400 平米，约为 453.6 亩。

（三）形制规模

经工部奏请，明太祖批旨：各藩王宫依照晋王宫规格建造。因而第一批王宫的形制、规格是统一的。楚王宫建筑具有安全、华丽、实用的特点。护城河宽 15 丈，以嘉靖牙尺（营造尺）1 尺 = 0.32 米计算，折算成今制（以下同）48 米，深 3 丈（9.6 米）；城高 2 丈 9 尺 5 寸（9.44 米），墙截面呈梯形，上宽 2 丈（6.4 米），下宽 6 丈（19.2 米）；正殿基座高 6 尺 9 寸 5 分（约 2.2 米），月台高 5 尺 9 寸 5 分（约 1.9 米），女墙高 5 尺 5 寸（约 1.7 米）。正门、前殿、后殿、四门城楼，饰以青绿点金，廊房饰以青黛。四座城门粉饰红漆，乳钉涂金。宫殿棐栱攒顶，画蟠螭、吉祥花，饰金边。其着色、图案均有明确规定。亲王宫饰以砆红、大青绿。

嘉靖《湖广总志》记："楚王府，在司东南一里，洪武三年建府，周围甃以砖城，城下为池，外为红墙。为四门，南曰端礼，东曰体仁，西曰遵义，北曰广智。"②还有一些配套建筑："宝善堂，在宫门前；南亩亭，在王城中，王观农之所。取古诸侯耕助（耕藉）粢盛（盛在祭器内以供祭祀的谷物）之义。彰孝坊，在王府端礼门外大街中。今王为世子时，克孝于亲。臣交奏，敕赐匾今名。毕香亭，在正心书院内，楚王藏书之所；正心书院，在宫城东。今楚王日事诗书，尤以治心修身为先务，乃辟地建室，为

---

①　（清）王庭桢修，彭崧毓纂．江夏县志［M］．台北：成文书局，1975：183.

②　（明）薛纲纂，吴廷举续修．湖广图经志书［M］．嘉靖元年刻本．北京：书目文献出版社，1991：16.

藏修游息之所。请于朝廷，因敕赐匾今名，有《正心诗集》梓行于世。"①

万历《湖广总志》描述宫内建筑："承运殿居中，后殿曰存心殿，左右为廊；前为承运门，后为宫门，为寝宫，左右为廊；左为家庙、斋居，为世子府，殿右为社稷坛、风云雷雨山川坛，而承奉司典宝、典服、典膳各门官，列于左右。"②承运殿，对应京都紫禁城的奉天殿，合意"奉天承运"；"存心殿"，对应京都紫禁城的谨身殿，寓意让子孙后代谨记皇权，永存感恩之心。

（四）文学描述

明王世贞《弇州山人续稿·乐府变诗》直击楚王花天酒地的奢侈生活："楚愍王，坐武昌，金瓶酒寒夜未央。"明人叶泽森只是凭借印象记录楚王宫的鼎盛。"宫中时报生龙子，锡圭胙土当于此。方城为城汉水池，千秋万岁神明址。朱甍绣瓦倚斜曛，楚舞燕歌镇日闻。"明末清初张仁熙有《藕湾集·高观山行》吟道："鄂城城内高观起，短草催春春不喜。闻是当年楚王宫，瓦砾无心照罗绮……前有屏山侧有湖，宫城仿佛是留都。宫前十里为城郭，城砖都是郡县作。"③阐述了楚王宫得天独厚的地理环境及其鹤立鸡群的优越地位。汤思孝《过楚故宫》："觅觅故藩遗迹，何处歌台舞衣……想畴昔，堕马妆成，回波筵罢，多少峡云梁雪……御菜园中贮娇。"④

（五）毁废辩疑

楚王宫毁亡，史载有不同说法。湖广通志持"明季兵燹"之说，到清中

---

① （明）薛纲纂，吴廷举续修．湖广图经志书[M]．嘉靖元年刻本．北京：书目文献出版社影印，1991：19.

② （明）徐学谟纂修．湖广总志[M]．万历十九年刻本第九卷藩封志页一.

③ （清）陈诗著，皮明庥标点，张德英校勘．湖北旧闻录[M]．武汉：武汉出版社，1989：581.

④ （清）裴天锡修，武汉地方志办公室整理校注．清康熙湖广武昌府志校注[M]．武汉：武汉出版社，2011：786.

期，"殿寝池馆俱废，所传旧制，仅正阳、端礼、东华、西华、后宰诸门，及梳妆台"①。

1. 王宫并非毁于战乱

无论楚王宫，还是郡王宫，到了清代晚期，几处宏大的建筑群渐次"消失"。时至今日，人们很想知晓其"消失"的原因。

至少有 5 个事例证实王宫并非毁于明末清初的战乱。一是张献忠未毁楚王宫。"据楚王府，僭称武昌曰京城。"②《明史纪事本末卷七十七张献宗之乱》称崇祯十六年五月，楚府新招兵士开门迎贼。张献忠占据楚王府，僭称武昌为京城。"官军追击，于是入城。贼人开门西逃。"二是张其在未毁楚王宫。崇祯十六年，张其在焚黄鹤楼及诸宗府第，开城西走，遂复武昌府。③

三是李自成也未毁楚王宫。章学诚《湖北通志检存稿》称顺治二年李自成"复走武昌……改江夏曰瑞符县。寻为我军（指清兵）所追，部众多降或逃散。自成走咸宁"④。四是左良玉未毁楚王宫。五是南明与清军交战，主要战场不在武昌。

2. 王宫建筑群去哪儿了

楚王宫从武昌地图上"消失"，其高大坚固的气势只能留在人们的记忆里。通过梳理，原来楚王宫，在清代被拆作他用或修缮武昌城墙了。查阅文献，清代官方 7 次修缮武昌城墙，分别是：顺治年祖泽远总督修整武昌城，康熙二十四年（1685）、雍正六年（1728）祖泽远总督修整武昌城，乾隆四十七年（1782）武昌知府同知史湛、乾隆五十二年（1787）江夏知县史均、

---

① （清）迈柱修，夏力恕纂.湖广通志[M].雍正十一年文渊阁《四库全书》刻本卷七十七页三.

② （清）谷应泰撰，河北师范学院历史系点校.明史纪事本末[M].北京：中华书局，1977：1328.

③ （清）戴笠著，陈协琴点校.怀陵流寇始终录（卷十六）[M].沈阳：辽沈书社，1993：295.

④ （清）章学诚著，郭康松点校.湖北通志检存稿湖北通志未定稿[M].武汉：湖北教育出版社，2002：132.

嘉庆六年(1801)江夏知县王澎承、同治四年(1865)武昌知府黄昌辅修整武昌城。武昌城墙高 2 丈 8 尺，基厚 6 丈 8 尺，顶厚 5 丈 4 尺，城周长 16.33 里,① 修缮城墙需要大量的砖块。

(六)遗址遗存

1. 考察所见

零星的遗存记载散见于文人笔记和地方文献。

(1)梳妆台

梳妆台位于湖北省水产局宿舍大院内。笔者推测当在清代，为了保留这一文物遗址，没有将此地占作他用，而且以前可能是木质凉亭，到近代改作钢筋水泥建造。需要说明的是，"梳妆台"是可供楚王女眷梳洗化妆的地方。因而现今人们所见的凉亭与基座，应该不是当初的式样，只能表明此地为梳妆台的所在位置。

(2)宫殿基座螭首

宫殿基座螭首被移置于武昌黄鹤楼公园白龙池。如今水池边的四件石刻螭首即是明楚王宫的宫殿基座所用之物。此四件石刻螭首，与武汉市江夏区龙泉山明楚藩王茔园众多建筑物基座的石刻螭首，其材质、造型、雕凿风格，如出一模。

(3)若干古井

由于明楚王宫壁垒森严，日常用水当大多是在宫墙之内汲水，要掘足够的井，以便供给。因而留下了一些古井遗迹。据推测，楚王府应有多处水井。井水除日常汲用外，很重要的是用于沏茶、酿酒，为了确保水质，刻意凿深，以通江脉。此地紧邻长江，地下泉水与江连通有些宗室以井水沏茶，成为一大消遣。清代文献记载楚王宫内尚有"九龙井、八卦井，在

---

① 潘新藻.武汉市建制沿革[M].武汉：湖北人民出版社，1956：41-42.

楚藩宫后"①，后来在武昌后宰门中营街(原楚王府护卫中营驻所)找到"八卦井"，又在九龙井街小魏家营发现双眼井，距八卦井几百米，两处均立有"武昌区文物保护单位"的铭牌。

2. 考古发现

2003 年，在武昌西城壕民房拆迁工地，记者和有关人员以为"楚王府墙砖"发现印有"崇祯十一年江夏县督造修城砖，楚府窑户造""崇祯十二年江夏县，楚府窑户造"字样的墙砖。② 笔者认为：从发现的区位和砖面印文看，此砖不是"楚王府墙砖"，而是江夏县督造修建武昌城，由楚府窑户生产的泥砖。证实楚府拥有一支庞大的砖瓦生产队伍。

2004 年，在武昌区后长街旧城改造工地，从地下挖出干锅碎片、矿石、矿渣、成化年的瓷片，因此明确了楚王府炼丹房的大致位置。③ 这为楚王信奉道教提供了实证。

2005 年，在武昌彭刘杨路明楚王府遗址发现一处废弃深井，在井下 19 米处，出土 10 件完整的崇祯年间陶制药罐，及小孩头骨。据分析，药罐为炼丹器物，这是在明代楚王府遗址发现的第二个炼丹场地，与 2004 年发现的楚王府炼丹处相距 30 余米。④ 2007 年初，在首义文化广场(阅马场)建设工地，发现一个散落着明楚王府建筑构件、琉璃瓦片的"文化层"，青条石残件上有精致的龙头纹饰，为明代王室专属。⑤ 笔者认为：[嘉靖]《湖广图经志书·武昌府城图》所见：阅马场一带为郡王府的建筑群，因此，

① (清)王庭桢修，彭崧毓纂. 江夏县志[M]. 同治八年刻本卷二. 台北：成文书局，1975：143.

② 湖北日报. 民房拆出楚王府墙砖[EB/OL]. [2003-11-25] http：//www.cnhubei. com/200311/ca368776. htm.

③ 楚天金报. 武昌发现明代楚王府炼丹房[EB/OL]. [2004-09-12] http：//news. sohu. com/20040912/n221996962. shtml.

④ 楚天都市报. 武昌出土 12 件陶器，称是明楚王府炼丹房药罐[EB/OL]. [2005-01-03] http：//news. sina. com. cn/o/2005-01-03/11264702318s. shtml.

⑤ 荆楚网(楚天都市报). 阅马场发现明楚王宫遗址[EB/OL]. [2007-02-16] http：//www. cnhubei. com/200702/ca1279436. htm.

此处发现的当是郡王府的建筑构件。康熙五十三年《江夏县志》所言楚藩城当指郡王宫："在高观山阳，古黄龙寺基。明太祖降陈理时，报六皇子诞生，上喜问左右曰：'此何地也？他日以此子王楚。此基可，阔而居。'未逾月，寺焚。"①后来的东安郡王府建于此。

二、楚藩郡王宫

《湖广图经志书》载录四处郡王宫建筑群：永安王、通山王、崇阳王、岳阳王、景陵王"在司（湖广布政司）东北一里"，今武昌崇府山一带；通城王、江夏王、东安王、大冶王"在司东南三里"，在楚王宫东，今阅马场一带；缙云王在大东门内，寿昌王、长乐王在司南半里，在楚王宫北。② 各将军、中尉及宗室俱随所属郡王生活。明例制规定，王室成员不得从事社会职业，平时不得出宫出城，因而其日常生活、子女教养等，均囿于宫城之内。天顺四年（1460），确定郡王宫的建造规格：盖府屋共46间，包括门楼、厅房、厢房、厨房、库房、米仓、马房等。郡王宫中要数永安王宫最为典型。"堂前一巨池，池上一亭，池内种朱鱼千头。由亭右出曲巷，土阜夹道，题字'翠微深处'（匾额）。阜始处有沼，沼注舫，可歌可舞可肆筵，环坐对沼。御风亭右侧门见'贤孝'二字，即其入园处。"③

限于文献记载，明代楚藩郡王府第，只能作简要描述。入清以后，相继拆除，现无存迹。

三、生活型景观

生活型景观设施既用于王府办公，也满足楚宗物质生活和精神生活需

---

① （清）刘朝英修，张希良纂. 江夏县志[M].康熙五十三年刻本卷五古迹十二至十三.

② （明）薛纲纂，吴廷举续修. 湖广图经志书[M].嘉靖元年刻本.北京：书目文献出版社，1991：16.

③ （清）刘朝英修，张希良纂. 江夏县志[M].康熙五十三年刻本卷五古迹十四至十五.

要，出猎、放鹰、种植、品茗、吹笛、蓄养歌姬等反映了楚宗的生活状态。

(一)楚宗五岳别墅

该别墅别称"桃溪小隐"，位置在"在东郭外"，园中沿溪种桃，池中植莲，四季美景，如入化境。成为抢眼之景，其营建规模、奢华程度世间多有传闻。江夏籍礼部侍郎郭正域等人题有诗咏。楚宗朱华圉，著有《桃溪集》，崇祯十六年(1643)三月，遁入桃溪后不知去向。[1]

(二)广阜仓

广阜仓为王府粮油物资供应站。洪武九年(1376)，明太祖"赐楚王府仓库名曰'广阜'"。仓大使的职责是保证王府物资调度与供应。现今武昌"广埠屯"地名源于此。

(三)其他

史载楚藩水井多处，为了确保水质，刻意凿深，以通江脉。楚王宫中，有用于冷藏物品的雪洞，蓄养观赏鱼类的金鱼池。[2] 榛子园是楚王引种武冈州(今湖南省武冈)的榛子树而建。御菜园是楚藩蓄养歌姬处，在今武昌水陆街一带。汤思孝有《过楚故宫》诗："御菜园中贮娇，御菜园是楚藩歌姬处。"[3]楚王有歌笛湖，用以栽种芦荻获取笛膜。

四、纪念型景观

梅亭、封建亭、楚望台。梅亭山即今起义门东侧山岗，元末朱元璋率

---

① (清)王庭桢，彭崧毓. 江夏县志[M]. 台北：成文书局，1975：844.

② 吕调元，刘承恩，张仲炘，杨承喜纂修. 湖北通志[M]. 台北：华文书局，1967：417.

③ (清)裴天锡修，武汉地方志办公室整理校注. 清康熙湖广武昌府志校注[M]. 武汉：武汉出版社，2011：786.

军征楚驻扎此山。至正二十四年（1364），陈汉嗣主陈理战败，来此出降，以示臣服。史载明初在此筑亭，作为战胜纪念亭。

正值陈理出降之时，有信来报朱元璋第六子朱桢出生，朱元璋喜曰："他日以此子王楚"。洪武三年（1370），封朱桢为楚王，"遣官设祭告封内山川，亭于此载于碑"。现今楚望台遗址公园内重建了"封建亭"，亭内建有"分封御制碑"，碑文出自《明祖封建楚藩祭告山川文》。①

朱桢就藩后，在山顶夯筑高台，遥望京都，以示思念父母，后称"楚望台"。清代在此建军械库，沿用其名。现今遗址公园立有上刻"楚望台"字样的地标巨石。汤思孝《过楚故宫》云："汉理宫人，曾记梅亭衔璧。"正统年间，"有宫人出嫁民间，针纫为生。六安马致远泊舟浒岸，询其轶事。"②

五、祭祀型景观

主要包括三种，一是楚府用以祭祖的宗庙、祠堂，二是武昌城内（楚王宫内）祭祀场所，三是楚府建造的祭祀特定对象的场所。

（一）楚府祖庙

先有楚王建造祭祀先祖的五座祖庙，称"旧五庙"。正德十二年（1517），楚王朱荣㳨再建新庙，前门、都宫、正殿、寝殿，左昭、右穆、神厨库物皆备。"以奉昭、庄、宪、康、靖五世祖考，（每）岁五祀。"③湖广提学副使沈钟《楚府宗庙记》较为详细描述了楚府新庙的建造、落成的概况："外为庙门。前为正殿，后为寝殿。奉安昭祖于前殿中一室，而四王各安一室，左昭右穆。后殿则以藏所遗裳衣，别为神厨神库。庙成，上遣

① （清）陈元京、范述之．江夏县志［M］．乾隆五十九年刻本卷十三页十六．
② （清）裴天锡修，武汉地方志办公室整理校注．清康熙湖广武昌府志校注［M］．武汉：武汉出版社，2011：786．
③ （明）薛纲纂，吴廷举续修．湖广图经志书［M］．嘉靖元年刻本．北京：书目文献出版社，1991：19．

行人来赐祭。祭之日，百官、族人及四方观者，糜不叹异。"①后来楚宗在江夏县灵泉山(今湖北省武汉市龙泉山)楚昭王茔园中，建有朱氏总祠，用以祭祀先祖。

(二)祭祀场所

主持祭祀是藩王的一项重要职责。楚王宫内，承运殿右有社稷坛、风云雷雨山川坛。武昌城内有社稷坛、山川坛、旗纛庙。社稷坛，在府(武昌府治所，下同)北三里，祭祀社神(土地神)、稷神(五谷神)。山川坛，在府东南三里保安门外。祭祀风云雷雨、五岳四海、山川城隍诸神。两坛均为"楚王春秋两祭"②。"旗纛庙，在都司堂后。"③以军旗祭祀神祇，祈求有战必胜。俞汝楫《礼部志稿》有记：藩国辟社稷、山川坛各一所，神厨神库宰牲房各三间，旗纛庙一所，正殿五间，神厨神库各三间及乐舞生乐工人等。祭礼用豕一羊一荤素各一坛。程序设有斋戒、省牲、正祭等环节。斋戒是指藩王前须沐浴更衣，三天戒酒荤、避喜丧、不预恶；省牲为藩王正祭前一日监督宰牲；正祭时，藩王具皮弁服，文武官着祭服，执事官各司其事，演绎一套复杂的规定程序。

(三)祭祀特定神灵的处所

在江夏县灵泉山凉马坊南有方塘，中有龙湫。"洪武九年(1377)，龙起水涌高数尺。"④以为龙王显灵，遂建龙王庙，用作祭拜之所。永乐十年

---

① (清)裴天锡修，武汉地方志办公室整理校注．清康熙湖广武昌府志校注[M].武汉：武汉出版社，2011：77.

② (明)薛纲纂，吴廷举续修．湖广图经志书[M].嘉靖元年刻本．北京：书目文献出版社，1991：150.

③ (明)薛纲纂，吴廷举续修．湖广图经志书[M].嘉靖元年刻本．北京：书目文献出版社，1991：148.

④ (清)王庭桢修，彭崧毓纂．江夏县志[M].同治八年刻本.台北：成文书局，1975：138.

（1412），在与鹦鹉洲相对的新沙洲，"楚府立水母祠，用以镇水"①。永乐年朱桢在武昌城南门外建晏公庙，② 祭祀祭祀平浪小圣。元末晏戌仔被明太祖封为显应平浪侯，成为具有全国供奉的水神，职司平定风浪，保障江海过往行船。方志中有楚王祈雨、祈浸的载录，而仰山庙作为祈雨的处所之一。楚庄王朱孟烷《仰山庙记》载：武昌洪山西南有泉井，盛夏不涸。"泉中有青赤二蛇，以诚至乃出雨甚。"永乐十一年（1413）夏，甚暑不雨。"（王）命工构祠于故址，集道流醮祀之，神之灵亦著矣。"③至此，镇水、平浪、祈雨的小圣祭祀已具完备。

六、宗教型景观

（一）佛寺

洪山宝通寺可谓楚藩王家第一寺院，历代楚王多次提供修缮支助。朱桢请龙门海禅师主持修理大雄宝殿等处，铸造钟楼大钟5048斤。朱孟烷再铸大雄宝殿1200斤铜钟。正统十年，楚康王朱季埱亲送英宗所赐玺书、金像、金字《法华经》。楚靖王朱均鈋斥资修理藏经阁、法堂等处，并启奏宁宗勅赐"宝通禅寺"，更塔为"宝通塔"（俗称洪山宝塔）。楚端王朱荣㳭供佛祝釐，并有《父王往祀灵泉予率昆季出迓次于洪山》等多首题留。楚王朱华奎奏光宗颁发帑金，重修各殿宇。"江夏康靖王、寿昌王、长乐王及诸王护持莫能尽述。"④朱桢召无念在九峰山建寺，洪武二十四年（1391）落成，号称"千佛殿"，明太祖敕额"九峰山正觉禅寺"，成为享誉湖广、盛极

① （清）迈柱修，夏力恕纂．湖广通志［M］．雍正十一年文渊阁《四库全书》刻本卷七页七．

② （清）迈柱修，夏力恕纂．湖广通志［M］．雍正十一年文渊阁《四库全书》刻本卷二十五页三十一．

③ （明）薛纲纂，吴廷举续修．湖广图经志书［M］．嘉靖元年刻本．北京：书目文献出版社，1991：220．

④ （清）天正，松泉辑录，（清）达澄增辑，杜洁祥编．洪山宝通寺志［M］．光绪八年续纂版．台北：丹青图书公司出版，1985.37-40.

一时的寺院，明末毁于兵燹。朱桢在高观山(黄鹤山中段，朱桢更名长春山)南麓主持建造长春寺，历经十二年，永乐中期落成。清初更名黄龙寺。① 楚王修造灵泉山茔园时，改唐代所建李氏万卷书楼(明初称"瑞芝堂")为经堂庵，用以念经作法。② 楼体建筑明末清初毁废。弘治九年(1496)，朱荣灭主持重修黄鹤山(今蛇山)北麓的灵山寺，有《重修古迹灵山寺碑》保存至今。黄州府大崎山有鄂东泰山之誉，楚藩在黄冈县修建佛教设施，"在中和乡重建铁炉寺"，"金鼎山下前后二塔"，均为"明楚府建"。③

(二)道观

"洪武十六年(1383)，楚昭王有疾，大修境内名地。汉阳玄妙观殿庑门阁，昔皆精丽，昭王鼎建也。"④洪武三十年(1397)，朱桢第一子卒，在九峰山宝盖峰"卜葬掘圹，雷雨忽作，从圹中得石刻真武像。王异之，因建真武观"⑤。黄鹤楼下平湖门内建有武当宫。

(三)巨型玉蟾

延福宫，在楚府左三里许，天启时垦得一玉蟾，径五尺，长一丈，三足。一夕忽遁墙外，复移殿左墀中，至今存。⑥

---

①　吕调元，刘承恩，张仲炘，杨承喜纂修．湖北通志［M］．台北：华文书局，1967：418.

②　(清)王庭桢修，彭崧毓纂．江夏县志［M］．台北：成文书局，1975：1075.

③　(清)迈柱修、夏力恕纂．湖广通志［M］．雍正十一年文渊阁《四库全书》刻本卷七十八页二十二.

④　(明)秦聚奎修，武汉地方志办公室整理校注．明万历汉阳府志校注［M］．武汉：武汉出版社，2007：333.

⑤　(明)薛纲纂，吴廷举续修．嘉靖湖广图经志书［M］．嘉靖元年刻本卷二．北京：书目文献出版社，1991：201.

⑥　(清)迈柱修、夏力恕纂．湖广通志［M］．雍正十一年文渊阁《四库全书》刻本卷七十七页三.

七、游赏型景观

（一）紫薇双树

楚王宫内一景，常有地方官员前来观赏。湖广右参议崔桐《同盛蜀冈六月观楚藩紫薇双树歌》吟："庭前种成双薇树，虬枝铁干对屈蟠。爬搔不受有灵觉，烟缠露湿苔藓攒。珊瑚错落满身缀，幽香飘荡湘江干。"①他们在树下饮酒、畅聊，"红光绿荫入杯酒"，另有一番情趣。

（二）通行、旅游设施

滋阳桥，在城内墩子湖，万历中郭承奉（楚府承奉内使郭伦）修。② 浮桥，在望山门外。楚藩驾木为桥，更名王惠（桥），今废，用舟渡。③ 老人桥，由朱桢（楚昭王）指示当地耆老筹资架设。湖广提学副使沈钟《老人桥》述："（王）间尝出猎达郊，去郡城十数里地，濒南湖（今武昌南湖）。王命乡老因构桥以通往来，人甚称便。"历时三月，坚固耐用，"今有百余年来，宛然犹昔"④。清康熙年仍存。⑤ 李家桥，位于楚藩往来龙泉山的通道上，座落江夏流芳街牌楼舒村桥头李垮东 100 米。石拱桥，现存．二十世纪 90 年代文物普查时，测量，记录。可通车。⑥ 卓刀泉亭。位于今武昌卓刀泉。

---

① （明）崔桐．崔东洲集［M］．嘉靖二十九年曹金刻本卷二页一．

② （清）迈柱修，夏力恕纂．湖广通志［M］．雍正十一年文渊阁《四库全书》刻本卷十三页三十五．

③ （清）迈柱修，夏力恕纂．湖广通志［M］．雍正十一年文渊阁《四库全书》刻本卷十三页三十五．

④ （明）薛纲纂，吴廷举续修．湖广图经志书［M］．嘉靖元年刻本．北京：书目文献出版社，1991：229．

⑤ （清）裴天锡修，武汉地方志办公室整理校注．《清康熙湖广武昌府志校注》［M］．武汉：武汉出版社，2011：82．

⑥ 祁金刚．江夏溯源［M］．武汉：武汉出版社，2008：343．

"坛下有泉，明楚昭王蒐而饮之，泉味甘冽。甃以石，覆以亭。"①放鹰台，"在洪山后，明楚藩放鹰处"②。今东湖西南浒存有遗址。

(三)楚宗倡议捐资重修黄鹤楼

成化年间，因黄鹤楼"年久倾圮"，"楚府宗室……捐赀倡郡人创建。都御史吴琛修葺"③。弘治年重修黄鹤楼时，湖广提学副使沈钟撰有《沈钟重修黄鹤楼记》专门提到"楚宗"参与重修："武昌处江汉西南上游。楚宗藩奠厥中，镇抚总巡，屏翰诸司，环布厥左右。"④

八、兆域型景观

兆域型景观，主要包括牌楼、碑亭、茔园、殿宇、祭台、墓冢等，分布江夏县东部(今江夏区、洪山区)的灵泉山、丰禾山(今凤凰山)北麓、曹王山北麓、次古山(今四股山)、二妃山、小洪山、九峰山等地。其中以灵泉山的楚王茔园建筑群最为著名。尽管多数茔园仅存垣基，地宫多被盗毁，但从遗址规模和散落构件看，其建材、工艺仅次于皇陵。现存较完好的地面建筑有楚昭王茔园方城，占地170亩，依山而建。茔垣周辟五门，南北纵向神道，连接金水桥、陵恩门、东配殿、西配殿、享殿、石几筵，抵达棂星门，设计精巧，气势恢弘。楚昭王、楚庄王、楚端王的神道碑亭，碑石、赑屃、汉白玉须弥座分别由整块巨石雕凿而成，"于邑称巨观。"⑤茔园建筑群的墙体皆用澄泥砖，以糯米石灰浆作粘合剂，耐蚀坚固。

楚藩存续270余年，建造了一系列的人文景观。有些建筑设施，耗费

---

①　(清)裴天锡修，武汉地方志办公室整理校注．清康熙湖广武昌府志校注[M]．武汉：武汉出版社，2011：106．

②　(清)陈元京修，范述之纂．江夏县志[M]．乾隆五十九年刻本卷十五古迹页八．

③　金冬瑞编著．黄鹤楼[M]．长春：吉林文史出版社，2009：16．

④　(明)薛纲纂，吴廷举续修．嘉靖湖广图经志书[M]．嘉靖元年刻本．北京：书目文献出版社，1991：225．

⑤　(清)陈元京修，范述之纂．江夏县志[M]．乾隆五十九年刻本卷二山川页九．

资材总额之多，豪华超过民众的接受程度，因而偶有指责。这些设施要置于当时历史背景去认识，须从多角度去探究。有些设施的建造初衷，不免有"主观为自己、客观为别人"之嫌，但最终会成为社会共享资源。总体来看，楚藩人文景观打上大明王朝政治、经济、文化的时代烙印，具有鲜明的封建文化特质与意蕴。

第四节　楚藩宗谱的人文价值

宗谱是宗族史乘，亦称"族谱""家谱""家乘""家志""家传"，是记载家族的世系与事迹的文献，高质量宗谱可以补缺正史之细节，纠偏史之舛误。学界视家谱为中华史学一大柱石。清章学诚将"家谱"与"州有志、国有史"相提并论。家谱具有保密性、隐私性，一般"秘不示人"。楚藩《朱氏宗谱》（以下简称《宗谱》）以明朝首代藩王朱桢（1364—1424）为始祖，记载了家族兴起、发展的繁衍过程。

一、源流与架构

（一）迟迟未修的原因

检读 1993 年第四次续修的《宗谱》，自明亡（1644）至清同治四年（1865）两百多年时间未修撰，有很多因素。首要的当是政治原因。修谱不免有"聚众"嫌疑，楚藩朱氏毕竟是朱明王室的后裔，在清朝皇帝统治的天下，须避嫌。正如该谱二修领衔人朱博藩在《附绘像后》所言："清革明鼎，吾家系属明裔，多有避嫌易姓者。虽清仁皇帝叠下保护灵寝，复姓安业之上谕，无如亡国之大，夫不可与图存，况帝胄乎。"其二，限于人口数量，楚宗遭遇"崇祯癸未之劫"，出逃活命者为数不多。其三，族人分布地域宽泛，寻找宗亲需要一个过程。其四，清代前期处于逃难状态，男子不一定能在适龄娶妻生子。有的被迫隐姓埋名，导致子孙在一两百年后忘记本姓。其五，囿于经济状况，修谱需要一笔资金。实力略雄厚的不可能拿出全部的修谱资金，家庭环境差的还不一定愿意出资。一般是东拼西凑，富家赞助。事实上，修谱续谱时设置了"催收"职岗，反映了当时的经济状况。

(二)修谱续谱梗概

首修：同治四年(1865)，由永安支汉阳人朱升鉴担纲，直接参与修谱的人名表达 30 人，主要来自江夏县(包含现今武昌、江夏、洪山、青山四个行政区划)、汉阳县。职责分工有督理、总理、襄理、纂修、忝订、校阅、誊录、采访、催收。该谱五修版记载此谱在 1911 年焚毁。

二修：民国三年(1914)。家住汉阳的永安支，由首修纂稿人朱升鉴的儿子博藩、侄子博洋等人发起，并做了一些前期准备，因为某些原因暂停。

三修：民国四年(1915)，距离首修时间正好 50 年。朱博藩领衔，改组了上一年的人员构成。

四修：1948 年。由崇阳支汉川人朱立祥担纲，寿昌支鄂城县(今鄂州市)人朱衍庆等人参与，在武昌设局开工，但终未成册。

五修：1993 年。家居鄂州市、黄州市的寿昌支牵头，由鄂州朱衍庆领衔。参与者分布地有：家居青山、江夏、蔡甸的永安支；家居江夏、大冶的庄支；家居江夏，洪湖的通城支，增加了蒲圻、黄州的代表。此次续谱，参照通用体例，赋予了"宝善堂"的堂号。各支有世系记录，主要是口口相传，不尽确切。

首修初定宗谱框架、格局。二修、三修打基础，朱升鉴、博藩父子起到重大作用。四修、五修主要是续补一些传赞、人口信息。

二、内容与特性

第 1—2 卷为文字谱，3—22 卷为世系谱。①

———————————

① 本著所涉朱氏世系，仅列由明至清末民初。

第1卷包括明太祖高皇帝画像，楚始祖昭王讳桢画像，南昌始祖宁献王讳权画像，灵泉朱氏祖祠图，始祖楚楚昭王寝图(附庄宪康靖端愍恭贺寝方位图)，宁献王世系，皇陵碑记，孝陵碑，楚昭王碑文，主王碑文端王碑文，廖道南撰《楚藩王各表》，清世祖谕祭昭烈帝御制碑文，清世祖章皇帝(顺治帝)谕礼部，清圣祖仁皇帝(康熙帝)谕旨，明祖训序。太祖诗12首，并附李善长、徐达、冯国用、孙炎4人的《和太祖诗韵》，朱权的《宁献王赠天师》。

第2卷包括两部分：一是谱序。源流总系，总叙，宗祠规条，续修重订族规，朱氏续修宗谱序，陈家园分迁谱源流序，清翰林编修广西按察使朱文江公传，南屏僧像记朱博藩撰。二是朱桢之后第1~5代世系。以朱桢为始祖，在其支下老派二十字为"孟季均荣显，英华蕴盛容，宏才升博衍，茂士立全功"，此为朱桢后裔20代世系。

第一世桢公，系出明洪武太祖第六子，至正二十四年三月三日生吉时，洪武三年庚戌(1371)夏四月，授金册金宝，封楚王。永乐二十二年(1424)戊辰春二月薨，享寿六十一岁，谥诏。葬武昌大东门外六(十)里灵泉营，有四里许砖石围墙。门前立碑亭，载入省志。寝前祭庭，先年改为楚府宗祠，至今以为总祠。妣王册封夫人(应为妃)与王合葬。妃(应为夫人)陈、郑、胡、刘、程五寝，围垣外左右两旁。生十子：孟烷、孟熄、孟炯、孟焯、孟炜、孟爌、孟灿、孟炤、孟爝、孟炬。

第二世孟烷，生未详，永乐四年(应为永乐二十二)袭封，正统四年薨。妣邓，合葬玉屏山，生子四：季堄、季埱、季堞、季堄。

第三世季堄，武陵王进封，傅妃，合葬天马山尾。无出。以弟东安恭定王季堞庶一子均鈋继(该谱此处有误，此句当在季埱之后)。

季埱，生未详，初黔阳王，正统九年袭封楚王，天顺六年薨，谥康。妣杜氏，生薨未详，公妣合葬灵泉山内。

第四世均鈋，生未详，袭封东安王，成化元年嗣封楚王，正德五年薨，谥靖，妣周氏，册封妃，生薨未详。公妣合葬灵泉山内。生子三：荣㴐、荣淋、荣湍。

第五世荣滅，生未详，正德七年袭封楚王，嘉靖十三年薨，谥端。妣
□氏(原谱未著姓氏)，册封妃，生薨未详，公妣合葬灵泉山内。生子三：
显榕、显樟、显槐。

第六世显榕，袭封楚王，谥封愍王。生未详，薨于隆庆十五年(嘉靖
十五年袭封)，葬灵泉山之原金盆游鲤形。妣吴氏，封生薨俱未详，葬王
寝园右首。生子二：长英燿夭(此处措辞为"夭")，次英熸。

第七世英熸，袭封楚王，谥封恭王，生未详，薨于隆庆五年，葬灵泉
山。妣□氏(原谱未著姓氏)，生、薨俱未详，葬王寝园右首，生子二：华
奎、华壁。

第八世华奎，袭封楚王，谥封惠王，生未详，薨于崇祯十七年年五月
三十日遇乱。妣(应为贺)氏，封生薨俱未详，生子一蕴鑨。崇祯十六年，
献贼劫掠湖广，华奎募卒自卫，以张其在为帅。兵陷武昌，其在为内应。
执华奎沉之江，诸宗无得免者。初谥贞，后改谥定。

第3卷：记录庄支显榕、显樟、显槐、显梡、显栌之嗣。

第4卷：记录庄支英、华、蕴、盛、容、宏、才、升、博字派行之嗣。

第5卷：记录庄支容、宏、才、升、博字派行之嗣。

第6卷：记录庄支容、宏、才、升、博字派行之嗣。

第7卷：记录永安支显、英、华、蕴、盛、容、宏、才、升、博字派
行之嗣。

第8卷：记录永安支容、宏、才、升、博字派行之嗣。

第9卷：记录永安支容、宏、才、升、博字派行之嗣。

第10卷：记录永安支显、英、华、蕴、盛、容字派行之嗣。

第11卷：记录寿昌(鄂州)支显光后人，英、华、蕴、盛、容、宏、
才、升、博字派行之嗣。

第12卷：记录寿昌(鄂州)支显圡后人，英、华、蕴、盛、容、宏、
才、升、博字派行之嗣。

第13卷：记录崇阳支显木、显壮、显朴后人，英、华、蕴、盛字派行
之嗣。

第 14 卷：记录崇阳支显休后人，英、华、蕴、盛、容、宏、才、升、博字派行之嗣。

第 15 卷：记录崇阳支显栲后人，英、华、蕴、盛、容、宏、才、升、博字派行之嗣。

第 16 卷：此支无后嗣，故无谱，此卷缺。

第 17 卷：记录崇阳支容森后人，宏、才、升、博字派行之嗣。

第 18 卷：记录通山支显楒后人，英、华、蕴、盛、容、宏、才、升、博字派行之嗣，居营泉大盛。

第 19 卷：此支无后嗣，故无谱，此卷缺。

第 20 卷：记录岳阳支显普后人，英、华、蕴、盛、容、宏、才、升、博字派行之嗣。

第 21 卷：记录通城支显柜后人，英、华、蕴、盛、容、宏、才、升、博字派行之嗣。

第 22 卷：记录江夏支显桔后人，英、华、蕴、盛、容、宏、才、升、博字派行之嗣。后附宁王朱权部分世系。

综观全谱，其特性可归纳为原始性、零星的记忆。朱桢到孙子一辈，信息较为全面、准确，可能有相应的资料。从内容上看，虽然没有修谱，但很多支派手中收藏有一些资料，如明太祖朱元璋、楚昭王朱桢的画像，本支或重要旁支的世系笔记，这些奠定了首次修谱的基础。

三、缺憾与疑惑

（一）缺憾

1. 佚缺性

一是家族成员记录不全。将有关文献对比，发现很多人物不在谱系之中。推测到明末分支太多，某支在明末劫难中全部蒙难，其他支派无从记起。二是人物信息辑录有缺。很多宗室成员的生封、婚、逝、葬、谥等信息有缺失，如庄王孟烷，生未详；很多妃子的姓氏存在很多空缺的现象。

三是某些记录有误。将昭王元妃王氏附注为"封夫人",降低了一个级别。

2. 有些叙述与事实有异

如昭王其他妃子姓氏与史载不同："陈、郑、胡、刘、程五寝,围垣外左右两旁。"而灵泉山藩王茔园,"葬有昭王、庄王、宪王、康王、靖王、端王、愍王、贺娘娘均在灵泉屯,共计九座"。数目不对。修谱班子认为楚王朱华奎未能入葬寿寝,其妃贺氏附葬,但还是缺少恭王朱英燨。景陵王贾妃与景陵王孟炤合葬四股山,与二妃山考古发现贾妃封册有异。

3. 地名有时代错位

关于"江夏"与"鄂州"两地的称呼,有交叉,无相关知识背景的人难以分辨。如明清时期"武昌县"指今鄂州市地域。民国初,江夏县为武昌县,古武昌县改称寿昌县,后更名为鄂城县。

4. 少数信息与史载相悖

如:楚宪王朱季堄昭王碑文(墓碑):朱桢洪武九年(1376)冬十月丁卯之国武昌。可能源自廖道南《楚纪》误记。再如:前述第五任楚王朱均鈋,因楚康王朱季埱无嗣,而继袭楚王。该谱误将继袭之事放在季堄之后。

5. 缺少艺文部分及郡王茔园分布图

从笔者收集到楚藩的藩王、郡王及部分宗室文艺作品来看,该谱可以增添"艺文"部分,既可还原楚宗的人文面貌,亦可提升宗谱的人文价值。从该谱所述郡王墓葬处所来看,郡王茔园分布基本清晰,而且绝大部分被现代考古发掘所证实。不知何因,缺少这一分布图。

6. 宗谱命名忽略了明宗室谱牒的个性

第五次续修时,称作"朱氏宗谱(宝善堂)"。笔者认为此举在一定程度上忽略了朱明宗室的特性。在明岷王后裔聚集最多的湖南长沙龙田镇万全村,发现宗谱,题名《岷藩谱》,表明其宗族为岷藩王朱楩的裔孙,具有明显的明藩宗室特征。

(二) 疑惑

1. 一些必要的基本信息未作补佚

比如藩王的生年、妃子的姓氏等。

2. 宗谱与《灵泉志》所录朱元璋的诗惊人相似

楚王强行霸占江夏县灵泉山（今武汉龙泉山）修造茔园，当地士宦带头采取相应抵抗措施，其中一项就是拿出《灵泉志》，证明自先祖起在此居住由来已久，反击楚王驱赶住户。楚王为了消除舆论影响，设沄"追劈"此书。离奇的是，《灵泉志》与宗谱均所录朱元璋的 12 首诗：《咏黄菊》《征伪汉在潇湘》《投宿吟》《睢阳庙》《无题》《早行吟》（《灵泉志》题为《题舟早行》）《题隐者》《咏接树》《南征》《题新月》《早行吟》《玩月》。① 朱元璋作诗并非仅此 12 首，朱元璋的诗词共有 147 首（古诗文网）。笔者准测《灵泉志》抄录宗谱。成书于明前期的《灵泉志》，辑录者为了避免楚落封禁，有意收录明太祖的诗，表明"只抗楚藩不反皇帝"。朱氏后裔在修谱时，从《灵泉志》中摘录。再者，《灵泉志》还辑录了李善长、徐达、冯国用、孙炎 4 人《和太祖玩月诗韵》各 1 首，以及朱权的诗，与宗谱相同。

3. 朱允炆

第 2 卷《源流总系》提及朱允炆鲜为人知的轶事，且言之凿凿：（明）惠帝讳允炆，在位 4 年，国号建文，自滇还迎入南，号老佛，葬西山，碑曰"天下大师之墓"。不知其出处。

4. 朱季埈《明楚庄王碑文》未录入。

谱中的《明楚庄王碑文》，不是楚宪王朱季埈所作《明楚庄王碑》。而题作《楚庄王碑文》的，是廖道南所撰《明楚庄王叙赞》。

5. 宁王朱权世系纳入谱系。

第 1 卷有宁献王朱权画像，第 2 卷有其诗 1 首《赠天师》，在第 22 卷中宁王朱权部分世系。谱牒显示：在朱权之下，其裔孙按照"磐奠觐宸拱，多谋统议中，总添支庶阔，作哲向亲衷" 20 字的辈分排列，止于民国时期的 18 世"哲"字辈。笔者推测，该谱二修版、三修版主修是朱博藩，曾在

---

① 张高荣. 龙泉山古诗词集［M］. 武汉：武汉出版社，2006：94-95，155，173-178. 张高荣将"古灵泉志"拆分成《灵泉志新编》和《龙泉山古诗词集》，均由武汉出版社 2006 年出版。

江西省金溪县任职，是否与宁藩后裔有特殊情结，故而将宁藩人物纳入楚藩宗谱。

四、价值与评述

楚藩宗谱是较为特殊的家族宗谱，现基于文献资料的视角来分析其利用价值。

（一）历史学价值

最大、最鲜明的特点是基于代代相传的记述，并未参照明代史料加以补缺。查阅宗谱，发现其有个极其重要的特点：未曾有照抄正史、方志信息来弥补信息缺失，而是凭借族人的记忆修谱，并未刻意增添补齐。假使此谱世系，完全根据史料续修，那么很难看到明代其宗族内部的鲜为人知的信息。同治年修谱，可以参照正史、地方史料，对宗族共同的记忆进行校订，或许正因为此，从另一个侧面，透视该谱的个性特征。

1. 宗谱的佚缺性证实了楚藩朱氏族人明末的遭遇

有明一代，府宫中多次失火，典薄遭受火劫，朝廷设法给予弥补。但明朝末年的"癸未之劫"给予楚藩尽乎灭绝性的打击。后来的宗谱，全赖零星记忆或是小纸片式的档案修撰而成。宗谱记录了朱氏族人在"癸未之劫"中的惨状、灾后的生活状态、清朝末年人口分布及人们的生活状况。明末"癸未之劫"，武昌破城，逃脱、存活的楚宗究竟存活还有多少，方志略有零星记载。从宗谱中看，存活的宗人为了活命，被迫更改姓氏，自家的世系，只能秘密地告知后代。直到民国时代，许多族人通过各种信息，得知续谱信息，不少人请证人，以便入谱。

2. 宗谱提供了楚藩朱氏族人认同的明太祖朱元璋画像

至今流传朱元璋画像有两种不同的版本，一类是圆脸方正、身着皇袍的"正形像"，一类是面貌怪异丑陋"异形像"，这是造成其画像诡异多样的原因，有"变异神化说""防止暗杀说""朱棣异化父相说""满清丑化说""回归真相说"等说法。后世所见更多的是"丑板"画像，即头部特征以鞋拔子脸(猪腰子脸)、下颚前凸、面有斑疹、鹰勾大鼻为特征的面相。中央电视台第 4 套频道《国宝档案》栏目 2014 年 7 月 24 日播放《朱元璋长相之谜》的专题片,对此进行讨论。2013 年,南京明孝陵管理处向公众征集朱元璋"标准像",展现的雕像以"丑板"画像为蓝本。

此画像(参见图 1-1)是该谱二修时由署名为朱茂谦所摹绘,有可能是以朱氏族人收藏的祖传画像为底稿而绘制。

3. 宗谱反映了清朝对待朱明皇室遗民的政策

谱序部分抄录了顺治帝、康熙帝谕旨。顺治帝谕:"故明各帝王陵寝设人看守,以时祭祀不绝。其各省有藩王寝基,仰各该督抚饬付;有司令其子孙不时祭祀;其无子孙者,地方官妥为保护,毋任民人侵占。以示国家兴灭继绝之至意。"康熙四年(1665)皇帝谕旨:"本朝定鼎以来,故明朱氏宗族归顺,有官品者给予官品奴仆;无官品者,但照民人归农;令其得所其故,明各帝王陵寝设人看守,以时祭祀不绝。"尊始祖问题,表露了朱明皇室遗民的担忧:"不敢上祀天子,故避太祖而祖楚王。"

4. 宗谱记述了一些鲜为人知的秘事

如前所述惠帝朱允炆的秘事。另外,该宗谱提供了一些值得注意的细节。再如:藩王兆域,以及郡王的墓葬信息。凭借记忆,前几代信息清晰、准确,亲王的信息清晰、准确,郡王的信息模糊有错。并且提供了人物更多的信息,如字号、葬地,如有九峰山、灵泉山(今武汉市江夏区龙泉山)、二妃山,四股山。这些与考古发现相印证。宗谱明确记载楚王朱华奎并未入葬灵泉山寿寝。江夏王朱孟炬与与郝姓妃,合葬九峰大李山,等等,为研究楚藩提供了更多信息。

5. 大事持之谨慎

该谱对于宗族重大事件,慎之又慎。如:在第 3 卷"世系"中第七位楚王"(朱)显榕"名下显示:"长英燿夭;次英熿袭封楚王。"然而,一个"夭"字,隐藏了英燿弑杀亲父,被判京城斩首、尸骨扬灰的处罚。再如:当时震惊朝野的华奎、华壁兄弟为抱养外姓之子,被宗人举报,成为明末一大悬案,该谱只字不提。

（二）教育学价值

朱氏族规家训带有明显的政治性。《宗谱》首卷辑录了《皇明祖训》，内容是对其后世子孙的训戒，中心思想即为永固朱明江山，包括《祖训首章》《持守》《严祭祀》《谨出入》《慎国政》《礼仪》《法律》《内令》《内官》《职制》《兵卫》《营缮》《供用》13 篇。明太祖在《皇明祖训序》中训示："开导后人，复为祖训一编，立为家法。大书揭于西庑，朝夕观览，以求至当。"① 其中内涵可资中国传统家庭教育研究。

（三）社会学价值

1. 演绎宗法制度，将其发挥到极致，突出嫡长子优越性

在排列朱桢 10 个儿子的序次时，孟熿，本该排序第一，因为庶生子，列在第二；孟烷，本该排序第二，因为嫡生子，列在第一；其他均按长幼次序。另外，楚藩子孙取名严格按照辈分的每一代分别依"金、木、水、火、土"的偏旁命名，② 完备地体现了传统的宗法观念。

2. 民俗

谱中载录了一些可能仅有楚府或朱氏家族内部知晓承嗣（继嗣）的信息。有些末代郡王无嗣，如寿昌、岳阳、大冶等，由楚王或家族认定，过继该郡王的兄弟之子来承祧，以延续香火。事实上朝廷只承认其祭扫义务，并未给予袭爵机会。

《宗谱》披露有人在楚王茔园偷葬。《宗谱》卷二条规九"寝垸向禁子孙添葬"。因乾隆年间，曾有盗墓者，经阖族公禀，蒙前县宪黄谕云：只准子孙祭扫，日后勿得添葬，并请示勒碑在案。阖族约定：违者，由族正、族副知会阖族，公同押令起迁，并禀官从重处治。

---

① 张德信. 毛佩琦主编. 洪武御制全书 [M]. 合肥：黄山书社，1995：387.
② 由此而生造了许多汉字。有的可用繁体字代替，有的在目前电脑字库里阙如，只得代之以文字图片。

3. 澄清"楚宗灭绝"的误传

张献忠屠杀楚宗几何？楚宗乘机出逃几何？历来是个谜题。《宗谱》记述，明末确有部分宗室出逃，艰难生存，逐渐繁衍，如今已达数千人。家族成员分布源流反映了当时出逃的情形。有的改姓隐名，直到修谱时，拿出旁证，方能认定"归宗"。从世系信息看，绝大多数是上辈人记忆通过口口相传，而且是分散在各地的宗支，共同回忆共同审定的结果。

第六章　楚宗违法与楚藩特大案

明太祖深知，哪怕是某一个藩王胆大妄为，也会引发大明一统江山的震荡。为了长久保持、稳定宗藩，朱元璋主持编撰，多次修订《皇明祖训》《诸司职掌》《永鉴录》《宗藩昭鉴录》(文原吉、王馔等编)等，专供宗室览鉴。明太祖亲自著录《御制纪非录》，列举汉代以来的宗室为恶谋叛、专权乱政、贬爵削地、罪恶昭著等八类情形，警示宗室恪守祖训，不得逾矩。又以多种方式告诫他们"蓄养德性，博通古今，庶可以承藉天下国家之重"。①

政治体制往往存在不同程度的罅隙。明代，对于明太祖是否预见封藩在其逝后会有什么后果，有两种观点。一是朱国祯的"预见说"。朱国祯(1558—1632)历政万历、天启、崇祯三朝，曾总裁《国史实录》，累晋首辅，《四库全书总目提要》评价其"在明季说部之中尤为质实"。他认为："藩王之权以次渐削承平，以至于今日，似皆入高皇计算中意。圣心渊微，上与天通，有不可明言，而独自逆睹，豫有以待者……国赋倾廪矣，而庶宗不得宿饱。玉牒充栋矣，而宗子谁是维城？祖制然乎哉，祖制然乎哉！"②

二是多数人的"未预见说"。洪武九年(1376)平遥训导叶巨伯，应诏奏陈《万言书略》："裂土分封，赐之以甲兵卫士之盛。臣恐数世之后，尾大

---

① (明)余继登撰，顾思点校. 元明史料笔记丛刊：典故纪闻[M].北京：中华书局，1981：41.

② (明)朱国祯撰，王根林校点. 涌幢小品[M].上海：上海古籍出版社，2005：97.

不掉，然后削其地而夺之权，则起其怨……防之无及也。触怒太祖，逮入狱中病逝。"①"叶巨伯说，过分热心地分封诸王可能成为将来某一亲王僭位创造条件，剀切预言燕王有争位之举。"②叶伯巨事件表明：太祖坚定地把分封定为一项国策，并列入"祖训"。明太祖的继袭者宁愿安享太平、陈陈相因，不敢逾越其定制，在此后两百多年的时间里，谨守祖训矩矱，所谓改革也只是触动皮毛；以至于藩封愈久愈弊，问题愈演愈烈。

史实证明：随着事态发展，明太祖的战略国策不但没有起到"藩屏国家"的作用，正如叶训导所预见：该反叛的反叛，该犯罪的犯罪，而且宗藩问题日趋严峻，进而成为明王朝无法卸掉的沉重包袱。

明人于慎行谓："（明初）国家分封诸王，体貌甚重。其后宗人繁衍，族属益疏；又以禄粮支给，仰哺有司。于是礼体日以衰薄。"③历朝有诸多宗藩条例典籍，如《明太宗宝训》（明太宗朱棣语录汇编，杨士奇等编纂），《宗藩条例》（李春芳编，嘉靖四十四年成书），《宗藩要例》（户部尚书张学颜重编删订，万历十年成书），《皇明典礼志》（郭正域编纂，万万后期成书），《王国典礼》（周藩宗正朱勤美，采辑宗藩相关条款，万历晚期成书）。其中涉及诸多宗藩的条条款款。

首代楚王朱桢力图作出表率，劝诫子嗣安分守己，永保藩邦。朱季坱《楚昭王神道碑文》谓：朱桢"倦倦奉祖训，率礼度，留心典籍，靡他嗜好。书十事座侧，旦夕自警。恭慎俭约，恒存省己。直言谠论，听纳如流。鉴前古藩王之失，府中官属，皆出廷授，未尝外通宾客。爱恤国人，恒恐伤之。地产之利，率推畀民。不受贡献。岁歉，尝减禄米之半以抚民。军校遵奉戒约，毋敢侵越"。其中所言十事曰："尊朝廷，守祖训，敬神明，作

① （明）陈子壮.昭代经济言[M].北京：中华书局，1985：4-10.
② ［美］牟复礼，［英］崔瑞德编，张书生等译.剑桥明代中国史[M].北京：中国社会科学出版社，2007：149.
③ （明）于慎行著，吕景琳点校.谷山笔麈[M].卷三页二十五.北京：中华书局，1994：25.

藩屏，顺人心，友兄弟，防边境，练军事，谨钱谷，蓄马乘。"①朱桢最担心的是子孙忘掉"高祖之光训"。《明太宗实录》第269卷记，朱桢曾经有过假死。"疾革既绝久，复苏顾世子孟烷"，再三叮嘱："若等必遵祖训，忠朝廷，务保守之道。苟违吾言，吾死有灵，必不尔佑?"又晓谕其他郡王："吾没后，庶事必咨禀世子孙而行，勿违。"②楚藩茔园中，仅有朱桢地宫未被盗掘，或许与其恭慎俭约有关。但是世事的舛变，并非明太祖、楚昭王所能预见的。因为社会环境与宗藩运行机制，面对困境，楚宗难免逾越法制的红线，做出违法乱纪之事。

第一节　个体犯法事件频发

一、楚王违法违背公德

（一）夜间派人铁牌出城

楚王派人持铁牌夜间出城属于违例之举。《明史·兵志》记：洪武初年，中军都督府管理夜巡牌，"讥察奸伪，夜发巡牌，旗士领之，核城门扃钥及夜行者"。洪武二十八年（1395）九月，命各卫所镇抚，发夜巡铜牌。"每夜命镇抚一员，发牌分锁二员，领军旗巡警。"夜间出入城门必须持有铜牌，推行到全国各卫所。永乐三年（1405）六月，楚王府夜里派人持铁牌出城，要求武昌城门的护卫放行，受阻。湖广都指挥使司将此奏报。明成祖书谕楚王，委婉地警示朱桢：王府自出此牌，礼非所宜。贤弟贤明孝友恪慎周详为亲藩表率，即宜停革，以副倚重之意。此例表明大明早年纲纪严明。

---

① （明）廖道南．楚纪[M]．嘉靖二十五年刊本卷六楚藩王各表．北京：书目文献出版社，1999：82.

② （清）裴天锡修，武汉地方志办公室整理校注．清康熙湖广武昌府志校注[M]．武汉：武汉出版社，2011：845.

（二）江夏县域多处夺地

经风水先生指点，楚王选中江夏县灵泉山作为寝山。几代楚王驱逐山内居民，封山造寝，在此建成楚藩王茔园。江夏县永丰山（今江夏流芳二妃山一带）有张氏家族祖坟山，楚藩意欲强占，楚王朱显榕玩弄手腕，强行圈占了此山，扩大了郡王茔园的范围。明代中期，楚藩在灵泉山周边地区，"合计连占宦田三千五百石，追其印契入库，以作宗产。合计占民产四百亩，以作鹅鸭田。合计占梁湖（今梁子湖）草场数百段，以为草料税"[1]。

（三）擅掘强迁他人祖坟

楚王朱桢认为江夏县九峰山是块"宝地"，强掘江夏李氏唐朝先祖四墓，强占狮子峰，请高僧无念坐镇，祭祀马皇后，在此建造九峰正觉禅寺。李氏后裔"都堂李盛死之"。[2]

嘉靖九年（1530），江夏举人张㲲状告楚藩擅掘其先祖张璞之墓。御史张璞巡按云南，被镇守太监梁裕等人合谋陷害丧命。世宗敕赐祭葬灵泉山祖茔，其墓"惨遭楚王府宗朱掘冢开棺，臣幸撞见，枕尸而哭。王宗拘锁（臣）至府，封门三日，锢治至死，勒书卖契。（臣）哀脱奔逃。（楚宗）不惜先臣朽骨，不留名器体面，叱呼鞭打，如同犬马"[3]。

嘉靖十年（153），江夏生员张廷凤、张廷鸾状告："楚王贵宗朱三人等"，掘前朝礼部官张辂之墓，"唤石匠王成，凿洗三日。臣始得知，匍匐至灵泉祖茔，见棺开，袍带依然，面目如生。臣不禁魂飞天上，魄入地府，控告无门矣。只得跪泣王宗，反触扑怒，打落一齿，面皮皆穿"[4]。

另有许多古墓被掘。"灵泉北山，武阳侯樊哙墓，今昭寝，侯墓迁东

---

①　张高荣．新编灵泉志［M］．武汉：武汉出版社，2006：71-72．
②　张高荣．新编灵泉志［M］．武汉：武汉出版社，2006：75．
③　张高荣．新编灵泉志［M］．武汉：武汉出版社，2006：67．
④　张高荣．新编灵泉志［M］．武汉：武汉出版社，2006：68．

边；昭寝中堂东下，即元观文殿相国沈公如筠墓，今平；张府（即张诚）祖茔掘；唐江夏王道宗寝迁，今宪寝是也；宋张芸叟墓存；明张中美墓掘，稍迁东；张公添祐（明初吏部官员）与夫人沈氏合葬，墓在昭寝之西。公灵显应，不能掘。碑为石台所压；沈氏并邹太常彦魁墓俱掘；张公辂墓在天马峰之西，开棺，袍带依然，稍迁，今贺妃寝是也；再观南山，唐相李廓之蓼莪堂平；明户部（尚书）曾泰，夫人李氏墓掘；董公辜皋（明初江西德兴知县）墓存；内有樊、张、邹、沈四乡绅墓掘；今靖寝西内，唐李沇（宰相李磎之子）、李毅墓俱存；明张诚墓在东边，欲掘，天大雷雨，止，今庄寝附之。"

（四）侵扰地方文化秩序

楚王禁止传阅、传抄揭露楚藩夺地杀人行径的地方文献《灵泉志》，并且遍查追劈。张诚后人领衔抗争夺地，惹怒楚王。楚王"罢（张）诚祀（乡贤祠牌位），并削其名不入县志"[1]。

（五）无情残害他人性命

生员尹天士赴县应试，经过楚藩茔园，因树枝被风吹落，却被诬陷有意为之。"风折枯枝，楚卫拿获，（楚）王命铜钉四口，钳死示众。"[2]

明朝中后期，教坊司移交王府管理，"凡买妓必启王，畀以龙票，乃得出。票无定值，以意低昂之。"[3]楚府教坊乐妓范月卿，无钱赎身。与蔡姓男密谋逃离王府，不幸被逮回，惨遭毒打。王府将赎身银提高到 20 两。蔡姓男状告王府官恶意刁难，不料语犯楚王，致使范月卿下狱 3 年。范月卿刑期未满，"病将卒"。武昌知府出于同情，将其安置到寺庙，不久便含恨而逝，时年 27 岁，无人料理后事。万历二十二年（1594），客居武昌的

---

[1]　（明）熊廷弼. 熊襄愍公全集［M］. 清道光二十一年刻本卷九页十二.

[2]　张高荣. 新编灵泉志［M］. 武汉：武汉出版社，2006：71.

[3]　（明）潘之恒撰，汪效倚辑注. 潘之恒曲话［M］. 北京：中国戏剧出版社，1988：164.

作家潘之恒(《范月卿传》中"鸾生"为作家的字),出于人道,不畏闲言,协同另一义者赵姝操持后事,斥资买地将范安葬,又立下"义妓范月卿墓"碑。潘之恒作有《青塚行代挽范卿》《瘗范月卿挽词》。① 他们的义举,映衬出楚王的自私冷漠与麻面无情,也映衬出王府官的心狠手辣。

二、楚藩宗室违法犯罪

(一)郡王

通山郡王率众多将军等人私自出城。天顺四年(1460),楚王季埱在藩。湖广都御史弹劾:寿昌王季圩与将军等人多次出城,前往武昌洪山宝通寺、江夏灵泉山(今湖北省武汉市江夏区龙泉山),夜宿外地,次日还府。既未奏呈湖广有司报备,又未报请礼部批准,如此自由出入王宫,应将长史、教授等人治罪。英宗网开一面,晓谕季圩:"尔等轻妄如此,撽之礼法,俱有乖违,但既往不咎,今后务在循礼守法,毋蹈前非。"亦未处罚楚府官员。

东安郡王欺辱亲属。成化五年(1469),东安王朱均铈性情急躁,凌侮弟弟、镇国将军均鋼及其生母吴氏,致使他们衣食不给。楚王均鈚只得将其母子移至王府居住。宪宗劝诫均铈:你将弟弟母子视如路人,兄王劝谏,亦不听从,孝友之心何在?理当痛加修省,速改前过。不然罪及自身悔之晚矣。

摄事郡王互讦。楚府藩王缺位,再度出现资历威信较高的郡王辅佐年幼王储,朝廷指派宗理打理府事。一是嘉靖后期通城王英焵、武冈王显槐先后扶助朱英燧,二是隆庆至万历初,朱显槐、东安王朱显梡先后扶助朱华奎。嘉靖二十四年(1545)楚王显榕被长子弑毙,次子英燧方才5岁,世宗指令由楚府通城王英焵辅佐楚府政务,后改任武冈王显槐。通城王英

---

① (明)潘之恒撰.汪效倚辑注.潘之恒曲话[M].北京:中国戏剧出版社,1988:165.

熔，以争财讦告摄楚府事、武冈王显槐，显槐亦讦英熔不法状。湖广抚按官奏呈：起因在于更代摄府事，通城王自以失去摄府事一职，指责显槐招揽喽啰，侵占公财，侮辱显槐；显槐作为叔辈，不加训谕，以致以恶言相对，当属失体。世宗下旨：扣减英熔禄粮三分之一；劝谕显槐反省改过，冷静从事；群小喽啰，依法处置。

隆庆五年(1571)，楚王英爋去世，神宗敕任武冈王显槐管理府事，保护遗孤。至万历二年(1574)，湖广巡抚赵贤检举显槐无道，有压制剥削宗室、克扣宫眷禄粮、凌逼太妃、受贿杀人、不顾王府寝园，等五大罪状，提请穆宗解除其摄府职权，以免宗室四处告发，并推举东安王显梡代摄府事。鉴于教训，显梡不得掌管钱粮。万历六年(1578)，任命华奎为楚世子，管理府事。然而显梡履职后，并未遵守前约，藩府内部又是一片怨声。万历七年(1579)，华奎呈奏，罗列东安王显梡不遵约束，侵克宗室钱粮、设计挑拨宗室内斗、结党抗违、任用亲信、庇护小人等罪名。朝廷责令湖广抚按查勘。而显梡诬称楚府内使郭伦等人在抚按调查中，肆意诬陷。神宗裁决：显梡昏聩，不堪托付，革其管理职权。万历八年(1580)，册封华奎为楚王，结束了郡王摄事的状态。“显槐监国，淫婪不法，擅杀多命，为抚按所劾，始改命显梡。”①哪知显梡又不堪重托，徇私枉法。再度宗理互斗，一则表明楚府缺少掌舵人或主心骨，二则反映宗室内部矛盾扑朔迷离。

崇阳王殴杀奉国将军。楚王朱显榕指派崇阳王显休管理宗禄。显休及奉国将军荣湑，镇国中尉显梣、显槼等，阿附显榕多行不法之事，奉国将军显桍赴京告状，通政司扣留奏章，世宗未能知晓。显榕得知后施计侵辱显桍。《罪惟录》谓显榕借机鞭笞显桍，罚缴银钱1000两。显桍愤懑难遏，准备再次赴京告状。显榕与显休、荣湑等人率群小预谋杀害显桍。“榕与奉国将军荣湑、镇国中尉显梣、显蘽，袖铁椎待之甓郭，群击桍死。”②显

① (明)沈德符．万历野获编[M]．道光七年姚氏扶荔山房刻本卷四宗藩．北京：中华书局，1997：125.

② (清)查继佐撰，倪志云，刘天路点校．罪惟录[M]．列传卷四同姓诸王列传．济南：齐鲁书社，2014：1303.

桥长子多次奏讼无果。直到显榕被弑，武冈王显槐，发动宗人 140 人联名控告，世宗过问此事，钦命专人查实。嘉靖二十八年（1549）宣判：显休勒令自尽。显休之子英奨，不得袭封郡王爵位，降封镇国将军；荣潧被判送发凤阳高墙；荣潧之子显榄、显橝不得封镇国中尉，而降为辅国中尉。其他参与者也被禁锢管束。

（二）将军

将军之子索财乱伦。弘治十五年（1502），永安王支系镇国将军季城均锴，自恃蛮横跋扈，多次强行索人钱财，逼淫寡嫂，留宿庶母，丧尽天伦。孝宗赐其自尽。

奉国将军上京扰奏。嘉靖二年（1523），奉国将军显棨赴京奏请求支用（楚府）料钞厂钱粮，世宗发怒，斥责其违禁扰奏。敕令楚王荣滅严加戒饬。若其再不悔改，则按法规拘禁王府教授，以及武昌城把守盘诘官员。同时，将此作为反面典型通报各王府，勿要犯同样的错误。此事颇让荣滅大失颜面。

辅国将军淫恶杀人。通山王支系辅国将军朱英爌淫恶多端，肆意杀人。嘉靖三十四年（1555），嘉靖皇帝命革除封爵，废为庶人，送发凤阳高墙禁闭。

奉国将军家变遭殃。隆庆三年（1569），崇阳王府奉国将军荣涯之妻郁氏，私通表侄萧木。萧父得知欲举报，却被萧木与郁氏合谋毒杀。萧木受凌迟卒狱中，御史具郁氏狱奏上。上以荣涯治家不严夺禄米半年，郁氏判处死罪。

奉国将军罪连兄弟。万历元年（1573），通山王府奉国将军华㙉有罪，高墙禁住。并罚其兄华㙦禄米半年，以华㙦纵弟稔恶。

（三）中尉

镇国中尉受贿祸及他人。嘉靖十二年（1533），武昌发生命案，嫌犯探得镇国中尉显栖与知府仲选有故交，试图通过显栖贿赂仲选，请求开脱。

事情败露，湖广巡按御史拘捕显栖，经审讯：显栖犯有贩卖私恩、纳贿罪；知府仲选，以及楚府长史杨天茂、孙立均犯连带罪。世宗裁决：扣减显栖 5 个月禄米，另 3 人由御史问罪。

辅国中尉伤人渎奏。通山王府辅国中尉英熿，殴伤叔祖父，越关渎奏（未经楚王认可擅自奏呈）。嘉靖二十六年（1547）五月，判处禁住凤阳高墙。

辅国中尉劫财伤人。万历二年（1574）岳阳王府辅国中尉英琰、永安王府辅国中尉英爌，因抢夺他人财物，伤及他人，革爵，降为庶人，拘禁闲宅，罚英爌等禄米一年。直至万历四十三年（1615），湖广巡抚梁见孟奏呈：查得英琰，事犯抢夺，实非命案，已拘禁 40 余年，且年过 70，乞请释放。

辅国中尉截留禄粮。永安王府辅国中尉英火尔截留禄米，楚王华奎参奏。万历十二年（1584），神宗裁定：先夺禄米，以观后效。然而朱英炴不思悔过，次年加罚，终被革爵，废为庶人，闲宅禁住。

（四）宗室

宗人聚众危害地方。万历十九年（1591），楚王华奎疏称，宗人华坚聚群结党，强收官赡，霸占田产，折墙伐树，损毁下马牌标识等。万历三十一年（1603），宗室再奏华奎确为假王。华奎拿出千金与华坚等人请和，希望他们不再随流附和。华坚不接受。神宗将"真假楚王"定案后，华坚得到"姑降一等"的处罚。

钦差查获宗室违法。万历三十一年（1603），华奎以崇阳王府中尉华越犯罪，犯有欺罔四罪。随后华越联合宗人举报华奎为抱养。神宗指派钦差彻查，都察院左都御使温纯在查访华奎是抱养的证据过程中，查得一些宗人存有违例之举，如：华越，违禁私取护卫王如言女为妻，以妾生子冒顶妻生子之名，邀约宗人殴伤官员，诬告兄弟华墙的妻子打堕胎产；英然诬告楚府纪善；蕴钟重复领取禄米；蕴钫盗用支禄印信、私自纳妾。蕴金晶强占白沙洲故地，蕴钫擅砍高观山树株（后按树的价值以银两追还楚府）。

万历三十一年(1603)，宗室蕴锛等人抗旨投揭，革为庶人，与华越等人一并勘问议处。①

宗室溢鈚杀人害命。万历四十三年(1615)，通山王府宗室溢鈚(未赐名、无封爵)，以杀子妇(儿媳妇)为河南按臣张至发所参，诏付法司。

朱万年殴伤楚府长史。万历四十四年(1616)，楚府长史江一蔚揭发：东安王宗室朱万年，幼子未受封，却冒领禄粮。朱万年凭借一时之怒，殴伤江一蔚。江长史称病回家。朝廷给予朱万年削减禄米的处罚。

(五)护卫军余引发宗室内斗

永安王府中尉显梋姨侄、武昌护卫军余(指无正式军籍的军人)刘贵，骗取他人财物。崇阳王显休、中尉英爆、永安王长子英焌、奉国将军荣潸，另有将军中尉英州、英㷻、英炕、英烵等人均上当受骗。嘉靖二十五年(1546)，显休纠恶少数十人，一拥而入显梋家，抢走他家的金帛。恰逢摄楚府事、通城王英焌路过显梋家门，准备派人拘捕，岂料英焌、显休等人群起攻击英焌，并将其官帽、坐轿砸毁。英焌诉讼到地方衙门。湖广巡按御史不仅不予理睬，反而将英焌收置狱中。显休、荣潸悍然劫狱，抢出英焌。巡按御史上呈皇上。世宗裁决：显休夺禄1年；荣潸、英焌、英爆、英州各夺禄半年；其他人由通城王英焌严辞告诫，此事虽然暂告一段落，却为后来的纷争埋下了后患。

三、仪宾违法犯罪

(一)葛隆行贿入狱

永乐十三年(1415)，葛隆与朱桢第八女兴宁郡主成婚，封有中奉大夫、宗人府仪宾的头衔。其父葛能官至孝陵卫指挥使。正统六年(1441)，

---

①　李国祥，杨昶主编，李琼英编. 明实录类纂(宗藩贵戚卷)[M]. 武汉：武汉出版社，1995：1505.

代表楚府朝贡。正统十一年（1446），湖广沔阳直隶州同知曹瑛因受贿罪下狱，供称曾受葛隆贿赂。湖广按察使奏请治葛隆罪，英宗指令巡按御史详加审问。

（二）郭成潜归奔丧

明制规定：仪宾家里若有重大事项，必须"启王"得到批准方能回家，否则就是冒犯法规。成化八年（1472），仪宾郭成因父亲去世，报请楚王均鈋奔丧，在未予准许的情形下，私自潜行，被湖广按察司所劾。宪宗以"闻亲丧奔赴，人子迫切至情"不再追究。

（三）方舰诬告行奸

通山支汉川郡君仪宾方舰，天顺四年（1460）因诬告罪革冠带，仍然不思悔过。天顺七年（1463），乘夜潜入婺川郡君家中行奸，被仪宾陈瑛抓获。方舰声称要刺杀陈瑛，多次逼迫楚府为他奏请复官，终被收治归案。通山王季垟上奏，英宗传讯由锦衣卫押到京城审讯。鉴于汉川郡君已故，方舰被免去死罪，遣回原籍为民。

（四）仪宾不行王礼

成化十七年（1481），黄冈县主仪宾徐庆等15人，与本府典宝副管希宁等人，在当年正旦节，未给楚王朱均鈋行礼，属违例之过，被湖广巡按御史弹劾，理当处罚。虽然楚王均鈋为其乞恩免罪，但宪宗执意要求御史拘留讯问。仪宾府官之辈明知不可为却执意为之，可以推测：事件的背后潜藏着未知的隐秘。

（五）沈宝黜为庶民

湖广提学副使沈钟长子沈宝，娶楚靖王朱均鈋之女。弘治五年（1492）赐楚府中牟郡主并仪宾沈宝，诰命冠服如制。在议追崇兴献王的"大礼仪之争"中，楚王表现尤为积极。沈宝抢先表忠受到嘉靖嘉奖。嘉靖元年

（1522），沈宝撰《大礼议启》，由楚王朱荣㳦代为奏呈，嘉靖帝大为欣赏，并将此奏辑于《大礼集议纂要略》，重奖率先附和贡谀之士。嘉靖七年（1528），沈宝获赐《明伦大典》。次年又获赐一品服色，加授散官职事，光鲜一时。然而好景不长，沈宝得意恃宠，骄横跋扈。嘉靖十四年（1535），朱显榕继嗣楚王，与沈宝心存隔阂，渐生结怨。按辈分论，沈宝是显榕姑父。由于沈宝与胞弟沈贡因不正当牟利败露，楚王劝阻仍无悔改，继而侵剥楚宗禄米，激起众怒。显榕奏请没收其所赐田产。沈宝更生怨恨，设计报复。先诱使显榕模拟水战练习水军，后便诬奏显榕练兵是图谋不轨、在寿辰时有亲信呼喊"万岁"口号是冒犯天规。后经查实均为诬奏：显榕居丧期间，并无逾矩之举。嘉靖帝批旨："私忿诬王，不可宥"，沈宝被废为庶民。

第二节　大案要案震动朝野

一、世子英燿弑毙父王

朱显榕继袭楚王，其暴虐贪酷愈发导致藩内外矛盾日臻激化。显榕长子英燿于嘉靖十六年（1537）册为世子，8 年后谋杀生父。根据当朝文士的说法，此事背后还另有隐情。其一，显榕认为英燿有先天足疾，继袭藩王有碍楚藩颜面。《万历野获编》谓："英燿有足疾，日后为王有失体面。"显榕更爱次子朱英㷋，并劝英燿说："若苦足疾，何不弃名爵学长生？"[1]明李诩谓："（显榕）妃生幼子（英㷋），阴有废立之意。一日往世子堂，见其容瘁，曰：'尔如此，何能继我？不如学修炼长生，将王位奏让与弟，弟不失位，尔不失身，两便也。'世子是时已蓄弑心。"[2]其二，显榕意欲废除

---

①　（明）沈德符．万历野获编[M]．道光七年姚氏扶荔山房刻本卷四宗藩．北京：中华书局，1997：124.

②　（明）李诩著，魏连科点校．戒庵老人漫笔[M]．北京：中华书局，1997：115.

英燿世子爵号，重新封立英㷿。英燿本是吴妃所生嫡长子，已经作为楚王的预选接班人。英㷿为宫人王氏所生，在宗法制度里，属庶生子，继袭权缺乏优先权，不占优势。然而英燿有些跛腿，顽皮好色，显榕觉得有失体面，曾经晓谕英燿让出世子封爵，英燿哪能甘心。英燿"决意为冒顿之事"。其三，有官员认为藩府设乐院，亦是成因之一。嘉靖二十四年（1545）十月礼科给事中查秉彝"条陈宗藩事宜"，提出"肃闺教"。认为"各藩设有乐院，导欲长奸，近者英燿逆节酿自妇人"。

事件直接原因是英燿烝母导致父子关系恶化。显榕宫人方三儿生得貌美，英燿便指使亲信引方三儿到自己住所，行不轨之事。吴妃知晓后告知显榕。显榕大为震怒，将方三儿幽禁于内宫。有记载说："世子（英燿）病，王（显榕）遣所爱宫人（方三儿）侍之，世子私焉，有娠。楚王怒，遂疏世子。"英燿平时结交群小无赖刘金、徐景荣、杨惠等人，他们就是后来参与击毙楚王的棍徒。事发前一年端午节，楚王设宴招待诸宗室观看龙舟表演，安排乐妇宋么儿弹琴助兴。英燿看中么儿美色，刘金心领神会，故意投其所好，设法提供英燿与乐妇行乐的机会和场所。显榕得知，打算杖杀刘金。刘金闻后，一方面惧怕，另一方面试图借刀杀人，私下告知英燿，声称楚王早有废世子之意图，不如先下手为强，这样对于英燿弑父夺权起了推波助澜的作用。英燿便与刘金、徐景荣等歃血为盟，策划谋杀方案。

明朝自成祖起，元宵时节，百官休沐十日，饮食快乐。然而在这欢快休闲的时节，楚藩潜藏着杀机。正月十八日，英燿决定以设宴款待楚王，武冈王显槐被安排在西室的酒桌。有意安排楚王随从朱恩等人安排在远处吃饭。英燿原打算伺机用毒鸩杀父亲，哪知此招失效。他们便实施暴力杀害，以事先约定的号炮为令，张贵、刘金等人由后屋扑出，将显榕架至院中。谢六儿用铜瓜砸碎了显榕的头部，接着一群喽啰挥动大棒，迅疾击毙显榕。在西室喝酒的显槐闻声过来奔救，也被打伤。随后"紧武冈王于别室，令毋得出"。朱恩、杨镗闻讯，即刻呼叫内官把持宫门，保护英㷿。然后从王府北墙缒城而下，奔赴武昌巡抚府告变。而英燿余怒未消，又令谢六儿鞭笞尸体，方命人更换显榕衣冠，扛入王宫，准备装殓。翌日，英燿威逼王府长史孙立，承奉张庆、王宪等人以"中风"报告朝廷。通山王朱英炊上奏，直书英燿弑逆情状。明世宗闻讯大怒，立遣司礼监太监温祥及驸马都尉邬景和、刑部左侍郎喻茂坚、锦衣卫都指挥袁天章等人赴武昌，会同湖广巡按车纯、巡抚伊敏生等官员侦讯此事。武冈王朱显槐得知温祥等人来到武昌，趁机逃出软禁，证实了通山王所说的情况。最终查明朱英燿弑父真相。

当年九月，朱英燿被押送至京师，祭告太庙之后，在北京西市伏诛，焚尸扬灰。刘金、谢六儿、孙保儿、徐景荣、田尧等34人凌迟，家产籍没，妻子入官为奴。王府右长史孙立、承奉正太监张庆、承奉副太监王宪等人斩首弃市。王府左长史马天佑当时外出为王府办事，不在武昌，捕治革职。宫人方三儿、乐妇宋幺儿两人各杖责一百。崇阳王朱显休、江夏王朱荣漠、永安王朱显梧、东安王朱荣淑等人扶捏举保，革禄十分之三，奖慰武冈王朱显槐和通山王朱英炊各银五十两、玄黄彩币（彩色绸缎）四表里。明代宗室"虽谋反大逆，亦止赐自尽，焚其尸"。朱英燿被斩首焚尸，足见朝廷严于治罪的决心。

对于"楚藩宫变"，世人多有议论。明王世贞有"可怜玉匣黄金床，不得全颅置中央"的诗句①。明李诩透露：朱显榕贪酷至极，楚人无可奈何，认为是苍天为楚民报仇，"乃假手其子，身弑子灭"，乃"天定胜人之理也"②。

二、楚宗群毁江夏县庭

万历二十二年（1594），楚藩庶宗盈哥（未赐名、无封爵者）犯科，江夏知县何杰将其依法收监。楚府众多宗人拥入县庭，群毁公物，威逼知县放人。知县也是冤枉，本来是正常执法，却落个连带处罚。神宗批示：依法

---

① （清）陈诗著，皮明庥等标点. 湖北旧闻录[M]. 武汉：武汉出版社，1989：580.

② （明）李诩著，魏连科点校. 戒庵老人漫笔[M]. 北京：中华书局，1997：116.

拘禁盈哥，训诫领头的肇事者，知县何杰罚俸 2 个月。①

三、王守仁告楚府吞财

万历二十四年（1596）八月，留守后卫百户王守仁，自称是明初定远侯王弼后裔，奏称：楚昭王桢元妃是王弼长女。王弼去世时小儿尚幼，由姐姐（元妃）代为赡养，并将纯金 6.8 万两，白银 250 万两，珠宝不计其数，寄顿在楚府。叔祖是开国勋臣，元妃因此获得钦赐陕西庄田 86 处，累计利银 800 余万两，均被楚府侵吞。这些皆属御赐叔祖财物，愿意尽数奉出，以助朝廷工事。这一爆炸性新闻，遽然引起朝野震动。正在筹钱的神宗皇帝兴趣陡增，立马派人核查。很快王守仁的家财账簿送到皇上案头。清查楚府财物的过程中，钦差大臣反馈的信息出现了反复，曲曲折折，甚至有些滑稽。司礼监太监孙举奏：王家赀财悉寄楚府，均由承奉司收管；恐怕现任承奉郭伦等人得知有司来查，事先已经逃跑，或将珍宝等物转匿；乞敕湖广抚按拘禁防守。稍后刑科给事中侯廷佩报告："楚府之寄托无因。"

楚王华奎向湖广巡按赵文炳表示："请令避官掘搜"，楚府人员一概回避，便于搜查；同时上奏，批驳王守仁状词中的破绽。楚府资财，武冈王朱显槐摄府事时，已由多名官员盘阅，数世积累银两只有 18 万，何处找来数百万两？而且现已查明王守仁不是王弼亲裔，"寄顿财物皆属虚诳"，是他想借进助之名，希图承袭爵位，实属诬蔑亲藩，欺罔天听。都察院御史张养蒙题奏："王守仁捏无影之宝货，盖欲骗久绝之侯封。"到十一月，太监孙举的上报与此前所奏大相径庭：承奉郭伦等人违抗圣意，楚府册内均为该府赀物，找不到任何王弼家财的凭券。《明实录》还提到"凤阳文册"，钦差官欲从中想找到关于楚府"家底"的线索，然而最终结果是，没有找到对于案件处置的有益材料。十二月，神宗示谕："朕起初念在开国功勋的情分，下令查勘。王府册籍，年久散逸无存，姑不深究，以示皇亲之情

---

① （明）叶向高等修，明神宗实录［M］.万历二十二年五月戊寅卷二百七十三.
"国立"北平图书馆红格抄本影印版.台北："中央研究院"历史语言研究所，1962：
5057.

谊。"便要求派去的官员返京，将两家账簿回笼，由部院查明详细具奏。此时华奎进助工银两万两，得到嘉奖。

万历二十五年(1597)正月，案件已经明朗。户部奏呈：王守仁妄认王弼为远祖，所说一切尽属虚构，后来的一切无以立足。二月皇上下旨：王守仁妄奏楚府，查对不实，发回原籍当差。楚王、湖广巡按、南京浙江等道御史、兵部官员等，指责神奸王守仁、王锦袭冒认元勋后嗣，假刻皇祖制书，欺诳朝廷，侮辱楚藩，穷凶极恶，理当"亟正天诛"，这些均没能说服神宗，最终还是没有搬回神宗的决定。

此案既滑稽可笑，又疑惑重重。而对于冒犯天条的王守仁，仅作"发回原籍当差"，只好从万斯同《明史》中找谜底："时诸珰方以搜括希上意，不欲暴守仁罪。帝颇悟，撤回宫中。"①

四、楚府藏匿宦官陈奉

万历二十七年(1599)初，明神宗指派御马太监陈奉兼理湖广矿税。陈奉僭称千岁，擅作威福，招募地痞无赖，在各郡邑布列税官，小型市镇也指派 5~7 人。他们要挟官吏，勒索富户，无中生有编造罪名，极尽敲诈。劫掠行旅、坑害商贾，闯入民家淫亵妇女。商民得知陈奉由武昌到荆州，沿途数千人投掷瓦石袭击陈奉。陈奉怪罪地方官吏管理不力。蕲州知州被关押，襄阳知府被贬官，枣阳知县王之翰下狱(后卒在狱中)。神宗迷财纵容了陈奉的肆无忌惮。陈奉声称古墓有黄金万计，得到皇上默许。陈奉便大掘古墓，毒刑拷打事主，刀剖孕妇，溺死幼婴。民众到了"时日曷丧，予及汝偕亡"的程度，再次起来抗争活动，汉口、黄州、宝庆、德安、湘潭等地相继爆发民众与陈奉党羽、官府的冲突。在武昌，受辱秀才之妻赴官哭诉，一路上万余居民随行壮势，见巡抚衙门不敢受理，便冲向税监衙门，投掷砖头石块，击伤陈奉。一向为政清廉的湖广按察司佥事冯应京，力行正义，逮捕了陈奉的鹰犬，如实陈述陈奉的十大罪状。陈奉出于报

---

① (清)万斯同，王鸿绪．明史稿[M]．乾隆四年刻本列传第三诸王一页十九．

复，张贴榜文，罗列冯应京所谓"罪状"，引发公愤。万历二十九年（1601）三月，武昌居民自发聚集于湖广衙署，包围陈奉所在公廨，誓杀陈奉。陈奉闻讯从后门逃出，潜入楚王宫城。官衙派兵千人压制民众，助长了陈奉的嚣张。陈奉指使士兵发射火箭火炮烧毁民宅，制造严重的流血事件，许多居民因此丧命。愤怒的民众抓住陈奉走卒 6 人，投入长江；湖广巡抚支可大包庇陈奉，民众怒烧巡抚衙门。官民对峙，形势急迫。楚王府为了巴结陈奉，提供食宿，让其在此藏身 1 个多月。冯金事被押送京城时，百姓自发含泪送行。陈奉虽藏匿楚府，却暗中指使兵卫追逐、射杀民众，数人受伤。冯应京身坐槛车，说服了余怒未消的民众，民众才缓缓离开。支可大奏疏报告实情并请求立即撤回陈奉："冯应京去任之日，百姓群聚呼号欲逐陈奉。奉乃盛陈兵卫，招摇都市，砍李廷王等二人，闯入楚府，命参随三百余人引兵追逐，躬杀数人，伤者不可胜数。奉肆行已极，民怨日深，乞即掣回。"[1]稍后，户科给事中田大益上书："楚藩王匿（陈）奉府中而朝廷人不敢入，楚侦缓急矣，中外观变，惟在楚人。臣意陛下必且旷然易虑，立罢矿税，以靖四方……皇上不为楚人诛陈奉，奉必受诛于楚。夫使奉受诛于楚，则柄下持，皇上不为楚人捐矿税，矿税必自捐于楚。夫使矿税自捐于楚则不见德，皇上不尽撤天下矿税，使天下必效楚人。"[2]试图以危急局势触动皇上。然而奏折未报皇上。直到四月，神宗下旨："陈奉着该抚按官差官伴送回京处分。"陈奉回京时，"随身带回的赃财多得惊人"，支可大害怕百姓沿途拦截，"由士兵护送出境。舟车相衔数里不绝。"[3]陈奉回京后再次受到弹劾而降为杂职。

① （明）叶向高等修.明神宗实录[M].卷三百五十七万历二十九年三月甲子."国立"北平图书馆红格抄本影印版.台北："中央研究院"历史语言研究所，1962：6677.

② （明）叶向高等修.明神宗实录[M].万历二十九年五月辛丑卷三百五十九."国立"北平图书馆红格抄本影印版.台北："中央研究院"历史语言研究所，1962：6702-6703.

③ 樊树志.晚明史（上卷）[M].上海：复旦大学出版社，2003：575.

五、华奎被曝抱养悬案

官员认为"楚藩诸宗，无故发大难之端"，揭发假冒楚王必有深层内幕。

"真假楚王案"，史载有多个名称，如"楚太子狱""伪楚王案""楚宗案""癸卯楚事"等。华奎遭到宗室举报身份造假，可谓楚宗窝斗的一个巅峰。这一爆料再次引起朝野震动。

明清文士笔记显示关于英燿身患隐疾引发猜疑，没有男嗣的传言多有流布。沈德符《万历野获编》有记：朱英燿"久无所出"。楚王朱显榕聘请李时珍治疗小孩的病，这个孩子或许就是朱英燿。有称英燿患有"废疾"，但是什么病症，语焉不详。记载英燿有"借种"之想，至少有两部民间文献。当朝沈德符《万历野获编》记："当楚恭王壮年时，吾乡有沈樟亭者（名失记）为楚纪善（实为典宝见第二章楚府典宝名录——笔者注），相得如鱼水。一日，（王）忽出春申君、吕阳翟二传示之，沈知其旨，以死谢，不敢当。王意遂移，置不复道，而他有所属矣。寻报莞簟之祥，沈惧祸及，致其事归老于杭。"虽然沈德符失记沈樟亭之名，但由《东城杂记》可知，沈樟亭就是沈大亨。清初（1692—1752）厉鹗《东城杂记》："沈大亨，字正叔，号樟亭……入赀，得楚府典宝。正昭王雅志典坟，接遇贤士大夫尽礼。正叔辅导之，功居多。昭王春秋渐高，艰于子。一日，引正叔至密地，指太史公书某传，谓之曰："若堪属此乎？"正叔迁延引避叩首曰："殿下年力方茂，锡麟非远臣，实愚顽不敢奉教。"昭王咨嗟太息，愈钦重焉。其守正如此。"[1]虽然未明确记录年代，但由其女婿的科考时间，大致推算其在楚府供职的年代。其"长女为冯太史开之继室"，冯开之即冯梦祯（1548—1606），字开之，万历五年（1577）进士。沈大亨在楚府的年代嘉靖末与隆庆年间。[2]楚王有意用春申君、吕不韦传记加以暗示。沈大亨（樟亭）深知

---

①　(清)厉鹗. 东城杂记·卷上·沈正叔[M]. 上海：上海进步书局印行，1936：25.

②　由此可知厉鹗将"恭王朱英燿"误记为"昭王"。重要的是，两部民间文献的源头或渠道不同，却记录了同下一个事件，可以相互印证。

其意，觉得此事非同小可，以死辞谢，归老杭州。

首先曝出秘闻的是本府仪宾汪若泉。万历初，即朱华奎袭爵之前，汪若泉上奏朝廷，称楚王子为他人子嗣，试图阻止朝廷册封华奎为王。"事下抚、按。王妃坚持之，乃寝。"奏折被朝置下来。①

第二个爆料的是"王姊张郡主"。《绥寇纪略》谓："恭王长女张郡主，为讨芦洲不应；又宗人双桥负王府赀五百金被锁。郡主请宽，不从，怒而发其事。"②

万历八年（1580）华奎如期嗣爵，对于华奎的出身，楚府上下一直质疑其血统的真实性及其王位的合法性。宗人渐渐"不复奉其约束"，王府如同一盘散沙。华奎亲政后，严厉惩戒犯罪诸宗，群宗不满。

爆料被再次通天的是辅国中尉朱华趆（有些文献写作赿、越或橖，现依《明实录》作趆）。万历三十一年（1603）二月，辅国中尉朱华趆，联合东安王朱英燧、武冈王朱华增、江夏王朱华壏等人，包括部分楚府仪宾袁焕等人，共计29人，上奏直言华奎非楚恭王子，华奎、华壁是抱养他人之子，并指明两人的亲生父母纯属异姓假王。华趆称可与其妻（护卫王如言之女），提供证人证词。现将《楚藩阖宗讨逆檄》挹录如下：

假王华奎、华壁者，品实下贱，出身寒微。恭王大渐，兆末叶乎熊熊群恶，擅权拥祸，竟酿乎牛马凭藉椒房之宠蕴，崇丛假之奸，买孕入宫，先袭春申之故智，传育内嬴，后成吕雉之邪谋。王言长子引弟，乃华奎之真名，如纶、义孙、寿儿，实华壁之乳字。阳蔽九重之听，阴干一字之王。济济之孙，俛首氓隶之拜；堂堂台省，屈身朝谒之仪。鸣呼，齐王襄之不作，朱虚侯之已亡；非刘而王，空垂白马之盟；不李而侯，谁唤翠衿之□。鄙以莒代祇，因弱小之邦郭，以柴承不过朝夷之闰。今天朝赫奕，乃万年何等之时；列圣威灵，实一姓递

---

① （清）谷应泰撰．明史纪事本末［M］．乾隆御览四库全书荟要本卷六十六页七．
② （清）吴伟业．绥寇纪略［M］．《四库全书》刊本．上海：上海古籍出版社，1992：211．

承之胄。高皇提三尺而净腥膻甸奄九有，昭祖率一旅以依日月跨制三湘。磐石之宗，岂容窃位；泰山之砺，谁敢生心诇期？梼杌肆恶于名藩，魍魉公行于大白，大羊蒙虎，鳅鳝冒龙。太宗之懿派久污，侯服之名空徒寄。贱厮据藩爵，鄂城万户含羞，异姓主蒸。尝楚庙七灵不享，宗等忿切陨命，仇不共天，同倡义举，协章忠谋，沐浴告天。王敢上伐奸之疏，披沥白于姓，公操讨贼之戈，上以抒高文之宿愤，下以慰宗祖之玄灵。痛我宗枝弃已，久遭斩削，今兹公举正，宜大振纲常，世荷皇恩，分难含喙，鲁当吴变，岂可甘心，勿鬻宗国，勿受钱神。况军民扼腕，久怀左袒之心，纵魑魅驱山，莫障如川口，倘或党□□君心，致□宗绝嗣。试看地黑天错，立见乾旋坤转，用兹通檄，悉鉴此盟。①

奏疏送到通政司。华奎生怕事态扩大，便重贿内阁首辅、浙党领袖沈一贯，沈指令通政使沈子木暂留奏疏。不久华奎劾华越四罪疏，报到神宗案头。神宗交礼部查办。华越闻讯，邀约楚宗入京，告通政使司截留奏疏和华奎行贿等事。时以侍郎代礼部尚书事郭正域力主公开查勘，意将联合沈鲤把沈一贯逐出内阁；沈一贯偏袒华奎，从中作梗，提出"亲王不当勘公勘，但宜体访（指由巡抚等秘密查访）"。这一爆炸性新闻一出，自皇宫、朝廷到楚府，乱作一团。明神宗开始指望会勘会有结论，采纳了郭正域的建议。华奎大惧，以百金为正域寿礼，请他不要穷治此事，改为体访，奉送白银万两，遭正域严拒。神宗诏令湖广巡抚赵可怀和巡按御史吴楷、应朝卿会同行勘，对王府有关员役70多人备细详审，有的甚至采用了刑讯。尽管宗室绝大多数人认为是真，到了审讯之时，众藩僚皆"惧祸不敢承"，宫人、门卫、太监、奶妈等人的供证"言各有殊"，要么相互矛盾，要么不着边际。即便是总管太监郭伦所供，也与楚王奏本说法不尽一致。楚王亲

① 楚藩交讦疏稿（万历三十一年癸卯楚事妖书始末）[M].北京图书馆古籍珍本丛刊第13册.北京：书目文献出版社，1987：349.

近的侍女，"因有孪生二子事"，真真假假，无人能辨。郡主县主咸称不知真假。仅有华越与妻王氏"持说甚坚"。依旧一口咬定华奎是"伪王"。这次会审并未获得能够证明华奎兄弟不是恭王所生的证据。但都察院左都御使温纯调查有个结论：楚宗有着不同类型的违规行为，被华奎整饬后，他们选择了报复。

案件背后确有玄机。此事从一开始就受到当权者的干预。在朝廷，形成两大派系。以礼部尚书郭正域为首的东林党人主张查清事实，而首辅沈一贯则借机打压东林党。明朝晚期朝廷政治斗争，通过这一事件显现出来。然而，在缺乏鉴定血缘关系技术的年代，仅凭王宫部分人员的口词无法查清真相。朝臣将此案当作相互攻讦、倾轧的舞台。当案件进入莫衷一是的阶段时，明神宗一锤定音，"帝以王嗣位二十余年，何至今始发，且夫讦妻证，不足凭，遂罢楚事勿按"，控告者被关押起来。就这样，"华奎之真伪竟不白"。华奎的楚王身份传奇式地赓续着。

朱华奎依然做他的楚王，其身世、血统问题烟消云散。并认定华越诬告楚王，将其废为庶人，囚禁于凤阳高墙，其他附和的楚藩宗室也都被罚俸或囚禁。

沈一贯千方百计阻止楚藩宗室告倒楚王朱华奎，而郭正域则坚持认为楚藩宗室所说为真，要彻查此案。两个人的较量被认作朝内党争的表现。沈一贯命御史弹劾郭正域"陷害宗藩"并说他父亲曾被老楚王笞责，他是携私报复。沈一贯为打击东林党，钱梦皋和巡城御史康丕扬弹劾礼部"不以实闻"；郭正域、沈一贯、沈子木"匿疏阻勘"和接受楚王贿赂。沈一贯、朱华奎上疏，指控郭氏挟嫌报复；劾奏郭正域"陷害宗藩"。郭正域辩解，神宗没有理会，愤然辞官。

正如沈德符所言："癸卯楚事兴，时议存议勘者不一，其中各有所为。至议存者（指沈一贯的同党）更多出私心。"①

---

　　①　（明）沈德符．万历野获编［M］．道光七年姚氏扶荔山房刻本卷四宗藩．北京：中华书局，1997：126.

万历三十二年(1604)六月,明神宗传旨停止调查此事,认为"年远无据,仇口难凭,非假甚明",朱华越夫妇"夫讦妻譖,不足凭据",降为庶人,禁锢于凤阳,后亦得释;附和他的宗人朱蕴钫等多人,或罚减俸禄,或革爵幽禁;王府两名仪宾则永远戍边充军,遂罢此事不问。郭正域因遭沈一贯等嫉恨而被弹劾,朱华奎既得安宁,也上疏弹劾郭正域,请罢其职。无奈,回籍听勘。然而这一裁决难以"杜口服心"。

回溯事件发展历程,可以看出各方关注的焦点不同,风险不同。

万历皇帝关注皇明国家体统,他在思考废除华奎之后,楚王的继承人是谁?是揭露真相,还是伺机报复?华奎是遗腹子,还是抱养?对他们来说是一场博弈;朝廷勘查官员两大政治集团,借机打击政敌,或一方全胜,或两败俱伤。湖广枭司明哲保身,揭出真相担心被报复;楚王拼命维持继统现状;楚宗试图全力清除非朱血统之王。

《罪惟录》谓:"辅臣沈一贯、沈鲤互为党,起大狱,而事竟不白,楚遂有以牛易马之讥。"真假楚王一案,是体现宗藩与皇帝、地方官以及百姓之间关系的典型案例,在明朝野宗藩中震动颇巨。此后无人"敢言楚事"。楚府经此变乱,元气大伤,上下离心,形同陌路。朱华奎"藩王之体遂轻",群宗觉得憋屈,日益不服其统辖,"诸宗之势日肆"。由此楚藩成为一点即爆的火药桶。

六、宗室约同阻止华奎进贡

楚宗劫杠是楚藩窝斗的又一高峰。

万历三十二年(1604)闰九月初三,楚王华奎又向朝廷敬献白银两万两,"以助殿工"。朱蕴钤等邀约楚宗数百人,在湖广汉阳提刀拦劫,劫获白银2900余两。湖广官府拘捕了带头的30余人,关进监狱。诸宗忿恚不已,试图解救被捕的宗人,夺回银两。他们"突入(湖广)抚院",当场击毙湖广巡抚赵可怀(因其在查勘"伪楚王案"中,一味顺从沈一贯之意行事而心怀愤恨),殴伤兵巡副使周应治。其他官员吓得仓皇逃命。

不知哪来的传闻,诸宗试图刺杀楚王,"诸宗既杀可怀,乃扬言曰:是我家吏，杀之何害？上怒赐帛止之。因呼其党入楚府欲杀王，有备乃免。"①

湖广巡按吴楷上呈的揭帖以楚宗"称兵谋逆"告变："恶宗三千余人，各持凶器""仍围困布政司，要劫库银，纵横城中肆行抢掠"。贼党纵横城外，官兵围守，逆宗肆出榜文，相约二十二日举事，顺流而下，坐镇南京，情涉谋反。拟调动三省五路兵马，准备征剿。

沈一贯将其视同正德年间的宁藩宗室"宸濠之乱"。郧阳巡抚胡心得等人集结兵马待令开拔。

楚宗明知劫杠是冒犯天条之罪，却要执意行事，主要是因为朝廷在调查处理"真假楚王案"的过程中，楚宗上下颇为憋屈，忿然不平，怨气横生。劫杠目的，是针对华奎巴结讨好上方，不顾楚宗难以维继正常生活的状况，获取楚王"通贿"的证据。但被渲染成了有组织的叛逆事件，诱使被蒙蔽的皇上下旨讨叛，想借扩大事态，获取邀功的资本。幸好湖广尚有秉持公正的官员，按察使李焘（1544—1625），认真分析事态，理智对待该事件，认为劫杠是楚宗内斗的表现，不可能引起大规模的社会骚动，无须动用军队。上奏恳罢五路征兵，并积极劝说宗藩，避免了事态的节外生枝，从而避免了大兵征剿楚宗的战事。

对于劫杠事件的处置，再次暴露了万历朝中官员倾轧的政治斗争。发生在京城的"妖书案"，本质上与楚宗案相关联，都是朝中党争的延续。随着阁臣沈一贯的引退，真相渐渐明朗。多数正义官员对于事件的处置提出了质疑，以沈一贯为首的朝中"浙党"对楚宗的处理方式备受质疑。这主要体现在 5 个方面。其一，事件本身是否与朝廷党争有关联？其二，是否属于"谋反"需要调集军队？其三，是否使用重刑？其四，暴露了湖广部分官员借机造势的心态。其五，真正平息事件的主将，功劳被抹煞。

（一）指责湖广官员现场处置能力欠佳，多数贪生怕死

兵巡副使周应治见事态无控，甚至被殴，只得匿身民间。兵部尚书、

① （明）高汝栻. 皇明续纪三朝法传全录［M］. 明崇祯九年刻本卷六页十.

右副都御史、湖广巡抚赵可怀当场被殴立毙。场面混乱，官员纷纷逃避，唯有湖广右参政薛三才与湖广按察使李焘坚守岗位。

（二）揭露巡按御史吴楷小题大作，意在邀功

吴楷先是夸大其事。楚宗参与闹事者约 300 余人，被夸大为 3000 人，而且多是对"伪楚王案"不满而参与，并无"谋叛"的政治意图；其次是向朝廷报告定性为反叛；三是不计后果，意欲调动三省兵马，制造更大的流血事件。其动机值得质疑。有人指责其夸大事态，一味叙功邀功。如巡抚吴楷、郧阳巡抚胡心得等，张大其事，疏请会师，以致用此重典。① 他们希图通过夸大其事，扩大事态，打击与沈一贯对立的政治势力，并寻找一个立功升职的机会。他们瞒报平息诸宗过程，模糊李焘平定楚乱的功绩，自己邀誉图功，不但没被追究责任，反而邀功请赏。沈德符批评"地方诸臣贪功，妄报称兵谋逆。"

（三）事件背后更有复杂的内幕

楚王华奎在事件过程中，扮演了"置楚宗于死地而后快"的角色。"楚王疏上亦希当道意为应敌之兵"，② 此举或许与吴楷契合。而且，楚宗被从严处置之后，楚王华奎奏进助工银 19036 两，似乎有点"感谢契合"的意味。

时任首辅的朱赓临死一疏，惓惓以《楚事妖书》为辩，颇具代表性：

> 楚事方兴，万万金钱送入都中，沈一贯、朱赓、司礼监田义、东厂陈矩、通政司沈子木、科臣钱梦皋，当日馈遗之单目可证，过送之姓名可问。此等奸贪隐情皇上知之否乎？重贿既入，若张似蕖、若姚文蔚、若司巡、若司捕；或运筹幕中，或张罗通衢。

---

① （明）沈德符．万历野获编［M］．道光七年姚氏扶荔山房刻本卷四宗藩．北京：中华书局，1997：124．

② （清）庄廷鑨．四部丛刊：明史钞略［M］．民国二十一年刊本卷一页二十六．

抚按赵可怀辈，始未尝不具悉楚情，而后渐变更也。则一贯之授意已定，故诸宗之冤抑不伸。诬曰："劫贡"，手足扭镣，号令通衢，标曰："逆贼"。常人不堪，何况诸宗？抚臣因是殒命。此等奸恶隐情皇上知之否乎？坐以反叛，诸宗束手待缚。毕竟杀死一家四命者，为谁张挂榜文者？为谁抢夺人财劫仓库污妇女者？为谁粧成异变调动三省兵马？当时一布政薛三才，不然其事，终于告病，一推官胡嘉栋，不平其狱，麾之他出。此等冤枉隐情皇上知之否乎？杀死抚臣自有应得之罪，应抵之人而滥列三等、二等嫌轻，拔之前列，身首异处，从来未有之刑。梁云龙、吴楷、胡心得、陈鸣华辈，惟阁臣之教是听，行刑之时，承天地震数日，行人皆仆，此等冤情隐恶皇上知之否乎？今日中外饮恨无过此事，皇上亲裁处断，尚未尽悉其情，臣是以不能已于言也。

（四）认为楚宗处罚过重过严，极度张扬，有失公允

万历三十三年（1605）四月，经刑部复议，世宗定谳楚宗罪状：领头闹事者蕴钤等二人处斩，华圻勒令自尽，其他犯宗，如英燿等二十三人押发凤阳高墙禁锢，蕴钫等22人革去封爵，分发远府闲宅禁住。蕴弥金等十五人降爵一等，革禄两年。未封者俱不准封。①云南道御史史学迁言：将举事楚宗说成"逆贼"实有过激。

领头者被处极刑，行刑之时而恰逢地震，民心多言天怒不公。万历四十年（1612）十一月，刑科都给事中翁宪祥请推广缓刑德意，乞矜宥累臣，宽恤楚宗。御史潘之祥请释英燿等二十四宗，蕴钫等二十二宗，潘之祥曾为楚令，亲见诸宗骈戮之状，禁锢之惨，故也。礼部覆总督蓟辽保定巡抚薛三才辨楚宗疏言：楚宗一事，天下无不以为冤。湖广巡抚梁云龙

---

① （明）叶向高等修，明神宗实录［M］．万历三十三年四月辛亥卷四百八．"国立"北平图书馆红格抄本影印版．台北："中央研究院"历史语言研究所，1962：7610．

（1528—1606）批捕楚宗，导致处置不当而遭到弹劾。"楚藩变起，拜湖广巡抚，擘画楚事，遂竟其狱。"礼部弹劾梁氏冤杀楚宗，原拟荫湖广巡抚梁云龙之子为国子生，因此废止。

朱国祯甚至直指量刑过当是因为血缘关系疏远。"国朝宗室，虽谋反大逆，亦止赐自尽。焚其尸，惟楚世子英耀弑父，充灼勾虏，斩首焚尸……楚藩乃太祖七世孙，非献皇（朱祐杬）之后，于义何居？吁，盖难言之矣！"[①]

（五）肯定部分地方官员的善后措施

《河源李氏开先祠族谱》记：李焘化解楚宗之难，避免了一场宗藩的灭顶之灾。事态平息后，楚宗人赠送李焘一笔钱财作为谢礼。李焘致仕后，在广东河源建有"千岁楼"。楚宗题写"大耄犹生"匾额，赠送楹联："寝五路之征兵，消患未著，束诸宗以奉法，弭衅未萌"。

综观明代宗室犯案，千奇百怪，而楚藩不乏震惊全国的大案要案，更具代表性。有明确记载至少有8人判处极刑：朱均鈋、朱显休、朱华焦、朱华圻勒令自尽，朱英耀斩首焚尸，朱溢鈚诏付法司，朱蕴钤金等2人处斩。

革爵为庶，降低爵位，送发凤阳高墙禁住，拘留楚府闲宅幽禁，削减禄粮，训诫整饬。

七、明末楚宗危害社会乱象

封建特权是滋生蠹虫的温床。一些宗室依仗朱氏皇权之势，擅用法外之权，直接或间接地巧取豪夺的事件时有发生。明末湖广官员记载有下列一些情形。

（一）诬陷敲诈

袁继咸（时任湖广参议分守武昌）在《六柳堂遗集》中列举了不法楚宗的

---

① 　（明）朱国祯撰，王根林校点．涌幢小品［M］．上海：上海古籍出版社，2005：88.

一些劣迹。其中提到的"较打码""府较白""码宗白",与朱盛濂所说的"打抽丰(或打抽风)",均为当时黑道上的"行话"。主要是以"捞钱"为目的,采取敲诈等方式勒索事主交钱。若交不齐额定数目,即视为"欠债",便关进黑牢。等家人筹集到额定数目交来方予释放。"戊寅(崇祯十一年,即1638),余(袁继咸——笔者注)回武昌署,吕寇难虽扫(指袁继咸率军平定湖广兴国州土寇吕瘦子之乱),会城宗(指武昌城内的楚宗)'较打码'之风甚炽。"朱盛濂被仆人李兴告密被捕后,供称:"崇祯十二年间,盛濂素不学好,在湖广打劫人家。"后被发往高墙,因打点了楚王才被赦免。他们初到太湖一带之时,有人问他们是什么来头。朱盛濂信口便说"是打抽丰的"。就是利用各种方式或借口索取他人钱财。

(二)伙同掠夺

"余严于保甲连坐法,每巷有宗较擅锁平民,责护救来诉,为别白曲直,在黑牢者立出之。"又设为"循环簿"(原指旅客登记簿。清严如熤《三省边防备览·策略》:"至客店之循环簿亦只可用之城市。"此处言建立流动人口台账),用以"稽察善恶。一时帮宗码棍皆惧,匿(于)楚世子府,夺生员黄姓产数千金,理业者二年,诉之余。世府以黄绢册为辞,余取江夏县鱼鳞册,质之语塞。(世府)乃令朱长史三百金啗(dàn,引诱)余,余正辞峻却,径还其直归黄,世府不余难也"。

(三)公然打劫

"盗宗衡鹤、楚孝等,聚党剽劫城市中,月累犯,官府莫取敢洁。余唤衡鹤,凛以国法,启王拘楚孝等,墩系府内。上闻论如律,盗宗股栗,省会以安。"

(四)大铸私钱

"余辑知省宗擅私铸凡三十六家。一日躬其第,尽搜出铸器,枷号匠头,示惩,许各宗自新心念。革铸私钱,递禁绝。"

以上四项，是袁继咸亲手处置楚宗违法乱纪行为的记录。他在武昌任职仅仅 3 年时间（崇祯十年—崇祯十二年），便有如此多样且严重的问题。以上原文出自袁氏文集。①

（五）非法占人为奴

前述李兴供称，朱盛瀍非法占有李兴父母为奴，李兴也随之成为其仆人。由此可见一斑，在明末，宗室强占平民为奴隶已经不是个别现象。以上行为与崇祯末年宁藩诸宗颇为相像："强猾者辄结凶党数十人，各为群，白昼捉人子弟于市，或剥取人衣，或相牵讦讼破人产，行人不敢过其门巷。"②

明神宗在万历三十二年（1604），在批复湖广巡抚赵可怀回奏时说道：楚藩宗室众多，慓悍成俗，宜示惩戒。身为宁藩宗室的朱统鎮，出任江夏知县，面对楚宗违法行为毫不留情予以制裁。"朱统鎮，江西瑞昌王宗室。丁丑（崇祯十年，1637）进士，知江夏县。下车之日，知楚宗慓悍，一裁以法。权贵敛手。"③

（六）明藩破坏社会经济秩序

明初施行按里甲登记丁口、田宅、资产的"黄册制度"，用以征调赋税徭役，稳定基层社会。明中叶以后，诸王公主的庄田更加发展，通过皇帝赏赐、本人乞请、奸民投献以及强占官民土地等办法，将他们拥有的庄田数字扩大到上千顷甚至上万顷的惊人程度。（《明史》，上海人民出版社，

① （明）袁继咸著，四库禁毁书丛刊编纂委员会编 . 六柳堂遗集［M］.《四库禁毁书从刊集部》第 116 册卷上页十至十二.

② （清）魏禧著，胡守仁等校点 . 魏叔子文集［M］. 外卷十七朱中尉传. 北京：中华书局，2003：866.

③ （清）裴天锡修，武汉地方志办公室整理校注 . 清康熙湖广武昌府志校注（卷五）［M］. 武汉：武汉出版社，2011：364.

2003 年第 568 页）宗藩夺去了农民的衣食之源，破坏了"黄册制度。"①犹如在国家的根基下开了一个孔，随之带来多米诺骨牌效应。

第三节　宗室犯罪原因简析

顾炎武《日知录·宗室》引用北宋宋祁所言："宗属者大抵皆溺于富贵……至其贫者则游手逐食，靡事不为。名曰天枝，实为弃物。"②虽然朝代不同，但本质无异。楚藩宗室犯罪原因，有外因、内因，有其共性的原因，也有个性的原因。无论何种原因，均绕不开宗藩体制与明代社会发展的关系。

从外因看，复杂的社会背景，特殊的王室身份成了保护伞，宗藩成为社会的蛀虫。

从内因看，藩内积怨日升，遭钩攻讦。高层的藩王渐次失去对下层的信任，中层的郡王与将军、中尉，各打各的算盘，互不买账。底层的宗室无出路，生活无着落。内部纠葛不断赓续、升级，成为一盘散沙。楚王、郡王管束的难度愈发增大。中下层宗室看不到前途与希望。

一、错综复杂的社会背景

嘉靖以来，朝廷纷争绵绵，官场朋党林立，"爱恶交攻""巧宦取容"成为普遍现象。一些官僚因循敷衍，庸庸自保，党派之间借势打击政敌。某些官员把皇帝的权力当作自己的权力来用。③ 政治日渐腐败，官场遭钩频繁党祸，军事建构变坏，社会经济领域出现了资本主义经济萌芽。这一新的经济形态，在一定程度和一定范围内推动了封建生产关系和上层建筑的

---

① （明）韦庆远．明代黄册制度［M］．北京：中华书局，1961：169.

② （清）顾炎武著，陈垣校注．日知录校注（卷九）［M］．合肥：安徽大学出版社，2018：536.

③ ［美］牟复礼，［英］崔瑞德编，张书生等译．剑桥明代中国史［M］．北京：中国社会科学出版社，2007：341.

演化。社会经济的变化，导致了社会价值观的变化，"恃富越份、违礼犯制、趋新慕异的社会生活风尚"，日臻显著，封建秩序、封建礼法开始受到冲击，"越礼逾制"屡见不鲜。①

二、难题胶着的宗藩积弊

不可否认，宗藩到了明代中后期，成为社会发展的桎梏。极其突出的有：人口暴增、禄粮缺供、藩府与官员矛盾、藩府与民众矛盾，以及朝廷对于藩府"欠帐"，均为长期积累并胶着的难题。尽管历代皇帝针对问题，开展了一些变革，中后期的改革，大致包括："有宗学之议；有定子女以防诈之议；有限媵妾、别嫡庶之议；有年四十无子方许置妾，及世子外嫡子庶子不得封，嫡子封不过三人，庶子封不过一人之议；有同门异室之议；有袭封亲王减半支给之议；有初分为亲王，其支为郡王，袭封者递减为将军之议；有镇国中尉而下，准宗制孤遗俸给之议；有限禄及激劝举刺之议；有五世亲尽之议；有媵妾不名封，所生比庶人之议。"②这些"换汤未换药""捉襟见肘"的应对，并未收到预期效果。

仅以宗室从业、自食其力的破冰为例，可知解决一项宗藩问题会引发封建国家全身的震动。明初，明太祖诏令："郡王子孙，有文武才能、堪任用者，大宗正院具以名闻。朝廷考验、换授官职。其升转如常选法。"③事实上这一诏令在"宗室不得从事四业"的光耀背景下没有实施。永乐之后鉴于藩禁，只字不提宗室出仕。到了后期，来自宗藩、部分官员的呼声渐高，皇帝欲行又止，关键问题是朝廷高层的阻力——与其说是担忧，不如说是阻碍。笔者分析阻力源于"过于强调弊而忽视利"，以下我们从五个方面看看宗室出仕影响社会的程度：一是此事肇始便有阻力，首先遭到一些官员的抵制，担心过多挤占读书人的录取名额，二是宗人府掌管了推荐宗

---

① 周耀明.汉族风俗史(第四卷)[M].上海：学林出版社，2004：10.

② (明末清初)查继佐撰，倪志云，刘天路点校.罪惟录[M].济南：齐鲁书社，2014：985.

③ (明)申时行.明会典[M].万历朝重修本.北京：中华书局铅印本，1989：2.

才的权力，大批宗室直接进入官僚体系，势必冲击现有的吏部铨选制度和科举制度。崇祯年刑科给事中袁恺上疏，直指崇祯帝"不可过宠宗室以鱼肉小民"，"不宜滥开保举以混浊仕路"①。三是宗室出仕有科举、保举与换授三种方式：科举即凭本事参加科举选拔；保举即由王府举荐，由礼部、吏部考察任用；保举换授，即酌其才能选任官职。四是有的宗室犹如头发提不起的豆腐。如辽藩宗室朱术珣，召为户部主政，督管草场，自觉大材小用，便呈奏崇祯皇帝："以奉旨钦召，亲承召对之官，一出门外，便被户部尚书拿去买草。"②五是从明末的实情看，录取人数、任职地域（不能担任京职）受到限制，出仕的是极少数。以爵位"换授"的官职为"知县""同知"一类的小官，对社会影响并不大。仅此一例，暴露出明王朝后期，官僚体系把持权力，似有架空皇帝的态势。

三、楚藩宗室犯罪的个性原因

（一）贫富不均导致心理失衡

这种情形突出表现在明代晚期。尽管华奎抚恤贫宗，那只是杯水车薪，既无持续行动，并未解决实质性问题。王室高层依然富，底层贫宗仍然贫。清江南总督马国柱在《题明宗室诈传令旨审拟罪状本》中提到，永安王宗室朱华塘（顺治三年，即 1646 年被捕），自诉与楚王朱华奎弟华堞有过节，且有诉讼于江宁。据推测是经济纠纷。③ 查阅《清代档案史料丛编（第四辑）》（故宫博物院明清档案部编，中华书局 1979 年版），可见顺治十三年到顺治十八年，湖广（湖北）官员清查明藩产业先后提交的题本，侧面反映了明藩产业之多，且复杂，其中当涉楚藩。这些题本分别是：顺治十三年，《湖广总督祖泽远题清查湖广各处明藩产业情形本》（该书第 180

①　（明）李清撰. 三垣笔记[M]. 吴兴刘氏嘉叶堂 1927 年刻本卷上页二十二.
②　（明）李清撰. 三垣笔记[M]. 吴兴刘氏嘉叶堂 1927 年刻本卷上页八.
③　故宫博物院明清档案部编. 清代档案史料丛编（第三辑）[M]. 北京：中华书局，1979：101-105.

页）；顺治十四年，《湖广巡按张朝瑞为清查湖北明藩产业事揭帖》（该书第197页）；顺治十七年《湖广巡抚张长庚题报清查明藩产业完欠官员名册事本》（该书第220页）；顺治十八年4本，《湖广巡按顾豹文题报湖北顺治十七年垦明王田亩数事》（该书第228页），《户部尚书车克题严查楚省明藩田地岁征租饷未完各官职名事本》（该书第236页），《湖广巡抚杨茂勋题湖北明藩租饷督催已完事本》（该书第248页），《户部尚书阿思哈题湖北十七年明藩租饷督催已完事本》（该书第252页）。虽然楚藩王府典簿被毁，但其大多数有形财产可以查实。由以上7份已查明题本可知：财富集中在王府高层之手，已经变现的财物存放在王府仓库。

当张献忠打开府库，"见其库中金百万，笑曰：'有如此赀财，而不设守，朱胡子，真庸儿！'"感叹其如此多的金银财宝，为何不招兵防守呢？[1]耳闻目睹明末战乱的彭孙贻（1615—1673）描述张献忠入据楚宫，"尽取宫中金银各百万"。[2] 极言资财之多。清初邵长蘅《青门全集》表示不解："金宝如山积，不为战守计。"（《悲武昌乐府》）[3]献忠执楚王，尽取宫中积金百余万，辇载数百车不尽。楚人以是咸憾王之愚也。

（二）宗藩散漫成为间接因素

楚王管领力不从心，郡王摄政各怀心思，弄得宗室上下呈现散沙情状。

当朝湖广官员徐学谟剖析原由："康宪乏嗣，施及愍王。家难卒发，主少国疑，宗戚乘之，互缘为奸，利侵削甚矣。逮恭王早世临殁之年，二孤始生，国内死丧相继，濒于危者数矣。岁禄罢给貂竖，且盘踞而穴其帑马。掖庭之馁鬼，累累相枕籍也。国无其人六尺之托（谓受嘱托抚育遗

---

① （清）吴伟业．绥寇纪略［M］．《四库全书》刊本．上海：上海古籍出版社，1992：46.

② （明末清初）彭孙贻．平寇志［M］．上海：上海古籍出版社，1984：136.

③ （清）陈诗著，皮明庥等标点．湖北旧闻录［M］．武汉：武汉出版社，1989：581.

孤),将安所恃乎?"①

(三)复杂多变的势态诱因

后期对于楚藩大案要案的处理失之偏颇,致使楚王的敌对势力心存不满,进而积怨日深,最后铤而走险。另外,女乐成为宗室犯罪的诱因。王府拥有才艺的女乐,成为乐户与宗室犯罪的诱因。

清代学者赵翼认定"分封宗藩之制"成为明代社会的一大痼疾。一是王府"恣横无忌,肆害官民"。二是支庶繁衍,致使国力不支。三是亲王子孙"生齿日繁,国力不给"。最后导致"见国家养给各藩之竭蹶也"②。

---

① (明)徐学谟.徐氏海隅集[M].万历五年刻万历四十年徐元暇重修本卷三十九页六.

② (清)赵翼著.王树民校证.廿二史劄记(札记卷三十二)[M].北京:中华书局,2001:746-749.

第七章 楚藩兆域及其葬俗特征

　　研究楚藩兆域及其葬制葬俗特征，面临三大难题。一是史料记载极其有限。笔者搜集到的湖广(湖北)方志中，最早记载的是徐学谟纂修万历十九年刻本《湖广总志》(以下简称《徐志》)。清代所修方志，大多转录《徐志》内容。二是记载郡王兆域分布过于宽泛。三是绝大多数墓葬盗毁一空。即便是进行抢救性发掘，获取的文物与相关信息极其有限。造成这种局面，既有深刻的历史原因，也是无法改变的现实存在。鉴于此因，只能简要描述葬制葬俗特征。

第一节 楚王及妃妾墓葬

一、藩王(亲王)墓葬规制

　　《大明会典》载有"王府坟茔"规定。其中关于藩王(亲王)有永乐八年(1410)所定条例：亲王坟茔享堂7间，神厨、神库各5间，中门、外门各3间，东西厢及宰牲房各3间，焚帛亭、祭器亭、碑亭各1座，围墙290丈，墙外造奉祠等房12间。各项建筑均有尺寸要求，以后又有补充规定。

二、史籍记载与分布状况

　　湖广(湖北)方志中，嘉靖《湖广图经志书》修纂时，或许因为楚藩墓葬属敏感问题，因而回避无述。此后大多方志简要载录楚藩墓葬。

　　《徐志》载"楚昭、庄、宪、康、靖、端、愍、恭八王在县东南七十里灵泉山"①。此后，康熙五十三年《江夏县志》②、乾隆五十九年《江夏县志》③、同治八年《江夏县志》④，基本沿用此说。只是将"七十里"改为"六十里"（史籍、方志称武昌古城到龙泉山的距离为六十里）。仅有乾隆五十九年《江夏县志》增加了一些描述："楚藩为昭、庄、宪、康、靖、端、愍、恭并贺氏之九塚，塚皆缭以周垣，前有寺庙。今他塚皆残瓴断壁，惟昭塚犹有存者，围圜几百步，高可数丈，砖皆澄泥为之，棱角无纤缺，纵横视之，层累不可悉数。庙基盘白石晶莹若玉，四隅龙首翘然，涓滴檐水，皆自上石噀出。甬道中方石径数尺许，平城槛礴，皆礌（石民）若琼璇。庙左平远，山房、客堂、茶堂，无不洁净精微。壁间嵌有诸游览名诗，明末兵燹无存。有碑亭三，广（宽）数尺，长数丈；负以赑屃，广丈余，长数丈，崇如之，俨一石天成，蠕蠕欲活。俗传为祟，悉剔其爪。一蹐港岸（指另有一只赑屃遗留在港岸，未能建成碑亭）。游览之奇，钟毓之盛，盖于邑称巨观焉。"

《徐志》刊于万历十九年（1591），楚藩前八王已经去世，记录其兆域处所，可以理解。然而清代湖广（湖北）方志，基本套用。或许因为楚王华奎是否入葬寿藏的不确定因素，未予记载。

三、损毁情状与保护措施

（一）明末遭遇严重损毁

乡邦文献《灵泉志》载有清人汤盘《报复说》云："崇祯末年，张献忠屠武昌，令楚宗亲俱灭……并灵泉各寝盗发，其衣棺遗骸皆化为乌有。"而署名汤饮冬的《灵泉序》云："（起义军）焚其庙宇，屯兵掘其寝室，而残碑断

---

① （明）徐学谟纂修. 湖广总志[M]. 万历十九年刻本卷九藩封志页四.
② （清）刘朝英，张希良纂修. 江夏县志[M]. 康熙五十三年刻本卷一页二十六.
③ （清）陈元京修，范述之纂. 江夏县志[M]. 乾隆五十九年刻本卷十五古迹页十七至十八.
④ （清）王庭桢修，彭崧毓纂. 江夏县志[M]. 卷二同治八年刻本卷二. 台北：成文书局，1975：343-344.

碣、碎尾颓垣出没于丰林茂草间，则向之(先前)所谓九寝者，亦荡然无余矣。"仅有明昭王寝及其茔园城垣，以及昭王、庄王、端王三座碑亭得以保存。

(二)清代颁布保护政策

入清以后，政府官方颁布保护政策。如清世祖(顺治帝)谕旨礼部：

> 故明各帝王陵寝设人看守，以时祭祀不绝。各省有藩王寝基，仰各该督抚饬(chì)付；有司令其子孙不时祭祀；其无子孙者，地方官妥为保护，毋任民人侵占。以示国家兴灭继绝之至意，钦此。

康熙四年(1665)十二月初九日，清圣祖(康熙帝)谕旨：

> 本朝定鼎以来，故明朱氏宗族归顺，有官品者给予官品奴仆；无官品者，但照民人归农；令其得所其故，明各帝王陵寝设人看守，以时祭祀不绝。此皆昭示恩养宽人之至意，钦此。

针对有人在楚王茔园偷葬现象，其中有朱氏后裔，也有外族人士，遭到朱氏族人抵制。首先是在《宗谱》中立下"禁止子孙添葬"的族规。其次是寻得江夏县官方的禁令。《朱氏宗谱(宝善堂)》卷二条规第九规定：寝坟内向禁子孙添葬。因乾隆年间，曾有盗葬者，经阖族公禀，蒙荆县宪黄谕云："只准子孙祭扫，日后勿得添葬，并请示勒碑在案。窃卜地求穴，无非为获福起见。至以子孙而谋占祖宗之风水，不惟祖宗之佑，亦且天理何存？况祖山关系阖族。若此端一开，将来纷纷效尤，伊于胡底？愿我族人各宜自爱，勿蹈前衍，是所切嘱。倘有不肖子弟，仍傍祖葬之说，擅行强葬盗葬。许值年，族正族副知会阖族公同押令起迁，并禀官从重处治。"

(三)新中国成立后定为文物保护单位

1956年，楚王墓被湖北省列为第一批文物保护单位；2001年，国务院将其列为第五批全国重点文物保护单位。1980 年成立龙泉山风景区管理处暨明楚王墓群文物管理所。1993 年，武汉市人民政府（武政［1993］55 号文）公布保护范围：以龙泉山盆地内，九王墓寝及茔园为中心。将天马峰丛南、玉屏峰丛北的区域，划作建设控制地带。

20 世纪 90 年代，文物管理部门对于九王茔园各墓寝进行了勘探和测量。相关数据见明代楚藩九王墓寝及茔园基本情况明细表。

表 7-1　明代楚藩九王墓寝及茔园基本情况明细

藩王姓名	茔园名称	坐落方位	面积（平方米）	地面建筑							
				茔城	门楼	金水桥	棱恩门	棱恩殿	配殿	月台	碑亭
朱桢	昭园	天马峰南麓	113311	存	存	存	已修复	已修复	已修复	存	存
朱孟烷	庄园	玉屏峰北坪	30652	毁	存基	无	存基	存基	存基	存基	存
朱季堄	宪园	天马峰东支南坡	23562	毁	不明	无	不明	存基	存基	存基	存基
朱季埱	康园	宝盖峰东麓	8580	毁	不明	无	不明	存基	存基	存基	无
朱均鈋	靖园	玉屏峰北坪	12792	毁	存基	存基	存基	存基	存基	存基	无
朱荣减	端园	笔架峰北坪	23400	毁	存基	无	存基	存基	存基	存基	存
朱显榕	愍园	玉屏峰北坪	35880	毁	存基	无	存基	存基	存基	存基	无
朱英燧	恭园	玉屏峰北坪	12240	毁	不明	无	不明	存基	存基	不明	无
朱华奎	贺园	笔架峰北坪	15576	毁	存基	无	存基	存基	存基	存基	无

说明：

1. 茔园面积数据来自国家文物局《中国文物地图集·湖北分册》（西安地图出版社，2002 年）。

2. 龙泉山九王茔园中，仅有楚昭王地宫保存完好，1990 年至 1991 年，由湖北省、武汉市考古联队，进行抢救性的发掘清理。其他八王地宫均被严重盗毁。

3. 各茔园地面建筑存毁情况来源于武汉市江夏区文物部门勘探报告。

四、近期以来考古发掘

墓志（圹志）保存了大量的原始信息，对于葬制葬俗特征研究多有裨益。然而楚藩墓葬盗掘严重，既而出土的墓志(圹志)极其有限。对于研究楚藩，缺少了很多第一手资料。相比江西，相差甚远。仅陈柏泉编著《江西出土墓志选编》(江西教育出版社，1991)，载录的宁藩墓志(圹志)就达30件，益藩墓志15件，淮藩墓志4件。

(一)明楚昭王地宫

1990年至1991年，由国家文物局批准，湖北省、武汉市、江夏区三级文物工作人员组成联合考古专班，发掘楚王朱桢地宫，对于发掘过程进行了全程录像。本次发掘，探明了墓葬形制，地宫上有圆锥体封土堆，底径约24米，高4~8米。地宫有墓道、墓室、排水系统。墓室为长方形土圹砖室墓，全长27.1米，结构为主室、东龛、西龛、北龛。发掘随葬器物共计318件，实物182件，冥器136件。随葬品种属、类别、文物特征，详见表7-2楚昭王朱桢地宫出土文物列表。综观发掘资料，同明代其他藩王进行比较，此次发掘有如下几个看点。一是墓室为单室、面积偏小；二是随葬品总量偏少，几乎无贵重金银，冥器占总出土文物数量接近75%；三是出土了一批国家级文物，揭示了作为明初第一代亲王的墓葬特征；四是其中封册、谥册、谥宝、冠带佩饰等身份标识器物，是藩王身份的鉴证，也是其他藩王墓葬所没有的；五是朱桢墓葬形制和出土文物，进一步明确了楚昭王朱桢墓的葬制朱桢俗特征。①

表7-2 楚昭王朱桢地宫出土文物列表

种属	器物类别	品种	文物特征
实物 182件	身份标识器物	封册、谥册、谥宝等	楚王身份鉴证物品
	日常生活用品	瓷器、漆器、佩饰等	朱桢生前用过物品
	祭葬专属用品	旌铭、圹志、灵牌等	具有独特识别价值

---

① 梁柱. 武昌龙泉山明代楚昭王墓发掘简报[J]. 文物，2003(2)：4-18.

续表

种属	器物类别	品种	文物特征
冥器 136件	生活用具仿制品	鼎、爵、杯、盘、碟、锅、瓶、壶、罐、坛等	质地为铜、铅、锡，多素面，形制小，极少有纹饰或金色涂层

（二）明楚愍王茔园

经国家文物局批准，2019年至2020年，武汉市文物考古研究所、明楚王墓文物管理所组成明楚王墓考古队，调查勘探楚愍王朱显榕的愍园，清理发掘地表文物。

考古勘察面积近2万平方米，发掘面积约1千平方米，发掘出茔园3个区域的祭祀设施。3个区域是外陵区（内城垣与外城垣以内之间），发现金水桥及排水系统；祭祀区（内城垣以内），有祾恩门、祾恩殿、左右配殿、左右值守班房、神帛炉等；地宫区（棂星门以东直到外城垣），主要有拜台、墓冢。基本厘清了愍园的结构布局，整体呈东南—西北方向以轴对称布局，重要的建筑物分布在中轴线上，从西到东依次为：明塘、外神道、陵寝门、内神道、祾恩门、祾恩殿、棂星门、祭台、宝顶。表明其朝山是天马峰主峰。

考古发现了愍园外城垣墙、外门祭场、外神道、明塘、排水系统、附属建筑（一座），勘探出疑似碑亭建筑物的基座，收集建筑标本200余件。瓦当构件从烧制形式来看，分为琉璃、素烧两种，器型种类有：筒瓦、板瓦、滴水、脊筒、压条等。而石质构件主要是石兽以及汉白玉望柱等。

这是首次考古发掘楚藩亲王茔园。新发现的外神道、配套的祭祀建筑及其构件、疑似碑亭基座、明塘，丰富了愍园结构布局的认识，提供了楚藩各个茔园的研究参考，同时丰富了明代中期藩王葬制的史料。

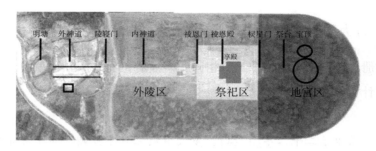

图 7-1　明代楚藩愍王朱显榕茔园主要建筑分布示意图

来源：依据武汉市文物考古研究所提供的愍园布局底版绘制

五、楚昭王朱桢地宫出土文献释读

（一）大明楚王鎏金铜封册

楚王鎏金铜封册出土时外裹绸布，置于木册盒内底层。长方形，由大小相等的两个版面对合，再用锡液灌注封固，犹如古籍蝴蝶版式。两版对合面为正面，呈浅赭红色；铸有阴文楷书，背面鎏金。每版的长边各斜穿4个小孔，8对相对应的孔用于穿缀，便于开合。出土时穿缀物无存。合版长 24.7 厘米、宽 10.3 厘米、厚 1（每版各厚 0.5 厘米）厘米、孔径 0.2厘米。两版正面均有 2 周阴刻方框，框内阴刻楷书封册诏书文字，直行右起，两版连读，不计标点共 190 字。抄录如下：

> 维洪武三年，岁次庚戌四月己未朔，越七日乙丑，皇帝若曰：君天下者，禄及有德贵子必王，此人事耳。然居位受福，国于一方，尤简在帝心。小子桢，今命尔为楚王，分茅胙土，岂易事哉！朕起自农民，与群雄并驱，十有八年，艰苦百端，志在奉天地、享神祇、张皇师、旅伐罪，救民时刻弗急，以成帝业。今尔固其国者，当敬天地在心，不可逾礼，以祀其宗社山川，依时享之。谨兵卫、恤下民，必尽其道。于戏！奉天勤民，藩辅帝室，能修厥德，则永膺多福，体朕训言，尚其慎之。（笔者标注）

（二）大明楚王鎏金铜谥册

谥册形制、大小与鎏金封册相同，但谥册正面两版颜色偏黄，字号略大，不计标点共 130 字：

维永乐二十二年（1424），岁次甲辰三月丁丑朔，越十五辛卯，皇帝制曰：朕惟告王之典，生既有爵，殁必有谥。名所以彰其德，谥所以表其行。故行有大小，谥有重轻。此古今公议，不可废也。朕弟楚王，资禀温厚，笃于孝友，安荣贵富，定期永久，属兹遘疾，遽然薨逝，特遵古典，赐尔谥曰昭。于戏，德以名彰，行因谥显，王其有知，服斯宠命。

（三）大明楚王（楚昭王朱桢）圹志

石质圹志置于石供桌前，由石底座与碑榫接而成。底座为盝顶长方体，素面，碑为圆角长方形。圹碑高 100 厘米、宽 51.5 厘米、厚 10.3 厘米，正面的周边阴刻龙纹和云纹，涂朱。上首正中阳刻涂朱篆书"大明楚王圹志"，以下为阴刻涂朱楷书，直行右起，计 307 字，笔者断句标点。

【王讳】桢，高皇帝第六子，母昭敬太充妃胡氏。生于甲辰年三月初三日，洪武三年庚戌四月初七日册封为楚王，十四年辛酉四月初七日始受命之国，永乐二十二年二月二十二日疾薨。享年 61 岁。妃王氏，定远侯王弼之女，先二十八年薨。子男十人：长世子孟烷，次巴陵王孟熄薨，次永安王孟炯，寿昌王孟焯，崇阳王孟炜，通山王孟燴，通城王孟灿，景陵王孟焰，岳阳王孟爝，第十子未封（孟炬宣德三年封江夏王）。女九人，俱封郡主。孙男十五人女七人。讣音来闻。皇上念王以骨肉至亲，不胜哀悼，辍视朝七日，命有司治丧葬，赐谥曰昭，遣使驰祭，以本年五月二十八日，葬于国之东南灵泉山之原。

鸣呼，王以宗室之亲，受封大国，安荣富贵，莫与为比，政期享兹寿祉，永作藩屏，以乐太平，无穷之庆。胡一旦婴疾，遽罹大故，良可悼也。夫爰述其概，志诸幽堂，永【用】垂不朽焉，谨志。

六、楚昭王兆域的文物遗存及其考古意义

（一）地理环境

　　龙泉山在明代通称"灵泉"，西北距武昌古城（楚王宫所在地）30 公里，横亘于梁子湖北水系的龙泉半岛北部，原名江夏山，俗称峡山、夹山，唐天宝年更名灵泉山，明末清初更用今名。宋乐史《太平寰宇记》载："江夏山在县东南，有小山迤逦，西去县六十里。"①山体由东西走向的两列峰丛组成，从西端的丰禾山（今凤凰山）开始分支，北为天马峰丛，南为玉屏峰丛，向东蜿蜒约 6 公里，以珠山为圆心，呈环抱状相会于吾塘湖（今梧桐湖）西浒。在"二龙戏珠"之势中，珠山起到"画龙点睛"之功。"珠山突起圆阜，两山环抱。"②其山三面环水，北面是梁子后湖，东面是梧桐湖，南面是牛山湖。加上山中自然天成两条湖澥，形成水中有山，山中有水的景观。两澥以横龙岭（亦名过脉岭，呈南北走向连接天马、玉屏两列峰丛）为分水岭，东澥连通梧桐湖，舟楫可达珠山北麓状元桥码头；西澥（俗称港沟）连通梁子后湖，汇集横龙岭西部的水流，向西北汇流入湖。三面环湖成为楚藩兆域的天然屏障，只要守好西部关口，山内基本无虞。此地位于北纬 30°附近，气候温和，宜农宜居。广域的湖水拥有丰富而多样的水产资源，又联通长江水道，提供了舟楫之利。山内罗布多处象形地貌，历来奉为"风水宝地"。唐宋以降，这里形成耕读传家、农商俱盛的封建文化村落，人文景观鳞次栉比，明初科举隆盛名震湖广，灵泉商市出现"阛阓闬

---

① 　（宋）乐史著，王文楚点校．太平寰宇记［M］．北京：中华书局，2007：2278．
② 　（清）王庭桢修，彭崧毓纂．江夏县志［M］．同治八年刻本卷二疆土志．台北：成文书局，1975：114．

阓鳞萃，烟云泞郁"①的繁华局面。

朱桢刻意追求风水宝地，执意选择天马峰南麓建造地宫，可从楚藩《朱氏宗谱》（以下称《朱谱》）中的《楚昭王寝图（附庄宪康靖端愍恭贺八寝图）》寻找答案，图中显示楚藩九王茔园布局及部分风水标识。该谱领衔修撰人朱博藩所撰《楚寝图说》较详细地解读了昭园的风水原理："登穴省视，内而岚嶂围列，外有湖水盘曲……本支（指昭园）左右出于二大枝，数小砂，护绕层叠。下关砂，山龙蠹蠹，环抱内明堂、外明堂。五山排阅，连列玉屏，地理所称'五星连珠''玉屏挂榜'者也。寝内山有九峰，故有'九龙捧圣'之说。"②这些元素汇成一个结论：原樊哙墓、后被朱桢占作地宫的处所，是龙泉山风水绝佳处。

（二）茔园故事

1. 茔园是强行驱赶原有住户所得

楚藩占山造寝，将龙泉山划作陵园禁区。明初，有56个姓氏的住户寓居龙泉山，以张、李、曾、杜、樊、沈、董、邹等为代表的"八大家族"势力最为强大。其中多人拥有官宦背景，有人在当地拥有较高声望。楚藩夺地经历了6个阶段。第一是换地，原本以为"以一亩换三亩"的优惠条件住户会乐意接受，但被断然拒绝，住户为了共同目标达成抗衡同盟。贡监张通《与张学悟书》表明强硬态度："曾、李、郑、杜、尹、樊、赵，有山有冢，皆不怕死。我不惜残躯，与藩面谕。头可断而宅不可换，骨可碎而冢不可迁。"③第二是楚藩采取各个击破的策略。邹沈两家怯于楚藩，率先答应换地，带动一些家族附和，抗衡同盟出现分裂。第三是谈判，弘治二年（1489），朱均鈋（楚靖王）亲临现场谈判，张李两家表示拒谈，张通"先声抗论，声喧林谷"。朱均鈋不择手段，实施苦肉计，自伤其首，诬告士绅

---

① （宋）乐史著，王文楚点校．太平寰宇记[M]．北京：中华书局，2007：2278.

② 张高荣．新编灵泉志[M]．武汉：武汉出版社，2006：365.

③ 张高荣．新编灵泉志[M]．武汉：武汉出版社，2006：97-98.

谋害楚王，并将三个血掌印盖在奏本之上，惊动皇上，孝宗皇帝委派专员查勘。① 查勘结论是楚王诬告。第四是调解，朱均鈋延请乡绅张钟灵（后中弘治年湖广乡试解元）出面调和，未果。由于楚王得寸进尺的加码，张解元愤然写下《复楚王（朱均鈋）书》②，变调解为斥责。第五是双方打起各执一词的胶作状官司。山内士绅控告楚王违背公德、强迫民众搬迁、肆意掘毁他人祖茔、矫诏立碑、越占宦产；楚王软硬兼施，步步为营。"弘治、正德、嘉靖三朝，楚王共上四十一本。数十年叠案如山。"③"先帝并未剖决，朝臣不敢公言。"嗣位皇帝委派钦差"勘问明白，处分停当来奏"④。山内士绅群起申诉，张通有《上楚王（朱荣㳘）书》⑤，举人张㸅有《参楚藩本》⑥，生员张廷凤、张廷鸾兄弟有《再参楚藩本》⑦，贡监沈世昌有《上楚王（朱显榕）书》⑧，揭露风水术士傅仙子谬托堪舆的无稽之谈，谴责楚王为了谋求牛眠吉地而毁屋掘坟的行径。第六是暴力强迁。张李两姓试图继续坚守，却遭遇暴力驱赶甚至追杀，被迫逃离保命，流落异乡。张天泓《与东白先生书》足见其被驱逐的悲惨境遇："（楚王）破脑伤首之诬，罪同弑君。宦臣谋主之奏，诛及九族。乡城百里，不敢道长弓半字，只得变姓易名。父母故土，祖宗坟墓，谁忍弃置如遗？"⑨朱显榕继嗣后，"凶暴尤甚，将内山八名家、外山四十八户，牌坊庙寝窜逐毁掘，而诸胜地遂荡然无余。"⑩钦差大臣《复勘楚藩奏疏稿》曰："（楚藩）逐赶夹山居民四十八户，远离他乡。内山不许百姓行走，外山不许车马践踏。"⑪

① 张高荣．新编灵泉志［M］．武汉：武汉出版社，2006：63.
② 张高荣．新编灵泉志［M］．武汉：武汉出版社，2006：77.
③ 张高荣．新编灵泉志［M］．武汉：武汉出版社，2006：66.
④ 张高荣．新编灵泉志［M］．武汉：武汉出版社，2006：66.
⑤ 张高荣．新编灵泉志［M］．武汉：武汉出版社，2006：78.
⑥ 张高荣．新编灵泉志［M］．武汉：武汉出版社，2006：67.
⑦ 张高荣．新编灵泉志［M］．武汉：武汉出版社，2006：68.
⑧ 张高荣．新编灵泉志［M］．武汉：武汉出版社，2006：81.
⑨ 张高荣．新编灵泉志［M］．武汉：武汉出版社，2006：99.
⑩ 张高荣．新编灵泉志［M］．武汉：武汉出版社，2006：63-64.
⑪ 张高荣．新编灵泉志［M］．武汉：武汉出版社，2006：71.

2. 昭园形制布局，仿照武昌城楚王宫设计

昭园与蛇山南坪的楚王宫异曲同工，两者外城和内城呈"回"字形。若说楚王宫前署后憩，显示朱明皇权在湖广地方的延伸，那么昭园前祭后寝，则寄托着"视逝如生"的愿望。

3. 昭园之内另有 4 座墓冢

昭园之内另有 4 座墓冢：樊哙墓、朱桢元妃墓，以及当地两位乡绅，即元末辞官归隐的大学士沈如筠，及其女婿、明初吏部官张添祐之墓。张聪《灵泉樊侯墓碑》记："余少时至天马峰下，有'汉将军樊侯之墓'七大字，半为苍苔所掩。东有一石台，高八尺，又题'武阳侯'三字（樊哙封舞阳侯，谥武侯，今保留民间文献'武阳侯'说法——笔者注）。"乡邦文献《灵泉志》记载，楚藩略施诡计，将樊墓南迁 200 米，移葬其茔园东门。"武阳侯樊哙墓，今昭寝，侯墓迁东边。"① 樊哙墓："在灵泉山天马峰下，明（楚）庄王夺其地葬昭王。凿之，才洞其窀，云瀚然出，至半空现哙身。王拜，祝以王礼，改迁其于左。每岁祭墓，必先祭樊墓。"② 南迁樊墓，或许是楚庄王孟烷的有意安排：一是对樊氏后人有个交代，二则有武将樊侯"把守"东门，可永保平安。据勘探，元妃王氏墓在昭王地宫西 40 米处。王氏妃先于朱桢亡故，现今勘探到的处所即是初葬之地，原计划昭王入葬后再行迁葬。发掘简报显示：棺台之上，昭王棺椁右（西）侧预留有空位。③ 未能迁葬，不知何因。这与鲁藩戈氏王妃衬葬鲁荒王朱檀寝西 60 米处，情形相同。沈宝之《灵泉穴地总记》曰："昭寝中堂东下，即元观文殿相国沈公如筠墓，今平。张公添祐与夫人沈氏合葬墓，在昭寝之西。公灵显应，不能掘。碑为石台所压。"④《朱谱》有载："楚王请堪舆先生傅姓谋地，看中灵泉。欲山中修寝葬坟，将外地买三亩换一亩掉出。沈

---

① 张高荣. 新编灵泉志[M]. 武汉：武汉出版社，2006：84.

② （清）陈元京修、范述之纂. 江夏县志[M]. 乾隆五十九年刻本卷十五古迹页十六.

③ 湖北省文物考古所等. 武昌龙泉山明代楚昭王墓发掘简报[J]. 文物，2003（2）：7.

④ 张高荣. 新编灵泉志[M]. 武汉：武汉出版社，2006：84.

阁老(即沈如筲)不允,与楚王面圣。皇上劝语,沈阁老推让,赐沈姓朱,掉出方城一段。"沈如筲墓可不迁葬却要平冢,其后裔迁居山南朱杨庄(今江夏区龙泉街道朱杨湾)。朱桢另外5个夫人墓均建在茔园外侧,东侧3座西侧2座(均已盗损)。

4. 茔园犹如祭祀与游憩兼容的场所

茔园设计兼顾了实用和美感,展现山水园林之美、对称之美、平衡之美。园中有山有水,有亭有井,有楸有竹。有明一代,楚宗、官员须经允许方能进入园内。茔园外城垣辟有5门,正门楼有3门,东西垣各有1侧门。正门楼为4垛3门,中门高大为主门,东西门略小为掖门,由中央神道一线向北,依次是东西神道、金水桥、内城、祭台(石几筵)、丹陛、宝顶。茔园分为3个区域,金水桥以南为接待休憩区,设有班房、客堂、茶堂;金水桥至祭台为内茔城,是祭祀瞻仰区,祾恩殿内置有朱氏先祖,昭王及其王妃、夫人的灵位,以及其他纪念物品;祭台到宝顶属特别保护区,一般人不得入内。茔园中轴线方向(147°)与地宫方向(137°)之所以要错位10°①,是出于茔园布局的美感设计。地宫讲究的是面对朝山(玉屏峰5座山峦的中峰),若按地宫中轴线方向建造,茔垣则明显地呈偏斜状横亘于山麓,有碍视觉美感,而错位10°则可弥补这一偏差。②

5. 明末至民国时期的情状

《朱谱》载,"明末张献忠等将灵泉寝内殿亭宫室放火烧毁",仅存殿宇残垣、基座。清初两帝颁有保护前明帝王陵寝的谕旨。顺治帝谕旨礼部:"故明各帝王陵寝设人看守,以时祭祀不绝。其各省有藩王寝基,仰各督抚饬付;有司令其子孙不时祭祀;其无子孙者,地方官妥为保护,毋任民人侵占。"康熙四年(1665)十二月,康熙帝谕旨:"设人看守前明帝王陵寝,允许后人祭祀。"朱氏族人在明末清初处于躲避、隐姓埋名的状态,得此谕

---

①　湖北省文物考古所等.武昌龙泉山明代楚昭王墓发掘简报[J].文物,2003(2):17.

②　涂明星.龙泉山历史文化资源及其开发价值[M].武汉:武汉大学出版社,2017:85.

旨后，相继各寻其业。清中期在祾恩殿地基上建起了朱氏宗祠，祠内有两副楹联：一为"芝兰不独庭中秀，松柏仍当雪后青"。二为"一盏残灯犹识当年故苑，千秋俎豆难忘盛世殊恩"。清代江夏秀才汤铭新所见宗祠："樌桷崇隆，墙院锋锷。"乾隆朝《江夏县志》描述园内的景致："砖皆澄泥为之，棱角无纤缺，纵横视之，层累不可悉数。庙基盘，白石晶莹若玉。四隅龙首翘然，涓滴檐水，皆自上石喙出。甬道中，方石径数尺许，平城槛磴，皆礴砥若琼璇。庙左平远，山房、客堂、茶堂，无不洁净精微。壁间嵌有诸游览名诗。"①该文表露了欲抨不忍、欲褒不妥的笔意。乾隆朝举人曹文藻《昭寝怀古》描写的是园外的景象："两山排列自青青，寝庙凄然俎豆馨；故物龟砆生石发，于今樵牧到荒亭。"②

6. 新中国成立以后的保护措施

1956 年，湖北省政府公布明楚王墓群为第一批省级文物保护单位。2001 年，国务院将其定为第五批全国重点文物保护单位。"破四旧"期间，又遭受一些损毁。20 世纪 70 年代，作为营泉大队林场，种植树木果林，设人驻守。1981 年，武汉市市长办公会决定成立龙泉山风景区管理处，加强楚王墓群的管理与维护，筹建旅游区，一批设施逐步得到修复：正门楼广场、正门楼、祾恩殿、东西配殿、祭台、明楼、神道碑亭庐顶。正门楼，在遗存的汉白玉金刚座、青砖拱券基础上复原，添补大门，屋顶采用歇山顶形制。在长 74 米、宽 69 米的内城垣中，建成的祾恩殿（享殿）、东西配殿呈"品"字阵式。陵恩殿是昭园中面积最大的建筑物，现为"明楚昭王地宫出土文物展览馆"，面阔 3 间，进深 2 重，歇山式穹顶，与东西配殿的悬山顶形成两种风格。在宝顶所建明楼，采用歇山卷棚顶，可"保护墓室开切立面的构造制式"，便于游者参观地宫。碑亭庐顶采用钢混结构

---

① （清）陈元京修，范述之纂．江夏县志·卷一·山川［M］．乾隆五十九年刻本页十.

② 张高荣．龙泉山古诗词集［M］．武汉：武汉出版社，2006：170.

歇山顶形制修复。① 以上建筑参照明陵式样，力求达到仿古效果。

(三)神道概貌

1. 昭园神道分为茔城外神道和内神道

茔城外神道实际上由陵卫侍员往来和物质运输的通道发展而来。茔城外神道连通把守关口的3所陵卫。"楚藩设营兵(左、中、右)3所，百户官四员，侍卫四员，祭祀典仪司四员，宰厨二员，威制一方。"②3所陵卫处所至今还用作湾名。右所营(今大营湾)是陆路物质传输站。此陵卫联通武昌城→进山牌楼(今流芳牌楼舒湾)→李家桥(至今仍在使用)→小傅山东麓(今小傅湾)→凉马坊(现有村湾名源于此)的官修御道。楚藩在小傅湾到凉马坊之间修起了粮马房，茔区所需建材、马料、生活物质等，由此中转到东部茔区。"建起粮马房，修成半边街"③之说流传至今。外神道西起右所营(今大营湾)呈一条直线向东，经金榜场、中所营(今中所涂湾)前塘南埝，翻越横龙岭，直达昭园南垣。继续向东沿着宪寝塘南埝、状元桥(水路物质转运码头)，连接左所营(今营口湾)。外神道既是龙泉山内3所陵卫的通道，又是建材运输干道，同时又奠定了后继8个楚王神道的基础，庄、宪、康、靖、端、愍、恭、贺八寝神道，由此派生，连通各茔园。现已灌木丛生，丝藤蔓布。近年来为了方便参观游览，修建了贯通八王茔园的通道，并非明代八王茔园神道。外神道在清代以后成为山内主干道，沿用至今。20世纪60年代，中所涂湾以此道为北沿，修筑了起于横龙岭、连通港沟的灌渠，并以灌渠为基线，平整出10余块方方正正的、面积两三亩的"渠园化"农田，成为龙泉公社的示范田。

2. 茔城内神道为昭园中轴线

茔城内神道呈南北向，以外城南垣正门楼中心为起点，至地宫一线，

---

① 杨忠平. 龙泉山明楚昭王墓园地面建筑修复纪略[J]. 武汉文博，2014(4)：18-19.

② 张高荣. 新编灵泉志[M]. 武汉：武汉出版社，2006：71.

③ 武昌县志编委会. 武昌县志[M]. 武汉：武汉大学出版社，1989：682.

即是昭园中轴线。内神道以 1 米见方的青石铺设,连通呈对称状分布的祭祀建筑。茔城内御道呈东西向,距南垣 62 米,连通外茔城东西垣两个侧门,在神道桥(俗称金水桥)前,与神道呈"十"字形相交。

3. 神道桥为 3 座并列的拱券式单孔石桥

神道桥的功能首先是实用,聚水不至于潮湿,排水不至于迂渍。江夏区博物馆编印的《江夏石桥》显示:3 座石桥对称建在东西长 24 米、南北宽 7 米的长方形涵池之上,中桥(主桥)坐落于昭园的中央神道上,长 12 米、宽 4.2 米、拱高 2.8 米、跨度 2.3 米。东西宾桥,长 12 米、宽 2.2 米、拱高 2.7 米、跨度 2.3 米。3 桥将涵池分隔为 4 个小池,既象征"金水河",又作为茔园疏导排水枢纽,常年水位在 1 米左右。北壁砌筑拱形注水孔,主要吸纳北部水流,南壁开有排水孔,由暗渠导入茔园外的明塘(荷花池)。1998 年、2016 年,明楚王墓考古工作站人员,进行了茔园整体和神道桥涵的洪水监测,发现疏导、排水设施布设合理有效,兼有隐蔽的特点。其次是区分祭祀人员等级。与正门楼的 3 门同理,供不同身份祭祀者进出(通行)。中门(中桥)较宽,以供高等级身份官员通行;东西掖门(宾桥)稍窄,通行人员等级则次之。最后是起到防止涵池淤塞、装点修饰作用,桥身与涵池砌以青砖和石板,即可规避土堤溃沿,又保证了平整美观的效果。桥面平铺长 80 厘米、宽 40 厘米、厚 20 厘米的青石板,两侧护栏砌以汉白玉石板。望柱柱头雕成圆形莲座托尖顶荷苞,栏板刻有云纹和云龙浮雕。整座石桥厚实稳固,成为武汉地区具有代表意义的名桥[1]。

4. 神道碑亭位于茔园中轴线南端东侧

神道碑亭,俗称赑屃亭(龟碑亭),位于茔园中轴线东 60 米,北距茔垣 30 米,碑亭基座呈正方形,石基砖墙,边长 9.2 米,东、南、西 3 面正中各开 1 拱门,高 5 米、宽 3.35 米,墙体厚度 1.5 米。中央置巨型赑屃碑碣(龟趺),通高约 7 米。碑文由朱桢之孙、楚王朱季堄(楚宪王)所撰,记

---

① 陈艳. 武汉地区的古代桥梁[J]. 武汉文史资料,2000(9):46.

述朱桢的生、封、婚、逝、葬、嗣，以及子孙的封爵婚配等情况。落款时间为正统十二年（1447）三月，神道碑亭落成标志浩繁的昭园建造工程竣工。

（四）地宫文物

地宫坐落于天马峰南麓形似太师椅的象形地貌，是强迁樊哙墓所得。其依山凿圹而造，为长方形土圹券顶砖室，南北长 13.84 米、东西宽 5.78 米、高 4.78 米。1990 年底至 1991 年初，由湖北省、武汉市组建考古联队发掘。出土文物有 5 个特征：一是葬品总量少，共存 318 件。二是低调简朴、极少金银。可见金块，是象征藩王身份的金镶木玉带上的包金。而茔园西侧的一座夫人墓，先前被盗掘，考古人员在残迹中发掘出金凤冠、金香包，这与朱桢葬品极少金银的情形形成反差。三是葬仪用品冥器化，24 类葬仪用品均为冥器，器形较小，个别涂有金粉或饰有花纹，大多素面。现场发掘专家梁柱认为明朝第一代亲王、明皇室宗人府宗正"随葬器物冥器化"有些出乎意料。① 推测当是朱桢响应朱元璋倡行"丧祭仪物，勿用金玉"②的薄葬之风，继而推崇"以铜鎏金象征金器，而以锡模拟银器"③。四是祭用果品中的稀罕品属或为用作纪念的朝廷奖赏之物，如核桃、荔枝分别产自北方和南方。在运输、保鲜条件有限的时代，异地果品属稀有之物，置于地宫，印证季坰所撰《楚昭王碑》中所述朱桢常获朝廷奖赏：太祖朱元璋、成祖朱棣"皆称（朱桢）曰'贤王'，名马及海外贡珍之赐，殆无虚月"。洪武中率师征蛮"岁时入觐，褒赉加厚"。地宫祭台放置朝廷所赐的意望：一是表示感恩，二是象征在冥府续享恩宠。五是全国藩王地宫中独有的物品：鎏金铜版封册、石座砖碑灵牌、包金（金镶木）玉带、人为掰破的铜半镜等，具有特定的研究价值。

① 梁柱. 龙泉山明代楚藩茔域探奇[J]. 收藏·拍卖，2009（9）：57.
② （清）张廷玉等. 明史[M]. 北京：中华书局，1974.
③ 刘毅. 唐季以来帝王世俗化葬仪用品探微[J]. 南方文物，2012（1）：67.

(五)考古意义

1. 楚藩开辟独立兆域始于楚昭王茔园

明代藩王中，诸王同兆域，"最典型的是湖北武昌龙泉镇楚藩诸王陵"[①]，九王及其妃子夫人墓分布在横龙岭以东的山麓。藩王以下如郡王、将军、中尉等宗室成员，茔园主要分布在江夏二妃山、四股山、傅家后山、牌楼舒湾、舒李湾、寺王湾等地。

2. 昭园是明代藩王中城墙保存较为完好的茔园

楚藩成建制的建筑物有4处，武昌古城中的楚王宫，2处楚藩郡王宫，均已无存，而在龙泉山的9王茔园，仅有昭园保存较好。其外城垣南北长353.5米，东西宽321.4米，高3.3米，占地面积约170亩。[②] 笔者发现，以明嘉靖营造尺(1尺＝0.32米)计算，上述长、宽、高尺寸约为110丈、100丈、1丈，可能当时就是按此整数尺寸规格来设计建造的。在湖北地区，昭园占地面积仅亚于钟祥显陵(按照皇陵规格建造)；在明代藩王当中，昭园外城垣保存最为完好。"明代亲王第一寝"的朱檀茔园最大，但其城墙未能完好保存。[③]

3. 昭园作为楚藩标志性的建筑，堪称湖北明代藩王建筑的范本

庄、宪、康三代楚王将营建昭园作为理藩事务中的重要事项，可谓殚精竭虑。整体设计大气恢弘，建造质量保证其长久，技术保证其安全。昭园设计吸收了江苏盱眙朱氏祖陵、安徽凤阳皇陵、南京孝陵的设计风格。遗存的建筑物件，历经六百余载依然坚固矗立，其技术与质量有诸多可圈可点之处。外垣依山而建，凸显立体感。建筑材料可谓优中选优，建造工艺可谓精雕细琢。巨型石料陆路运输采用滚杠旱船技术，起重运用绞车技术。20世纪70年代，当地修建机站时，在状元桥码头淤泥中，挖出大量

---

① 刘毅. 明代帝王陵墓制度研究[M]. 北京：人民出版社，2006：243.

② 国家文物局. 中国文物地图集·湖北分册[M]. 西安：西安地图出版社，2002：320.

③ 山东省博物馆. 发掘明朱檀墓纪实[J]. 文物，1972(5)：25.

搭建支架用的树干，推测这是由水路改为陆路运输的转运点。珠山附近的东濒岸边至今犹存当年因事故而落水的赑屃和石碑，证实巨型石料先由水路运至码头，再转运至施工点。建造工艺方面，砖瓦生产已经实现标准化、批量化、定制化、标志化。茔城澄泥青砖长44厘米、宽22厘米、厚11厘米，[①] 地宫壁砖为长宽厚分别为43厘米、22厘米、11.5厘米，铺地砖两种：长方形砖长48厘米、宽21.5厘米、厚10厘米，方砖长宽48厘米、厚10厘米。券顶使用匹配尺码的楔形砖。地宫3扇石扉封门墙砖有用石灰书写的文字，表示是工匠的名字或安装方位，其砖块分别按照方位砌装，不相混淆。[②] 至今宪园存有"宪"字印模制成的孔雀绿琉璃筒瓦，表明楚藩茔园建材趋于标志化。层次布局讲究"过白"，即后殿与前堂保持间距或错位分布，有助于采光透气。建材用料讲究精致耐用，可从三个方面来考察：一是石质石材。龟趺自下而上，由台基、金刚座、赑屃、石碑（含螭首）4件套构成，各部件均为整块石料。赑屃长3.4米，宽2.4米，高1.5米，碑高5米余，总重量达45吨。[③] 神道桥和内城的汉白玉护栏、荷花望柱，以及内城四角的巨型汉白玉螭首（俗称龙头），经历无数损毁，依然如斯。雕凿图饰，古朴典雅。乾隆《江夏县志》描述赑屃"俨一石天成，蠕蠕欲活"[④]。二是砖质砖材。砖材均为官窑烧制的不同规格的青砖，以湖底澄泥烧制。其工艺、品质仅次于金砖。武汉汤逊湖北浒存有一批官窑遗址，祁金刚依据遗物上的文字考证：此地青砖供应龙泉山楚王寝、武昌城、南京城等处用砖。[⑤] 三是粘合材料。糯米石灰浆浇砌澄泥青砖，具备粘接强度高、防渗防腐性能好等特征，在朱氏祖陵、北京十三陵、南北京

---

①　杨忠平．龙泉山明楚昭王墓园地面建筑修复纪略[J]．武汉文博，2014（4）：16.

②　湖北省文物考古所等．武昌龙泉山明代楚昭王墓发掘简报[J]．文物，2003（2）：7.

③　杨忠平．龙泉山明楚昭王墓园地面建筑修复纪略[J]．武汉文博，2014（4）：17-18.

④　（清）陈元京修、范述之纂．江夏县志[M]．乾隆五十九年刻本卷一山川页十.

⑤　祁金刚．江夏溯源[M]．武汉：武汉出版社，2008：292.

城等建筑中广泛使用，在当时称得上顶尖的粘合材料。现代科学实验表明：天然生物多糖(糯米浆)参与的碳酸钙的生物矿化"形成了有机物/无机物相互搭配、密实填充的复合结构"①。"灰浆中的碳酸钙颗粒，近似纳米尺度，形成的无机加有机复合结构，更加紧密和坚固。"②"灰浆缓慢碳化有助于增强抗风化能力，延长大型砌筑体的使用寿命。"③为了确保地宫长久、安全，采用了防塌、防盗、防水、防潮技术。勘察报告及考古资料显示：朱桢兆域建筑的建造工艺，吸取了历代大型建筑建造技术的精华。所有台基施用了寓意稳固独尊的金刚座，建材质地的讲究体现着皇室贵族的特权，坚固耐用的物象则是期望永久的华贵。古代帝王建造规模浩大陵墓的主旨是：以巨型体量的建造工程和视逝如生的建筑环境，来展现永恒的统治权力和来世享受荣华富贵的构思意匠。④昭园兆域建筑的象征性与历代皇陵如出一辙，蕴含特权、尊威、华贵、弥久的意象。

4. 地宫文物具有特定时代特定藩邦的代表意义

地宫奇迹般地未被盗掘，保存完好，这是楚藩九王中唯一未被盗掘的地宫，为研究明代第一代亲王墓葬及其生活状态、价值观念，提供了原始的实物样本和史料证据。若说地宫安放藩王的尊威荣华，相比其他藩王，其墓葬规格与其身份不太匹配。作为明初四强名藩的首封亲王的朱桢，持理楚藩 54 年，随葬品共 318 件(套)，冥器占 43%，与其同时同级的两兄弟相比，既无逾制之嫌更无奢华之象。鲁荒王朱檀墓室出土葬品 1300 余件(套)，郢靖王朱栋地宫出土 389 件(套)，两者葬品中多件属珍贵文物。综观明代藩王，朱桢属于低调做人、甘于听话的藩王。除开客观因素外，其个人的主观原因显得更加突出。朱桢中晚年，注重慎始敬终，省愆行事。

---

① 杨富巍. 以糯米灰浆为代表的传统灰浆——中国古代的重大发明之一[J]. 中国科学(E 辑技术科学)，2009(1)：5.

② 刘照军. 中国古建筑石灰灰浆的光谱分析技术[J]. 光散射学报，2016(1)：49.

③ 刘效彬. 浙江古城墙传统灰浆材料的分析研究[J]. 光谱学与光谱分析，2016(1)：238.

④ 孙大章. 中国古代建筑史话[M]. 北京：中国建筑工业出版社，1987：137.

临终遗言是叮嘱子孙"遵祖训，忠朝廷，务保守之道"①。或许这正是朱桢地宫未被盗掘的原因之一。

5. 神道碑碑、文额题有存疑，有待进一步研讨

正统七年（1442）七月，楚王季埌欲建昭王园、庄王园功德碑，"以表扬先德"，奏请英宗命儒臣代撰，被婉言推托。同年十二月季埌再次乞奏，英宗方才应允。② 季埌于次年三月卒，其弟季塤嗣藩（后谥康王）。正统九年（1444）八月英宗复书楚王："已命儒臣代撰文并碑额附去，可量宜砻石镌刻。"③然而如今所见文额并非如此，碑文落款是：孙季埌撰文，楚府纪善管延枝篆额，纪善马纯书丹，孙楚王季塤"奉敕立石"④。季塤为何未采用英宗所赐文额的原委，未见记载。笔者只能从结果分析变化的过程：季埌见英宗答允却迟无回音，拟订了前述的备用方案。季塤在兄王卒后一年半，收到翰林院儒臣题作，或许觉得不尽如人意，有些为难。若不按皇上准奏的事宜办理，便有违背君旨之嫌。只好再奏恩准，而形成现今看到的结果。至于季塤再奏恩准的具体细节，尚待新的资料发现。

6. 典型文物具有独到的研究价值

明太祖敕封楚王的铜质鎏金封册、明成祖敕谥昭的铜质鎏金谥册，刻的篆文"楚昭王宝"的木谥宝，整石凿成的石匣，已核定为国家一级文物。因"棺椁腐朽才落于棺床之下"的荷形木旌顶，同样封闭式环境中，棺椁等木质器物，包括旌顶下部支撑杆均已腐朽，唯有此物保存完好，其材质、制作工艺技术有待进一步探究。"楚昭王宝"的印信宝箧（即简报所称"塑龙纹木盒"）为浑金沥粉漆器，存放封册、谥册的宝箧，有三大考古价值：一

---

① （清）陈元京修、范述之纂. 江夏县志［M］. 乾隆五十九年刻本页卷十三艺文记十八.

② 明英宗实录（99卷）［M］. 正统七年十二甲辰卷九十九. "国立"北平图书馆红格抄本影印版. 台北："中央研究院"历史语言研究所，1962：1997.

③ 明英宗实录（120卷）［M］. 正统九年八月甲子卷一百二十. "国立"北平图书馆红格抄本影印版. 台北："中央研究院"历史语言研究所，1962：2427-2428.

④ （清）裴天锡修，武汉地方志办公室整理校注. 清康熙湖广武昌府志校注［M］. 武汉：武汉出版社，2011：847.

是印证了明代亲王礼仪例制，表明其亲王身份；二是反映了明代皇室礼仪纷繁复杂的等级观念。皇后、皇太子宝册之箧，"每副三重，外箧用木，饰以浑金沥粉蟠龙，红绫丝衬里；中箧用金鈒蟠龙；内小箧饰如外箧，饰以浑金"①。亲王册箧款式与前者同，不同的是前者饰蟠龙，亲王宝盝则雕蟠螭；三是宝箧的制作工艺再现了贵族生活的风范。浑金沥粉工艺，肇始于北魏，如今发展成为漆髹业的专门"漆线雕"②。

7. 独特葬制成为研究楚藩葬俗特征的例证

作为楚藩始祖、首代藩王，其葬制典型特征，有些为其后世所仿效。一是夫妇各执半镜入葬。朱桢腰部存有一枚半镜，"系有意为之"③人为分掰铜镜，男女各执半镜，蕴含"破镜重圆"之期许。④ 其他八个楚王地宫均已被盗，是否有相同葬制不得而知。但在郡王及其王妃、宗室墓葬中，发现多例。武汉江夏二妃山景陵王朱孟焆墓出土 1 枚铜半镜。⑤ 武昌黄家湾崇阳王镇国中尉朱显栻和其妻赵恭人墓各发现 1 枚半镜。⑥ 二是带着生前秩封凭证入葬。将封册、谥册随葬，不乏后例，江夏二妃山景陵王贾氏墓出土王妃封册。⑦ 三是石座砖质灵牌，目前仅有昭王地宫发现。

8. 楚藩夺人所爱、驱民造寝，引发了民众对朱氏皇族的仇恨

楚藩与山内住户的矛盾实质是朱姓王朝与平民大众矛盾的缩影。明代藩王选吉地、易葬地的记录很多，肃藩庄王朱楧尤为典型，更换寝址一

---

① （清）张廷玉等．明史［M］．卷六十八志四十四舆服四．北京：中华书局，1974：1658-1660.

② 陈晶．发掘出土明代漆器集锦［J］．湖南省博物馆馆刊，2013(10)：376.

③ 湖北省文物考古所等．武昌龙泉山明代楚昭王墓发掘简报［J］．文物，2003(2)：12.

④ 索德浩．破镜考［J］．四川文物，2005(4)：69.

⑤ 武汉市文物考古研究所等．武汉江夏二妃山明景陵王朱孟焆夫妻墓发掘简报［J］．江汉考古，2010(2)：50.

⑥ 武汉市博物馆．黄家湾明代朱氏墓［J］．江汉考古，1998(4)：36.

⑦ 武汉市文物考古研究所等．武汉江夏二妃山明景陵王朱孟焆夫妻墓发掘简报［J］．江汉考古，2010(2)：53.

次，改葬一次。① 而因为夺占"吉地"，迁民造茔，导致急剧的社会冲突，楚藩更为突出。朱桢原先看中九峰山狮子峰，动迁了江夏李氏家族的祖坟，李氏后人持续告状。被气猝死的李盛阴魂作祟，弄得朱桢心存恐惧。加上狮子峰岩坚难凿，被迫放弃，重新选择龙泉山。然而龙泉山涉及的家族更多，面临的问题更复杂，因而冲突连绵不断。楚王虽然通过强占，实现了营造寝园的目标，但夺地事件折射出朱明皇权与社会民众的对抗。这种强制性、暴力性的对抗日积月累，逐步发展到不可调和的地步，最终埋葬了朱氏明朝。

考古的主旨在于还原历史真相，在真相中评判历史事件，评价历史人物。解读明楚昭王兆域文物遗存的意蕴，有助于较为全面地认识朱桢的生活状态、价值取向，同时为进一步研究楚藩打开了新的路径。其地宫出土文物并不算多，但有些文物具有楚藩的典型特征和独特的研究价值，这正是发掘地宫的意义之所在。

七、贵州铜鼓明楚王妃坟

（一）史籍记载

乾隆《贵州通志》载："洪武十八年四月思州苗叛，明太祖命楚王桢讨平之，九月诸洞蛮吴奋儿叛，楚王与汤和剿捕。开防县有黄甫营，明楚王征吴奋儿在此驻兵；五脑寨，明楚王讨服叛蛮置铜鼓卫。"《明太祖谕筑铜鼓城敕》载："以护卫军 1 万人，铜鼓卫军 1 万人，靖州民夫 3 万余人，筑铜鼓城。"又记载"楚营山"有两处，因为开泰县与锦屏县建制沿革变迁，当是指同一处："楚营山，在县城东五里，为明初楚王征苗时所筑。"②

光绪《黎平府志》第 2 卷《古迹》有记："楚王营，相传明楚王平铜鼓驻

---

① 岳锋.明肃庄王陵墓形制蠡测[J].神州，2020(1)：39.

② (清)鄂尔泰等修，靖道谟等纂，贵州通志[M].乾隆四十五年《钦定四库全书》刊本：卷五山川页五十六二.

兵处；五脑寨，即今(锦屏)县治，明楚王平服叛蛮置铜鼓卫。"①"铜鼓卫，在锦屏(县)。《铜鼓卫志》载：'明初楚王(朱桢)征苗，妃精奇算，从军中殁，葬铜鼓城东南3里，石鉴人物犹存。距楚王营不2里，今锦屏城(老锦屏铜鼓)外也。'《卫志》旧本毁于兵。"②

(二)现有遗存

锦屏县，得名于青山似锦、秀丽如屏。宋崇宁年置铜鼓砦，南宋属绍庆府，元名五脑砦蛮地，元属思州安抚司。明初设铜鼓卫隶湖广靖州，洪武三十年(1397)改铜鼓千户所为卫，隶湖广都司；永乐元年属思州宣慰司；宣德九年(1434)改隶黎平府。清雍正五年(1727)改隶贵州，撤铜鼓卫改置锦屏县，属黎平府。现隶属贵州省黔东南苗族侗族自治州辖县。铜鼓镇位于贵州省锦屏县东南部，处湘、黔边境。

明楚王妃子墓，当地人俗称"娘娘坟"。据贵州省贵阳市朱鸣洪于2016年11月6日现场考察，该墓位于贵州省锦屏县铜鼓镇南1.5公里处蚂蟥山。封土堆长10米，宽5米，高2米，墓向坐南朝北，周围砌以石料，旁有散落碑趺石刻。墓前置石人4座，石猪1对，石羊1对；石猪长0.9米，宽0.6米，高0.44米。石羊长0.85米，宽0.43米，高0.75米；正中置石龟1座，龟背上立碑石1块。石龟高0.8米，长1.6米，宽1.3米；龟背上安放石碑的凹槽长0.18米，宽0.15米，深0.11米。各件石像生均有不同程度毁损。

(三)探讨分析

首先，按照传统"落叶归根"的习俗，楚王当年将亡妃安葬于此，是不得已之举。其次，在此葬妃，成为楚王平叛安疆的一项印证，从某种意义上说对镇守将士也是一种慰藉。其三，据朱鸣洪考察所见，该墓坐南朝

---

① (清)俞渭修，陈瑜纂．黎平府志[M]．光绪十七年刻本卷二下古迹页九十五.

② (清)俞渭修，陈瑜纂．黎平府志[M]．光绪十七年刻本卷二下古迹页一百十五.

北，北面乃是楚王宫的方向，如此朝向，或许是楚王有意安排。

第二节　郡王及其宗室墓葬

一、郡王及其宗室造茔规定

正统十三年（1448）定：郡王地30亩、房9间。郡王之子地20亩、房3间；郡主、县主地10亩、房3间。天顺二年（1458）定：亲王以下，依文武大臣例，若王或妃先故，并造其圹，后故者，开圹合葬。继妃则附葬其傍，共一享堂，不可另造。若王府擅奏重新开圹，则要问责长史、教授。成化十三年（1477）令：郡王以下宗室，由有司量备工料开圹。弘治五年（1492）令：亲王、郡王、镇国将军，应在封父茔园安葬。郡县等主，在仪宾父祖茔园安葬。造坟工价，成化十八年至十九年（1482—1483）定：郡王并妃350两、冥器80两，镇国将军并夫人245两，辅国将军并夫人225两，郡主各225两、冥器60两，县主215两，郡君196两，县君185两，奉国将军147两，中尉123两。此后造坟银，一再减少。嘉靖四十四年（1565），郡王、将军、中尉、郡县主君坟银，一概免给。仅有少数祭祀用品可以申领。随着坟银紧缩，王府不断"丧葬多索"，朝廷予以禁止。①

二、明清文献记载

湖广（湖北）方志中，最早记载郡王及宗室墓葬方位的是《徐志》。清代《康熙湖广武昌府志》、康熙二十三年《湖广通志》、康熙五十三年《江夏县志》、雍正十一年《湖广通志》、乾隆五十九年《江夏县志》、同治八年《江夏县志》、嘉庆九年《湖北通志》、民国十年《湖北通志》等也有记述。然而，自《徐志》始，记载所涉及郡王数量极其有限，所指范围过泛，清代所

---

① （明）申时行等修．赵用贤等纂．大明会典（《续修四库全书》刊本）［M］．上海：上海古籍出版社，2002：1020．

修方志大多转录《徐志》，记载郡王墓葬数量无增，方位仅将《徐志》中的"在郡城东"改为"在县东"。

梳理以上方志记载略作归纳：巴陵悼简王(朱孟熄)，永安5郡王，懿简王(朱孟炯)、庄惠王(朱季塾)、悼怀王(朱均镙)、靖懿王(朱荣澹)、昭定王(朱显梧)，通山5郡王，靖恭王(朱孟爌)、庄简王(朱季垟)、安惠王(朱均镩，《明史》作"温惠")①、温定王(朱荣濠)、庄穆王(朱显楇)郡王墓，景陵顺靖王(朱孟炤)，江夏4郡王康靖王(朱孟炬)、悼顺王(朱季壂)、安惠王(朱均鏚)、端僖王(朱荣漠)，东安2郡王恭定王(朱季堞)、昭简王(朱均铈)，大冶悼僖王(朱季埦)；保康荣靖王(朱显樟)，其墓"俱在郡城东"或"在县东"，并无太大方位价值。仅有以下4王记载稍有参考意义：寿昌3郡王，安僖王(朱孟焯)、靖和王(朱季圩)、庄穆王(朱均铁)墓在县西兴原；缙云怀僖王(朱荣淋)郡王墓在县东永丰山。②

由此可知：明代楚藩郡王有60余位，方志记载22位郡王墓葬处所，仅占约三分之一；前18位墓葬处所"俱在县东"十分模糊，仅有后4位郡王墓葬处所较为具体。明清时期"西兴原"为明代江夏县东部油坊岭、进山牌楼一带，大致包括今天流芳镇、四股山、牌楼舒湾。因为囿于史料，其他近40余位郡王未予记录。

三、郡王王妃墓葬

从郡王、将军到宗室的墓葬大多盗毁一空。即便是进行抢救性发掘，获取的文物与相关信息极其有限。当然考古发现多于文献记载，因而在一定程度上既印证了文献记载，又补充了文献记载。现实状况是：大部分郡王及宗室墓葬位于开发区，逐渐湮淹在城市建设开发潮水中。现作如下归纳：

---

① (清)张廷玉等. 明史(卷一百一表二诸王世表)[M]. 北京：中华书局，1974：2612.

② (清)刘朝英、张希良纂修. 江夏县志[M]. 康熙五十三年刻本卷五古迹志附丘墓页二十六.

（一）九峰山

九峰山是楚藩第一座郡王茔园。楚昭王朱桢庶长子孟熲洪武三十年（1397）卒，追封巴陵王，谥悼简，无嗣郡爵除。"掘圹，雷雨忽作，从圹中得石刻真武像。（楚昭）王异之，因建真武观"①。《朱谱》第2卷记：孟熲"葬真武观宝盖峰下左首"。前几代楚王撰有游历九峰山的诗文。民国时期多个版本地图，仍有"真武观"和"楚王墓"标识。民国初年，湖北省建设厅在此建有真武观苗圃。

（二）二妃山

二妃山作为楚藩第二座，也是考古发现证实最大的郡王茔园，其中入葬郡王及其宗室数量最多。二妃山郡王墓群位于江夏区流芳街佛祖岭村二妃寝湾，属武汉市文物保护单位，调查发现可见地面有茔园遗址，较大封土堆的墓葬约有50余座。二妃山峰丛明代称为永丰山，包含大王、二王、高妃等多座山峰，分布有景陵、通城、崇阳、永安、保康等郡王茔园。二妃山之名源自最早去世的两位王妃，即景陵顺靖王孟炤贾氏妃、通城庄靖王孟灿程氏妃，两妃同逝于永乐十三年（1415），卜葬永丰山。《朱谱》第2卷显示：通城庄靖王孟灿，崇阳靖简王孟炜，"公妣合葬二妃寝"；镇国将军季填、辅国将军均鋀"公妣葬永丰山"。《朱谱》第10卷显示：永安郡辅国将军均镠、奉国将军荣汴（《明实录》无此名）、镇国中尉显桦，"公妣葬二妃寝"。楚端王荣减为其庶二子、保康王显樟择葬永丰山。②检索《朱谱》：清末还有后裔入葬，如《朱谱》编修人之一衍槐葬于"二妃寝东山"。20世纪60年代，在大王峰西南，村民平整土地时，掘出8座穹顶砖石墓，圹径超过15米，圹底至今存有大型汉白玉棺台。在二妃寝相继出土元青釉

---

① （清）裴天锡修，武汉地方志办公室整理校注．清康熙湖广武昌府志校注［M］．武汉：武汉出版社，2011：201.

② （明）朱荣减．正心诗集［M］．嘉靖楚藩刻本卷九．北京：书目文献出版社，1999：113.

狮纽大罐、鸳鸯戏莲青花瓷壶、蒜头青花瓷瓶等一批精美瓷器。① 湖北奥林匹克体育中心、光谷生物科技园破土动工时，发现一批茔园，发掘出身份证明文献的有景陵王茔园和崇阳王早期茔园。景陵王茔园现存墙基长102 米、宽48.5 米，孔雀绿琉璃瓦片犹存。景陵王孟炤与贲氏妃墓先前被盗毁，2002 年，发掘出贲氏被封王妃的木质封册。② 2007 年，出土崇阳靖简王孟炜庶六子、镇国将军季增，季增之子、辅国将军均钵，均钵之子、奉国将军荣洒和荣漱，均钵之孙、镇国中尉显榔，崇阳端懿王均镦之子荣沚等宗室圹志③和一批金银器和瓷器，其中蓝釉描金鸡心执壶，属珍稀瓷器，现藏于武汉市博物馆。二妃山郡王茔园占地5 万平米，1989 年武汉市公布其为文物保护单位。④

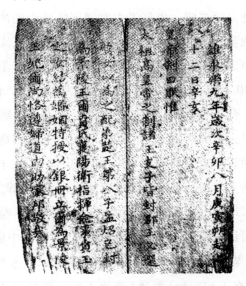

图 7-2　明永乐帝册封楚藩景陵郡王妃贲氏的银册

来源：梁柱. 武昌龙泉山明代楚昭王墓发掘简报[J]. 文物，2003(2)：16.

---

　① 刘治云. 武汉市江夏区博物馆馆藏文物精选图集[M]. 武汉：武汉出版社，2017：185，187，188.

　② 武汉市文物考古研究所，江夏区博物馆. 武汉江夏二妃山明景陵王朱孟炤夫妻墓发掘简报[J]. 江汉考古，2010(2)：53.

　③ 祁金刚. 江夏溯源[M]. 武汉：武汉出版社，2008：221-223，227.

　④ 刘治云. 江夏考古发现与研究[M]. 武汉：武汉出版社，2019：262.

(三)四股山

四股山有通山王、岳阳王茔园。《湖北舆地记》称四股山为次古山①，坊间称刺鬼山，已被征用建有武汉富士康工业园(北区)、武汉商贸学院、光谷第三初级中学。《朱谱》称，通山靖恭王孟爚，通山庄简王季垟，岳阳悼惠王孟爟，“公妣合葬四股山”。查阅雍正朝《湖广通志》：通山前五郡王墓在城东五十里四股山；寿昌三郡王墓在江夏县西兴原。明清时期西兴原包括四股山、进山牌楼(牌楼舒湾)一带，这与《朱谱》称寿昌安僖王葬进山牌楼并不相悖。1995 年，考古人员在四股山东麓发掘一座大型砖室墓，根据墓室规模、石质棺台和祭台等建制，推测为郡王墓。② 2009 年，在四股山东南麓清理两座相邻大型砖室墓中，出土“通山王妃程氏圹志”和 49 个木俑。圹志显示：通山王孟爚妃程氏，永乐五年(1407)程妃“葬于江夏之东南四十里西兴原”。四股山郡王茔园占地 3000 平方米，1999 年江夏区公布其为文物保护单位。③ 今武汉光谷第三初级中学与富士康工业园之间建有明王妃公园。

(四)牌楼舒湾

牌楼舒湾有永安、寿昌王、通山、武冈、东安郡王茔园。湾名源自楚藩所建进山牌楼，是楚藩宗室由武昌城进入龙泉山的重要中转站，也是官员下马，宗室寄存马匹、马车、物品之所，北距四股山约 1000 米，此湾与舒李湾已征用为武汉富士康工业园南区。《朱谱》称：永安懿简王孟炯，寿昌安僖王孟焯，通山温惠王均鏁，“公妣合葬进山牌楼”；武冈王显槐及吴氏妃，镇国将军英燏，武冈王华增，“葬进山牌楼”。2002 年征集到东安郡

---

① 湖北舆图局．光绪湖北舆地记[M]．光绪二十年刊本卷一页十七.

② 武汉市文物考古研究所，江夏区博物馆．武汉江夏流芳四股山明墓发掘简报[J]．武汉文博，2010(4)：13.

③ 刘治云．武汉市江夏区博物馆馆藏文物精选图集[M]．武汉：武汉出版社，2017：262.

镇国将军均锏第四子辅国将军荣游圹志。① 2007 年发掘明藩宗室砖室墓 10
座(大型 3 座、中型 6 座、小型 1 座),其中 1 座中型墓,出土岳阳悼惠王
孟爝的曾孙"奉国将军勤健堂圹志"、石香炉、青花瓷器等随葬物②。由于
碑文部分残泐,该将军的身份有待进一步考证。

(五)舒李湾

舒李湾有三座被当地居民称作"王坟"的砖室墓。舒李湾,在牌楼舒
东 1000 米处,有 3 座被村民称作"王坟"的砖室墓(先前均被盗掘),其
中一座称作"蔡坟",当地拆砖修建仓库时,村民拾到金器和瓷瓶;考古
清理时,尚存大型石质棺台。《明实录》所记楚藩郡王妃,仅有岳阳恭僖
王季境妃为蔡姓,正统元年(1436)册封。由此推测此处是岳阳第二代郡
王莹园。

(六)寺王湾

寺王湾位于光电园三路与武汉绕城高速交汇处,西距牌楼舒约 1.5 千
米。寺王湾 1998 年被勘察发现,在 65 米×58 米的莹园中,尚存 1 方 8 米×
16 米的祭台,2 座并排的高等级大型砖室墓。其中 1 座墓室长 9.5 米,墙
体均为规整的官窑砖,可见大型石质棺台、琉璃构件遗存,墓室墙砖以糯
米石灰浆为粘合剂,建有砖质排水设施。考古队认为是郡王莹园,③ 可惜
无法确定墓主身份。此处还发现 3 座明代窑址,窑堂存有筒瓦、板瓦、陶
兽等,当是供给莹园建材而建造的。其东有 1500 平方米的台地,属泉岗
村。2007 年,发现地面建筑基础,并采集到青灰砖、板瓦残片,以及带有

① 祁金刚. 江夏溯源[M]. 武汉:武汉出版社,2008:224.(原文未注明墓主所
属郡王支系,笔者查阅《明实录》添补)

② 武汉市文物考古研究所,江夏区博物馆. 武汉江夏流芳四股山明墓发掘简
报[J]. 武汉文博,2010(4):15-16.

③ 武汉市文物考古研究所,武汉市江夏区博物馆. 武汉市江夏区流芳岭明墓发
掘简报[J]. 江汉考古,2000(3):48.

花饰图案的筒瓦，勘探发现铺设有木炭层的砖室墓,①　可能是郡王宗室墓群的一部分。

（七）廖徐湾

廖徐湾有东安第一代郡王茔园。《朱谱》称：东安恭定王季堁，"公妣合葬进山牌楼廖徐湾"；此处东南距进山牌楼约 1000 米，其东部原本有大面积的茔园，当考古队勘查时，已被毁坏，缩减至约 5000 平方米，仅发现一些被毁的"凸"字形砖石墓，采集到一些印有"官"字的青灰砖、龙纹图案的琉璃瓦片,②　墓主身份尚待查证。

（八）傅家后山

傅家后山是从武昌进入龙泉山的必经之地。傅家后山位于龙泉山西部，是进山牌楼辐射的周边区域，也是从武昌进入龙泉山的必经之地。此连座峰丛原本统称丰禾山（风火山，今凤凰山），后将其东部分开称傅家后山，《湖北舆地记》称曹王山,③　民国时期、建国初期地图标作官山。《朱谱》将此峰丛统称风火山或傅家后山。《朱谱》显示：东安第二代郡王昭简王均铈，葬傅家后山；奉国将军显樋，徐淑人，葬风火山；大冶悼僖王季堳葬傅家后山。同治朝《江夏县志》记："楚东安郡五世孙朱英燦，康熙年归葬灵泉风火山祖寝。"④现今山的北麓已被夷为平地，为武汉奇宏光电生产基地所征用。

---

①　刘治云．武汉市江夏区博物馆馆藏文物精选图集［M］．武汉：武汉出版社，2017：280.

②　刘治云．武汉市江夏区博物馆馆藏文物精选图集［M］．武汉：武汉出版社，2017：280.

③　湖北舆图局．光绪湖北舆地记［M］．光绪二十年刊本卷一页十七.

④　（清）王庭桢修，彭崧毓纂．江夏县志［M］．同治八年刻本．台北：成文书局，1975：685.

（九）多头山

多头山为通城王后期的茔园。此处位于现今东三环与高新大道交汇处，北有孙家山，西为胜利水库。2010 年考古队清理 5 座墓葬，出土第六代通城王英㷭王妃徐氏、夫人邵氏圹志。[①]

（十）有待考证

有两个郡王茔园处所存异，目前尚无考古发掘印证。一是江夏康靖王孟炟，检索《朱氏谱》第 2 卷：孟炟与妃合葬邻近九峰山宝盖峰的大李山。而祁金刚利用排除法，推断"江夏王朱孟炟墓在寺王湾"，[②] 这与《朱氏谱》记录有异。若如祁金刚所言，笔者推测：孟熄作为楚昭王的长子，生后无嗣。孟炟是幺儿，其茔园邻近巴陵王茔园，楚王这样刻意安排，可让江夏王后裔顺道祭祀巴陵王。至于继袭的江夏王在寺王湾辟建茔园，或许另有原由。

二是缙云王，前述清代 3 部《江夏县志》均称："缙云怀僖郡王荣淋墓在江夏县东永丰山"[③]，即二妃山。而《朱谱》第 2 卷则记："荣淋葬灵泉黑石山，子山午向"，即今龙泉山龙帐峰南麓，有石灰矿，亦称黑石湾。

四、其他宗室墓葬

其他宗室指郡王及其王妃以下宗室成员，已被发现的墓葬主要有：

（1）武昌小洪山（黄家湾）为崇阳王宗室后期茔园，且有考古发掘印证。

1985 年和 1993 年，考古人员在黄家湾发掘崇阳王镇国中尉朱显拭及恭人赵氏，朱显杙之次子辅国中尉朱英火即及妻宜人袁氏墓。

---

① 武汉市文物考古研究所. 武汉市明通城王朱英㷭家族墓地发掘简报[J]. 江汉考古，2014(6)：26-34.

② 祁金刚. 江夏溯源[M]. 武汉：武汉出版社，2008：221.

③ （清）刘朝英，张希良纂修. 江夏县志[M]. 康熙五十三年刻本.（清）陈元京，范述之. 江夏县志[M]. 乾隆五十九年刻本.（清）王庭桢，彭崧毓. 江夏县志[M]. 同治八年刻本. 台北：成文书局，1975：343-344.

此山在明清属江夏县附城村。《朱谱》第 2 卷所示：奉国将军荣涟及其妻周淑人，奉国将军荣瀍及其妻田淑人，"葬附城村宝通寺后"。当时小洪山一带较为荒凉，《朱谱》只得将离此不远的"宝通寺"作为参照地标。1985 年、1993 年先后发掘 7 座明墓，出土显示墓主身份的 3 件圹志、1 件买地券，证实墓主为镇国中尉朱显栻及其妻赵恭人，朱显栻之子、辅国中尉朱英椰及其妻袁宜人①。由此可知：（1）楚藩《朱氏谱》记载与考古结论相符；（2）此处为崇阳王在继二妃山茔园另辟的茔园；（3）民众反映此前发现较多墓葬遗物，此次发现的 7 座墓只是其中一部分，前述的 2 位将军及其淑人墓，消失在城市开发的大潮之中。

（2）在流芳牌楼发现奉国将军墓，在流芳二妃山发现镇国将军墓。

2007 年 9 月，在流芳牌楼舒发现奉国将军墓，2007 年 11 月，在流芳二妃山发现镇国将军朱季墭及其夫人潘氏墓，出土 2 方墓志。朱季墭墓志显示：逝年 33 岁，葬于成化七年（1471）。② 辅国将军朱均钵墓，为夫妻同茔异穴合葬。均钵，辅国将军，葬于正德四年（1509）。江夏博物馆收藏有朱荣泟的墓志。《明宪宗实录》卷之四十三记载，成化三年六月，赐楚府崇阳王均镦子名曰荣泟。《明实录》有关于朱季墭和均钵的记录。

特别说明：目前尚无楚藩女性宗室，如郡主、县主、郡君、县君、乡君葬墓的记载和考古发现。

五、茔园选址成因探源

（一）注重风水，占山造茔

九峰山是朱桢最先相中的吉壤。迷信风水的朱桢发现此地九峰环峙如城，便延请无念禅师建造九峰正觉禅寺，祭祀马皇后。稍后巴陵悼简王孟

---

① 武汉市博物馆. 黄家湾明代楚王朱氏墓［J］. 江汉考古，1998（4）：30-40.

② 许志斌. 湖北武汉二妃山明代楚藩家族墓群一号茔园发掘简报［J］. 文物，2021（12）：17-33.

熄早逝，择葬九峰山宝盖峰。又见"狮子峰尤占形胜"①，便命工匠开凿有众山朝拜之势的狮子峰，如今可见南坡巨大石坑，即是朱桢拟凿寿藏留下的遗迹。朱桢被迫放弃九峰山的原由主要有三：一是狮子峰是强迁江夏李氏唐代四墓（李善、李邕、李暄、李廓）所得。② 李氏后人李盛受气猝亡，朱桢认为其阴魂作祟，弄得自己频频出现幻觉。二是限于开凿技术，劈山工程异常艰难，只得停工。后在石壁上雕凿明太祖"御制谕僧无念"石龛，即是至今犹存的"九峰山摩崖"。三是号称"傅仙子"的堪舆先生觅到自然环境更优且有"二龙戏珠"之势的龙泉山，后来建成楚藩王茔园（见图 7-3 右下）。③

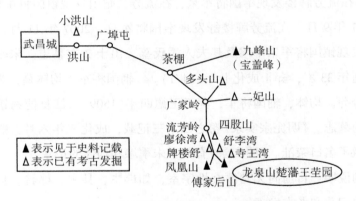

图 7-3　明代楚藩郡王茔园分布与考古发现示意图

（二）武昌地理环境决定

武昌城西为长江，城北多湖泊洼地。南部也有小型峰丛，但祭祖线路

---

① 吕调元，刘承恩，张仲炘，杨承喜纂修. 湖北通志（卷六）[M]. 民国十年刻本. 台北：华文书局，1967：163.

② （清）王庭桢，彭崧毓. 江夏县志（第 3 卷）[M]. 同治八年刻本，台北：成文书局，1975：342.

③ 涂明星. 龙泉山历史文化资源及其开发价值[M]. 武汉：武汉大学出版社，2017：72-73.

决定了沿途选址的取向。为此，楚藩改建了一条由武昌城至龙泉山的通道（见图7-2）。明初吏部官张添祐《灵泉山记》：江夏县域东部的峰丛以丰禾山（今凤凰山）为祖山，"分三支：一支分两山夹行，故云夹山（今龙泉山，俗称夹山）；一支奔结省城（四股山→二妃山→多头山→关山→洪山→蛇山）；一支奔结九峰山"①。楚王十分看好这一"龙脉"，傅仙子投其所好，宣称此乃永保富贵的风水宝地。楚府藩王、郡王茔园均建在这一"龙脉"之上，历代楚王的用心彰明昭著。

（三）明廷例制所限

宗室出城祭祖限于一天。郡王及其宗室只得按一天时间来安排祭祀行程：先到龙泉山祭拜历代楚王及王妃，然后到自家祖茔祭祀。因而郡王茔园选址不能过远。

（四）郡王各有自家祖茔

弘治五年（1492）定：郡王、将军、中尉等各附始封祖茔安葬。楚王府统筹安排郡王及其宗室安葬事宜，便于祭祀、管理，聘有专门看护人。《朱谱》第10卷：二妃山永安郡茔园有看山人刘省吾。还有朱氏后裔迁居二妃寝湾守陵，修谱时派人参与。由于郡王子孙受封将军、中尉爵秩，一般逝后附葬郡王茔园，因此这些宗室墓葬的发现有助于郡王茔园处所或郡王身份的确认。

（五）《朱谱》记载还有多处茔园

有的郡王，尤其是继袭时间长的郡王，其茔园不止一处。到明代中后期，受封爵秩的人口不断增多，为了保证继袭的郡王能同葬一园，较低爵级的将军、中尉只得增辟新园，故而安葬呈分散之势。《朱谱》记有永安郡奉国将军显桦、镇国中尉英燎等，葬于忠孝门（武昌小东门）外庙马池；奉国中尉蕴铿，崇祯年与李安人合葬茅店铁矶山。

――――――――――

① 张高荣.新编灵泉志[M].武汉：武汉出版社，2006：11.

（六）郡王茔园与藩王兆域界限分明

龙泉山山内为藩王兆域，郡王及其他宗室不得入葬。仅有少数郡王和宗室葬在龙泉山"山外"（外侧）：如龙泉山南麓、傅家后山北麓。

楚藩档案在明末遭遇毁灭性颠越。综观《朱谱》修订过程，可谓艰难重重，直到同治年才完成首修。该谱有个显著的特征是：有些信息，可以查阅史籍加以添补，然而该谱历经五次修订，明朝宗室成员的生、封、婚、逝、葬、嗣等信息仍然不全。这些信息由各宗房借助"记事本"或"历代相传的记忆"汇集而成。所记郡王茔园处所，当是后人祭祖活动代代传袭的体现，较为准确，因此具有参考价值，考古发掘也证实其准确程度。楚藩郡王有 20 个支系，作为明朝贵族的墓葬群，堪称武汉最大规模的郡王墓葬群。尽管郡王墓葬盗毁严重，但可以通过一些遗存，捕捉到有用的关键信息，并通过查阅相关史料，找到对应关系。调查郡王茔园分布情况，解读茔园考古材料，对于研究楚藩群体的生存状态、信仰观念、葬制葬俗特征等具有不可或缺的意义。

第三节　明代楚藩葬制葬俗典型特征

明楚藩葬制除了遵从朝廷例制和当地习俗外，亦有表达某种特殊诉求的个性特征，这些特征反映其生活状态和心理愿望。本节选取典型案例，分析其葬制葬俗特征。

一、夫妇入葬各执半镜

首例在楚昭王朱桢地宫发现。1990 年至 1991 年，湖北省、武汉市、江夏区三级文物考古专班，发掘朱桢地宫。在其腰间部位发现一枚半镜，直径 28.8 厘米，最宽处 13.6 厘米。幅面略多于整镜的三分之一，正面平滑，背面外围有一周凸弦纹。考古专班认为此半镜形制"系有意为之"。[1]

---

① 梁柱等. 武昌龙泉山明代楚昭王墓发掘简报[J]. 文物，2003（2）：12.

2002 年，武汉市考古队，在江夏二妃山发掘明楚藩墓葬群，其中有景陵王朱孟炤及其王妃贲氏两墓，为并排长方形土坑砖室墓，早年已被盗毁，但考古人员仍然发现有特殊价值的器物。如朱孟炤墓中的铜半镜，贲氏墓中的王妃木封册等。铜半镜被人为地掰成较为标准的二分之一，直径23.8 厘米，背面正中是一乳头钮，中部有一只被云纹包围、作翱翔式的凤凰，外沿有一圈凸弦纹；正面平整滑腻，光泽度好，当属质地较高的高档铜镜。掰破高档铜镜入葬，显然有其特别用途和寓意。古代文化意象中，龙、凤分别代表男性和女性。日用物品绘制或雕刻龙凤纹饰，寓意"龙凤呈祥"。夫妇墓主各有半镜随葬，当有"相互想念"的寓意。作为男性的郡王，墓中出土"凤半镜"，这不是简单的巧合。按此推测，如若王妃墓不被盗毁，墓中出土的当是"龙半镜"。

武汉江夏富士康工业园，在编号为 M3 的中型合葬墓的 A、B 两室各发现 1 件铜半镜，① 为此增添一则案例。最能证实以上分析结论的，是位于武昌黄家湾的镇国中尉夫妇墓出土的两件半镜。

1985 年和 1993 年，武汉市考古队在武昌黄家湾，清理发掘崇阳王系宗室墓葬群，出土圹志表明，其中两墓为镇国中尉朱显栻和其妻恭人赵氏之墓（以下简称"朱墓""赵墓"）。两墓分别出土一件半镜。半镜按"男左女右"规则放置：朱墓置于头左侧，镜面朝下；赵墓置于头右侧，镜面向上。最为关键的是"两半方铜镜可合为一方"②，表明整镜为赵恭人嘉靖十一年（1532）安葬时掰破，一半随葬，另一半是在隆庆二年（1568）朱显栻下葬时而随葬。

半镜习俗源头，可追溯至汉代《神异经》夫妻离别"执半以为信"，汉代以后流行夫妻逝后有半镜随葬之俗。考古发现，唐宋时期也有夫妇各执半镜可拼为整镜的情形。古人以"破镜"表示夫妻分离，而以破镜随葬，则是希求夫妻情缘永续，③ 并且作为来世"破镜重圆"的信证。④

---

① 邓辉. 武汉江夏富士康工业园区墓葬发掘[J]. 武汉文博，2010(4)：15.

② 武汉市博物馆. 黄家湾明代朱氏墓[J]. 江汉考古，1998(4)：36.

③ 索德浩. 破镜考. 四川文物[J]. 2005(4)：70-71.

④ 刘文娟. 试论洛阳烧沟汉墓 M38 墓中出土破镜的涵义[J]. 卷宗，2016(1)：587.

二、粘结瓷碗制作棺椁

前述在武昌黄家湾发掘的朱显枟墓、赵恭人墓，均以碗棺下葬，造型相似，建材相同。碗棺六层碗高，每层内外两圈，碗碗相套，重叠侧放，上部用自下而上逐圈内收的三层砖块绕砌，借助内置衬板，在墓顶正中浇砌 1 道"碗柱"形成"穹顶"，从而围成长方形圆角棺室。① 粘合剂是用糯米浆、石灰浆搅拌混成的黏稠糊，起到胶附作用。在水泥发明之前，属于高等级的粘合剂，具有密封性能好，防虫、耐腐、坚固等优势，有利于椁棺、遗物、遗体保存。此种葬式，在楚藩宗室墓葬中，尚属首例。时至今日，尚未有研究者解释楚藩宗室采用碗棺葬式的背景与原因。笔者分析发现，采用碗葬一种可能源于至今尚未知晓的特殊原因，另一种可能，或许是更重要的原因，那就是丧葬费用拮据，基于六个方面的理由：一是从内棺质地来看，木材质十分普通，棺材质量轻薄，考古发掘时，棺木已经完全腐化，两座碗室内均存八枚方头铁钉，分别钉在两侧旁墙和四角，仅有铁钉上还残存一些腐木。二是从铁钉形制来看，赵墓铁钉长度为统一的 30 厘米，朱墓铁钉，长度在 25～35 厘米之间，长短不一，可能是东拼西凑而成；三是从墓底腐化层来看，两座均约 0.5 厘米，其下即是坑底生土，表明墓主随葬衣物极少，墓底缺乏起码的防潮器材和设施。四是从同时期的明藩宗室比较来看，陪葬品的数量，受到碗棺限制，不可能太多，事实上也不多。质量与同期郡王相比，也差距甚远。五是从同类型的民间碗墓比较来看，其造茔材料、建造质量，显得过于普通，甚至有些寒酸。

1955 年，在武昌珞珈山北麓清理的碗墓，1983 在江夏区土地堂发掘的两座明代平民碗墓，形制、建材与朱赵两墓相同。1980 年在东西湖柏泉发掘的明代碗墓，墓室存有一具木制套棺，证实其椁棺材质厚实耐腐。在碗室壁与木棺之间，填充糯米浆与三合灰混合制成的"泥灰"，可有效防止

---

① 武汉市博物馆．黄家湾明代朱氏墓[J]．江汉考古，1998(4)：30-40.

墓室塌陷，表明其经济实力略优于朱赵两墓。六是从瓷碗品质来看，朱墓、赵墓用碗，质地、制作工艺粗糙，与同时期制瓷工艺的水准不相匹配。由此可知，在此附近，有一处专烧"圹碗"的瓷窑，其用途是固定充当墓圹的建筑材料。朱、赵两墓使用"圹碗"，就是出于廉价而又无奈的选择。这便印证了明代中后期，楚藩宗室部分中下层成员凄惨的经济状态和生存状态的史实。

三、未成年子嗣名字忌入圹志

明通城王继室邵氏墓志有此一说："孙子伍，孙女伍，以冲质忌藏字于墓，姑不息用。"①楚藩圹志不列未成年子嗣名字，始于楚昭王圹志，此志列举子嗣十分简略。"子男十人"中，有名有爵位者均列入圹志；"第十子未封"，以及"孙男十五人女七人"。均因未成年、未封爵，而未列其名。赵恭人墓圹志显示："袁氏、高氏所生之子，俱幼……第四孙、第五孙并孙女六人，俱幼，未请名封"。朱显杙墓圹志显示："未请名封孙男一人，孙女十人。"已请封曾孙蕴锁、蕴锭、蕴鈇、蕴钳，未请名封曾孙十人、曾孙女十四人。② 按明例制，宗室子女 5 岁请名，14 岁封爵。明代其他藩国宗室圹志，也有略写未封爵者、未请名幼童名字的情形，均因冲龄或未成年而"忌藏字于墓"。

四、多种原因长期待葬

鄂地习俗，讲究逝者三日"入土为安"。除非有特殊原由，如：亡者的重要至亲远游未归，或亡者等待申冤而待葬，而在楚藩宗室存在并非以上原因待葬多年的情形。江夏流芳朱鲁湾出土的通城王徐妃圹志表明：徐氏嘉靖元年（1522）薨逝，直至朱英焌册为通城王，徐氏追封为通城王妃，嘉

---

① 武汉市考古研究所. 明通城王朱英焌家族墓地发掘简报[J]. 江汉考古，2014（6）：33.

② 武汉市博物馆. 黄家湾明代朱氏墓[J]. 江汉考古，1998（4）：32.

靖八年(1529)才下葬,表明徐氏在等待一个"名分"。① 赵恭人逝于嘉靖七年(1528),嘉靖十一年(1532)下葬,间隔四年。朱英𤪍嘉靖二十七年(1548)仙游,嘉靖三十四年(1555)下葬,间隔七年。朱显栻待葬时间,从嘉靖三十四年(1555)到隆庆二年(1568),凡十三年。这一家三口可能受到葬资的影响,等待"赐葬"的赙资。楚王朱华奎继妃张氏逝于崇祯五年(1632),崇祯十二年(1639)才葬于灵泉山,待葬七年,原因不明。

五、墓道中段添置祭坑

首例发现是在明楚昭王地宫墓道。考古专班在墓道入口的祭坑处,发现"红烧土遗迹"。此遗迹可作三个推测:一是祭坑遗迹的长度超出墓道宽度,证明祭坑先于墓道。二是祭祀完毕,再开凿墓道,因此红烧土遗迹位于墓道下方入口处。三是祭坑可能就是樊哙墓穴所在。江夏方志均载楚昭王地宫,原本汉初舞阳侯樊哙墓所在地。楚庄王朱孟烷欲夺樊哙墓地,挖掘时出现异象,惊恐不已,开圹前施行祭祀,一则祭樊侯,祈求樊侯不再侵扰;二则意欲辟邪。后来楚庄王"每岁祭(朱桢)墓,必先祭樊墓"②。古人通过焚烧纸钱和敬奉贡品等祭祀方式,与祭祀对象"对话",求得感应。楚昭王祭坑的用途,有其特别的指向。

第二例为景陵王妃贾氏墓,在墓道中部开凿一口祭祀坑,四壁铲削规整。墓道祭坑的用途与祭祀对象指向明确:其一,通过祭祀这种"对话",让先辈的灵魂得以安宁,也祈求先灵庇佑其后人。其二,楚昭王墓道祭坑无祭品,而此祭坑出土的器物32件,质地较差,且大部分均有不同程度的锈蚀。祀坑器物当是王妃生前遗物,如同"事逝如事生"。③ 其三,此种葬

---

① 武汉市考古研究所.明通城王朱英𤪍家族墓地发掘简报[J].江汉考古,2014(6):33.

② (清)陈元京修,范述之纂.江夏县志[M].乾隆五十九年刻本卷十五丘墓页十六.

③ 武汉市考古研究所,江夏区博物馆.武汉江夏二妃山明景陵王朱孟炤夫妻墓发掘简报[J].江汉考古,2010(2):49.

制可能因为某种特殊情节，比如贲妃因病暴卒，经推算，贲妃卒年在20岁左右，属于英年早逝，家人尤为感伤，便有这种祭祀之法。朱孟炌为楚昭王朱桢第八子，永乐二年(1404)为景陵王。永乐九年(1411)八月，册封湖广襄阳卫指挥佥事贲玉之女为景陵王妃，永乐十三年(1415)六月，贲妃去世。景陵王于31年后，即正统十一年(1446)薨。楚藩谱谍《朱氏宗谱(宝善堂)》第2卷显示：贲妃逝后，"王未续弦"。这在明藩郡王中极其罕见。贲妃之墓设一祭坑，或许是景陵王用以寄托哀思的一种方式，无以再娶正是其坚守如一的实际行动。

古人认为：后人善待先灵，先灵总会以隐而不见的力量庇佑后人，越是虔诚，先灵庇佑的力量越强大。葬制葬俗的不同形式，反映了施葬者个性化的心理诉求。楚藩宗室葬制葬俗，折射出宗室成员生活状态、丧葬观念，及其后人的情感寄托。

综上所述，由于楚藩墓葬盗毁严重，探研葬制葬俗特征存在较大困难。相比邻省，明藩墓葬保存数量与完好程度远远强于楚藩。以江西省为例，20世纪50年代以来，江西发现了近50座明代藩王系墓，其中有第一代藩王宁献王、淮靖王、益端王及其王妃墓，也有世系王墓、郡王墓、镇国将军墓、辅国将军墓、奉国将军墓，还有郡主、县主及仪宾墓。无论从数量上还是从多等级方面均是全国其他封藩地的考古发现不可比拟的。①

---

① 江西省博物馆. 江西明代藩王墓[M]. 北京：文物出版社，2010：3.

第八章　楚藩相关文献史料选录

第一节　明代楚藩宗室册封迻录

一、明楚藩王妃册封记录列表

明代楚藩藩王元妃(继妃、次妃)册封(或追封)在《明实录》中有些记录。详见表 8-1《明楚藩王元妃继妃列表》。

表 8-1　明楚藩王元妃继妃列表(资料来源:《明实录》)

藩王名称	妃子姓氏	册封时间	生子名字	逝年	资料来源
昭王 朱桢	王氏	洪武十二年 (1379)	孟烷 孟焯	洪武三十年 (1397)	《明太祖实录》122卷, 255卷 《明英宗实录》58卷,67卷
	潘氏		孟炜		《明英宗实录》163卷
	李氏		孟爌		《明英宗实录》118卷
	华氏		孟灿		《明英宗实录》260卷
庄王 孟烷	邓氏	洪熙元年 (1425)	无出	正统七年 (1442)	《明宣宗实录》10卷 《明英宗实录》90卷
	诸氏		季坦		《明英宗实录》102卷
	邬氏	正统十年 (1445)	季埱		《明英宗实录》126卷
	李氏		季㙓 季㙔		《明英宗实录》195卷

续表

藩王名称	妃子姓氏	册封时间	生子名字	逝年	资料来源
宪王季堄	傅氏	正统三年（1438）	无出	成化二十二年（1486）	《明英宗实录》43卷《明宪宗实录》280卷
康王季堄	谢氏	正统元年（1436）	无出		《明英宗实录》19卷
	杨氏	正统九年（1444）	无出	正统九年（1444）	《明英宗实录》115卷《明英宗实录》118卷
	杜氏	正统十四年（1449）	无出	成化十八年（1482）	《明英宗实录》178卷《明宪宗实录》231卷
靖王均鈋	周氏	成化二年（1466）	荣滅		《明武宗实录》65卷：均鈋为东安恭定王季塛长子，母邢氏。
端王荣滅	周氏	正德十一年（1516）	无出		《明武宗实录》142卷
	田氏（夫人）		显榕显樟显槐		《明世宗实录》4卷未显姓氏 廖道南楚端王叙赞《楚纪》P85
愍王显榕	吴氏	嘉靖三十四年（1555）			嘉靖三十八年（1559）封太妃。《明世宗实录》478卷
	王氏	嘉靖三十八年（1559）封次妃	英燧		《明世宗实录》478卷
恭王英燧	李氏	嘉靖三十四年（1555）			《明世宗实录》421卷
	张氏	嘉靖四十四年（1565）			《明世宗实录》551卷

续表

藩王名称	妃子姓氏	册封时间	生子名字	逝年	资料来源
楚王华奎	贺氏	万历十四年（1586）			《明神宗实录》173卷
	张氏			崇祯五年（1632）	武汉龙泉山出土"楚藩八代国君继妃张氏墓志"无册封年代。

说明：

1. 巴陵王孟熄、永安王孟炯、景陵王孟炤、岳阳王孟爆、江夏王孟炬等五人生母，《明实录》未见记载。

2. 楚昭王朱桢夫人程氏，1981年，武汉市江夏区文物部门在楚昭王朱桢茔园外西侧抢救性发掘程氏夫人墓，《明实录》未见记载。

3. 楚王华奎出身成为谜案，无法标注相关信息。

二、明楚郡王妃册封记录列表

《明实录》中有部分楚藩郡王元妃（继妃）册封记录。详见表 8-2《明楚郡王妃册封记录列表》。

表 8-2　明楚郡王妃册封记录列表

郡王名称	王妃姓氏	册封时间	资料来源
武陵王季堄	傅氏	正统元年（1436）	《明英宗实录》19卷
黔阳王季埱	谢氏	正统元年（1436）	《明英宗实录》19卷
东安王季㙻	王氏	正统元年（1436）	《明英宗实录》19卷
岳阳王季境	蔡氏	正统元年（1436）	《明英宗实录》19卷
东安王季堞	王氏	正统九年（1444）	《明英宗实录》115卷
通山王季垟	周氏	正统十二年（1447）	《明英宗实录》157卷
大冶王季壦	翟氏	正统十三年（1448）	《明英宗实录》162卷
崇阳王季堞	成氏	景泰二年（1451）	《明英宗实录》202卷

续表

郡王名称	王妃姓氏	册封时间		资料来源
寿昌王季圩	李氏	景泰五年（1454）		《明英宗实录》246卷
通城王季墥	刘氏	天顺元年（1457）		《明英宗实录》277卷
崇阳王季堞	李氏	天顺三年（1459）		《明英宗实录》305卷
东安王均铈	徐氏	成化二年（1466）		《明宪宗实录》35卷
永安王荣澹	孙氏	成化八年（1472）		《明宪宗实录》103卷
江夏王均鈲	张氏	成化二十三年（1487）		《明宪宗实录》291卷
崇阳王钧镦	李氏	正德二年（1507）		《明武宗实录》32卷
缙云王荣淋	郭氏	正德八年（1513）		《明武宗实录》99卷
崇阳王显休	田氏	嘉靖八年（1529）		《明世宗实录》106卷
通山王英炊	王氏	嘉靖二十一年（1542）		《明世宗实录》269卷
江夏王显桔	郭氏	嘉靖二十六年（1547）		《明世宗实录》331卷
武冈王显槐	吴氏	嘉靖二十六年（1547）		《明世宗实录》331卷
东安王显梡	仲氏	隆庆元年（1567）		《明穆宗实录》7卷
永安王华㼑	陈氏	万历三年（1575）		《明神宗实录》37卷
通山王盛溁	彭氏	万历三十一年（1603）		《明神宗实录》384卷
东安王英燧	程氏	万历三十一年（1603）		《明神宗实录》384卷
通城王盛浮	傅氏	万历三十三年（1605）		《明神宗实录》408卷
武冈王华增	梅氏	万历三十八年（1610）		《明神宗实录》470卷
汉阳王蕴䥶	景氏	万历三十九年（1611）		《明神宗实录》482卷

说明：

1. 《明楚郡王妃册封记录列表》资料来源：《明实录》等文献。

2. 《明实录》未记载首代楚王朱桢十子的郡王妃子姓氏，不明原因。目前仅知两个第一代郡王姓氏。一个是在江夏流芳四股山出土的楚昭王庶六子朱孟爌妃子圹志，上书"通山王妃程氏"圹志，得知首代通山王妃姓程；另一个是在江夏二妃山楚昭王庶八子景陵王朱孟炤夫妻墓中出土的王妃封册，由其得知王妃姓贲，于永乐九年（1411）封为景陵王妃。

三、明楚府将军中尉赐名封爵记录

在《明实录》中有五种情形：一是少数宗室既有赐名记录，又有封爵记录。二是按明例制，宗室男性 5 岁赐名，赐名前仅有乳名。幼儿如果无亡故或上辈无重大过错，一般到 15 岁按例封爵。三是不管有无赐名封爵记录，均有选婚记录。四是夫人去世，却显示某将军或中尉封爵。五是前无赐名和封爵记录，而其人在某一事件中出现。因而此列表仅能反映楚府将军、中尉的赐名及封爵的部分情况。

表 8-3 《明实录》所见楚府将军中尉赐名封爵列表

时间	册封记录	资料来源
宣德二年（1427）	崇阳、永安、通山、通城等王诸子，俱授镇国将军。季堞季均、季填、季塾、季垟（袭封通山王）季塗、季堂(后晋封通城王)	《明宣宗实录》30 卷
宣德三年（1428）	永安王庶长子封季埒镇国将军	《明宣宗实录》41 卷
宣德七年（1432）	岳阳悼惠王孟爡次子季墀，永安王孟炯第三子季瓛，俱封镇国将军。	《明宣宗实录》89 卷
	崇阳王孟炜第四子季坩，岳阳王孟爡第三子季坡，俱封镇国将军。	《明宣宗实录》97 卷
宣德七年（1432）		《明宣宗实录》97 卷
宣德八年（1433）		《明宣宗实录》106 卷
正统元年（1436）	赐楚王孟烷庶第二子名曰季城，第三子曰季㙮，永安懿简王第四子名曰季城。	《明英宗实录》18 卷
	选陈氏为镇国将军季城夫人。选徐氏为镇国将军季坻夫人。	《明英宗实录》19 卷

续表

时间	册封记录	资料来源
正统二年 （1437）	镇国将军季塾夫人茆氏逝。当年袭永安王。	《明英宗实录》26 卷
正统六年 （1441）	崇阳王孟炜嫡次子季土贞封镇国将军。	《明英宗实录》38 卷
正统九年 （1444）	通山王嫡长孙均镰封辅国将军。	《明英宗实录》115 卷
正统十一年 （1446）	崇阳王长子均鉭封镇国将军。	《明英宗实录》141 卷
正统十二年 （1447）	永安王嫡二子均铦封镇国将军， 镇国将军季堂嫡长子均锷第二子均钃（后因子继袭通城王，追封为王），镇国将军季塗嫡长子均钿，俱封辅国将军。	《明英宗实录》151 卷
景泰二年 （1451）	永安王季塾庶四子均镠封镇国将军， 镇国将军季坻嫡长子曰均镉， 镇国将军季堂庶三子曰均釪， 镇国将军季塗第二子曰均铜，俱封辅国将军。	《明英宗实录》207 卷
景泰五年 （1454）	镇国将军季墅妻陈氏，镇国将军季塽妻潘氏， 镇国将军季坼妻陈氏， 镇国将军均镦（后袭崇阳王）妻李氏， 辅国将军均镧妻陈氏，俱封夫人。	《明英宗实录》240 卷
景泰七年 （1456）	封江夏王庶长子镇国将军季墅冻氏为夫人	《明英宗实录》267 卷
	赐名：永安王第五子名曰均锚， 崇阳庄僖王第二子名曰均銥， 永安镇国将军季城第二子名曰均鏣。	《明英宗实录》267 卷

续表

时间	册封记录	资料来源
天顺元年 （1457）	镇国将军季墀嫡长子均锽封辅国将军	《明英宗实录》277 卷
天顺三年 （1459）	陈氏封镇国将军季圾夫人。	《明英宗实录》302 卷
天顺三年 （1459）	赐名：崇阳庄僖王第三子名曰均镀。	《明英宗实录》303 卷
天顺四年 （1460）	赐名：东安王庶长子名曰均鉫、第二子曰均铈。	《明英宗实录》316 卷
天顺四年 （1460）	赐名：镇国将军季城嫡三子名曰均鉴、庶四子曰均錯，嫡五子曰均鎣，辅国将军均鉅嫡长子曰荣涟，永安王季塾子均镙嫡长子曰荣澹，通城王子均镾嫡长子曰荣渡。	《明英宗实录》322 卷
天顺五年 （1461）	辅国将军均镒刘氏，辅国将军均鐥石氏，辅国将军均金虒梁氏，俱封夫人。	《明英宗实录》326 卷
天顺七年 （1463）	赐名：镇国将军季墋嫡长子名曰均锶，辅国将军均铜嫡长子名曰荣津。	《明英宗实录》356 卷
天顺八年 （1464）	赐名：镇国将军季墋第二子名曰均钵、三子名曰均镈，镇国将军季垾长子名曰均鏲，辅国将军均鉅次子名曰荣瀍。	《明宪宗实录》卷之六
成化元年 （1465）	寿昌王长子名曰均铁。	《明宪宗实录》17 卷
成化三年 （1467）	崇阳王均镦子名曰荣沚。	《明宪宗实录》43 卷

续表

时间	册封记录	资料来源
成化五年 （1469）	楚王均鈋奏：东安王均铈欺侮幼弟镇国将军均鋼。	《明宪宗实录》67 卷
成化十二年 （1476）	赐故镇国将军均锚夫人王氏岁食米。	《明宪宗实录》155 卷
成化十二年 （1476）	赐楚府通山王荣濠第二子名曰显楮。	《明宪宗实录》158 卷
成化十三年 （1477）	赐名：镇国将军季埒第五子名曰均鈤， 奉国将军荣瀇嫡长子名曰显梭。	《明宪宗实录》170 卷
成化十八年 （1482）	崇阳王均镦第二子名曰荣泙， 永安王荣澹嫡长子名曰显梧。	《明宪宗实录》228 卷
成化十九年 （1483）	赐名：辅国将军均镧庶二子名曰荣濞。	《明宪宗实录》236 卷
	给楚府故奉国将军荣津妻沈氏岁食米。	《明宪宗实录》244 卷
	赐名：镇国将军季坺庶长子名曰均鍒， 辅国将军均钧第五子名曰荣淌，第六子名曰荣潚， 奉国将军荣昌嫡长子名曰显樾，第二子名曰显栐。	《明宪宗实录》245 卷
成化二十一年 （1485）	楚府崇阳王均镦第三子名曰荣㳇。	《明宪宗实录》265 卷
成化二十三年 （1487）	赐名：镇国将军均鉊嫡四子名曰荣涎。	《明孝宗实录》3 卷
	赐名：奉国将军荣沘嫡二子曰显枢。	《明孝宗实录》5 卷
弘治元年 （1488）	镇国将军均键并夫人诰命冠服。	《明孝宗实录》9 卷
	镇国将军季埱嫡五子均鬩封辅国将军。	《明孝宗实录》15 卷
	赐名：辅国将军均鍺庶三子名曰荣池， 辅国将军均鬩庶长子曰荣沧、庶二子曰荣瀟。	明孝宗实录》15 卷
	赐名：辅国将军荣泘嫡长子名曰显桦。	《明孝宗实录》17 卷
	故辅国将军均铬，多支禄米免还官。	《明孝宗实录》19 卷

时间	册封记录	资料来源
弘治二年 （1489）	显樾封镇国中尉。 显椫、荣潹封奉国将军， 赐名：奉国将军荣湢嫡三子曰显柚。	《明孝宗实录》24 卷
	显橿封镇国中尉，显桦封奉国将军。	《明孝宗实录》28 卷
	赐名：镇国将军季坂庶二子曰均鋋。	《明孝宗实录》28 卷
	崇阳王均镦庶第四子荣漆。	《明孝宗实录》32 卷
	赐名：奉国将军荣苫嫡长子曰显橄。	《明孝宗实录》33 卷
弘治三年 （1490）	赐名：奉国将军荣淙长子名曰显梼。	《明孝宗实录》35 卷
	赐名：镇国将军均锏嫡长子名曰荣洽、第二子曰荣溚。	《明孝宗实录》36 卷
	荣淌封奉国将军，	《明孝宗实录》38 卷
	显木封镇国中尉，	《明孝宗实录》39 卷
	赐名：奉国将军荣瀼嫡长子曰显槭、第二子曰显榴，奉国将军荣汧嫡第二子曰显樆。	《明孝宗实录》40 卷
	赐名：辅国将军均锶庶三子名曰荣溅。	《明孝宗实录》43 卷
	赐名：辅国将军均铎庶长子曰荣涛，辅国将军均锱嫡长子曰荣淌。	《明孝宗实录》44 卷
	显档封镇国中尉， 赐名：镇国将军均钬嫡二子曰荣濚。	《明孝宗实录》45 卷
弘治四年 （1491）	赐名：奉国将军荣淙庶二子曰显樭，庶三子曰显櫃， 赐名：奉国将军荣瀇嫡四子曰显枥，庶五子曰显栖。	《明孝宗实录》47 卷
	赐名：镇国将军均锏嫡三子曰荣涧，庶四子曰荣游。	《明孝宗实录》48 卷

续表

时间	册封记录	资料来源
弘治四年 （1491）	赐名：辅国将军均铧嫡二子曰荣滋， 奉国将军荣沾庶长子曰显椿， 奉国将军荣涟庶四子曰显穗、庶五子曰显 椐， 奉国将军荣泷嫡三子曰显棋， 奉国将军荣沘嫡三子曰显械。	《明孝宗实录》53 卷
	寿昌王庶第四子名曰均钧	《明孝宗实录》55 卷
弘治五年 （1492）	赐名：辅国将军荣溃庶长子名曰显楠	《明孝宗实录》60 卷
	赐名：奉国将军荣沘嫡四子曰显樋。	《明孝宗实录》61 卷
	荣涪封奉国将军	《明孝宗实录》62 卷
	赐名：辅国将军均铧第三子曰荣江， 辅国将军均钿长子曰荣浩。	《明孝宗实录》64 卷
	荣溹封镇国将军， 荣泫封奉国将军， 显横封镇国中尉。	《明孝宗实录》65 卷
	赐名：江夏王均鍬庶长子名曰荣濆，庶二 子曰荣漠。	
	赐名：辅国将军均锽庶七子曰荣沇，	《明孝宗实录》67 卷
	赐名：奉国将军荣瀼嫡三子曰显樵。	《明孝宗实录》68 卷
	荣冲封奉国将军，	《明孝宗实录》70 卷
弘治六年 （1493）	赐名：奉国将军荣浧第四子曰显桃。	《明孝宗实录》72 卷
	辅国将军均锴庶第四子名曰荣潭。	《明孝宗实录》73 卷
	赐名：辅国将军均铜庶五子名曰荣濱，庶 六子曰荣遂。	《明孝宗实录》76 卷
	荣潴封奉国将军。	《明孝宗实录》77 卷
	赐名：通山王庶五子名曰显槎、第六子曰 显科。	《明孝宗实录》80 卷

续表

时间	册封记录	资料来源
弘治六年 （1493）	赐名：辅国将军均镉庶七子曰荣渠，庶八子曰荣澤。	《明孝宗实录》81 卷
	显橵封镇国中尉。	《明孝宗实录》83 卷
	江夏王庶第三子名曰荣洎。	《明孝宗实录》85 卷
弘治七年 （1494）	赐名：镇国将军均链庶长子荣渌	《明孝宗实录》86 卷
	赐名：通山王庶七子名曰显橡， 辅国将军荣沁嫡长子曰显楽， 奉国将军荣涟庶六子曰显㮫。	《明孝宗实录》87 卷
	赐名：辅国将军均钵庶长子名曰荣漪，庶二子名曰荣酒。	《明孝宗实录》91 卷
	赐名：镇国将军荣泊长子曰显樱， 奉国将军荣浽长子曰显櫃、第二子曰显楂、第三子曰显樿。	《明孝宗实录》95 卷
弘治八年 （1495）	荣汝、均鏬、荣洽、荣溘封辅国将军，荣涞封奉国将军，显栯封镇国中尉。	《明孝宗实录》105 卷
弘治九年 （1496）	赐名：辅国将军均鉴庶二子曰荣潣， 辅国将军均塈庶三子曰荣淰、庶四子曰荣涎， 辅国将军均锱嫡二子曰荣溰， 辅国将军均镔嫡长子曰荣浣、嫡二子曰荣涤， 奉国将军荣澫庶六子曰显菜。	《明孝宗实录》108 卷
弘治十年 （1497）	已故辅国将军荣沁，支过禄米免还官。	《明孝宗实录》121 卷
	荣沦、荣瀗、荣溅封奉国将军。	《明孝宗实录》124 卷
	赐名：楚府永安王庶二子曰显櫹， 辅国将军荣淙庶长子曰显楢， 辅国将军荣濴嫡三子曰显橄。	《明孝宗实录》128 卷
	给故镇国中尉显榵恭人养赡米。	《明孝宗实录》131 卷

续表

时间	册封记录	资料来源
弘治十一年（1498）	镇国将军显槎、季塗，辅国将军荣淙，支过禄米免还官。	《明孝宗实录》133卷
	显橄、显柚封镇国中尉，荣灜、荣瀰、显桦封奉国将军。	《明孝宗实录》142卷
	荣涎封辅国将军。	《明孝宗实录》144卷
弘治十二年（1499）	显樀封奉国将军，显橺、显秘、显楮？封镇国中尉。	《明孝宗实录》153卷
弘治十三年（1500）	荣漆封镇国将军，荣渠、荣澤、荣涛、荣湍、荣漲封奉国将军，显樻、显榴、显樵封镇国中尉。	《明孝宗实录》164卷
弘治十四年（1501）	荣漠封镇国将军，荣濵、荣遂封奉国将军，显樻、显槭封镇国中尉。	《明孝宗实录》176卷
	已故辅国将军均鈺、奉国将军荣滁，支过禄米免还官。	《明孝宗实录》181卷
弘治十五年（1502）	江夏王庶第六子曰荣涵、庶第七子曰荣沧、庶第八子曰荣浚。 镇国将军均链庶第二子曰荣溥、庶第四子曰荣灝， 辅国将军均锡第二子曰荣泄， 辅国将军均鋑嫡长子曰荣溺， 辅国将军均钵庶第三子曰荣漱， 辅国将军均锶庶第四子曰荣沴， 辅国将军均锋庶长子曰荣流， 辅国将军均镥嫡长子曰荣浣， 辅国将军荣濮嫡长子曰显燉， 辅国将军均铜庶第七子曰荣漳、庶第八子曰荣沿，	《明孝宗实录》183卷

续表

时间	册封记录	资料来源
弘治十五年（1502）	奉国将军荣瀼嫡第五子曰显榴，嫡第六子曰显桦， 奉国将军荣淙庶第六子曰显檍、庶第七子曰显楒、庶第八子曰显樕、嫡第九子显榰、庶第十子曰显椆， 奉国将军荣瀨庶第七子曰显格； 镇国中尉显榎嫡长子曰英炳。	《明孝宗实录》183卷
	已故辅国将军均金支过禄米免还官。	《明孝宗实录》184卷
	已故辅国将军均銄支过禄未免还官。	《明孝宗实录》189卷
	辅国将军均錯逝。	《明孝宗实录》192卷
弘治十六年（1503）	已故寿昌王季圩、奉国将军荣涟，支过禄米免还官。	《明孝宗实录》195卷
	赐名：奉国将军荣淌嫡长子名曰显梃，荣沾庶二子曰显檀。	《明孝宗实录》196卷
	赐名：辅国将军均镭嫡二子曰荣渭。	《明孝宗实录》201卷
弘治十七年（1504）	赐名：通城王庶五子曰显椕， 通城王长子显柜嫡二子曰英焴， 镇国将军均鍋庶五子曰荣渧， 辅国将军均金宝嫡三子曰荣渔、嫡四子曰荣泜， 辅国将军荣洺庶三子曰显桍， 奉国将军荣渚庶三子曰显樭， 奉国将军荣涵庶二子曰显杊， 奉国将军荣渤嫡二子曰显械， 镇国中尉显木嫡二子曰英�， 镇国中尉显榎嫡二子曰英火。	《明孝宗实录》214卷

时间	册封记录	资料来源
弘治十八年 （1505）	赐名：通山王庶八子曰显椖， 通城王庶六子曰显桃、庶七子曰显枛， 镇国将军均链庶五子曰荣泺， 镇国将军均键庶二子曰荣灐， 镇国将军均铧嫡长子曰荣沂、嫡二子曰荣坼， 镇国将军显楮嫡长子曰英燔、庶三子曰英沸， 镇国将军显柊嫡二子曰英炫、嫡三子曰英煤， 辅国将军均鑐嫡三子曰荣湘， 辅国将军均金事庶二子曰荣泜， 辅国将军均钷嫡二子曰荣湲， 辅国将军均镏第三子曰荣沃、嫡四子曰荣渣， 辅国将军均锋庶三子曰荣況， 辅国将军荣㳻嫡四子曰显橦、嫡五子曰显椾、第六子曰显榰， 奉国将军荣涟庶七子曰显枇， 辅国将军荣泷嫡四子曰显椤、嫡五子曰显棍， 辅国将军荣濠嫡长子曰显樟 显木革嫡长子曰英犒， 辅国将军显樟嫡长子曰英烁， 镇国中尉显栻嫡二子曰英火即、嫡三子曰英烇， 镇国中尉显档嫡长子曰英煏。	《明孝宗实录》221 卷

续表

时间	册封记录	资料来源
正德元年 （1506）	故辅国将军荣濈，贷银修居余额免还。	《明武宗实录》14 卷
正德三年 （1508）	奉国将军荣溥所支禄米不许乞免还官。	《明武宗实录》42 卷
正德八年 （1513）	给楚府故辅国将军荣涎夫人上氏养赡米。	《明武宗实录》103 卷
嘉靖二年 （1523）	奉国将军显棨越关上奏。	《明世宗实录》26 卷
嘉靖二十一年 （1542）	册封：镇国将军英炊为通山王。	《明世宗实录》269 卷
嘉靖二十五年 （1546）	武昌卫军余刘贵诈骗事件中，将军中尉荣 潽、英州、英熛、英炓、英烃、显椐、英爙 等。未见册封时间爵级。嘉靖三十四年革 辅国将军英爙为庶人。	《明世宗实录》313 卷
嘉靖二十八年 （1549）	崇阳王显休犯罪事件中，出现奉国将军显 栲，奉国将军荣湑，镇国中尉显榉、显槀， 未见册封时间。	《明世宗实录》347 卷
嘉靖三十年 （1551）	降封故崇阳王显休子英煡为镇国将军。	《明世宗实录》373 卷
隆庆三年 （1569）	奉国将军荣涯受罚。未见其册封记录。	《明穆宗实录》28 卷
隆庆三年 （1569）	诏给奉国将军英炯妻，奉国将军荣谋妻养 赡米。未见其册封时间。	《明穆宗实录》34 卷
万历元年 （1573）	奉国将军华㙷坐罪，其兄华堉（当是奉国将 军）罚住禄米。未见册封时间。	《明神宗实录》12 卷

续表

时间	册封记录	资料来源
万历十三年 （1585）	革辅国中尉英炑为庶人。	《明神宗实录》165 卷
万历二十四年 （1596）	旌奉国将军华堠孝行。	《明神宗实录》297 卷
万历三十一年 （1603）	楚王华奎奏陈崇阳王府中尉华越四罪。	《明神宗实录》383 卷
万历四十一年 （1613）	命镇国中尉英燦为楚府宗副。	《明神宗实录》509 卷

四、明楚郡县主君与仪宾册封列表

明代楚藩郡县主君与仪宾册封记录，多见于《明实录》。其他文献也有零星记载。详见表 8-4《明代楚藩郡县主君与仪宾册封列表》。

表 8-4 郡县主君与仪宾册封列表

年代	适配仪宾记载及出处	资料采源
洪武年	楚昭王朱桢长女华容郡主配仪宾马注。	朱季堄《楚昭王神道碑》
	楚昭王朱桢第二女沅江郡主，第三女临湘郡主，第五女云梦郡主，均先卒。	朱季堄《楚昭王神道碑》
永乐五年 （1407）	封楚昭王朱桢第六女为安乡郡主配魏宁，命魏宁为中泰大夫、宗人府仪宾。永乐九年（1411），安乡郡主薨。	《明太宗实录》65 卷 《明太宗实录》116 卷
永乐八年 （1410）	封楚昭王朱桢第七女为澧阳郡主，配张鉴。授张鉴中奉大夫、宗人府仪宾。永乐九年（1411），澧阳郡主薨。	《明太宗实录》108 卷 《明太宗实录》122 卷

续表

年代	适配仪宾记载及出处	资料来源
永乐十三年 （1415）	封楚昭王朱桢第八女为兴宁郡主，命葛隆为中奉大夫、宗人府仪宾。永乐二十一年（1423）兴宁郡主薨丧。正统十一年（1446），葛隆被治罪。	《明太宗实录》262卷 《明英宗实录》142卷
永乐十三年 （1415）	封楚昭王第九女为祁阳郡主，命李澄为中奉大夫、宗人府仪宾。	《明太宗实录》162卷
宣德三年 （1428）	封楚王孟烷长女为新化郡主，配刘献，命献为仪宾。	《明宣宗实录》40卷
	通城王孟灿第二女罗田县主，配宁远卫指挥郭瑛之子郭成。	《明宣宗实录》41卷
宣德六年 （1431）	楚昭王朱桢第四女清湘郡主仪宾耿琇卒。	《明宣宗实录》79卷
宣德七年 （1432）	清湘郡主薨。	《明宣宗实录》95卷
正统元年 （1436）	封庄王孟烷第三女为湘乡郡主，配王谦。正统十四年（1439），湘乡郡主卒。	《明英宗实录》19卷 《明英宗实录》183卷
	封永安懿简王庶长女为公安县主，配仪宾陈衍；封崇阳王孟炜庶长女为善化县主，配仪宾彭福；封通山王孟爌庶第二女为桃源县主，配仪宾张琳。	《明英宗实录》19卷
正统二年 （1437）	封宜章县主，配仪宾姜敏。	《明英宗实录》37卷
正统六年 （1441）	封通城王孟灿第三女为慈利县主，配仪宾章锐；封江夏王孟炬嫡长女为蒲圻县主，配贺诚； 嫡次女为辰溪县主配杨誉。	《明英宗实录》79卷
景泰元年 （1450）	楚府嘉鱼县主配仪宾王正。	《明英宗实录》193卷

年代	适配仪宾记载及出处	资料来源
景泰二年 （1451）	封镇国将军季填庶长女茶陵郡君，配仪宾倪敏；封黄冈县主，配仪宾徐庆； 封零陵县主，配仪宾戴瑾； 封汉川郡君，配仪宾方规。	《明英宗实录》207 卷
景泰五年 （1454）	封镇国将军季堂嫡长女为会同郡君，配仪宾熊宁。	《明英宗实录》237 卷
景泰六年 （1455）	封婺州郡君，配仪宾陈瑛。	《明英宗实录》254 卷
天顺三年 （1459）	封南渭郡君，配仪宾孙泰。	《明英宗实录》302 卷
天顺四年 （1460）	庸城县主，配仪宾彭观。	《明英宗实录》315 卷
天顺五年 （1461）	封广济县主，配仪宾张文英； 封永明郡君，配仪宾张鑨； 封汉阳郡君，配仪宾赵京。	《明英宗实录》328 卷
弘治元年 （1488）	封沔池县主，配仪宾杜春。	《明孝宗实录》15 卷
	封安属乡君，配仪宾王份； 封长葛县君，配仪宾蒋宁； 封荥阳？（崇阳）县君，配仪宾陈锦。	《明孝宗实录》20 卷
弘治三年 （1490）	封宁海郡君，配仪宾彭爵。	《明孝宗实录》42 卷
弘治五年 （1492）	封原陵县主，配仪宾赵弼。	《明孝宗实录》65 卷
	赐沈宝尚楚靖王之女中牟郡主。 《明世宗实录》234 卷：嘉靖十九年（1540），沈宝黜为庶民。	《明孝宗实录》70 卷
弘治六年 （1493）	封沿山县君，配仪宾钟镇； 封南部县君，配仪宾陈璋。	《明孝宗实录》83 卷

续表

年代	适配仪宾记载及出处	资料来源
弘治七年 （1494）	封浦江郡君，配仪宾陈籥。	《明孝宗实录》90 卷
弘治八年 （1495）	封武隆郡君，配仪宾李彦哲； 封营经县主，配仪宾张桓。	《明孝宗实录》105 卷
弘治十年 （1497）	封武陵县君，配仪宾任绣。	《明孝宗实录》124 卷
弘治十一年 （1498）	封金坛郡主，配仪宾王锦； 封宜黄县君，配仪宾罗瑞元； 封宜春乡君，配仪宾冯经。	《明孝宗实录》142 卷
弘治十二年 （1499）	封灵宝郡君，配仪宾沈廷鸾； 封信宜郡君，配仪宾上聪。	《明孝宗实录》153 卷
弘治十三年 （1500）	封醴陵县主，配仪宾罗大伦； 封青田县君，配仪宾赵恭； 封桐乡县君，配仪宾董文焕。	《明孝宗实录》164 卷
弘治十四年 （1501）	封南漳郡君，配仪宾邢义； 封应城县君，配仪宾李杰； 封苍溪县君，配仪宾宋涝； 封鄢陵县君，配仪宾刘寿； 封崇仁乡君，配仪宾张镛； 封建昌乡君，配仪宾李大凤； 封都昌乡君，配仪宾尹翱； 封虞城县主，配仪宾喻从仁； 封洛安郡君，配仪宾刘源； 封桂阳郡君，配仪宾李志杰。	《明孝宗实录》176 卷

续表

年代	适配仪宾记载及出处	资料来源
弘治十六年（1503）	封兴业郡君，配仪宾刘炜	《明孝宗实录》199 卷
	封蕲水县主，配仪宾王璘； 封太宁郡君，配仪宾周忠； 封归化县君，配仪宾窨纶； 封乐安县君，配仪宾谢恩； 封泰和县君，配仪宾陈铉； 封巴东县君，配仪宾雷鼎； 封京山县君，配仪宾吴鸣凤； 封伏化县君，配仪宾胡澍。	《明孝宗实录》216 卷
弘治中期到明末，《明实录》不再载录各藩宗室儿子赐名、册封，女儿择配、仪宾信息，只能从其他史料找到零星记载。		
	端王一女封郧城郡主	崔桐撰《楚端王神道碑》
崇祯十六年（1643）	楚王朱华奎之女凤德郡主，配汉阳生员王国梓。	王国梓《一梦缘》

由表 8-4 可知：

（1）《明实录》关于王府女儿册封记录总量相当有限。

（2）随着王府宗室人口锐增，册封量逐年增加，弘治年后《明实录》不再载入。

（3）以后的只是通过相关事件方知其封号。如成化十七年（1481），楚府仪宾徐庆、江忠、唐辅、熊宁、高本清、徐征庆、李辅、管疆、唐俊、范杰、葛文、滕纪、赵伦、熊松、蒋锐，正旦节不习仪，为巡按御史劾奏。①

----

① （明）刘吉等修.《明宪宗实录》[M].成化十七年五月乙酉卷二十五."国立"北平图书馆红格抄本影印版.台北："中央研究院"历史语言研究所，1962：3734.

郡县主君与仪宾的住所有些零星记载。如中牟郡主与仪宾沈宝住宅在武昌城之东空旷处。明湖广湖广都御史秦金《安楚录》显示："今春仪宾沈宝府内被贼劫害，缘其第宅在大城之东空旷去处。"①王国梓《一梦缘》谓："华奎之女朱凤德郡主所居毓凤宫，在楚王宫之内。"由此可以推测，楚藩郡县主君与仪宾住处大多在武昌古城内，其住宅大致围绕楚王宫向外区域扩展。

五、正统至成化年准赐楚藩宗室禄米列表

正统以后，宗室禄米问题日渐明显，且愈演愈烈。楚王为了鳏寡孤独的宗室生存，奏请赐予禄米。现将正统至成化年准赐楚藩宗室禄米列表如下(表 8-5)。可以从中看到很多规律性变化。一是总体趋势是递减。二是爵位等级高的宗室明显偏高。三是嘉靖以后，宗禄政策变化，皇帝准赐禄米的情形并不多见。

表 8-5　正统至成化年准赐楚藩宗室禄米列表

时间	楚王奏请	皇帝准赐禄米
正统二年(1437)十二月	黔阳王季埱，东安王季堜	2000 石/年
	永安懿简孟炯王妃未封，家眷众多	500 石/年
正统四年(1439)五月	镇国将军季城岁禄米钞兼支	1000 石/年
	镇国将军季塛夫人杨氏	200 石/年
正统五年(1440)十二月	寿昌王季埩子女 4 人未封	500 石/年
正统七年(1442)九月	镇国将军季坩妻女	120 石/年
正统十年(1445)二月	通山王孟爚 3 女未封	100 石/年
正统十二年(1447)十月	景陵王孟炤宫眷 28 人	10 石/月
正统十三年(1448)七月	崇阳王孟炜长子季堞未封	500 石/年
	镇国将军季墀夫人	300 石/年

① (明)秦金. 安楚录[M]. 万历四年秦氏刻本浙江汪启淑家藏本. 卷二页二十八.

续表

时间	楚王奏请	皇帝准赐禄米
景泰元年(1450)四月	镇国将军季坻宫眷	200 石/年
景泰二年(1451)二月	大冶王季堨遗妃及宫眷	200 石/年
景泰二年(1451)三月	镇国将军季坡病所遗夫人子女	200 石/年
景泰二年(1451)十二月	季塈、季坲、镇国将军均铦宫眷	200 石/年
景泰七年(1456)十二月	镇国将军均钿家眷	200 石/年
天顺六年(1462)四月	镇国将军均镠所遗夫人、嫡子 2 人	50 石/年
天顺七年(1463)九月	岳阳恭僖王季堷妃、姜	300 石/年
成化元年(1465)七月	楚康王妃杜氏、宪王妃傅氏	300 石/年
成化三年(1467)六月	辅国将军均鍏夫人并幼子	250 石/年
成化四年(1468)十月	辅国将军均镒夫人及幼子	200 石/年
成化五年(1469)三月	辅国将军均镒、均鍏所支禄米，免还	
成化六年(1470)十一月	通山王季垟宫眷数多，续支禄米	
成化七年(1471)四月	镇国将军季墢侍姜子女	200 石/年
成化八年(1472)六月	季墢已支 730 余石，免还官	
成化九年(1473)十一月	季墢之姜及子女 3 人	200 石/年
	镇国将军季墢姜潘氏	100 石/年
成化十年(1474)八月	辅国将军均鑐并夫人宫眷	100 石/年
成化十一年(1475)四月	江夏康靖王宫眷	60 石/年
成化十一年(1475)五月	辅国将军均钿夫人	50 石/年
成化十二年(1476)七月	镇国将军均镭夫人	30 石/年
成化十三年(1477)六月	镇国将军季瓛家眷张氏	100 石/年
成化十九年(1483)六月	楚康王季垠宫眷	30 石/年
成化十九年(1483)九月	奉国将军荣津妻	30 石/年
成化二十三年(1487)六月	辅国将军均锎乞母夫人赡养米免还	
弘治元年(1488)十月	辅国将军均铬多支禄米 160 石免还	
弘治七年(1494)二月	故婺川郡君弘治四年所支禄米免还	
弘治九年(1496)五月	故镇国将军季埒所支禄米免还	

续表

时间	楚王奏请	皇帝准赐禄米
弘治十年(1497)正月	故辅国将军荣沁所支禄米免还	
	故辅国将军均裂预支禄米免还	
弘治十年(1497)十一月	故镇国中尉显樾恭人并使女	50 石/年
弘治十一年(1498)正月	镇国将军显槎、季塗,辅国将军荣淙所支禄米免还	
弘治十二年(1499)十月	镇国将军季坩夫人所支禄米免还	
弘治十四年(1501)四月	江夏安惠王所支禄米免还官	
	王妃并子女宫眷	100 石/年
弘治十四年(1501)十一月	镇国将军季域,辅国将军均鉥,奉国将军荣滁,所支禄米免还	
	镇国将军季圾夫人陈氏	50 石/年
弘治十五年(1502)二月	辅国将军均金所支禄米免还官	
弘治十六年(1503)正月	寿昌王季圩、奉国将军荣琏所支禄米免还	
正德元年(1506)六月	辅国将军荣㵰借贷官银修葺居第,抵扣禄米折还,因病故免折还。	
正德二年(1507)十一月	崇阳王钧镦妃及长子荣潨夫人	200 石/年
正德三年(1508)三月	镇国将军均镠夫人	50 石/年
正德三年(1508)九月	缙云王荣淋、奉国将军荣潭,所支禄米病故乞免还,不允。且曰:此后禄米按季关支。	
正德六年(1511)八月	特例赐给未封居丧的楚世子荣减岁米	
正德八年(1513)八月	辅国将军荣涎夫人	50 石/年
隆庆三年(1569)闰六月	奉国将军英涧淑人、荣潪淑人	50 石/年

说明:

1. 赐予鳏寡孤独或未受封爵者名为"养赡米"。

2. 同样等级的遗属赐米数量,呈递减状态,而且后来改为米钞兼支(实物与宝钞对半支付)。

第二节　楚藩宗室文艺作品迻录

一、藩王文艺作品

（一）楚昭王朱桢

嘉靖《湖广图经志书》载录楚昭王朱桢诗作 2 首，其他方志与诗词辑录未见其诗文。

1.《南征过赤壁》

赤壁横崖瞰大江，周瑜于此扼周郎。

天公已定三分势，可叹奸雄不自量。

孟德雄心实唉吴，皇天未肯遂其图。

水军八十万东下，赤壁山前一火无。

2.《赋得赤壁送人》

乌林之山上摩空，三江之波浩无穷。

峭壁空峙江流东，当来鏖战乘天风。

百万北走无曹公，鼎立已成烟焰中。

大书石上莓苔封，千年不泯周郎公。

我今送客放舟去，江山如旧怀英雄。①

（二）楚庄王朱孟烷

1.《九峰寺》

细路千回尽，高峰生叠奇。松荫深入寺，泉脉远通池。

---

① 　（明）薛纲纂．吴廷举续修．湖广图经志书（卷二）［M］．嘉靖元年刻本．北京：书目文献出版社，1991：191.

云锁禅楼室，岩镌圣制碑。来游因暇日，林下尽幽期。①

2.《九峰龙池》

山下龙湫古，来观一径赊。清应涵净界，香独泛幽花。

洗钵僧炊饭，分泉客试茶。有时出云雨，深慰老农家。②

3.《重游九峰寺》

山中兰若最深幽，最爱春晴特远游。

萝磴百层花雨过，莲峰几朵翠岚浮。

龙神祠下流泉冷，狮子岩前古木稠。

方丈高僧今不见，一灯塔影照林丘。③

4.《仙枣亭》

古亭何崔嵬，架石白云巅。仙人昔留憩，种枣丹崖前。

灵根结岩扃，崇荫翳苔轩。遗芳已千载，蓊郁犹依然。

我来值清秋，繁石如星悬。欲招安期生，海上来云耕。④

5.《孝竹祠》

青青修竹林，中有孝竹祠。泣笋□慈母，孝感曾于斯。

华扁□清荫，慈鸟集高枝。朝有叶上露，犹若泪淋漓。

一念诚在亲，安如名永垂，悠然千载下，为雨兴叹咨。⑤

6.《大别山歌》

名山钟秀自天开，岿然盘转天之隈。

---

① 清代张豫章等编纂康熙《御选明诗》(《钦定四库全书》本卷二页十四)。另，清代朱彝尊《明诗综》乾隆四十六年《四库全书》版卷二页七所载该诗："千回""因"，分别作"盘回""乘"。

② (明)薛纲纂．吴廷举续修．湖广图经志书(卷二)[M].嘉靖元年刻本．北京：书目文献出版社，1991：173.

③ (明)薛纲纂．吴廷举续修．湖广图经志书(卷二)[M].嘉靖元年刻本．北京：书目文献出版社，1991：173.

④ (明)薛纲纂．吴廷举续修．湖广图经志书(卷二)[M].嘉靖元年刻本．北京：书目文献出版社，1991：173.

⑤ (明)薛纲纂．吴廷举续修．湖广图经志书(卷二)[M].嘉靖元年刻本．北京：书目文献出版社，1991：174.

汉水西来出其下，江流东合涛声回。

江黄滔滔南国纪，万里朝宗自兹始。

秋兴亭前晚黛浓，郎官湖上朝烟紫。

紫翠虽无千万里，蜿蜒远势如游龙。

奠安永壮雄藩城，疏凿曾经神禹踪。

圣功每日遗偏见，秀色今者在郊甸。

岩柯何处柏森森，古木苍烟拥台殿。①

7.《岘山怀古》

青山宛如昔，白云与之邻。云山有集□，千载怀晋臣。

事业伟当时，游憩及芳辰。风景今不异，伊谁袭清尘。

穹碑古苔绿，荒祠宿草春。兹山未平地，名迹谅难湮。②

8.《大岳太和山》

太岳万仞摩云霄，七十二峰环相朝。

颠崖峭壁那可状，紫烟翠霭常不消。

山中宫观如云布，册榜金书知几处。

磨针石上有遗踪，寄榔岩前留古树。

盘空磴道凌崔嵬，萦回直上天门开。

羽人皆自诸方至，几客难登大顶来。

神光频向晴霄现，百遍辉煌人总见。

光山隐约望旌旛，空更分明拥台殿，

圣明尊事崇修□，□号应将泰华侔。

---

①　(明)秦聚奎总修，武汉地方志办公室整理校注．明万历汉阳府志校注[M]．武汉：武汉出版社，2007：136．参见：(清)胡凤丹著，李桂生，何诗海，杜朝晖点注．大别山志·鹦鹉洲小志[M]．武汉：湖北教育出版社，2002：81．大别山即今武汉市汉阳龟山。

②　(明)薛纲纂，吴廷举续修．湖广图经志书(卷八)[M]．嘉靖元年刻本．北京：书目文献出版社，1991：849．

山灵显感君心贶，皇图万载荷神庥。①

9.《江汉朝宗》

二水远合含冲融，滔滔赴海流相从。

岷嶓发源几万里，百折千回唯向东。

神禹当年费□□，怀襄势平南国纪。

统会群流不自盈，直注沧溟混涵重。

呜呼，我观此流流无穷，

政如梯航，万国远觐蓬莱宫。②

10.《（楚府）书堂记》（节选）

殿门之东，为书堂。堂十数楹，廪表十余丈，深二仞许，窗户虚敞，□□于壁，书柜南北庋，长幼以次列坐，并西向比上坐，皆两楹，格上集玩者：六经、诸史、文房之用，悉焉。而铜山、狮牛为贮□□之具。同学者七人，儒臣侍者数辈，一日之中，或诵或讲，或珠或作，悉有程度。早食既为晨湆，归则习字，大小行草，更迭为之。午漏下一刻，食而休焉……吾观世之显者类，不知为学以游心，经术□口鼻耳目四肢之欲，以役其心，亦独何哉？东平王苍云："为善最乐"。吾与之神交焉，文以自述。③

11.《云梦赋》

荆豫之隅，翼轸之墟，有二泽焉。广袤平远亘百弘，千江潆回以相接。山迤逦而远连，涵日浴月，出云生烟。盖自夏后氏之时，云、土梦（云梦二泽之名，笔者注，下同）作乂，于是江汉滔滔，原田每每，此则泽之梗概也。尔其澶衍，沼泽弥漫，连州接浦，高无巉岩，下不险阻，凝眸

---

① （明）薛纲纂，吴廷举续修. 湖广图经志书（卷八）[M]. 嘉靖元年刻本. 北京：书目文献出版社，1991：857. 大岳太和山，今武当山，有《大岳太和山志》。

② （明）薛纲纂，吴廷举续修. 湖广图经志书（卷一）[M]. 嘉靖元年刻本. 北京：书目文献出版社，1991：53.

③ （明）薛纲纂. 吴廷举续修. 湖广图经志书（卷一）[M]. 嘉靖元年刻本. 北京：书目文献出版社，1991：77.

顾盼于天涯，回首招摇于江浒。是以莎茵衬碧，蕙若披香。孤蒲渺渺以绵邈，荻苇萧萧而相望。并包汉沔，襟带沅湘，麕麖虎豹所憩息，凫鹥鸿雁之翱翔。至若羽毛齿革，铅锡金铁，苞匦菁茅，杶榦栝栢，厥产由于遐方，其用资于上国。而舟车所经，皆于是乎出其平坦也。可田可猎，宜豫宜游，驱驰不妨乎陇亩，下上无阻于原立，足以屯千群武骑，足以列万队貔貅。其膏腴也，丰黍余盛，桑麻广园，林丽物华，千箱为之富实，万户因之庶奢。赋增下上，敛尽宄邪樵渔，所因工商，所恃斧斤，以时罾网，攸萃取之。无禁资之不匮，非徒私利以为庸，抑以赡公家之所费尔。乃陟冈陵，瞩涯涘，荆门通衡岳峙，旷瀚海之无垠，挟梁野之如砥。我封我域，侯疆侯理。盖冠冕佩玉，以藩屏都邑。岂舆夫筚路蓝缕，以御草莽者比？于是，载眺载临，叹古今美斯泽之所富，何有夸于上林（苑）侈靡不足以伉俪，骄矜何足以讴吟。及乎核其真，纪其实，《尚书》《禹贡》之所载，《左氏春秋》之所述，不辱乌有之评。兹幸不敷陈于往昔。谇曰：大哉南荆，云梦是并，山横衡镇，流合巴陵，荣封上国，藩屏神京。此皆帝德广连运，而皇风遐披，是以得涵濡恩泽，而永乐承平也。①

12.《书〈说苑〉后》

君子之著述，非徒言也。盖皆本于忧世救俗之心，不得已而终言耳。

孔子大圣也，生于周末；孟子大贤也，生于战国。悯世衰乐坏，时厄陈蔡，龃龉齐梁。其忧世救俗之心，未尝暂忘。故孔子曰：如有用我者，吾为其东周乎？孟子曰：予岂好辩哉？予不得已。□是则述轮难，皆所以明天理正人心，虽当时弗用弗行，而其□□□天下，后世岂泯哉？予读《说苑》，其比引事连类，谆谆数千。未尽合乎圣贤立言之纯正，而其心则圣贤之心也。夫向以宗室元老，仕元、成、哀、平四朝，居列大夫。值汉中微，王氏擅国，忠诚恳发于中心，因历述前世盛衰之因，兴亡之应。万一成帝觉悟，收揽威权，则必无异日。新莽之祸，此（刘）向作书之本旨，

① （明）薛纲纂．吴廷举续修．湖广图经志书[M]．嘉靖元年刻本卷五．北京：书目文献出版社，1991：444．

惜其言之不售也。悲夫，虽然，向之言虽不售于一时，而其书传诸后世，又可得而泯乎？史称其有补于治道，信斯言也。传曰：仁人之言，其利溥哉？此之谓矣。三复敛衽，书之卷末。①

（《说苑》又名《新苑》，汉刘向编纂，楚藩刊刻前，此为朱孟烷题跋。——笔者注）

13.《仰山庙记》

鄂城（武昌旧称）东曰"洪山"，其西南不数里，有巨石下，一渠广尺许，有泉出焉，虽盛夏不涸。昔州之民，旱辄往祷雨，可立待。询诸故老，则曰：泉中有青赤二蛇，以诚至，乃出雨。甚则青者上游，少则赤者现。人欲请之他所，蜿蜒盘中，雨即至。若弗许，往则见而复潜。人或祷而请，勺水者，亦无不应。先有祠毁于兵，数十载矣。民以宫城之迩，而不敢兴。

永乐癸巳（永乐十一年1413）夏，甚暑不雨。居民卜，而问之，曰："仰山神"。为阻民以故来告，且陈其端，于是许之。命工构祠于故址，集道流醮祀之。复沉香于渠，以涤其污。呜呼，神之灵亦著矣。然昔也，功被于一方之民，久晦而复显于今，岂神之灵有通塞欤？抑亦人之诚，有至有未至欤？自兹以往，千载将不泯焉。记曰：山林、川谷、丘陵，能出云为风雨，见怪物皆曰神，诸侯在其地则祭之，是则仰山之祠，非淫祀。而重建之者，亦非过举矣。虽然，愿神之惠恒有，以福斯土之民，而吾之居斯土者，亦感神之。②

14.《赤壁辩》

"赤壁"之名尚矣，然江汉间言"赤壁"者五，谓：汉阳、汉川、黄州、嘉鱼、江夏，皆有之。但黄州之赤壁本赤鼻山，而或者以苏子瞻之赋为信，不知子瞻赋云"此非曹孟德之困于周郎者乎？"乃疑似之语，非真以为

---

① （明）薛纲纂．吴廷举续修．湖广图经志书（卷一）[M]．嘉靖元年刻本．北京：书目文献出版社，1991：77.

② （明）薛纲纂．吴廷举续修．湖广图经志书（卷二）[M]．嘉靖元年刻本．北京：书目文献出版社，1991：220.

周瑜败操之处也。方操之未下也，刘备在樊口，周瑜于此会备，进兵迎操。樊口正对黄州，何得言进言迎，况瑜言于孙权："请得精兵数万，进往夏口，保为将军破之"。

夏口又居黄州上游二百里，若以"赤壁"在黄州，岂得言进往夏口。又，操既败，由华容遁去，然北归之路，黄州直通汝颍，最为径捷，安得复经华容乎？由是而观，"赤壁"非黄州明矣。其云汉阳、汉川、江夏，皆无据。然考其实，则在嘉鱼者，为的耳何则赤壁？初战，曹军不利引次江北，而有乌林之败，今乌林正嘉鱼之北岸，无可疑也。或曰江夏古郡名，嘉鱼今县名，举江夏可该嘉鱼也。其云汉阳、汉川者，历代地理分并沿革，故"赤壁"或汉川耳，然"赤壁"无二也，此说亦通。因披阅之暇，姑著其说，以解惑之误云。①

（三）楚宪王朱季坦

1.《衡山》

衡山高峨峨，根盘几千里。危峰插层霄，巨岳奠南纪。

空中紫盖峰，有若芙蓉蕊。欲泛洞庭舟，潇湘正秋水。②

2. 楚昭王《〈庐山障子〉序》

（楚）昭王《纪咏》则通山王（朱孟爧）撰序。时王（楚昭王朱桢）作《庐山障子》，命文士雷贯为之歌，未就。宪王（朱季坦）援笔撰曰：

仙人手持绿玉筇，击碎庐山万仞峰。峰高乱落散如雨，（楚藩《朱氏宗谱》中有"俄而"，本文括号内备注为该谱文本，相异之处。下同——笔者注）化作贤王千朵万朵（此处无"贤王千朵万朵"）金芙蓉。芙蓉削出伢匡阜，老气苍苍落户牖。吟对香炉生紫烟，笑挽银河洗南斗。登高壮观六合间，

---

　　①　（明）薛纲纂，吴廷举续修．湖广图经志书（卷二）［M］．嘉靖元年刻本．北京：书目文献出版社，1991：240.

　　②　（清）张豫章等编纂．御选明诗［M］．《钦定四库全书本》刊宗藩诗卷二页十八．（清）朱彝尊．明诗综［M］．乾隆四十六年《四库全书》刊本卷二．北京：中华书局，2007：36.

巨鳌海上浮三山。三山屹立杳莫状，不知何年鬼斧凿。（"三山屹立香炉见，凿破混沌开玄关"）若有人兮陶与陆（"淑"），携手云间玩飞瀑。五老峰前慕谪仙，便欲从之（"此"）架茅屋。我思谪仙真天才，鹤楼捶碎归蓬莱。题诗有客人未识，振衣长啸登瑶台。新图谁写艺称绝，九江秀色可（"何"）揽结。想尝（"当"）醉墨洒冰壶，眼中突出虚空楔。久（"人"）知贤王应（"性"）好仙，结巢欲作匡山巅。炼成九还飞上天，山兮王兮，千秋万古名俱传。①

3.《题东平图》

东平昔贤王，居家惟乐善。富贵非所乐，忠诚意无倦。

谠言契宸衷，奏疏答天眷，永言蹑芳踪，千载继成宪。

4.《河间图》

我闻河间贤，懋学自好古。心契羲皇奥，神游洙泗浦，

求书留其真，道术言有补。九原不可作，百世吾畴舆。

至今士林多诵之。

5.《昭王碑诗》（节选，此为《明楚昭王神道碑文》结尾部分）

奕奕楚邦，实奠南纪。时叙物丰，风厚俗美。

帝嘉其贤，民被其祉。五十余年，愍终犹始。

灵泉之山，瑶琨在园。太君有命，小子无文。

呜呼王祖，陟降在天。锡鉴垂祚，裕我后昆。②

6.《庄王碑诗》（节选，此为《明楚庄王神道碑文》结尾部分）

懿我楚国，王祖肇封。爰及王考，帝训是崇。

仰惟帝训，子孙矩度。保国安民，式由皇路（祖＝碑文有异）。

闵予小子，嗣守家邦。允怀继述，夙夜匪（靡＝碑文有异）遑。

峨峨昭园，庄园在侧。穷碑有辞，用示无极。③

① （明）廖道南．楚纪［M］．嘉靖二十五年刊本卷六楚藩王各表．北京：书目文献出版社，1999：106.

② （清）陈田辑撰．明诗纪事（卷二上）［M］．上海：上海古籍出版社，1993：6.

③ （清）陈田辑撰．明诗纪事（卷二上）［M］．上海：上海古籍出版社，1993：6.

（四）楚康王朱季埱

《长春山记》（节录）

武昌即古鄂州也。两汉之末，三国割判，为孙氏所据，尝都于鄂，因改以今名。后乃迁都建业。而江左六朝，以武昌为大镇，常宿重兵于此，倚为金陵之西门焉。其山水四塞巩固，则庐岳彭蠡畛其左，荆岑、云梦距其右，巴峡、洞庭阨其前，罗山（即今鄂、豫、皖三省交界之大别山——笔者注）、巢湖隘其后。此亦开辟以来天地设险，一都会也。又长江回抱，缭绕乎其三面，惟东向一路颇为平陆，而高低大小无数之冈阜、浦溆夹其两傍，中途来往，仅容一轨。则武昌之地势，亦可谓形胜而雄壮哉！

洪武辛酉（洪武十四年，1381），亲王（楚昭王朱桢）受封楚国来都于此。其大城（指武昌城——笔者注）之西、汉阳门外、隔江西岸，正对汉阳府，而汉水之江在其背，大别之山（今汉阳龟山别称）在其后，而临于武昌江之西浒。其山脉踰江之东涯，崛然昂头高耸，即黄鹤楼之山也。又更而东，断于城内大街之鼓楼楼东，又萃然屹峙于官城。广智门外名曰"长春山"，峭壁危崖，直抵于大城之东，而尾复妥伏，旧名"黄鹄山"。"鹄"即"鹤"也。

今日"长春山"者，我亲王殿下新赐之名也。既赐之名，又以宫城密迩是山，而山旧有其寺，复因而为之寺（长春寺）。奉安佛祖，为百千万年香火计，且以表厥灵。镇山赐名于洪武辛酉之后，寺则创始于永乐改元之初，落成于永乐十二年四月之八日，而奉安亦肇于是日也。寺不必再为之赘。然所谓长春山者，不无说焉。上有奇材异木，日森月茂，期千岁之久，而必参天拱，极贯四时之常，而不改柯异叶。非但徂徕之松，新甫之柏，名之曰长春山者，不亦宜乎！然是山也，即其近而仰之，但观其苔锦之斑、木石之美、首枕西江、尾蟠东郭，形如卧虎之摩须，势若渴龙之饮水，然不过为宫城之镇耳。若行于百数十里之外，回身远瞻，则讶其干霄汉而撑宇宙，挂星辰而悬日月，隔女牛而判箕斗。但以荡胸生层云，决眦入飞鸟而已哉。其映朝霞而喷夕岚，腾瑞霭而生祥飙，此欣仰长春于晴明之时也！至于吐雷电，喫霖雨，裂石响，而乖龙飞空迹烁，而螣蛇走雾是又惊，仰长春于阴晦之候也！然长春山之景，阴晴不同。下民之养，畏爱思慕，则亲王之初度，适会古今长春之天节，而镇山之灵异，既又赐以长春之嘉号。初非出于有意，乃介祉、远寿、无疆之先兆，何其若合符节乎？夫一张一弛，文武之道也。文王之勤，见于无逸之诰。文王之逸，著于灵台之诗，所谓张弛之道也。若此长春之山，初不费经营之力，曾不假民政之劳。

臣愿国政之暇，宵旰之馀，陟其绝顶，时其观游，节其劳逸。俯瞰江汉之渚，则见商贾辐辏，桅樯比栉，而舸舰迷津矣。下顾军民之居，则见灶井排连，人烟稠密，而闾阎扑地矣。又纵目于六合上下，壮观于四郊城邑，亦可以畅仁怀，憩玉体，颐养情性，怡闲精神，而寿齐于长春之山矣！下臣奉旨为《长春记》，俯伏承命，不揆愚拙，为记其目睹实迹，未敢为浮文衍辞，不能称副睿旨，惶恐无地敢逃铁钺。谨上颂曰：

> 南极名郡，日为武昌。猗欤鹄山，奕奕崇冈。
>
> 大江之浒，壁立青苍，诸峰环翼，佳气含章。
>
> 王初之国，莫此封疆。建立宫宇，于山之阳。
>
> 维屏维翰，巩固金汤。王推仁政，蔼如春阳。
>
> 王施威令，凛乎秋霜。时和岁登，民度乐康。
>
> 长春名山，肇自我王。乃因宝地，乃构株林。
>
> 高山巍峨，照古辉今。四时春意，雨露恩深。
>
> 国政之暇，时其登临。用扬远目，用豁灵襟。
>
> 王有一德，与山同厚，王膺百福，如山之寿。
>
> 祖训是遵，典礼是守。河间东平，孰云古有。
>
> 春兮长存，山兮永久。祥麟在郊，鸣凤在薮。
>
> 子孙千亿，益昌厥后，小臣献颂，再拜顿首。
>
> 臣词匪谀，庶贻不朽。①

---

① （清）陈梦雷辑，蒋廷锡等校编. 钦定古今图书集成[M]. 明伦汇编官常典卷一千一百二十四湖广总部武昌府部艺文二. 北京：中华书局，1934：51-52.

(五)楚端王朱荣㴺

《湖广图经志书》刊刻于嘉靖初年，恰逢朱荣㴺在藩。使用的名号为“楚今王”，对其未作评价。

朱荣㴺晚年集成《正心诗集》9 卷，原本由北京图书馆收藏。收录于《北京图书馆古籍珍本丛刊》第 104 集，1999 年由书目文献出版社影印、出版发行。《湖广图经志书》选录其早期诗作 10 首，分别是：《东严寺》《九峰寺留题》《游卓刀泉》《湖上》《长春寺观灯》《观音阁》《宁湖寺》《龙华寺》(原本部分不清，与《正心诗集》同题诗，内容不同)《云隐寺》(《正心诗集》题作《青林寺》)《武当宫》(《正心诗集》题作《武当宫即事》)。

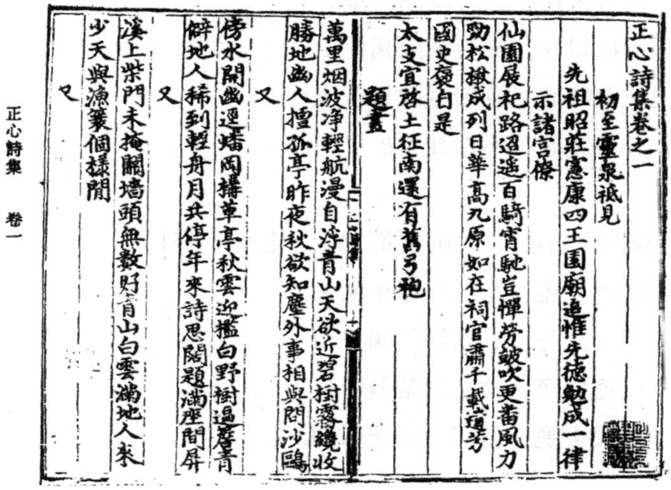
正心詩集卷之一
初至靈泉祇見
先祖昭莊憲康四王園廟追惟先德勉成一律
示諸宮僚
仙園展祀路迢遥百騎宵馳豈憚勞皴吹更番風力
勁松擁成列日華高九原如在祠官肅千載遺芳
國史褒自是
太支宜啓土在南還有舊弓袍
題畫
萬里烟波淨輕航漫自浮青山天欲近碧樹露纔收
勝地幽人擅孤亭昨夜秋欲知塵外事相與問沙鷗
又
傍水開幽逕臨岡搆草亭秋雲迎艦白野樹遶簷青
僻地人稀到輕舟月共停年來詩思闊題滿座間屏
又
溪上柴門未掩關墻頭無數好青山白雲滿地人來
少天與漁蓑個様閒
又

正心詩集　卷一

图 8-1　朱荣㴺《正心诗集》刻本页面样图

来源：北京图书馆古籍珍本丛刊 104 集

以下是楚端王朱荣㴺部分诗文挹录。

1.《父王往祀灵泉予率昆季出迓次于洪山》

晓迎鹤驾郡城东，萧寺重临雾雨中。

云薄层峦归宝刹，秋浮丛树动金凤。

法堂有象群缁会，傑阁无尘万相空。

仿佛灵泉起天末，登高极目浩无穷。①

2.《宝通寺留题》五首

其一《父王展祀寝园率昆季恭迓驻跸》

恭迎象辂郡城东，宿卫森严雾雨中。

云薄层峦连宝刹，秋浮叶树动金凤。

法堂有像三生悟，精舍无尘万相空。

瞻企灵泉起天末，松楸遥望郁葱葱。

其二《恭迎睿驾再驻洪山》（弘治十五年 1502）

仙仗山行日未还，趋迎破晓出重关。

遥瞻雁塔撑斜汉，又为祇园到此山。

石洞飞花蒸雾润，春埠过雨长苔斑。

笑看昔日留题处，不用纱笼护壁间。

其三《恭祀寝园还经洪山用前韵》（正德八年 1513）

寝园展祀驾言还，却访高僧正闭关。

雨后新犁耕野陇，春晴好鸟叫空山。

尘埃不到地偏净，竹院初晴笋脱斑。

延僔浑忘归去晚，斜阳半阁翠微间。

其四《偕姻家吴世宝都闲游洪山分韵得风字》（嘉靖三年 1524）

命驾偶游山郭外，探禅因访梵王宫。

禾稼及时逢好雨，闾阎解愠有薰风。

远郊但见云连水，幻境应知色即空。

---

① （明）朱荣㳦. 正心诗集（嘉靖楚藩刻本）[M]. 北京：书目文献出版社影印，1999：7.《洪山宝通寺志续纂》题作《父王展祀寝园率昆季恭迓驻跸》。

花草含烟绕暮景，霓旌摇影月明中。

其五《再过洪山》

久不过方丈，山花傍鸟迎。

闻钟来法界，带月出宫城。

江郭鸟初度，浮桥水渐生。

参禅师惠远，一笑已忘情。①

3.《东严寺》

东严两字千年刹，飞锡因缘创寺名。

爰作新宫图不朽，却从妙法证无生

风回高树涛声近，水注方塘月影清。

到此恍然尘虑息，茫茫蜗角任纷争。

4.《九峰寺留题》

九峰如画旧名山，寺出烟云香霭间。

崖树啼莺何睆睆，石桥流水正潺湲。

也疑世事都成幻，却羡禅门自是闲。

回望灵泉近咫尺，夕阳能共旆旌还。

5.《游卓刀泉》

松下蟠龙路，祠头饮马泉。

香名从古播，信史至今传。

山色侵眸子，禽声近耳边。

英灵俨如在，瞻仰重森然。

6.《湖上》

冬日东湖上，闲乘小艇游。

一天寒雾重，四时冻云浮。

水绿波纹细，风清橹韵柔。

---

① （清）天正、松泉辑录，（清）达澄增辑，杜洁祥编．洪山宝通寺志(光绪八年续纂版)[M]．台北：丹青图书公司，1985：151.

开樽聊一酌，佳兴与谁酬？

7.《长春寺观灯》

风雨连朝只作寒，为妨佳节寂无欢。

市廛闭户翻如禁，佛寺观灯强自宽。

满架琉璃空灿烂，一林锦绣岂摧残。

倚栏欲续频年咏，搜索枯肠转觉难。

8.《观音阁》

世音名号播南州，宝阁庄严定几秋。

海日乍生崖树老，江风不起浪花收。

尔时普受人天供，求刦翻从梦幻求。

莫讶我今重门飯，还会千亿化身不。

9.《龙华寺》

春深百鸟鸣，风暖万花荣。

山寺乘闲入，□闍假便行。

停盃看鹤舞，拂袂指云生。

禅话听无□，□□事可轻。

10.《云隐寺》

青林古刹在人寰，云暗城南荟蔚间。

老栢参天何蠹蠹，小桥流水亦潺潺。

岩前怪石呼惊起，腊后寒僧化米还。

烟火罗家庄最近，经过时后扣禅关。

11.《武当宫》

琳宫佳气蔼朝烟，载祝君亲寿永延。

百禄自今宜总荷，群真于此鉴虔诚。

苍松挺挺过千岁，青鸟遥遥下九天。

铁笛相传灵迹旧，春风吹动即神仙。

12.《宁湖寺》

城西亘长堤，宁湖枕其股。

高僧出异代，卓锡启梵宇。

寒光动云月，藓蚀金碧古。

咫尺隔尘嚣，岁晚天花雨。

13.《重修古迹灵山寺序》

夫释之为教也，肇自汉明帝夜梦金人求净土，其法始流入于中国。寺拟梦而作也。达摩东渡以来，其教大阐于天下。自兹以后，愈久愈兴，以空广其说，以善扬其道。其旨以善为主，故人乐为而从之。云仁义者众，故为儒者攻之。吾儒朱夫子有言，人性皆善，良有以也。人性不善，释焉得而善之？学于释者，必因山水之清，以养其性，而成其善，寺由此而多矣。是以名山之下，必有禅刹。

若予国城之北，灵山禅院，宋节使信国武穆王岳飞鹏举之所建也。厥后改院为寺，比丘尼者居之。若宋景定间，院主广润，住持承惠。及我朝正统间，住持禧闲者素守清规，率诸尼众焚修，谨恪祝延圣寿。时因殿宇倾颓，寮舍萧条，禧闲疏闻，予伯祖康王，募缘重建。俾后之院首住持，灯灯相续，代不乏人。其佛像森严，晨昏礼诵，盖使人向善，得所依归。慨夫自古帝王兴役建寺，劳民费财者比比，非尚其教、重其事，而何求焉？予暇之日，过灵山之址，睹其院宇荒凉，古碑剥落，惟爱山水清胜，形势幽雅，不忍废也。欲用鼎新，而惮财力。恭承父王命内典服陈王董工，募缘劝贷。贵族高门向善者，输财赞成。于是土木皆兴，物用咸遂。轮焉奂焉，完矣美矣，殿堂寮舍，佛像天王，焕然一新。

始于弘治四年（1491）八月初二日，落成于弘治九年（1496）八月初三日。用财有道，欲以传示于后人，以善化俗，万一小补。于是乎书。①

---

① 严昌洪. 武昌掌故［M］. 武汉：武汉出版社，2019：216-217。该书称此碑作者署名"宝贤堂"。据楚藩考古报告显示：有些宗室以"某某堂"作为堂号，但在朱荣㳨所著《正心诗集》和其他史籍中，未出现朱荣㳨使用这一名号的情形。灵山寺遗址位于武昌民主路蛇山五坡。

（六）楚王朱华奎

明楚府长史高曰化编撰的《宫省贤声录》，收有署名"楚愚王"（宋华奎谦称）题赞楚府承奉郭伦的两首诗词，抄录如下：

其一

惟兹弱干，含秀吐奇。不冬而凋，先春而丽。

白雪阳春，精神熇曦。在彼幽谷，虽馨孰知。

仰仗宫卿，极力维持。求配鸾凰，借重吹嘘。

获谐伉俪，冀望齐眉。推厥所自，敢忘旦姬。

广寒宫殿，鹔鹴一枝。追忆公德，子孙永垂。①

其二

惟彼箓竹，挺挺亭亭。淇园钟秀，嶰谷献灵。

清风披拂，高节伶俜。琳琅冲汉，音韵铁联。

宫卿风采，共矩齐形。翳惟张子，攒辱垂青。

桓桓卫武，宠渥苍溟。顾培三径，节操同铭。②

补充说明：《千顷堂书目》卷二载"楚王，《雍熙乐府》二十卷"（参见：黄虞稷撰；瞿凤起，潘景郑整理《千顷堂书目》，上海古籍出版社，2001年版第 57 页）。此条有两个问题：一是楚王名、谥不详，无从知晓是哪位楚王；二是《雍熙乐府》二十卷本为明郭勋辑。推测黄虞稷所见该书嘉靖十九年刻本为楚藩刊刻，误为楚王所作。

二、郡王及宗室文艺作品摘录

（一）武冈王朱显槐

1.《走狗烹》

---

① （明）高曰化. 宫省贤声录[M]. 万历十五年楚藩刻本卷四页三十五.
② （明）高曰化. 宫省贤声录[M]. 万历十五年楚藩刻本卷四页三十七.

走狗烹，走狗烹，蒯生识鉴通神明。

汉基甫创身即死，当日假王何为尔。

相面止对侯，相背贵无极。

淮阴闻言两耳逆，妇人擅执生杀权，

犹豫自将身弃捐，噫嘘英彭尤可怜。①

2.《次邹邮部颖泉谢宴》

小园一雨足，次第百花开。

江白孤舟去，天青一鸟来。

林香时扑坐，柳色竞侵杯。

借问西邻客，怀人日几回。②

3.《送杜学谕擢国子先生》

江天岁晚雪初晴，有客鸣珂上帝京。

楚士久知宗杜佑，胄师今得见阳城。

桥门壁水环经席，驿路梅花拥去旌。

谁谓儒官稀树立，熙朝冢宰颂文清。③

（二）楚藩郡王同题诗作《彰孝坊诗》④

1. 永安王朱荣澹

虞舜谁当蹑后尘，姬文今许卜南邻。

青城粉堞邦畿旧，黄屋金书绰契新。

---

① （清）朱彝尊．明诗综［M］．乾隆四十六年《四库全书》刊本卷二．北京：中华书局，2007：58.

② （清）朱彝尊．明诗综［M］．乾隆四十六年《四库全书》刊本卷二．北京：中华书局，2007：58.

③ （清）张豫章等编纂．康熙御选明诗［M］．《钦定四库全书》刊本卷二．长春：吉林出版集团，2005：30.《武昌区志》（武汉出版社 2008 年版下卷附录诗文选 1305 页）将作者误作"（清）王显槐".

④ （明）薛纲纂，吴廷举续修．湖广图经志书［M］．嘉靖元年刻本．北京：书目文献出版社，1991：53.

冢畔穉松惊改岁，山中幽鸟苦啼春。

仁风吹遍诸华地，则效从兹定有人。

2. 通城王朱荣渡

嗣守藩维位望尊，此缘能孝特旌门。

峥嵘玉柱撑霄汉，赫奕金书照市垣。

盛美永为宗子式，休光遥抱圣明恩。

风藏气聚灵山壤，瞻望风前草木蕃。

休光：盛美的光华，喻美德或勋业。

3. 通山王朱荣濛

感事万方传，诚哉孝格天。

旌幡明晓月，金鼓散寒烟。

宰树哀无已，皇华命载宣。

圣明崇孝理，旌表制当然。

4. 辅国将军朱荣溃

盛雪惟忧请弛期，灵车将驾见晴曦。

当时天意谁回者，此孝一心已尽之。

奏疏几函驰驿使，恩光万丈照藩维。

山河带砺前王业，玉牒绵延百世支。

5. 辅国将军朱荣洺

指望灵山树色苍，蛟龙玉匣此中藏。

皇恩允戴遥归赗，子孝当旌特建坊。

心每摇摇还似旆，泪才滴滴已沾裳。

由来大孝终身慕，锡类恒祈祚胤昌。

6. 辅国将军朱荣濚

奕奕朱门此特旌，先王已逝后王荣。

鸾书载下黄金阙，鹤梦应归白玉京。

苦块靡宁伤往事，羹墙如见怆斯情。

人伦之至称尧舜，彰孝于今有令名。

7. 江夏王朱荣漠

该王《彰孝坊诗》因刻本字迹大多浸渤，少可辨识，难以成文，故不载录。

（三）其他宗室

朱华圉《送陈法瞻之留都》

将军奇侠天下闻，醉余指颐生风云。

以剑为书自神绝，波掣劲敌千人军。

曩岁战黔获小丑，指衣里闲羞言勋。

小铃蹇卫倐千里，然诺真堪托生死。

故人急难远相闻，犯暑南行为经纪。

壮君意气为君歌，翁伯于君何足多。①

（四）《过洪山宝通留题（五章）》作者说法不一

《洪山宝通寺志（光绪八年续纂版）》，将五首诗题为"沈矩"所作。杜洁祥主编《中国佛寺史志汇刊》第 3 辑《洪山宝通寺志》（台北丹青图书公司1985 年影印）亦然。而洪山宝通寺官网发布的《洪山宝通寺志》（电子版），将《过洪山宝通留题（五章）》，题为《过洪山宝通留题·楚武冈王显槐五章》②，意即此五首诗是"明楚武冈王朱显槐"的诗作。但从标注时间和诗的内容上看，署名的作者有误。理由如下：

1. 从内容上看，《章一》至《章四》为楚府宗室作品

所涉"恭承宠命谒亲园""先姚追封次妃""藩臬诸司咸与焚黄祭礼"《章一》，"轮舆出郭动和铃""谥典光华同晓日"《章二》，"南开殿阁初长日，西瞰大江欲暮天"《章三》，"龙涎焚石鼎，蟹眼歇团茶"《章四》，等诗句来看，显然是楚府至少是郡王以上等级的宗室所作。

① （清）陈田辑撰．明诗纪事（卷二下）［M］．上海：上海古籍出版社，1993：2.
② 宝通历史洪山宝通寺志下（三）［EB/OL］．http：//www.baotongsi.com/bencandy.php？fid=86&aid=4222&page=3（2010-12-29）．

2. 备注时间早于显槐出生时间，显然有误

《章一》备注显示：该诗作于成化丙午，即成化二十二年(1486)；《章三》《章四》备注年份相同，作于弘治己酉即弘治二年(1489)；《《章五》作于弘治庚戌岁(弘治三年1490)。显槐长兄楚愍王朱显榕生于正德元年(1506)，显樟，楚端王朱荣㴊庶二子、显槐次兄朱显樟，嘉靖六年(1527)封保康王，若按10岁封郡王，其出生年当在正德七年(1517)。朱显槐于嘉靖十六年(1537)封武冈王，若常规封王时间，其生年当是嘉靖六年(1527)。因此显槐作为小弟，生年不会早于嘉靖六年(1527)。因而标称《楚武冈王显槐五章》为"早产"作品，署名的作者有误。

3. 备注时间为楚靖王在藩时间

成化二十二年(1486)至弘治二年(1489)为楚靖王在藩时间。但已知文献未见楚靖王朱均鈋有诗作存世，或许正因为如此，此五首诗被经张冠李戴地署名。但也不能确定朱均鈋所作。

4. 该书所载楚端王之作，时间记载与作者生活时代相当

该书载录朱荣㴊诗作五首，其中有纪年的诗作三首：《恭迎睿驾再驻洪山》，作于弘治壬戌(弘治十五年，1502)，26岁作；《恭祀寝园还经洪山用前韵》，写在正德癸酉(正德八年，1513)，36岁作；《偕姻家吴世宝都闲游洪山分韵得风字》，写在嘉靖甲申(嘉靖三年，1524)，48岁作。年代无误。

5. 清代陈诗《湖北旧闻录》所记，作者必是朱显槐

前有"武冈王朱显槐跋"："槐奉命监国，因得展祀先王。回登洪山，庄诵我端考留题睿制前后凡五章……"；诗作年代为"嘉靖"，而非"成化""弘治"；《章五》后署"时予再上病疏，不允。少鹤故云"①。

通过以上分析，可见：光绪八年《洪山宝通寺志》续纂者，与《湖北旧闻录》撰著人陈诗所见版本，是两个不同的版本。而前者所见版本信息有

---

① (清)陈诗著．皮明麻等标点．湖北旧闻录[M]．武汉：武汉出版社，1989：1020-2020.

误，从而导致此五章作者署名错误。后附光绪八年《洪山宝通寺志》所载《过洪山宝通留题(五章)》，以便大家辨识。

《章一》(成化丙午)

恭承宠命谒亲园，便道来临不二门。

满路好花开野陇，一犁新雨足孤村。

云房清梵音初落，草砌荒碑迹尚存。

何处暖风吹不断，诸天游罢近黄昏。

成化丙午(成化二十二年，1486)，圣天子仁笃，亲亲无间存殁。吾先妣追封次妃，以戊申岁(弘治元年，1488)四月十有九日，焚黄礼成。藩臬诸司(指湖广布政使和按察使等官员)，咸与其事祭毕，宴谢于洪山，谩赋一诗，用纪一时之盛。

《章二》

轮舆出郭动和铃，陇麦黄秋稻正青。

谥典光华同晓日，群公揖让聚文星。

径深花竹僧房静，地胜云山仙迹灵。

盛世躬逢知不偶，愿歌天保答虞廷。

《章三·山有杨东里学士遇仙记》(弘治己酉)

步入招提思爽然，一时冠盖萃英贤。

南开殿阁初长日，西瞰大江欲暮天。

樽酒酬宾临鹤舞，钵云听法侍龙还。

芳村田鼓声高下，膏雨前知是稔年。

《章四》(弘治己酉)

地远人行少，山空菊吐花。

龙涎焚石鼎，蟹眼啜团茶。

僧定午无梵，鸦啼晚带霞。

重过游旧处，慷慨忆年华。

《章五》(弘治庚戌)

禅门一径寂，胜日谩追游。

不雨山长润，无风云自流。

目空三楚阔，林密四时幽。

到此忘尘虑，劳劳愧未休。

"时子再上病疏，不允，故云。"

第三节　明清官员文士论述楚藩的诗文选辑

收录明清官员文士关于楚藩诗文，可以提供看待楚藩的不同视角，从而更加全面地解读楚藩。

一、明楚王宫及其相关建筑

(一)(明)吴世忠《正心书院》(括号内为笔者注释)

今楚世子殿下，明达天成，好学不倦。自出阁至今，余二十年，手不释卷，心不忘道。练国事，工词翰，尤以治心修身为务。宫之巽隅(东南角)，旧堂在焉，年久蠹蚀。

岁在正德丁卯(正德二年，1507)，启奉，尊王命拆而新之。揭额(之日)，(湖广)三司俱官皆贺以落其成，而世忠与焉。中为堂五楹，置几、案、书、史、笔、砚于中，以为披阅潜养心之地。堂之前为门，以严手守；堂之后为燕室，室之旁为东、西厢(房)，尽搁四库之书，与祖宗列神，所颁先王之所积。凡奕世之宝器、图籍，皆在焉。室后有园，曰："聚芳"。园之景凡八，曰：拟阆楼、环巧山、滴翠池、梯山窦、虚白洞、觅云台、幽赏亭、芳桂堂。殿下端尔其居，粹尔其和，秩秩尔其言，出入经史，洋溢文艺而不及外事。酒半，命韵赋诗，观两厢图籍，游聚芳园，登擬阆楼，遍历八景之胜。好事者踞，请其故，殿下笑曰："比子孝养之所，观物之地。不知我者，真以为逃名混迹也。"

世忠闻之，应作而叹曰："人言贵不欺骄，富不侈欺。此常人犹然，况王公乎？殿下生于宗藩，席累叶之盈成，荷尊王之爱庇，声妓蒲前，财宝充韧，乃能超然远览，不待文学之工，必以治心为务。"

虽圆池之景，率委为逃名混迹之所，其志可知也。卓哉，殿下可不谓善学乎！九重肇锡，必以正心为名而不及他事。经曰：欲治其国，先齐其家，欲齐其家，必先修其身。欲修其身，必先正其心。

兹其赐名之义也，大哉。圣言可不谓善谕乎？天章灿烂，宛在美墙。世府潭潭，以恬以传。心法媲美东平河间之贤，而为宗室之光者，宁不在殿下乎？视诸朱墙金户，日闭声色，以击醽酾歌为事，谓其有凌杯盛汤，羽苞蓄火之忧，而倜然谓有天人之乐者，其真云泥矣哉！其真云泥矣哉！①

（二）（明）沈钟《楚府宗庙记》

正德十二年（1517）丁丑四月，楚国新建宗庙成，以奉昭王、庄王、宪王、康王、靖王，岁时五享，礼也。楚有国百四十余年，五庙之制，至今乃备。皇明祖训："王国宫城外立宗庙。"今庙在宫城外，巽方二百武许，遵守祖训也。楚自昭王，以太祖皇帝第六子就封武昌，礼诸侯，以始封为祖。故昭王时弗预为庙。历世以来，则以（昭）王母昭敬太充妃庙，在宫廷之东，遂各（庙）以次祔享。因循既久，未克如制，不亦有待于后人哉？

今王（朱荣㳠）之为世子（时），靖王即世，乃于读礼之余，参互考订，具请于朝，上可之。（楚王）用宏新庙，傲事于癸酉（正德八年，1513）四月，越四年而后讫工。

其制外为郡宫，为庙门。前为正殿，后为寝殿。奉安昭祖于前殿中一

① （明）薛纲纂，吴廷举续修. 湖广图经志书［M］. 嘉靖元年刻本卷一. 北京：书目文献出版社，1991：81. 吴世忠，字懋贞，江西金溪人，明弘治三年进士，时任湖广左参议。

室，而四王各安一室。左昭右穆，与祖庙为五。后殿则以藏所遗裳衣，别为神厨神库。每享则焚燎宰牲举以式，而乐章、制帛、器物之类，用之惟谨(遵照命令谨慎行事)。其宫东之庙，则仍其旧。盖又征□《会典》，遵皇朝内廷奉先殿之仪，于朝夕、于朔望、于时节、于忌辰，寿襄孝思。鸣呼休哉，可谓合礼矣。

庙成，上(明武宗朱厚照)遣行人来赐祭。祭之日，百官、族人及四方观者，糜不叹异，谓王国盛举，乃有如是焉。考□王侈上之恩，欲以示来世。(楚王)爰命令(沈)钟文其事于碑。

谨按《周礼》，天子诸侯，庙各有制，我朝斟酌损益。若祔，若不祧，若南向，若东西向，若时祭，若祫，为百王不易之典，立万世常行之道，期其至矣。而楚国宗庙之建肇自于今，所谓礼乐，百年而后兴者，非欤？《传》曰：宗庙之礼，所以序昭穆；又曰：惟孝子为能享□□称武王、周公之孝，则以其能修祖庙，敬其所亲，示不诬也。

钦惟皇朝以孝治天下，展亲楚国，从王请。新建宗庙，而王得尽孝于其先王，无以替天子之命。其视武王、周公之孝，夫岂有二乎战？

(沈)钟尝见王于囊者靖王之丧，敦仃三年丧礼。上旌其门曰“彰孝”，今兹之命，将亦谓王能慎终追远，而信之故耳。王肇举盛礼，祀于新庙，亦几乎终慕者矣。碑已，系之以诗曰：

猗欤楚封，奥兹南土，维皇有命，畀于昭祖。
庄宪康靖，以次相传，世世享德，有开必先。
百年于斯，国维旧矣，在后之人，礼由义起。
王庙是作，奉我先王，以安以祐，禴祠承尝。
巍峨鹄山，翼翼新庙，先王之灵，后人之孝。
孝哉后王，可谓曰知，子孙于禩，永言保之。①

① (明)薛纲纂，吴廷举续修．湖广图经志书[M]．嘉靖元年刻本卷一本司文．北京：书目文献出版社，1991：77-78.

二、楚藩《彰孝坊诗》

正德六年（1511），明武宗表彰楚世子朱荣㳦孝行，诏表其坊曰"彰孝"。楚府奉诏刻"彰孝"铭碑，建造"彰孝"牌坊。湖广地方官员纷纷留题。

（一）（明）沈景《彰孝坊》

圣贤去世远，大义乖弗正。纲常道在人，名存实则病。

舜文曾嗣徒，卓哉不可竟。堂堂名教场，嗟谁敦孝行。

事亲能竭力，事君方尽命。成就一个是，臣子分乃定。

常情因物迁，薄俗难究竟。宋乘胡借华，道愈晦夷政。

皇祖开乾坤，治复唐虞盛。列圣广要道，化先被同姓。

况楚贤嗣王，仁孝本天性。念罔极恩深，报德心孔馨。

吉凶礼不违，始终惟一敬。事亡如事存，殊胜谨温清。

纯诚动人天，感通响斯应。臣工上疏吾，闻皇应有庆。

旌书下九重，华扁揭门屏。一点寸草心，日月交辉映。

内外无间言，缙绅播歌咏。愿言百千秋，永终此誉令。①

（二）（明）吕尚功《彰孝坊》

劬劳恩重力难任，帝表元良爱日心。

楚国有山谁拟大，江湘流水不如深。

行高两字昭天地，孝冠诸世亘古今。

叨列远臣徒颂慕，聊成短疏述微吟。②

---

① （明）薛纲纂，吴廷举续修.湖广图经志书［M］.嘉靖元年刻本.北京：书目文献出版社，1991：56.沈景，金陵人，成化七年举人，楚府左长史。

② （明）薛纲纂，吴廷举续修.湖广图经志书［M］.嘉靖元年刻本.北京：书目文献出版社，1991：57.吕尚功，四川富顺县人，成化年举人，楚府右长史。

（三）（明）赵迁《彰孝坊》

帝王道德一心传。风虎云龙不偶然。

歌颂岂徒今日富，表仪端合后人贤。

一时增价璠玙众，万古流光日月悬。

但愿子孙勿替引，藩垣瓜瓞自绵绵。①

（四）（明）刘武臣《楚彰孝坊碑记》（节录）

大圣谁运，厥惟大钧。大钧谁司，厥惟圣神。圣神大孝，圣神大化，巍巍成功，独高天下。圣神孙子，圣神甄陶，裂土王之，英英翘翘。楚有贤王，奋然学古，葺精舍以究微言，追前修而踵芳武。厥号"正心"，灵承天语。古之孝子，古之忠臣，盟诸其心，责诸其身。勤诚宣乎上国，绩效式乎宗人，云其然。厥孝之纯，孝侍二亲，克跻于道，事生送终，形神俱耗。天心降监，孝心潜孚。冥漠赫灵，俾究厥图。祷疾祷晴，其应如响。大事载襄，谁不替当。

皇帝曰都叔祖贤矣。国也，忠臣家也。孝子兹二大节，有一足纪。矧乃兼之，宜崇典礼。桓书"彰孝"，树之王门。文焰旁烛，御气高屯，七泽浑涵，两岳峻极，结为庆云。光摇五色，互相吞吐，拥此龙章。皇帝神圣，大化之祥。指水谓深，决之斯溃。指石谓坚，击之斯碎。何如斯桓之名，永永乾坤之内，前千千岁，启后千千岁。②

（五）（明）蔡潮楚《彰孝坊诗序》（节录）

圣皇所以化天下，诚急于至德要道矣乎，比属可封，而仁人君子，不有赖于斯匾之昭揭也哉！故彤弓之速贶，秬鬯之屡锡，亦不过侈一时之荣

---

①　（明）薛纲纂，吴廷举续修. 湖广图经志书［M］. 嘉靖元年刻本. 北京：书目文献出版社，1991：57. 赵迁，湖广江夏人，致仕知县。

②　（明）薛纲纂，吴廷举续修. 湖广图经志书［M］. 嘉靖元年刻本. 北京：书目文献出版社，1991：80.

耳！奚得典之较重轻邪？至于金钱几枚之锡，祇以愧其心，而彰其咎也。为忠为惇，惟孝之移，岂他枝能可干预邪？然则二字之褒荣，与封国同一无疆，无疑矣。诗曰：永言孝思，孝思维则。敢请为王颂之。①

（六）（明）徐瑶楚《彰孝坊诗序》（节录）

楚殿下天禀特异，表出名藩，士君子歌咏而道之。

圣朝自高皇以迄，列圣皆以孝治天下。故宗藩之封建者，莫不应兹顺德敬。唯楚王殿下，克尽是道。帝命式旌瑶，尝睹礼部移文内列封事称王之孝之详，谓王为世子，侍先母妃之疾，日夜在侧，亲尝汤药，遍祷神祇，求以身代。及薨，□□□□□。居丧，不离位次，寝苫枕块，衰绖不除。至移大举于灵泉山，徒跣攀，号声彻，道路行人与悲，送者嘉叹，掩土仆地，几欲自绝。古称至孝，无以踰此。且先期风雪阴霾动经旬日，至殡之日，天忽晴霁，及襄事已毕，而风雪乃作。又踰旬，乃止。以有感格，事非偶然。于是永安等王泊诸司僚佐，具以上闻。爰敕有司建坊于端礼门，榜其额曰"彰孝"，诚盛典也。继又护亲国传所述，亦谓王居先靖妃丧，尝以孝闻。先帝特加褒敕，今复荷此盛典，孝可验也。盖人子之孝，乃天经地义之所当然，非分外事也。然孔子于圣人惟曰"舜，其大孝也"。叹曰："周王、周公，其达孝矣乎"。于诸门人，惟曰："孝哉，闵子骞"。夫指其人而称之者，其难得也，可知矣。昔者，齐宣欲短丧于孟轲，非之。滕文欲请丧于孟轲，许之。盖周公之礼，至此已坏，丧故也哉。《皇明典礼》倬然大备，《祖训家法》秩然如新，宗庙亲守持宜，无不然者。况楚殿下天禀特异，表出名藩，士君子歌咏而道之。岂可不宜哉？是为序。②

---

①　（明）薛纲纂，吴廷举续修.湖广图经志书[M].嘉靖元年刻本.北京：书目文献出版社，1991：99.

②　（明）薛纲纂，吴廷举续修.湖广图经志书[M].嘉靖元年刻本.北京：书目文献出版社，1991：100.

三、九峰山与九峰山正觉禅寺

(一)(明)秦夔《九峰寺》

连山高高知几重，面面削出青芙蓉。
何年宝志来卓锡，一脉远绍曹溪宗。
松门阴森无路入，赤叶黄花气萧瑟。
残灯古殿寒不开，惨淡如闻龙象泣。
忆昔霓旌来向东，千骑喂食菩提宫。
龙泉山深骨已冷，只有香火空山中。
白头老衲戒家子，解说先朝旧时事。
黄金盂钵千佛衣，并是高皇御前赐。
西竺神僧去不还，荒苔白石秋斑斑。
狮子岩前日欲落，伤心极目秋毫间。①

(二)(明)袁中道《游九峰寺记》②

万历四十年(1612 年)，晓从洪山发，不数里，青青之山，潴潴之水，出左右腋，憩于卓刀泉。至此，山愈层叠，了不知九峰所在。忽从山口如永巷，始见朱碧委藉山间，九峰环抱一寺，如莲花之裹莲房，而松枫杂立若花须矣。寺甚整丽，正殿禅室凡伽蓝所应有者，无不具备。尤宜雨，以处处皆有回廊，不须屐盖也。

(三)(明)楚王府纪善贝翱《九峰山正觉禅寺碑》③

洪武三十一年(1398)正月，奉楚王殿下旨令，臣(贝)翱撰《九峰正觉

① (明)秦夔 . 五峰遗稿[M]. 嘉靖元年刻本卷三页九；秦夔，字廷韶，南直隶无锡(今属江苏)人，天顺四年进士，成化间历武昌知府。

② (明)袁中道 . 游居柿录·第七卷[M]. 上海：上海杂志公司，1935：180. 袁中道，字小修，湖广公安人，万历四十四年进士，"公安三袁"之一。

③ (明)薛纲纂，吴廷举续修 . 湖广图经志书[M]. 嘉靖元年刻本 . 北京：书目文献出版社，1991：233-234. 贝翱，字季翔，浙江海宁人，楚府纪善。

禅寺碑》。臣翱顿首再拜曰：惟兹寺，殿下发大愿，力建大道场，为天下名刹，授今之住持无念禅师为一代高僧。法由人而兴，地由人而显，甚盛事也。是宜制文刻石，昭示远迩，以垂不朽。臣翱职参文字，敬奉教令，不敢以荒陋辞。

钦惟孝慈高皇后崩逝之明年，即洪武十有六年癸亥，殿下特启孝心，思报罔极，乃作普度大会于大洪山崇宁宝寿禅寺，于时合荆澨缁流凡千余人。而无念禅师在宝林，殿下素高其行，特遣使召之。既至，与语即契，深加爱重。事已，留之洪山。久之，以密迩城邑思，欲徙其居。因思游猎，所经东去洪山四十里许，有胜处焉。师亦旧所往来，尝目识之。不谋而合，遂规为禅定之所。

其山一峰，岿然中处，奇秀特异，众山环绕，笔列为九。前一峰若覆盂状，后连峰，又若秋涛奔涌，合沓而至。地势幽深，树石茂润，有泉漫流，左右交注，汇为大池。

于是因高就卑，审势面向，鸠材庀工，载经载营。前作三门于盂峰对，中为大殿，殿之后，甃级以登为方丈（之室），方丈之后，为藤岩。巨石嵌广，类屋前垂。两肘相抱，中可置榻。一石窈玲珑，古藤根蔓盘错于其间。三门前即大池，梁其上以通往来。翼以修庑，缭以两垣，栖僧之室，会食之堂，庖福廪庾，无不完好。佛、菩萨、大士、金刚等神，塑像庄严，极其精妙。幡幢蠢如，鼓钟锽如，金碧丹垩，照曜林廊，观者骇叹，如入化城，如□□□，以为非人力可为，诚天造而地设也。

经始于洪武二十四年（1391）辛未，落成于二十七年（1394）甲戌，为屋若干楹。材不出于官，役不及于民，皆王国经费之余以为之。师既至江夏，志益坚，行益笃，昼夜盘坐，略无惰容，胁不沾席者六十年。殿下治国，暇辄往造焉，语必竟日，美馔仙果，以食馈之。

洪武二十八年（1395）冬，太祖高皇帝闻其名，遣中官召至京。与语大悦，特设一榻，以赐坐，命以官，力辞。上亦弗之强，迺出宫中所制，杂彩衲衣以衣之，濒行，黄金钵盂、净瓶各一。敕光禄司其果馔，中官导遂以还山。

明年（洪武二十九年，1396）上思之，复遣中官赐松花实二器，御制诗文一轴，文略曰：无念，定若巍山，戒昭日月，于斯之时，独出是僧。他日脱去其名，长寿如月在天。世犹诸水，所在有水，无水不月。臣窃观禅林诸老，获是赞扬者，未之有也，为唯师一人而已。

后敕赐额曰"九峰山正觉禅寺"，师主其席，其道愈尊，其名愈振。参礼者踵至，布施者填委。其后者莫不喜跃精进，各有歌诗。正觉之寺，遂兴天下名岳也。

师名胜学，俗姓陈，德安应山人。九岁落发，于邑之宝林寺，以无极为师。洪武十二年，东游至姑苏，得其传于万峰蔚禅师。状貌魁伟，吐音洪亮。殿下常命工图其顶，相睹之者，以为真罗汉。年近八十，登降步如少壮，人其福寿为未艾也。呜呼，大雄氏以不言为教，不杀为心，欲人去邪妄以为归于至善，所以开诱于心，阴翊治道者为不少也。然必得硕德重望者，为能荷其任，以振厥宗；又必得国王大人崇奉向慕，为之外护，以闻其教。二者相须，以有成世之能。如是遇合者，亦欺矣。若师者，受知于亲王，见礼于天子，膺兹宠赉，当代盛事也。又岂偶然而已哉？

臣故具书营建之始末，及师之行实，复系之以诗曰：

> 于维皇明，德彼天下。无善不扬，无恶不化。
> 系大雄氏，克阴相之。善则默佑，恶则潜移。
> 宝坊金刹，所在悉有。或启其新，或兴其旧。
> 眷兹江汉，朝宗之区。爰有胜域，闭于古初。
> 既闭则宣，庸建大刹。跨山陵壑，雄丽敞达。
> 檐宇翼翼，金碧煌煌。旛幢扬扬，钟鼓锵锵。
> 伟哉禅师，克振厥教。国王所崇，其德有曜。
> 入觐丹宸，语契圣宸。采衣金盂，赐赉且丰。
> 继之宸翰，俯以松实。天乐鸣空，羽仙入室，
> 名启远迩，道著古今。载瞻梵宇，冠于丛林。
> 维师有德，克享耆寿。维王有道，福祉斯茂。
> 大洪之东，正觉之宫。巍巍峨峨，与山无穷。

(四)《太祖皇帝题僧无念九岁出家》

从师童子问青玄，世事茫然学坐禅。

幻出渐知身是佛，老来悟得性通天。

朱门不谒藏金锡，茅屋无干饮碧泉。

召至九重谈妙法，问伊落魄几经年。①

(五)《太祖高皇帝赐僧无念觐毕舟归武昌》

舟行帆饱柁机玄，船室堪栖老衲便。

两岸树催风力健，一江波涌蜃威鲜。

邯郸谁问黄粱梦，少室渠参不二禅。

午夜雪山星忽见，前三三是苦空年。②

(六)《太祖高皇帝赐僧无念杂彩衲衣并金钵盂等物御制谕诗并序》

佛生西乾为净梵国，王子既长，悲悯众生，罪重巍山，愆深旷海，于是有惊于累世，因缘遂入雪山栖崖屋树六载，道成，归演妙法，天下咸听其所说也。成非非成，生死死生，释迦之道，灵通上下，妙贯三界，溥破寰中，此其所以尊称大觉金仙者也。迩来通灵侯奏：秘知有僧无念者，方今(念?)群僧中，是可谓神僧者也，陛下可召会之。于是即遣内臣帆舟星驰，数日抵武昌东土桥，召起。又数日达京师。即日面见朕。目是僧，虽寿有年，其顶相巍然，色声俱备者。呜呼，自童子忘欲，至于寿高，自受业而成人辞。本师之产云水寰中，寻师问道谒高名而不已，方乃内观。噫！身外无身，戒外无戒，在处有佛又何指，方寻佛本性即佛，佛外更寻他佛，又何佛之有哉？今无念定若巍山戒昭(明显地告诫)日月于斯之时，独出世僧。他日脱去其名，长寿如日月在天，犹诸水所在，有水无水皆水

---

① （明）薛纲纂．吴廷举续修．湖广图经志书·卷五·德安诗［M］．嘉靖元年刻本．北京：书目文献出版社，1991：450.

② （明）薛纲纂，吴廷举续修．湖广图经志书·卷二·武昌诗［M］．嘉靖元年刻本．北京：书目文献出版社，1991：173.

也，岂不千江有水千江月，万里无云万里天？呜呼，久同天地，名垂不朽，此无念者也。

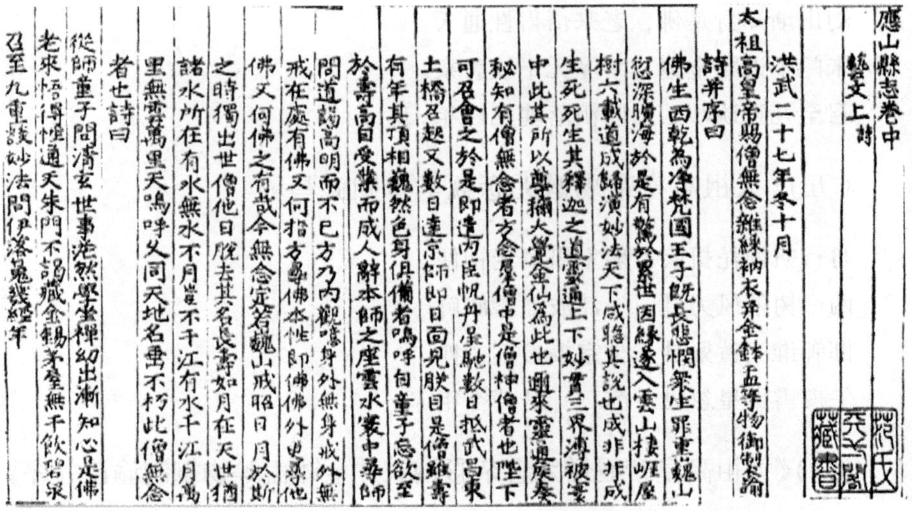

應山縣志卷中
藝文上 詩
范氏天一閣藏書
太祖高皇帝賜僧無念雜綵衲衣并金鉢盂等物御製諭
洪武二十七年冬十月
詩并序曰
佛生西乾為淨梵國王子既長憫衆生罪重巍山
慾深瞋海於是有驚於累世因緣遂入雪山捿巖
樹六載道成歸演妙法天下咸聽其說也成非非成
生死死生其釋迦之道靈通上下妙貫三界溥被寰
中此其所以尊稱大覺金仙為此也邇來靈通應奏
秘知有僧無念者大念是僧中是僧神僧者也陛下
可召會之於是即遣內臣帆舟星馳數日抵武昌東
土橋召赴又數日達京師即日面見朕目是僧雖壽
有年其頂相巍然色身俱備者嗚呼向童子急欲至
於壽高曰受業而成人辭本師之座雲水衆中尋師
問道竭高明而不已方乃內觀嗜身外無身戒外無
戒在處有佛又何指方尋佛本性即佛佛外也尋他
佛又何佛之有哉今無念定若巍山戒昭日月於斯
之時獨出世僧他日脫去其名長壽如月在天世猶
諸水所在有水無水不月豈不千江有水千江月萬
里無雲萬里天嗚呼久同天地名垂不朽此僧無念
者也詩曰
從師童子問清玄世事茫然學坐禪幻出漸知心是佛
老來悟得性通天朱門不謁藏金錫茅屋無干飲碧泉
召至九重談妙法問伊落魄幾經年

图 8-2　《太祖高皇帝赐僧无念杂彩衲衣并金钵盂等物御制谕诗并序》

诗曰：

从师童子问青玄，世事茫然学坐禅。
幻出渐知身是佛，老来悟得性通天。
朱门不谒藏金锡，茅屋无干饮碧泉。
召至九重谈妙法，问伊落魄几经年。①

(七)《太祖高皇帝赐僧无念特赐松实御制谕诗并序》

朕于庶务隙中，将世人心意较之，是非折之两端，思之再三，谋之不已，其人之情意变态多端，倏此忽彼，是非混清，纷然难折。朕阅人既

① (明)王朝璲修，颜木纂．应山县志[M]．嘉靖十九年刻本卷中页一．

多，应事且久，尚不能治不善，而安良于仁寿之乡，此果不师古而有此耶？抑人心不古而亦有此耶？呜呼，静观熟虑人之情意，始古至今，倏然忽然，反覆不常，艰于治化。古人有云：犯刑宪如饮食，嫉良善如仇隙，信有之，不诬也，尝闻西方有大圣，人不教而自化，不治而不乱，此大觉金仙之道也，朕于繁虑中，观踞佛之道者能如是，快矣哉，出三界而不轮回，神通妙用无碍于上下，逍遥乎两间。常云出世斯出世也，前者僧无念，戒行精于皎月，定慧稳若巍山，暂来一会，去此常怀，怀之不已，遣人就见，特以松实供之，兼以诗劳之。诗曰：

> 志空五蕴隐藤萝，深行由来积岁多。
> 山鬼鉴知常拥护，水神到处为撝诃。
> 戒如皎月天将晓，定若巍山世欲歌。
> 几度有时思善者，命斋松实诣盘陀。
> 谈空幽隐人烟萝，路合苍苔岁月多。
> 问道无门明五教，进斋何处受三呵。
> 残经对月从容诵，补纳朝阳自在歌。
> 侣影山间真寂寞，传灯松下任坡陀。①

四、湖广官员收回楚府侵占汉口房地赋税的见证

汉阳府汉口镇初创时，楚府官员乘虚而入。先以投献方式纳入楚府名下，后又声称汉口为明初朝廷所赐。湖广官员不畏强势，经过几个回合的交锋、收归地方官府管辖，并立碑为证。详见《汉口地课碑记》。

　　湖广汉阳府为陈肤见以裨国用事。嘉靖二十五年（1546），奉守巡二道案验，蒙钦差巡抚湖广等处地方、兼赞理军务、都察院右副都御史姜，案验准户部咨前事内开一款汉口基地。先，该抚按衙门会议，

① （明）王朝璲修，颜木纂．应山县志［M］．嘉靖十九年刻本卷中页二至三．

361

查系江夏县民萧廷机始祖萧一，承佃汉阳县三沦河泊所十八垱蚁子马场湖南侧地土，西至郭师口，东至大江。天顺年间，民人张添爵等父祖在彼筑基盖房，每年认萧一课银三分。

成化年间，被武昌护卫军孙广、邢琏投献江夏王府，每年上岸基地一间，收鹅二只，下岸一间，收鸡一只。此时民因征租不曾告争。

弘治十年(1497)，又要加征课银，各民不肯认纳。孙广、邢琏转投献楚府，每年上岸一间征银三钱六分，下岸一间征银一钱八分。各民惧府势力，不能抗违。

嘉靖四年(1525)，该府差已处决承奉张庆等，丈量出上岸张添爵等六百三十户，共房基一千零三十五间，每间每季该银九分，共该银九十二两一钱五分，下岸徐文高等六百五十一户，共计地一千零九十一间，每间每季该银四分五厘，共该银四十九两零九分五厘。李勤等七十三户新筑基地二百八十一间，每间每季征银六分，共银一十六两八钱六分。丁泰等二十户偏僻地八十二间，每间每年征银一钱，共银八两二钱。王彦、李仕英二十一户开垦园地一十一段，每年收银三两五钱八分，通共每年该银六百四十七两。

嘉靖二十四年(1545)二月内，江夏王因楚王薨，听信军校纪銮、吴大贵、徐友富、单廷华、王文智、石荣、陈忠、张滨拨置，捏称前地系该府官地，楚府白沙湾、犁头嘴等处柴地抵换等情，挟启世子出给票占管。徐文高等不甘，连名告行汉阳府踏勘明白，具呈分巡道，复委武昌府覆勘明白，并不系该府钦赐地土，节行长史司查吊册籍，并无明文可证。今奉明旨，亦当裁革横敛，以解倒悬之民。况册籍未明，难以断给前项地基。

天顺年间，居民始盖房屋。洪武年间，何由拨给，合无再加。酌议将前项房租减半征收，每年上岸一间，征银一钱八分，下岸一间，征银八分，通共每年征银三百二十三两六钱。征解布政司收贮，听候补给禄粮，委为官民两便。合候命下准行抚按衙门，转行该府长史，将前项占管民房尽数查给各主，不许听从下人拨置争占，仍照例起科征银解布政司，以补各王府欠缺禄粮之数，若不遵依，听抚按官指实参奏，庶利归公用，民沾实惠矣。

　　题奉圣旨准，备札到府，拟合刊刻石碑，以垂永远。为此合行晓谕该镇军民人等，一体遵奉施行。

　　嘉靖二十五年(1546)十月十三日奏，巡抚都御史姜，① 巡按监察御史伊，② 案行布政司左布政管、右布政刘、按察司孙、都司指挥佥事刘、分守道右参政邹、分巡道佥事朱、汉阳府知府贾、武昌府知府何、同知张、通判丁、推官郝、武昌经历张、知事徐、汉阳县知县董、典史肩，会议明白，该户部尚书王题奉圣旨准议行，钦此钦遵外，刊碑谕众同知。嘉靖二十五年(1546)立。③

五、明楚藩王茔园

(一)(清)叶封《慕庐集·灵泉山步瞻故楚诸王寝》

一代兴亡地，荒榛灭寝宫。

岫烟萦野兽，泉音激悲风。

云雨何年梦，松杉古庙空。

山灵如有在，尚获夜台中。④

(二)(清)陈大章《玉照亭诗抄·灵泉茔》

八叶宗藩奠介圭，寝园榱桷抹之齐。

剪桐神示岩疆谶，荡海龙归大泽迷。

石马秋摧金碗出，野狐朝上碧甍啼。

---

　　① 姜仪，南昌人，字君隶，正德甲戌进士。嘉靖二十四年(1545)任都察院右副都御史巡抚湖广，嘉靖二十七年(1548)，调任广东布政司左参议。

　　② 伊敏生，吴县进士，嘉靖二十四年(1545)七月任巡按湖广御史。

　　③ (明)秦聚奎总修，武汉地方志办公室整理校注．汉阳府志校注[M]．武汉：武汉出版社，2007：239-241.

　　④ (清)陈诗著，皮明庥等标点．湖北旧闻录[M]．武汉：武汉出版社，1989：1030.

河间礼乐东平客，纪传谁凭汉史稽。①

（三）（清）曹文藻《昭寝怀古》

两山排列自青青，寝庙凄然俎豆馨；

故物龟砆生石发，于今樵牧到荒亭。

王孙独剩春风绿，杜宇空闻古木腥；

只有高峰终不改，飞泉犹似旧时灵。②

第四节　社会评价楚藩

一、明代邻藩看待楚藩

邻藩对于楚藩评价，总体上看，有褒有贬。对于明代前期的楚王多有褒扬，对于晚期的宗室多有侧目而视。同出于宁藩的朱谋㙔（镇国中尉）与出任江夏知县的朱统鐩，两人评价与态度迥乎异然。朱谋㙔《藩献记》，对于楚藩两藩王、一郡王赞赏有加。而朱统鐩知江夏县，"下车之日，知楚宗慓悍，一裁以法。"潞藩朱常淓所撰《古今宗藩懿行考》，论及同姓诸王数量有限，楚藩被撇在入选标准之外。

（一）朱谋㙔《藩献记》

楚昭王，讳桢，天资英睿，有谋略。数奉命督师讨平大庸、靖州、上黄诸蛮夷，又讨云南阿鲁秃禽之，太祖嘉悦。洪武二十一年，肇建宗人府，命王署右宗人事。复西番讨道州全州桂阳诸叛，平卢溪、黔阳诸洞蛮夷，皆有功。洪武三十年五月同湘王征古州，上赐敕曰："近蛮倡乱，尔能真民同忧，率护卫军马亲征之，岂不称贤王哉。尊居王位，安享富贵。

---

① （清）陈诗著，皮明庥等标点. 湖北旧闻录[M]. 武汉：武汉出版社，1989：1030.

② （清）张高荣. 龙泉山古诗词集[M]. 武汉：武汉出版社，2006：171. 曹文藻，字绮川，湖北江夏县人，乾隆三十九年举人。

凡宫室衣服舆马，皆民力所供，若能奋威武，除民患，山川鬼神皆将助顺之矣。"永乐八年冬，王朝于京师，文皇帝以楚国无事，上下相安，嘉王贤能，赐优诏劳之，并赏赉其从官钞人百锭，文绮二袭。十四年冬，王复入朝，赐予甚厚。明年冬，王献马二千匹。诏受其百。永乐二十二年薨，世子袭爵，为庄王。

楚庄王，讳孟烷，仁厚博洽，能文章，深有智虑。宣德中，汉庶人谋反伏法，赵王见疑几败，王上疏请辞二护卫军。甲寅岁大侵，王发廪为糜全活甚众；近城有虎出，搏生患，王射杀之。在位十六年，正统四年薨。

武冈王显槐，楚端王第三子也，端王世子显榕是为愍王。嘉靖二十四年春，英燿谋弑愍王于其第，饮武冈王别室中。中饮变作，从官朱恩大呼，王亦奔往救，被纵伤臂。愍王薨，英燿伏诛。诏书劳王，赐白金三斤，彩币玄黄四匹。嘉靖四十三年八月，王上书条议藩政，请设宗学。择立宗正、宗表，督课，亲、郡王以下子弟，十岁入学，月饩之米一石。三载，督学使者考绩，陟其中程式者，全禄之。五试而不中课则黜之，概给以本禄三之二终身；其庶人暨妻女月饩六石；庶女勿复加恩；绝郡与罪废者，勿令滥留辅导；仪宾工价请一切停给，免令谢恩京师。廷臣集多采用其意。王有文集若干卷，今梓行。①

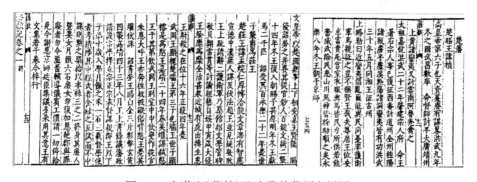

图8-3　朱谋㙔《藩献记》论及楚藩原文拼图

---

①　（明）朱谋㙔.藩献记[M].万历二十八年刻本.北京：书目文献出版社，753-755.朱谋㙔，宁藩镇国中尉，摄石城王府事。

（二）朱常淓《古今宗藩懿行考》，楚藩诸王无一入选。

潞王朱常淓所撰《古今宗藩懿行考》，崇祯九年（1636）成书。明代有众多同姓诸王，书中仅仅述及 15 位，依次是：秦愍王朱樉、秦惠王朱公锡、秦简王朱诚泳、秦嗣王朱惟焯、潭王朱梓、蜀献王朱椿、蜀和王朱悦燯、蜀嗣王朱让栩、湘王朱柏、襄王朱瞻墡、枣阳王朱祐楬、朱瞻坶、秀王朱见澍、都督朱文正、靖江王朱赞仪。从以上 15 位藩王的德、智、才、行来看，作者朱常淓有其独自的"懿行"取舍标准。秦藩占了 4 位，而楚藩九王无一提及，显然未能达到潞王"懿行"的选取标准。

二、湖广臬司、江夏文士看待楚藩

湖广臬司看待楚藩各有差异。在明朝文献、相关方志中有零星提及，拙著"第三章楚藩作为及其各方关系第二节楚府与地方官府"和"第六章楚宗违法与楚藩特大案"中，有些典型事例，不再重述。江夏籍当朝官员有朝廷官，有地方官，本书选取其部分文献，较为典型地反映楚藩驻扎地域民众对于楚藩的看法。

（一）《湖广抚按会奏楚藩善后事宜十二款》

万历三十三年（1603）十一月，湖广抚按联署上报的《会奏楚藩善后事宜十二款》，通过楚藩经过几次大的劫难之后，湖广官员总结藩王、郡王、宗室的过失，比较全面反映湖广臬司对于楚藩看法。

重王躬。谓：王奉皇上谕书，业已深悔前非，仍当再行申饬，俾致力改行，释嫌修睦。

重郡权。谓：宗室宜听各郡王钤束，有犯即启王处治，则亲王之怨以分，而藩封之尊自在。

重抚按。谓：抚按所辖地方，但有藩封敕书，内务要开载。宗室一段，遇有悖逆，及诸不法事情，（抚按）径目挐问参奏。

重有司。谓：宗室于有司，不得私行交际，如有呈词，令家人抱告对理，犯罪笞杖以下，止坐家人，军徒以上并坐。本宗轻则罚禄，重则降革，仍于构讼之日，即行住禄，完日查支。

修燕见。谓：岁时、寿节、朝见之后，宜赐诸宗宴会，以问寒暄宣湮郁。

立义田。谓：王宜量拨庄田若干，或捐禄若干，置立义田。其郡王、将军、中尉必好义，而共成其美。所收子粒，以给庶宗之贫不能婚葬者。

戒偏听。谓：王府书椽、班较人等，几引诱罔利、舞弄朘剥者，尽行严革，另选醇谨之人充之。仍有生事如前者，抚按司道径行提问、发遣，承奉、典宝等官有犯，参奏处治。王如纵容，即以白简（弹劾官员的奏章）从事。

任辅导。谓：长史一官，宜选择升补。其辅导有方，钤束得体者，抚按不时荐举，与外官一体升迁；审理、纪善、教授等官一体慎择，无容幸位（觊觎官职的人）。

驭庶宗。谓：庶宗无名、无粮，及花生、传生之辈，如有肆恶犯禁，有司酌量情罪，与齐民一体，问拟究治。

处罪宗。谓：荆、岷庶宗，众至二百，近日之事（指楚宗劫杠杀人），实鼓其焰。除犯该重罪外，其稍轻者即还之原府，余者姑听宗长拘禁。有犯，即次第发之至楚藩口粮。庶宗有犯，亦一切以此法迁之。

严宅禁。谓：楚府闲宅，宜以八郡王轮流主之，多拨旗尉、把守、更夫巡逻，仍与武昌府巡捕、通判监放薪水，不许私自出外。如有不服钤束者，启王墩锁，甚则调发别藩，并其妻子迁徙。

谨城禁。谓：宜申严禁令，爵禄之宗不得出城，其无名无粮者，许于封城境内营生，不得越境。如有祭扫殡葬，必不得已者，启王给假限销。礼部会府部九卿科道覆议。

内修燕、见立义田二款，姑俟异日。其余悉如原拟议上，未报。而巡抚梁云龙具疏催发，仍坚请并行二款。侍郎李廷机因言"人各有见，不能尽同，臣不敢改前说，亦不敢执前说。"所望皇上之裁定而已。①

（二）（明）郭正域《直陈楚藩行勘始末疏》

楚事千古疑案，郭明龙（郭正域字明龙）以此得罪四明（沈一贯，宁波四明人。此处指代沈一贯），妖书事起，凡陷不测，此系公生平大事，故特存之。

今年二月间，臣尚在翰林院掌院事。通政司沈子木，至臣寓邸，谓臣曰："楚府仪宾袁焕等，持宗室华越疏奏楚王，首相沈老先生（沈一贯）坚不欲上，而焕等苦告不去。"臣应以不知子木谓取原疏来看，臣对以不愿与闻。又月余，而臣始奉旨署部事。楚王来奏华越矣，奉圣旨览王奏恶宗罪状多端。各部院参看来说钦此。值四月初一日，日食，阁臣赴部救护。首相沈一贯问臣楚事，臣应之曰："闻宗室先有疏至矣，通政未知耶？惟当行抚按勘问，时三辅皆以为然。"临别时一贯覆向臣耳语曰："贵部复本，请无言通政匿疏事。"又继此而宗室华越至矣，仍赴部并各处诉冤，臣照例送会同馆，羁留甫半月。而通政司票取华越赴司改换月日，以疏上闻，候旨未下，华越投揭臣部，大略为邀截实封，广行贿赂等情，批当仪制司案候，又思祖宗之法，宗室无久住京师之理，随上疏请旨处分，奉旨该部院会同该科道参看。钦此。臣以为事情重大，自当行勘。随与一贯言之，乃一贯再三愁阻，谓"亲王不当勘问，但当体访而已。"臣应之曰："臣与楚王、宗室同城而居，一有偏徇，祸且不测，事关宗社，不宜朦胧了事，若不行勘，科道当言之矣。"一贯冷笑向臣曰："科道断不言也。"臣之请勘，盖部中事体，未有不勘而竟自处分者，也未有不勘而竟自停阁者。既而奉旨行与该抚按勘问，臣行文问楚王，（楚王）令校尉夏槐持一帖送臣，寿仪百两，嘱臣曲庇，许臣万金。当时即欲发觉，缘楚事正在疑惧之中，难以张皇，有伤雅道。又数月，而湖广抚按会勘疏至矣。奉圣旨，这事情关系

① （明）叶向高等修．明神宗实录［M］．万历三十三年十一月戊戌卷四百一十五．台北："中央研究院"历史语言研究所，1962：7807-7810.

重大，礼部还会同都察院看议来说，钦此。不数日，楚王辩疏又至矣。（臣）奉旨着九卿科道看议诸臣之见。大略贵成抚按者，俱多议单不下万言，不能一一抄誊，上烦御览。臣部仅谨括大旨而已，随将各单用印铃纪分送阁部，其事之始末如此。夫沈子木之匿楚疏也，谓一贯主之也。不知一贯何意也。既一贯主之不勘也，不知（一贯）又何意也。臣切以为，事无大小，皆当上闻，而一贯乃有不欲上闻者。事无大小，皆当付是非于天下，听皇上处分；而一贯乃欲以其意为行止，臣不意皇上以腹心待一贯，而一贯乃不以腹心事皇上也。

以上诸语，臣可与一贯面质，何敢欺诳皇上，试谓此等大事，当匿乎？不当匿乎？当勘乎？不当勘乎？谁敢于二三千里之外冒昧担当乎？盖自臣不受一贯之命，必知有今日矣，康小人也。察处已久，后来乘魏阉用事时，借门户求起魏阉，亦鄙而斥之。今闻御史康丕扬疏，虽不言臣，而意似疑臣。楚王前后三疏，无一语疑臣，楚中无一人疑臣，臣不知疑何以从起也。使臣果可疑也，楚王能不言乎？事若反坐华越，二十九宗能不怨乎？皇上试问抚按，并在事司道府州县诸臣，臣有一字相闻，岂能为臣隐乎？恐诸臣各有人品，各有良心，不可以颐指气使也。

独臣行能浅薄，不足服人，又无事过特皆足取怨，如近来不与人谥，与夺人之谥，皆不过为皇上守法耳，乃一贯之恨臣深矣。臣一日不去，将无死所，臣以守法而去官，臣有余荣矣。伏乞皇上放臣归里，以谢一贯诸臣，不胜感激之至。其楚王礼单、华越原揭，臣不敢改易抄誊，谨封原纸，呈上御览。①

（万历三十一年九月，郭正域时任礼部右侍郎）

（三）（明）熊廷弼《性气先生传》

楚愍邸（指楚愍王朱显榕）怙世庙恩，肆占民山场。山主张姓者抗其官

---

① （明）吴亮．万历疏钞［M］．万历三十七年刻本卷三十二宗藩类页十一至十三．吴亮，昆陵（今江苏常州）人，万历二十九年进士，官至大理寺少卿。

尉，尉有偶病死于高峰（熊廷弼祖父，官赠"尚书高峰公"）家者。邸诬张，持百金胁公曰："证者给冠带、养膳、田土，否则立扑死。"公曰："吾不顾子孙耶"。惧不免，自诣系郡狱。及长史会郡理，问于城隍庙中。长史承邸诣，拶逼公。公大呼城隍神，绳忽寸寸断，激拶具。中长史案，长史几怖死。然有司终畏势，不敢问。系三四年，会邸变（指朱显榕被长子朱英燿所弑），乃出，以此遭家难。①

① 李红权. 熊廷弼集［M］. 北京：学苑出版社，2011：1173. 熊廷弼，湖北江夏县人，万历二十六年进士，官至兵部侍郎、辽东经略。

参 考 文 献

一、官方文献、文士笔记

[1]（明）胡广等修．明太祖实录[M]．"国立"北平图书馆红格抄本影印版．台北："中央研究院"历史语言研究所，1962.

[2]（明）杨士奇等修．明太宗实录[M]．"国立"北平图书馆红格抄本影印版．台北："中央研究院"历史语言研究所，1962.

[3]（明）杨士奇等修．明仁宗实录[M]．"国立"北平图书馆红格抄本影印版．台北："中央研究院"历史语言研究所，1962.

[4]（明）杨士奇等修．明宣宗实录[M]．"国立"北平图书馆红格抄本影印版．台北："中央研究院"历史语言研究所，1962.

[5]（明）陈文等修．明英宗实录[M]．"国立"北平图书馆红格抄本影印版．台北："中央研究院"历史语言研究所，1962.

[6]（明）刘吉等修．明宪宗实录[M]．"国立"北平图书馆红格抄本影印版．台北："中央研究院"历史语言研究所，1962.

[7]（明）李东阳等修．明孝宗实录[M]．"国立"北平图书馆红格抄本影印版．台北："中央研究院"历史语言研究所，1962.

[8]（明）费宏等修．明武宗实录[M]．"国立"北平图书馆红格抄本影印版．台北："中央研究院"历史语言研究所，1962.

[9]（明）张居正等修．明世宗实录[M]．"国立"北平图书馆红格抄本影印版．台北："中央研究院"历史语言研究所，1962.

[10]（明）张居正等修．明穆宗实录[M]．"国立"北平图书馆红格抄本影印

版．台北："中央研究院"历史语言研究所，1962.

[11]（明）叶向高等修．明神宗实录［M］．"国立"北平图书馆红格抄本影印
版．台北："中央研究院"历史语言研究所，1962.

[12]（明）叶向高等修．明光宗实录［M］．"国立"北平图书馆红格抄本影印
版．台北："中央研究院"历史语言研究所，1962.

[13]（明）温体仁等修．明熹宗实录［M］．"国立"北平图书馆红格抄本影印
版．台北："中央研究院"历史语言研究所，1962.

[14]（明）未著撰人．崇祯实录［M］．"国立"北平图书馆红格抄本影印版．
台北："中央研究院"历史语言研究所，1962.

[15]（明）沈懋学撰．皇明翰阁文宗［M］．万历五年刊本.

[16]（明）程敏政撰．明文衡［M］．乾隆四十六年《钦定四库全书》刊本.

[17]（明）俞汝楫等．礼部志稿［M］．乾隆四十五年《钦定四库全书》文渊阁
藏本.

[18]（明）未著撰人．王云五主编．丛书集成初编纪录汇稿卷之十二天潢玉
牒［M］．商务印书馆，1937.

[19]（明）何乔远著，周骏富编．明代传记丛刊：名山藏列传［M］．台北：
明文书局，1991.

[20]（明）廖道南．楚纪［M］．嘉靖二十五年刊本．北京：书目文献出版
社，1999.

[21]（明）吴之鲸．武林梵志［M］．台北：台湾商务印书馆，1983.

[22]（明）李诩著，魏连科点校．戒庵老人漫笔［M］．北京：中华书
局，1997.

[23]（明）徐学谟．徐氏海隅集［M］．万历五年刻万历四十年徐元煦重修本.

[24]（明）陈燕翼．思文大纪［M］．北京：商务印书馆，1911.

[25]（明）鲁可藻．岭表纪年（明末清初史料）［M］．杭州：浙江古籍出版
社，1985.

[26]（明）徐学聚．国朝典汇［M］．影印版．北京：书目文献出版社，1996.

[27]（明）申时行．明会典（万历朝重修本）［M］．影印版．北京：中华书

局，1989.

[28](明)姚士观编校.明太祖文集[M].乾隆四十六年《钦定四库全书》刊本.

[29](明)秦金.安楚录[M].影印版.浙江汪启淑家藏.万历四年秦氏刻本.

[30](明)龙文彬.明会要[M].北京：中华书局，1956.

[31](明)高曰化.宫省贤声录[M].万历十五年楚藩刻本.

[32](明)过庭训.明朝分省人物考[M].扬州：广陵书社，2015.

[33](明)管讷.蚓窍集[M].永乐刊本上海涵芬楼影印北京图书馆藏.影印版.上海：上海商务印书馆，1936.

[34](明)朱荣减.正心诗集[M].嘉靖楚藩刻本.影印版.北京：书目文献出版社，1999.

[35](明)沈德符.万历野获编[M].道光七年刻本.北京：中华书局，1997.

[36](明)朱元璋著，王天有，张何清点校.逆臣录[M].北京：北京大学出版社，1991.

[37](明)倪岳.青溪漫稿[M].乾隆四十三年《钦定四库全书》刊本.

[38](明)杨士奇撰.东里续集[M].乾隆四十四年《钦定四库全书》刊本.

[39](明)娄坚.学古绪言[M].乾隆四十五年《钦定四库全书》刊本.

[40](明)倪谦.倪文僖集[M].乾隆四十五年《钦定四库全书》刊本.

[41](明)陈洪谟.治世余闻[M].北京：中华书局，1997.

[42](明)夏良胜.东洲初稿[M].乾隆四十四年《钦定四库全书》刊本.

[43](明)归有光著，周本淳校点.震川先生集[M].上海：上海古籍出版社，2007.

[44](明)章潢.图书编(皇明同姓诸王传叙)[M].扬州：江苏广陵古籍印刻社，1988：

[45](明)张瀚著，盛冬铃点校.松窗梦语[M].北京：中华书局，1985.

[46](明)陆釴.丛书集成初编：病逸漫记[M].北京：商务印书馆，1939.

［47］（明）李贤著．古穰集［M］．乾隆四十三年《钦定四库全书》刊本．

［48］（明）郑晓著，李致忠点校．今言［M］．北京：中华书局，1984．

［49］（明）涂山编辑，傅兆祥校订．新刻明政统宗［M］．万历四十三年刻本．

［50］（明）王士性撰，周振鹤点校．广志绎［M］．上海：上海人民出版社，2019．

［51］（明）王世贞著，魏连科点校．弇山堂别集［M］．北京：中华书局，1985．

［52］（明）冯琦撰．冯琢庵先生北海集［M］．万历三十七年刊本．

［53］（明）余继登．淡然轩集［M］．乾隆四十五年《钦定四库全书》刊本．

［54］（明）焦竑编著，李剑雄点校．澹园集［M］．北京：中华书局，1999．

［55］（明）徐纮．明名臣琬琰续录［M］．乾隆四十六年《钦定四库全书》刊本．

［56］（明）申时行等修，赵用贤等纂．大明会典（《续修四库全书》刊本）［M］．上海：上海古籍出版社，2002．

［57］（明）焦竑．国朝献征录［M］．万历四十四年刻本．

［58］（明）熊廷弼．熊襄愍公全集［M］．道光二十一年刻本．

［59］（明）陈子龙，徐孚远，宋征璧选录．皇明经世文编［M］．北京：中华书局，1962．

［60］（明）于慎行著，吕景琳点校．谷山笔麈［M］．北京：中华书局，1994．

［61］（明）张学颜．万历会计录［M］．万历十年刻本．北京：书目文献出版社．

［62］（明）包汝辑．南中纪闻［M］．北京：中华书局，1985．

［63］（明）顾炎武．日知录［M］．上海：上海古籍出版社，1984．

［64］（明）胡应麟著．少室山房集（《钦定四库全书》刊本）［M］．上海：上海古籍出版社，1993．

［65］（明）王同轨撰．耳谈［M］．郑州：中州古籍出版社，1990．

［66］（明）黄瑜著．历代笔记小说大观·双槐岁钞［M］．上海：上海古籍出版社，2005．

［67］（明）余继登撰，顾思点校．元明史料笔记丛刊：典故纪闻［M］．北京：

中华书局，1981.

[68]（明）李开先撰，路工辑．李开先集[M]．北京：中华书局，1959.

[69]（明）郭正域．四库禁毁书丛刊·集部·第14册·合并黄离草[M]．北京：北京出版社，1997.

[70]（明）朱国祯撰，王根林校点．涌幢小品[M]．上海：上海古籍出版社，2005.

[71]（明）陈子壮．昭代经济言[M]．北京：中华书局，1985.

[72]（明）潘之恒撰．汪效倚辑注．潘之恒曲话[M]．北京：中国戏剧出版社，1988.

[73]（明）李诩著，魏连科点校．戒庵老人漫笔[M]．北京：中华书局．1997.

[74]（明）高汝栻．皇明续纪三朝法传全录[M]．崇祯九年刻本.

[75]（明）袁继咸著，四库禁毁书丛刊编纂委员会编．四库禁毁书丛刊·集部·第116册·六柳堂遗集[M]．北京：北京出版社，1997.

[76]（明）韦庆远．明代黄册制度[M]．北京：中华书局，1961.

[77]（明末清初）查继佐．罪惟录[M]．杭州：浙江古籍出版社，2014.

[78]（明末清初）查继佐撰，倪志云，刘天路点校．罪惟录[M]．济南：齐鲁书社，2014.

[79]（明）李清．三垣笔记[M]．吴兴刘氏嘉叶堂刻本.

[80]（明）秦夑．五峰遗稿[M]．嘉靖元年刻本.

[81]（明）袁中道．游居柿录[M]．上海：上海杂志公司，1935.

[82]（明）朱谋㙔．藩献记[M]．北京图书馆古籍珍本丛刊第019册史部传记类．北京：书目文献出版社，2000.

[83]（明）吴亮．万历疏钞[M]．万历三十七年刻本.

[84]（明）未著撰人．楚藩交讦疏稿[M]．北京图书馆古籍珍本丛刊第013册楚事妖书始末．北京：书目文献出版社，1987.

[85]（明末清初）彭孙贻．平寇志[M]．上海：上海古籍出版社，1984.

[86]（明末清初）张岱．石匮书后集[M]．上海：上海古籍出版社，2008.

[87]（明末清初）傅维鳞．明书[M]．康熙三十四年刻本．

[88]（明末清初）王国梓．一梦缘[M]．《丛书集成续编》第 097 册．上海：上海书店，1994．

[89]（明末清初）王国梓．一梦缘[M]．上海：上海书店，1994．

[90]（明末清初）王国梓．一梦缘[M]．武昌：益善书局，1933．

[91]（明末清初）王夫之．宋论永历实录箨史莲峰志[M]．长沙：岳麓出版社，2011．

[92]（明末清初）王夫之．永历实录[M]．北京：北京古籍出版社，2002．

[93]（清）傅恒等编修，（清）弘历批评．御批历代通鉴辑览[M]．乾隆三十二年刊本．长春：吉林人民出版社．1997．

[94]（清）钱谦益，钱仲联著（清）钱曾注．牧斋初学集[M]．上海：上海古籍出版社，2009．

[95]（清）陈田辑撰．明诗纪事[M]．上海：上海古籍出版社，1993

[96]（清）朱彝尊．明诗综[M]．乾隆四十六年《四库全书》刊本．北京：中华书局，2007．

[97]（清）吴伟业．绥寇纪略[M]．《四库全书》刊本．上海：上海古籍出版社，1992．

[98]（清）娄东梅村野史编纂．鹿樵纪闻（第三版）[M]．北京：商务印书馆，1917．

[99]（清）顾景星．白茅堂集[M]．康熙二十四年刻本．

[100]（清）顾景星著，彭有明点校．白茅堂诗文全集[M]．南京：凤凰出版社，2019．

[101]（清）徐沁著，印晓峰点校．明画录[M]．上海：华东师范大学出版社，2009．

[102]（清）赵尔巽等．清史稿[M]．列传 291 艺术三．北京：中华书局．1976．

[103]（清）徐鼒撰．徐承礼补遗．小腆纪传[M]．北京：中华书局，2018．

[104]（清）张庚，刘瑷撰，祁晨越点校．国朝画征录（补录续录）[M]．杭

州：浙江人民美术出版社．2011.

[105]（清）陈诗著，皮明麻标点，张德英校勘．湖北旧闻录[M].武汉：武汉出版社，1989.

[106]（清）魏禧著，胡守仁等校点．魏叔子文集[M].外卷十七朱中尉传北京：中华书局．2003.

[107]（清）吴伟业．四库全书·绥寇纪略[M].上海：上海古籍出版社．1992.

[108]（清）张廷玉等．明史[M].北京：中华书局，1974.

[109]（清）万斯同，王鸿绪著．明史稿[M].乾隆四年刻本.

[110]（清）邵廷寀．东南纪事（外十二种）[M].北京：古籍出版社，2002.

[111]（清）舒赫德，于敏中等．钦定胜朝殉节诸臣录[M].乾隆四十一年《钦定四库全书》刊本.

[112]（清）孙承泽．春明梦余录[M].北京：北京古籍出版社，1992.

[113]（清）徐秉义著．张金正校点．明末忠烈纪实[M].杭州：浙江古籍出版社，1987.

[114]（清）厉鹗．东城杂记[M].上海：进步书局，1936.

[115]（清）谷应泰撰，河北师范学院历史系点校．明史纪事本末（卷二十八）[M].北京：中华书局．1977.

[116]（清）谷应泰．明史纪事本末附补遗补编[M].上海：上海古籍出版社影印．1994.

[117]（清）谷应泰．明史记事本末[M].顺治十五年刊本.北京：中华书局，1985.

[118]（清）凌雪著，四川大学图书馆编．中国野史集成续编·第23册·南天痕[M].成都：巴蜀书社，1993.

[119]（清）王之春撰，汪茂和点校．王夫之年谱[M].中华书局，1989.

[120]（清）魏禧著，胡守仁等校点．魏叔子文集[M].北京：中华书局，2003.

[121]（清）凌雪著，四川大学图书馆编．中国野史集成续编·第23册·南

天痕[M]. 成都：巴蜀书社，1993.

[122]（清）谷应泰撰，河北师范学院历史系点校. 明史纪事本末[M]. 北京：中华书局，1977.

[123]（清）戴笠著，陈协琴点校. 怀陵流寇始终录[M]. 沈阳：辽沈书社，1993.

[124]（清）方昌翰撰，彭君华校点. 桐城方氏七代遗书之八抚楚公牍[M]. 合肥：黄山书社，2019.

[125]（清）庄廷鑨. 明四部丛刊·明史钞略[M]. 民国二十一年刊本.

[126]（清）顾炎武著，陈垣校注. 知录校注[M]. 合肥：安徽大学出版社，2018.

[127]（清）赵翼著，王树民校证. 廿二史劄记札记[M]. 北京：中华书局，2001.

[128]（清）张廷玉等. 二十四史·明史（点校本）[M]. 北京：中华书局，1974.

[129]（清）张豫章等编纂. 康熙御选明诗[M].《钦定四库全书》刊本.

[130]（清）钱谦益. 列朝诗集（甲集）[M]. 北京：中华书局，1997.

[131]（清）黄虞稷撰，瞿凤起，潘景郑整理. 千顷堂书目[M]. 上海：上海古籍出版社，2001.

[132]（清）陈诗著，皮明庥等标点. 湖北旧闻录[M]. 武汉：武汉出版社，1989.

[133]（清）湖北舆图局. 光绪湖北舆地记[M]. 光绪二十年刊本.

[134]（清）陈梦雷辑，蒋廷锡等校编. 明伦汇编官常典·钦定古今图书集成[M]. 北京：中华书局，1934.

[135]王葆心等. 湖北文征[M]. 湖北人民出版社，2000.

[136]徐世昌编，闻石点校. 晚晴簃诗汇[M]. 北京：中华书局，1990.

二、宋明清民国时期各地方志

[1]（宋）乐史著，王文楚点校. 太平寰宇记[M]. 北京：中华书局，2007.

［2］(宋)祝穆撰，祝洙增订，施和金点校．方舆胜览［M］．北京：中华书局，2003．

［3］(明)徐学谟纂修．湖广总志［M］．万历十九年刻本．

［4］(明)陈道监修，黄仲昭纂．八闽通志［M］．弘治刊本．

［5］(明)王朝璲修，颜木纂．应山县志［M］．嘉靖十九年刻本．

［6］(明)薛纲纂，吴廷举续修．湖广图经志书［M］．嘉靖元年刻本影印版．北京：书目文献出版社，1991．

［7］(明)秦聚奎总修，武汉地方志办公室校注．汉阳府志校注［M］．武汉：武汉出版社，2007．

［8］(明)顾清等修纂．松江府志［M］．正德七年刊本．台北：成文出版社，1983．

［9］(明)崔铣．彰德府志［M］．嘉靖元年刻本．

［10］(明)王懋德等纂修．金华府志［M］．成化十六年刻本．

［11］(明)林富修，黄佐纂．广西通志［M］．嘉靖十年刊本．

［12］(明)董天锡修．赣州府志［M］．嘉靖十五年刊天一阁藏本．

［13］(明)周绍稷纂修．郧阳府志［M］．万历六年刻本．台北：学生书局，1987．

［14］(明)童承叙纂．沔阳州志［M］．嘉靖十年刊本民国六十四年重印本．台北：成文出版社，1975．

［15］(明)杨经，刘敏宽纂辑，牛达生，牛春生校勘．固原州志［M］．银川：宁夏人民出版社，1985．

［16］(明)刘敏宽纂修．固原州志［M］．万历四十四年刻本．

［17］(明)刘敏宽纂修．固原州志［M］．万历四十四年刻本．

［18］(明)刘敏宽纂修．固原州志［M］．万历四十四刻本．

［19］(清)孙和相修，戴震纂．汾州府志［M］．乾隆三十六年刻本．

［20］(清)徐景熹，鲁曾煜，施延枢等纂修．乾隆福州府志［M］．乾隆十九年刻本．

［21］(清)鄂尔泰等修，靖道谟等纂．贵州通志［M］．乾隆四十五年《钦定

四库全书》刊本.

[22]（清）俞渭修，陈瑜纂．黎平府志[M]．光绪十七年刻本.

[23]（清）裴天锡修，武汉地方志办公室整理校注．清康熙湖广武昌府志校注[M]．武汉：武汉出版社，2011.

[24]（清）陈元京修，范述之纂．江夏县志[M]．乾隆五十九年刻本.

[25]（清）王庭桢修，彭崧毓纂．江夏县志[M]．同治八年刻本．台北：成文书局，1975.

[26]（清）王葆心．宣统黄州府志拾遗[M]．宣统二年刻本.

[27]（清）李德溥修，方骏谟纂．宿迁县志[M]．同治十三年刊本．台北：成文出版社，1974：225.

[28]（清）穆彰阿．嘉庆重修大清一统志[M]．北京：中华书局，1984.

[29]（清）陈鼐等修，黄凤楼等纂，德化县志[M]．同治十一年刻本．台北：成文出版社，1970.

[30]（清）康基渊纂修．嵩县县志[M]．乾隆三十二年刻本．台北：成文出版社，1976.

[31]（清）吴世熊，朱忻修，刘庠等纂．同治徐州府志[M]．南京：江苏古籍出版社，1991.

[32]（清）罗瀛修，周沆纂．浪穹县志略[M]．光绪二十八年刻本．台北：成文出版社，1975.

[33]（民国）晏兆平，许希之编．光山县志约稿[M]．台北：成文出版社，1968.

[34]（清）董钟骥修，陈天枢等纂．宁洋县志[M]．光绪元年刻本．台北：成文出版社，1967.

[35]（清）张奇勋，周士仪纂修，谭弘宪，周士仪续修．康熙衡州府志[M]．北京：北京图书馆出版社，1998.

[36]（清）孙清士．蒲江县志[M]．光绪四年重纂刻本.

[37]（清）吴士进著，吴世荣续纂．严州府志[M]．光绪九年增修重刊本．台北：成文出版社，1970.

[38](清)陈锡辂，查歧昌纂修，河南省商丘地区地方志编纂委员会整理．归德府志[M]．乾隆十九年刊本．郑州：中州古籍出版社，1994.

[39](清)高其倬等修，陶成等纂．江西通志[M]．雍正十年《四库全书》刊本.

[40](清)杨文灏修．金溪县志[M]．乾隆十六年刻本.

[41](清)胡钊，松安纂修．金溪县志[M]．道光六年刻本.

[42](清)黄廷桂修，张晋生纂．四川通志[M]．乾隆元年《四库全书》刊本.

[43](清)裕禄，李瀚章等纂修．湖南通志[M]．光绪十一年刊本．上海：上海古籍出版社，2003.

[44](清)赵希璜修，武亿纂．安阳县志[M]．嘉庆四年刊本.

[45](清)刘于义修，沈青崖等纂．敕修陕西通志[M]．雍正十三年《钦定四库全书》刊本.

[46](清)郝玉麟等修，谢道承等纂．福建通志[M]．乾隆二年刊本.

[47](清)达灵阿修，周方炯纂．凤翔府志[M]．乾隆三十一年本影印版．台北：成文出版社，1970，

[48](清)陈兰森等修，熊为霖等纂．南昌府志[M]．乾隆五十四年刻本.

[49](清)沈葆桢，吴坤修．重修安徽通志[M]．光绪七年刻本.

[50](清)戴肇辰等修，史澄等纂．广州府志[M]．光绪五年刻本.

[51](清)郝玉麟等监修，鲁曾煜编纂．广东通志[M]．雍正九年《钦定四库全书》刊本.

[52](清)蒋继洙修，李树藩纂．江西广信府志[M]．同治十二年刊本．台北：成文出版社，1970.

[53](清)刘诰等修，徐锡麟等纂．丹阳县志[M]．光绪十一年重修刻本．台北：成文出版社，1983.

[54](清)高得贵修，张九征等纂．乾隆镇江府志[M]．南京：江苏古籍出版社，1991.

[55](清)嵇曾筠修，沈翼机纂．浙江通志[M]．上海：商务印书馆，1934.

[56](清)黄之隽编纂，赵弘恩监修．江南通志[M]．乾隆《钦定四库全书》

刊本.

[57]（清）周学曾等纂修，晋江县地方志编纂委员会整理．晋江县志[M]．
道光十年刻本．福州：福建人民出版社，1990.

[58]（清）徐元梅等修，朱文瀚等纂．山阴县志[M]．嘉庆八年刻本．台
北：成文出版社，1983.

[59]（清）李拔纂修．故宫博物院编．长阳县志[M]．乾隆十九年抄本．海
口：海南出版社，2001.

[60]（清）迈柱修，夏力恕纂．湖广通志[M]．雍正十一年《钦定四库全书》
刊本.

[61]（清）沈葆桢，吴坤修等修．光绪重修安徽通志[M]．上海：上海古籍
出版社，1995.

[62]（清）傅尔泰修，陶元藻等纂．福建延平府志[M]．乾隆三十年刻本．
台北：成文出版社，1967.

[63]（清）高锡龄撰修．湖州府志[M]．台北：成文出版社，1983.

[64]（清）孟炤．建昌府志[M]．乾隆二十四年刻本.

[65]（清）唐侍陛修，布颜，杜琮纂．新修怀庆府志[M]．乾隆五十四年
刻本.

[66]（清）卢崧修，朱承煦等纂．吉安府志[M]．乾隆四十一年原刊道光二
十二年补刻本.

[67]（清）魏瀛等修，锺音鸿等纂．赣州府志[M]．同治十二年刊本．台北：
成文出版社，1960.

[68]（清）陈寿祺等纂．重纂福建通志[M]．同治十年正谊书院刻本．南京：
凤凰出版社，2011.

[69]（清）英启修．邓琛纂．黄州府志[M]．光绪十年刊本．台北：成文出
版社，1976.

[70]（清）于琨修，陈玉璂撰．常州府志[M]．康熙三十四年刻本．南京：
江苏古籍出版社，1991.

[71]（清）金鉷等修，钱元昌纂．广西通志[M]．乾隆四十六年《钦定四库

全书》刊本卷五十三页五.

[72](清)李琬修,齐召南纂.温州府志[M].乾隆二十五年刊民国三年补刻版.台北:成文出版社.1983.

[73](清)傅尔泰修,陶元藻等纂.延平府志[M].乾隆三十年刻本影印版.台北:成文出版社,1967.

[74](清)卫哲治等修,陈琦等纂.淮安府志[M].乾隆十三年修咸丰二年重刊.台北:成文书局,1983.

[75](清)杨霁修,陈兰彬等纂.高州府志[M].光绪十五年刻本.

[76](清)陈锡辂,查歧昌纂修.归德府志[M].乾隆十九年刻本.郑州:中州古籍出版社,1994.

[77](清)冯桂芬,冯芳撰.同治苏州府志[M].南京:江苏古籍出版社,1991.

[78](清)刘昌绪修,徐瀛纂.黄陂县志[M].同治十年刊本.南京:江苏古籍出版社,2001.

[79](清)陈裔虞纂修.博罗县志[M].乾隆二十八年刻本.

[80](清)吴九龄修,史鸣皋等纂.梧州府志[M].同治十二年刊本.台北:成文出版社,1971.

[81](清)阿克当阿修,姚文田纂.扬州府志[M].嘉庆十五年刊本.台北:成文出版社,1974.

[82](清)孙居湜修,董正纂.河南府志[M].康熙三十四年刻本.

[83](清)高其倬,谢旻.江西通志[M].《钦定四库全书》刊本.

[84](清)曹秉仁.宁波府志[M].雍正十一年刊本.

[85](清)赓音布等修,刘国光等纂.德安府志[M].光绪十四年刊本.

[86](清)赓音布主修,孝感市地方志编纂委员会办公室编.德安府志校注本[M].武汉:湖北人民出版社,2015.

[87](清)吴熊光.湖北通志[M].嘉庆九年刻本.

[88](清)刘昌绪修,徐瀛纂.黄陂县志[M].同治十年刊本湖北府县志第8辑.南京:江苏古籍出版社,2001.

[89] (清)天正，松泉辑录，(清)达澄增辑，杜洁祥编印．洪山宝通寺志[M]．光绪八年续纂版．台北：丹青图书公司，1985.

[90] (清)倪文蔚等修，蒋铭勋等纂．荆州府志[M]．光绪六年刻本.

[91] (清)刘朝英，张希良纂修．江夏县志[M]．康熙五十三年刻本.

[92] (清)娄云纂修．惠安县志[M]．道光十二年刊本.

[93] (清)娄云纂修．中国地方志集成·第26集·道光惠安县续志[M]．上海：上海书店出版社，2000.

[94] (清)杨金庚纂，刘华点校．光绪海城县志[M]．银川：宁夏人民出版社，2007.

[95] (清)熊登．武昌县志[M]．康熙十二年刻本.

[96] (清)邵遐龄撰．武昌县志[M]．乾隆二十八年刻本．南京：江苏古籍出版社，2001.

[97] (清)董钟骧修，陈天枢等纂．宁洋县志[M]．同治十三年修光绪元年刻本．台北：成文出版有限公司，1967.

[98] (清)张奇勋，周士仪纂修．谭弘宪，周士仪续修．康熙衡州府志[M]．康熙二十一年刻本．北京：北京图书馆出版社，1998.

[99] (清)胡凤丹．黄鹄山志[M]．同治十三年退补斋版.

[100] 吕调元，刘承恩，张仲炘，杨承喜纂修．湖北通志[M]．民国十年刻本．台北：华文书局，1967.

[101] 余谊密修，徐乃昌纂修．南陵县志[M]．民国十三年铅印本．台北：成文出版社，1970.

[102] 晏兆平，许希之编．光山县志约稿[M]．民国二十五年铅印本．台北：成文出版有限公司．1968.

[103] 喻长霖．台州府志[M]．民国二十五年铅印本．台北：成文出版社，1970.

[104] 马振理修，戴希朱，苏镜潭，陈蓁纂．南安县志[M]．民国二十年泉州泉山书社铅印本.

[105] 王泽溥．重修林县志[M]．林县华昌石印局民国二十一年石印本.

三、近人整理编纂史料丛书、方志

［1］故宫博物院明清档案部编．清代档案史料丛编(第三辑)［M］．北京：中华书局，1979．

［2］故宫博物院明清档案部编．清代档案史料丛编(第四辑)［M］．北京：中华书局，1979．

［3］中国社会科学院历史所编．明史研究论丛(第四辑)［M］．合肥：黄山书社，2004 年．

［4］台湾"中央研究院"历史语言研究所编．明清史料己编［M］．北京：中华书局，1987．

［5］台湾"中央研究院"历史语言研究所编．明清史料甲编［M］．北京：中华书局，1987．

［6］台湾"中央研究院"历史语言研究所编．明清史料乙编［M］．北京：中华书局，1987．

［7］台湾"中央研究院"历史语言研究所编．明清史料丙编［M］．北京：中华书局，1987．

［8］台湾"中央研究院"历史语言研究所编．明清史料丁编［M］．北京：中华书局，1987．

［9］南京师范大学古文献整理研究所编纂．江苏艺文志(扬州卷)［M］．南京：江苏人民出版社，1995．

［10］李国祥，杨昶主编，李琼英编．明实录类纂·宗藩·贵戚卷［M］．武汉：武汉出版社，1995．

［11］《武昌县志》编委会．武昌县志［M］．武汉：武汉大学出版社，1989．

［12］徐兴亚．西海固史［M］．兰州：甘肃人民出版社，2002．

［13］固原地区地方志办公室．固原史地文集［M］．银川：宁夏人民出版社，1990．

四、考古报告、研究论文

［1］湖北省文物考古所等，梁柱执笔．武昌龙泉山明代楚昭王墓发掘简

报[J].文物，2003(2).

[2]武汉市博物馆.黄家湾明代朱氏墓[J].江汉考古，1998(4).

[3]武汉市文物考古研究所，武汉市江夏区博物馆.武汉市江夏区流芳岭明墓发掘简报[J].江汉考古，2000(3).

[4]武汉市文物考古研究所，江夏区博物馆.武汉江夏流芳四股山明墓发掘简报[J].武汉文博，2010(4).

[5]武汉市文物考古研究所.武汉市明通城王朱英焙家族墓地发掘简报[J].江汉考古，2014(6).

[6]武汉市文物考古研究所等.武汉江夏二妃山明景陵王朱孟炤夫妻墓发掘简报[J].江汉考古，2010(2).

[7]许志斌.湖北武汉二妃山明代楚藩家族墓群一号茔园发掘简报[J].文物，2021(12).

[8]山东省博物馆.发掘明朱檀墓纪实[J].文物，1972(5).

[9]涂明星.明太祖与无念禅师的佛缘[J].武汉文史资料，2019(5).

[10]武昌区政协.武昌老地名：武昌城内三台八井九湖十三山[J].世纪行，2009(10).

[11]吴佐忻.李时珍楚王府任职日期考[J].上海中医药杂志，1988(1).

[12]涂文学.蕲黄四十八砦抗清斗争述略[J].武汉师范学院学报（哲学社会科学版），1983(4).

[13]杨忠平.龙泉山明楚昭王墓园地面建筑修复纪略[J].武汉文博，2014(4).

[14]杨富巍.以糯米灰浆为代表的传统灰浆——中国古代的重大发明之一[J].中国科学(E辑技术科学)，2009(1).

[15]刘照军.中国古建筑石灰灰浆的光谱分析技术[J].光散射学报，2016(1).

[16]刘效彬.浙江古城墙传统灰浆材料的分析研究[J].光谱学与光谱分析，2016(1).

[17]刘毅.唐季以来帝王世俗化葬仪用品探微[J].南方文物，2012(1).

[18]陈艳.武汉地区的古代桥梁[J].武汉文史资料,2000(9).

[19]梁柱.龙泉山明代楚藩茔域探奇[J].收藏·拍卖,2009(9).

[20]陈晶.发掘出土明代漆器集锦[J].湖南省博物馆馆刊,2013(10).

[21]索德浩.破镜考[J].四川文物,2005(4).

[22]岳锋.明肃庄王陵墓形制蠡测[J].神州,2020(1).

[23]涂明星.《一梦缘》的文史价值[J].中外交流,2020(15).

[24]王晓洋.明清江南文化望族研究——以吴江汾湖叶氏为中心[D].苏州:苏州大学,2004.

[25]罗莹.明代宗藩的宗教信仰研究[D].重庆:西南大学,2014.

[26]刘晓东.王府文官与明初中央集权[J].东北师大学报(哲学社会科学版),2008(5).

[27]孟祥荣.新发现的一则公安派研究的重要史料——黄辉《明右春坊右庶子兼翰林院侍读袁公圹志》介绍[J].文献,2004(1).

[28]陈江.明藩王婚配制度考略[J].东南文化,1991(1).

[29]曹之.明代三大著者群[J].图书情报论坛,1996(4).

[30]邓辉.武汉江夏富士康工业园区墓葬发掘[J].武汉文博,2010(4).

[31]刘文娟.试论洛阳烧沟汉墓 M38 墓中出土破镜的涵义[J].卷宗,2016(1).

[32]张晓彭.明代宗藩诗人及其诗歌述论[J].南都学坛,2016(9).

[33]李进兴.海原县城出土明代墓砖之海剌都地名考析[J].宁夏师范学院学报,2020(8).

五、近人研究相关专著

[1]涂明星.龙泉山历史文化源流及其开发价值[M].武汉:武汉大学出版社,2017.

[2]武汉市国家历史文化名城保护委员会办公室.武汉:国家历史文化名城通览[M].武汉:武汉出版社,2014.

[3]刘毅.明代帝王陵墓制度研究[M].北京:人民出版社,2006.

[4]许大龄．明清史论集[M]．北京：北京大学出版社，2000．

[5]周耀明．明代清代前期汉族风俗・汉族风俗史・第四卷[M]．上海：学林出版社，2004．

[6]国家文物局．中国文物地图集・湖北分册[M]．西安：西安地图出版社，2002．

[7]孙大章．中国古代建筑史话[M]．北京：中国建筑工业出版社，1987．

[8]刘治云．武汉市江夏区博物馆馆藏文物精选图集[M]．武汉：武汉出版社，2017

[9]刘治云．江夏考古发现与研究[M]．武汉：武汉出版社，2019．

[10]祁金刚．江夏溯源[M]．武汉：武汉出版社，2008．

[11]张少林．洪山掌故[M]．武汉：湖北人民出版社，2011．

[12]王天有．明代国家机构研究[M]．北京大学出版社，1992

[13]冯天瑜．明清文化史散论[M]．武汉：湖北人民出版社，2018．

[14]任继愈主编．宗教词典[M]．上海：上海辞书出版社，2009 年

[15]严昌洪．武昌掌故[M]．武汉：武汉出版社，2019．

[16]钟敬文．民俗学概论[M]．上海：上海文艺出版社，1998．

[17]陈谷嘉，邓洪波．中国书院制度研究[M]．杭州：浙江教育出版社，1997．

[18]吉少甫．中国出版简史[M]．上海：学林出版社，1991．

[19]潘新藻．武汉市建制沿革[M]．武汉：湖北人民出版社，1956．

[20]金冬瑞．黄鹤楼[M]．长春：吉林文史出版社，2009．

[21]顾诚．南明史[M]．北京：中国青年出版社，1997．

[22]钱海岳．南明史[M]．北京：中华书局，2006．

[23]樊树志．晚明史[M]．上海：复旦大学出版社，2003．

[24]郑天挺著，孙卫国校注．郑天挺明史讲义[M]．北京：中华书局，2017．

[25]傅衣凌主编，杨国桢，陈支平著．明史新编[M]．北京：人民出版社．1993．

［26］陈谷嘉，邓洪波．中国书院制度研究［M］．杭州：浙江教育出版社，
　　　1997．

［27］白述礼．大明庆靖王朱栴［M］．银川：宁夏人民出版社，2008．

［28］陈柏泉．江西出土墓志选编［M］．南昌：江西教育出版社，1991．

［29］江西省博物馆．江西明代藩王墓［M］．北京：文物出版社，2010．

［30］严昌洪．武昌掌故［M］．武汉：武汉出版社，2019．

［31］剑野，康熙御选明诗［M］．长春：吉林版集团，2005．

［32］汤纲，朱元寅．二十五史新编：明史［M］．上海：上海古籍出版社，
　　　1997．

［33］钱伯城，魏同贤，马樟根主编．全明文［M］．上海：上海古籍出版社，
　　　1994．

［34］李红权．熊廷弼集［M］．北京：学苑出版社，2011．

［35］张德信．毛佩琦主编．洪武御制全书［M］．合肥：黄山书社．1995

［36］张高荣．新编灵泉志［M］．武汉：武汉出版社，2006．

［37］张高荣．龙泉山古诗词集［M］．武汉：武汉出版社，2006．

［38］贵州安龙县方志办．南明史料集［M］．贵阳：贵州人民出版社，2011．

［39］［美］牟复礼，［英］崔瑞德编，张书生等译．剑桥明代中国史［M］．北
　　　京：中国社会科学出版社，2007．

［40］［加］卜正民编著，潘玮琳译．哈佛中国史之五挣扎的帝国元与明
　　　［M］．北京：中信出版社，2016．

［41］［日］丹波元胤．中国医籍考［M］．北京：人民卫生出版社，1983．

后　记

流年似水，物换星移，岁月如斯，白驹过隙。课题立项，沉潜数年，索典搜籍，无心旁顾，方成拙作。完稿之日，六感萦怀。分述如下，权当后记。

一为感受。朱元璋家族，在明一朝，身为贵族，地位高人一等，然而从皇帝到皇室，从藩王到普通宗室，其生活状态、心理状态相关甚远。正如俗话所言："各家都有难念的经"。揆诸明史可知：皇帝有其担忧与不安，皇室(宗室)有其辛酸与无奈。若要仔细探研其生活状态的细节，就能体味其难。难怪崇祯皇帝又怨又爱地抚慰女儿："汝何故生我家！"言外之意，人生不如生在平常百姓之家，贵族门第有其忧，百姓之家亦有喜。吾辈乃平民百姓，出生在普通之家，过平常的日子感觉更轻松、更舒坦。

二为感激。当代写作处于计算机信息处理日新月异的时代，好多工作仅凭借人工远远不够的，常常借助计算机来执行，比如：网上搜索、查找文件、编辑目录、统计数据等，试想若是没有计算机，交稿时间必会延迟许多。

三为感触。周边人群几乎很少有人去阅读竖版、繁体书籍，更不用说雕版印刷古籍或者雕版影印本了。曾有好心人问怎么还在查阅这类书籍，答曰写作、研究的需要。倘若只看今人的研究所得，写作远远是不够的。尽管老眼昏花，仍然坚挺、坚守、坚持，渐渐地，有了"不见古籍不过瘾"的体验，而且常有"老见异书犹眼明"的惊喜。有时会出现翻遍全书看花眼一无所获的情形，然而偶或寻得一本稀缺古籍，或在古籍里找到所需资料，常常要欣喜一阵。

　　四为感慨。著书之难，耳顺之年撰稿著书难上加难。书稿拟就，恍然有种"苦难辉煌"的感觉。何其"艰难"？何其"辉煌"？一是搜集资料之艰，明代楚藩原始资料毁废严重，存量极其有限。有些资料需要到相关典籍、文人官员笔记中搜寻。偶获一籍，顿感弥足珍贵、如获至宝。相比之下，有些省份，比如江西、山西的藩王史料，显得更多。二是阅读古籍之难。竖版繁体书籍，总有一个适应过程。古籍文献需要自己标点断句，一个小错可能导致语意偏离作者原意。三是耗费时间之多。辨识雕版印刷中油墨漫浸的字，有时通过其轮廓和上下文意来半猜半识。辨识一个草书单字，或遭到古籍雕版漫浸的字迹，要琢磨半天时间，因而费时颇巨。四是研学效率之低。边写边学，理解其中一个艰涩隐晦的词语，常常要花费好多时间。常常运用高明先生《中国古文字学通论》所及"因袭比较法、辞例推勘法、偏旁分析法"等考释方法，来获取有用信息。五是战胜遗忘之苦。现在常常"写了后头忘记前头"，针对于此，想些办法来对付。按照关键词将文件分开存档，便于查找。历经如此苦难，总想借机倾诉一番。

　　五为感悟。凡事难有十全十美。文章千古事，得失寸心知。本著意在搜残补缺，网罗遗佚，苦于原始文献不足，或有自我所见，词率鄙冗，甚至错讹之处。常常看到有人说某大家手稿多少万字，笔者粗略估算，即使不计重复、多次修改的计算机笔记文稿，约有 100 万字。本著当在一年前完稿，因为总要追求完美，不留遗憾，力图让描述更丰满，在原基础上又增添了新内容。尽管再三揉捏，遗漏在所难免。三年疫情或多或少带来一些情绪焦躁、思索愚钝，甚至撰稿的短暂搁浅，从而影响写作的进度与深度。临近付梓，横心一念，遗憾终有，只是力求少些缺憾。

　　六为感念。课题立项肇始，撰著过程十分艰难，常态情形是：专注与分心交替，清醒同迷失相伴。几经挫折，几度磨难，痛定思痛，释然顿悟。经历人生苦难之后，心境仿佛更加平静。一个人最好的状态，不是一鸣惊人，一应俱全，而是崇尚简约，求得心安，甘于孤独寂寥，藏书撷萃，读书悟道，著书怡心，游心书画，不在意他人妄评，不在意褒贬得失，不在意外面的精彩，而是处于最好的学习状态。致仕之年，出版第二部专著，权作教谕生涯的一个阶段性总结，略感欣慰。

欣慰之余仍存感念。感念先父涂文治先生榜样力量的感召，他能够做成超出其文化程度的大事。感念兄弟姐妹、侄儿、外甥给予我一如既往的支持，感念家人承担繁琐的家务，让我拥有更多精力写作。还有一直关心和支持本课题研究的领导和同仁，在此一并致谢。

涂明星

2023 耳顺之年 2 月 10 日农历正月二十

撰于武汉江夏中所涂塆香山别墅